优化之道
城市新产业空间战略

Optimization
Methods
The Urban New Industry Spatial Strategy

李程骅 著

人民出版社

目录

CONTENTS

前　言　　　　　　　　　　　　　　　　　　　　　　　1

第一章　城市空间与产业空间重组的互动　　　　　　　　7
　第一节　城市空间发展的规律及相关理论　　　　　　　8
　　一、城市空间集聚与扩散的动态认知　　　　　　　　8
　　二、城市空间结构的经典理论认知　　　　　　　　　16
　第二节　城市空间重组下的产业空间演化　　　　　　　23
　　一、推进城市空间重组的产业力量　　　　　　　　　23
　　二、中外城市的产业空间变迁规律　　　　　　　　　29
　第三节　城市产业空间与新产业价值链　　　　　　　　42
　　一、新产业价值链优化城市产业空间　　　　　　　　42
　　二、新产业价值链推动城市空间重构　　　　　　　　47
　　三、良性互动：一体化空间战略
　　　　　——南京城市空间的新位势观　　　　　　　　55

第二章　城乡一体化与产业空间优化　　　　　　　　　　71
　第一节　城市空间扩展中的"郊区化"进程　　　　　　73
　　一、大城市空间扩展的圈层化规律　　　　　　　　　73
　　二、城市空间扩张与郊区功能新定位　　　　　　　　80
　第二节　城乡一体化下的产业空间优化　　　　　　　　92
　　一、国际大都市区域的产业布局模式　　　　　　　　92
　　二、城乡空间一体化与产业布局优化　　　　　　　　100
　第三节　"全域南京"产业空间优化的路径　　　　　　116
　　一、南京产业空间布局的变动趋势　　　　　　　　　116
　　二、"全域南京"：优化产业布局的路径突破　　　　125

目录
CONTENTS

第三章　总部经济的空间形态创新　　133

　第一节　总部经济：服务业集聚的新型经济形态　　135

　　一、总部经济的空间定位与聚集功能认知　　135

　　二、总部经济与现代服务业的空间互动　　143

　第二节　中国城市"总部经济"的空间形态创新　　153

　　一、城市发展与："CBD 热"、"总部经济热"　　153

　　二、CBD "变形"与总部经济的空间创新　　164

　第三节　总部经济空间布局的"南京愿景"　　173

　　一、南京发展总部经济的禀赋分析　　173

　　二、南京愿景："区域总部经济名城"　　182

第四章　城市空间重组与商业现代化　　193

　第一节　城市空间扩展与商业空间变革　　195

　　一、城市空间扩张的商业"动力因"　　195

　　二、城市空间扩展与商业"中心地化"　　200

　第二节　城市空间优化与商业现代化　　209

　　一、城市商业空间变化的基本规律　　209

　　二、城市空间扩张中的社区商业功能　　213

第五章　城市空间复兴与创意产业的功能　　227

　第一节　创意产业的地位和先导作用　　228

　　一、创意产业及其时代特征　　228

　　二、创意产业承载的多元使命　　234

　第二节　创意产业园与城市空间复兴　　239

　　一、创意产业园与城市空间复兴　　239

　　二、创意产业园呼唤创新机制　　252

　第三节　创意产业的人才培养战略　　258

目录

CONTENTS

一、发达国家创意人才培养的启示　　　　　　　　260

二、中国培养创意人才的战略对策　　　　　　　　264

第六章　城市空间优化与发展模式的选择　　　　271

　第一节　全球视野下的国内城市经济发展水平认知　273

　　一、国际城市经济发展水平与产业结构特征　　　273

　　二、中国城市间经济发展水平比较及思考

　　　　——以副省级城市为对象　　　　　　　　284

　第二节　"转型"城市经济发展模式的选择　　　　295

　　一、国内主要城市发展模式的认知与评价　　　　295

　　二、国内主要城市经济发展目标分析　　　　　　303

　第三节　探寻城市产业发展的优化之略　　　　　312

　　一、转变经济增长方式的战略选择　　　　　　　312

　　二、城市产业空间优化的战略思考　　　　　　　319

参考文献　　　　　　　　　　　　　　　　　329

后　记　　　　　　　　　　　　　　　　　　347

前　言

　　中国改革开放 30 年的城市化进程，是人类历史上最重要的社会变迁之一。在这一历史性的进程中，中国不仅创造了令世界瞩目的经济奇迹，成为世界第四大经济体，而且城市化率从 1978 年的 17.8% 上升到了 2006 年的 43.9%。城市化进程是一个国家或地区的人口、财富、技术和服务从分散走向集聚的过程，也是生产方式和生活方式大变革的过程。改革开放 30 年中国城市化所取得的成就，既是一个大国发展内生动力驱使的结果，也得益于持续的经济全球化带来的国际产业、资本转移的外向推动。毕竟，从世界城市化浪潮来看，中国的城市化进程是发生在欧美完成两次城市化之后的第三次城市化高潮，中国可以充分借鉴发达国家所走过的城市化道路的经验教训，通过先行制定并科学实施城市化发展战略目标，以比发达国家低的发展成本获得最大的综合收益，如城市和区域经济中的各种生产要素的持续的优化组合，产值结构和就业结构向第二产业和第三产业迅速发展，城市的人均 GDP 不断提高。而伴随着科学发展观的提出和落实，进入"十一五"，中国的城市发展已经从量的扩展转变为质的深化，主动转变经济增长方式、优化城市空间和产业空间成为城市和区域发展的共同追求。

　　世界发达国家的城市化进程有一定的规律性可循：城市化率在 30%～70% 的阶段，是城市化发展的加速期，城市化率达到 50% 就进入了"城市社会"。中国 2007 年的城市化率大约是 45%，目前正处在城市化加速期，并即将进入"城市社会"，这意味着中国的城市在可持续的经济社会发展中承载着更多的责任和义务，意味着城市将代表国家探索应对全球化带来的诸多新挑战的解决方案。而审视当前世界城市化、城市现代化的新浪潮，就会发现很多发达国家面临的是城市现代化进程中的城市人口的合理疏散以及城市空间布局、产业布局的如何优化的新问题。进入 21 世纪，世界发展所面临的环境危机、能源危机以及金融资产的快速流动性危机，远远超过人们的想象，但地域之间、国家之间以及城市之间，以利益共享经济全球化为纽带，以一体化的"地球村"为空间依托，携手出台了很多得力的措施，在减少温室气体排放、能源节约以及发展低碳经济方面，取得了富有成效的成绩。走绿色的工业化和城市化道路，形成了全球性的发展共识。与此同时，经济全球化、信息化和网络化所带来的国际分工体系，使全球城市的极化发展与均衡发展相得益彰，并构成了以国际产业价值链的不同环节串起的全球城市体系，世界级城市、跨国城市、国家级城市以及区域级城市所构成的新型经济网络，控制了世界经济的命脉以及阶段性走向，少数世界级的节点城市在空间权利上超越国家的实体，跨国公司也以国际节点城市为基地进行持续性产业转移，并由此带动着世界资本的流向。这种新型的不平衡的世界城市竞争体系的确立，使发达国家的全球性城市可以稳步地站在国际产业的高端位置和世界经济的制高点上，同时也容易造成已经进入该体系的发展中国家的城市的被边缘化，使这些城市因为从属性较强，处在国际产业价值链的低端位置，难以获得应有的价值回报，可持续的发展受到挑战。但是，在这个动态的非均衡的体系中，城市的位置也不是固定不变的，特别是信息革命带来的资本、人力等要素流动的快速扩散性，使一些发展中国家的城市可以迅速抢占若干技术制高点，形成自己的技术扩散源，并带动新兴产业的发展，从而构造新的城市网络体系。城市的地位和价值，不仅仅体现为创造的经济总量，体现在全球城市体系中所处的空间区位上，体现在新的国际产业分工体系中的环节位置上。近年来，跨国公司实施的国际产业转移，突破了原来直接的设备、技术的转移模式，把服务业跨国投资和服务外包作为主导的转移方式，也是顺应新的世界城市网络体系变化的理性选择。

　　只有站在全球城市体系的认识平台上，来审视当前中国的城市化和城市现代化的进程，我们才能真正认识到中国的城市在中国经济崛起中的重要地位，才能认识到中国的城市融入全球城市体系的重要意义，才能认识到中国城市转变经济增长方式的历史责任。作为一个 13

亿人口的大国，如何走出一条富有中国特色的城市化、城市现代化道路，不仅仅是中国自己的事情，也是世界瞩目的大事。但是，由于在过去的大部分时间里，粗放型的城市经济发展模式，已经使我国产生了严重的资源、环境、交通、居住、产业发展以及城市管理等方面的负效应。特别是以"土地城市化"政策驱动的城市增长方式，造成了土地资源的极大浪费。2005 年，我国人均建设用地为 130 多平方米，但同期的发达国家为人均 82.4 平方米，发展中国家为 83.3 平方米。我国的单位 GDP 能源消耗大大高于发达国家和世界平均水平。据世界银行按 GDP 汇率法计算，尽管从 1993 年到 2003 年间，我国每万美元 GDP 能耗由 26.3 吨标准煤降到了 10.7 吨标准煤，但 2003 年的 GDP 能耗仍比世界平均水平高 2.2 倍，比美国高 2.3 倍，比欧盟高 4.5 倍，比日本高 8 倍，比印度还高 0.3 倍。按照我国国民经济发展的战略目标，到 2020 年，我国人均国内生产总值要在 2000 年的基础上实现翻两番，如果仍片面追求 GDP 的增长，不转变经济增长方式，仍坚持高投入低产出、高能耗低收益、高污染低环保的粗放型发展方式，不仅我国的能源条件、世界的能源供给无法支持，由此带来的排放、污染，将引发诸多生态灾难。更重要的是，21 世纪的前 20 年是中国实现现代化发展目标的重要战略机遇期，这一阶段是中国城市化和城市现代化发展的战略机遇期，城市处于高速工业化和后工业化初期阶段，经济发展的速度和增长指标必须保持一个合理的高位水准。这就要求我们必须以科学发展观为指导，通过学习借鉴世界先进城市以及同类城市的做法，结合当前中国所处城市化的阶段性特点，主动转变增长方式，与"全球城市体系"对接，融入国际产业价值链，提高城市化的质量，以集约发展、清洁发展的理念来优化城市的产业空间布局和经济发展模式，从而实现区域协调发展、城乡一体发展、经济社会协同发展的理想目标。

在城市化和城市现代化的进程中，如何实现城市经济结构的转型和经济增长方式的转变，欧美发达国家以及亚洲的日本、韩国等国，已经探索出了比较成功的路径，那就是通过空间的扩展与整合，在都市圈、城市群的范围内，实施产业的集中和功能分工，从而实现产业布局的优化和城市、区域空间价值的最大化，并培育出生生不息的城市或区域创新体系、创新文化。城市本身是空间要素的整合体，城市的发展就是对应的空间关系的调整过程。在当今的"全球城市体系"中，城市的能级差别，直接表现在对全球、地区、国家以及区域的要素整合能力上。我国在经历了30年的高速城市化之后，大多数城市目前所面临的经济发展转型，其核心实际上是城市空间结构的合理拓展与产业空间布局的优化问题。在这里，空间是具体的，又是虚拟的。说具体，是在同一个城市或都市圈内，资源要素完全按照空间的价值规律、市场的规律流动，形成与城市空间一体化的有机的现代服务业、先进制造业集聚区；说虚拟，是超越地缘的界限，借助国际产业价值链融入全球城市体系，并寻找到展示自身核心竞争优势的节点位置。从目前来看，区域经济发展的不平衡性，本身就使中国的城市处在不同的发展阶段。东部沿海地区的城市，经济发展水平和国际化程度高，需要解决的是城市现代化及都市圈内部一体化进程中的优化发展问题，而中部、西部地区的大城市或城市群，面临的则是如何在行政空间内提升城市化率的问题。这就决定了国内城市选择的空间发展战略，不能用一种模式搞一刀切。中部、西部的多数城市，在工业化进程尚未完成之前，要进行大规模的产业空间置换，大力发展现代服务业，显然是不切实际的。而长三角、珠三角以及环渤海三大都市圈的中心城市，在面临资源约束、商务高成本以及国际产业转移新趋势的挑战后，通过"腾笼换鸟"，向服务型城市的转变，提升空间价值，奋力进入世界城市体系的国际节点城市行列，不仅是可能的，也是可行的。我国在"十一五"规划纲要中将国土空间划分为优化开发、重点开发、限制开发和禁止开发四类主体功能区，就是借鉴了发达国家对空间开发进行严格控制的成功经验，以利于解决资源环境和经济发展的矛盾冲突，践行国家层面的经济社会的可持续发展战略。

在新一轮发展的起点上，中国城市空间发展的战略选择，实际上进入了城乡一体、区域一体的新阶段。进入"十一五"之后，我国各城市制定的经济社会发展规划，以科学发展观为引领，使转变经济增长方式，优化产业结构，追求产业结构高级化，成为新的价值取向。而产业结构的高级化对城市地域空间价值的再发现具有深刻意义，特别是"退二进三"的浪潮从原来的单体城市向都市圈、城市群的推进，使产业的空间大转移由城市自身的层面上升到了区域可持续发展的层面。城市与区域空间价值呈现出爆发式增长，体现出现代服务业和先进制造业的空间价值。对于一个城市或区域来说，支撑其可持续发展的是富有竞争力的产业和产业体系，而产业空间布局是否科学，产业空间与城市空间是否形成良性互动，往往直接决定着产业转移、产业结构升级是否成功。因此，以科学发展观为指导，从城乡一体、区域一体以及全球城市体系的多维视角来审视我国改革开放 30 年城市空间与产业空间的互动发展过程、产业空间布局的优化路径，并在此基础上为下一个 10 年、20 年甚至更长时间的城市产业结构优化、城市发展转型、区域协调发展，提出具有前瞻性的产业空间发展战略，就不仅仅是一种学术使命，更是一种时代的责任。

正是基于上述的认识，本书试图依据世界城市的产业空间变革的规律，结合中国城市化和城市现代化的实际，以科学发展观为指导，来探究城市空间与产业空间重组、城乡一体化与产业空间优化、新产业价值链与区域空间再造、城市空间复兴与产业园的新功能以及城市产业空间优化与经济发展模式等热点难点问题，并紧紧围绕产业空间优化的核心命题，为我国城市和区域的新一轮协调发展、优化发展以及和谐发展，提出了一些战略性的对策建议。全书的框架体系设计为：第一章"城市空间与产业空间重组的互动"，通过中外城市的空间扩展规律与产业布局变化趋势的梳理，来分析城市空间、区域空间内的城市结构形态与产业分化、产业升级、产业集群等方面的互动关系，探求城市空间演变与产业发展的内在逻辑与动力机制，并在此基础上提出了建构"对城市空间负责"的产业创新体系的战略路径。第二章"城乡一体化与产业空间优化"，在区域发展一体化、城郊空间一体化的新背景下，来探求中国城市化与城市现代化进程中，城市空间扩展与城郊一体发展、城市空间的功能提升与城郊产业空间的优化布局的对应关系。第三章"总部经济的空间形态创新"，从城市空间的有机扩展、产业空间的梯次转移以及新的全球分工体制，来探讨城市"总部经济"与现代服务业的互动发展关系；从产业空间布局优化的角度界定了"总部经济"的多元化空间形态，认为中国的一些大城市进入了以高端服务业为主导的"结构升级"时代；快速创新出了新的空间表现形态，成为提升城市和区域经济控制力的新载体。第四章"城市空间重组与商业现代化"，分析现代城市空间扩展与改造中商业消费所发挥的综合功能，认为多元的现代商业业态的集中展现，促进了城

5

市空间的有机化，提升了城市空间的品质，使城市的居住空间、商业空间以及公共空间和谐一体，二者的相互作用、相互支持，成为当代中国城市快速发展的重要动力源。第五章"城市空间复兴与创意产业的功能"，从创意产业的功能、创意产业园的空间布局形态以及创意人才群体的集聚性，分析了城市产业空间的嬗变以及城市空间的机理再造获得"复兴"的过程，认为创意产业的崛起，为城市空间价值的重新评判提出了新的指标体系。而创意产业园载体的建设，又直接提升了城市的空间价值，推进了"创意城市"的核心竞争优势的培育，加速了城市传统空间的复兴。第六章"城市空间优化与发展模式的选择"，通过与国际城市经济发展水平和产业结构的比较，分析了当前国内城市所处的发展阶段以及与国际先进城市的距离，对国内主要城市的经济发展模式进行了评判。并以此为基础，从经济增长方式的战略转变、城市产业空间优化的规律，对城乡空间一体化、区域空间一体化以及全球城市体系下的中国城市的发展路径的选择，作了一系列创新性的思考。各章基本按照理论探源—国际视角—现实观照—战略选择—样本城市实证分析的路径，以期构成相对一致的逻辑体系。书名为"城市新产业空间战略"，一方面表明本书是以科学发展观为指导，从多学科的研究视角入手，对新一轮城市产业转移、转型的空间战略，表达了一些创新性的思考；另一方面也表明，在信息网络社会、新经济时代，高新技术产业、现代服务业、创意产业等所集聚和培育的新型园区，已经成为城市现代化的新的空间载体，它们在提升城市竞争力、区域创新能力以及国家软实力等方面，发挥着不可替代的作用。本书在相关章节中，始终把它们的空间生长规律、产业布局战略作为研究的重点，以期对国内城市的新一轮转型发展，在新兴产业的空间布局、产业体系的规划和建设上能提供一定的借鉴作用。

　　城市是一切空间要素的整合体。城市化、城市现代化的进程，实际上是体现社会群体价值体系空间理念的选择、整合以及持续优化的能力。过去的 30 年，中国在城市产业空间布局上从无序到有序、从模糊到清晰、从被动到主动，不断提升城市的空间价值。面向未来，站在中国城市发展的历史节点上，在科学发展观的引领之下，中国的城市一定会在产业空间的发展战略上，走出一条高质量、高效率、可持续发展的优化之路！

第一章
城市空间与产业空间重组的互动

　　中国改革开放 30 年，经济的快速增长与城市化进程成为经济社会发展最重要的两大推进力量，经济发展与城市空间扩展形成了前所未有的互动态势，城市空间重组催生了产业形态的变革与创新，产业集群、产业园区的空间形式又带动了城市空间重组，推动创新型城市与区域创新体系的构建。因此，在经济全球化的时代，在中国进入城市社会的历史新阶段，从科学发展观的视角，探索城市空间重组与产业空间重组的关系，让城市的空间资源、产业资源、市场资源达到生态和谐，让城市宜业、宜商、宜居，营造出适合高端化经济形态生长的空间环境，是发展经济学与城市社会学共同的使命。基于此，本章通过对工业化社会、后工业化社会的中外城市的空间扩展规律与产业布局变化趋势的梳理，来分析城市空间、区域空间内的城市结构形态与产业分化、产业升级、产业集群等方面的互动关系，探求城市空间演变与产业发展的内在逻辑与动力机制，以期在生态文明建设与经济发展方式之间寻求一种理想的规划理念，并在此基础上逐步建立起一个具有纠错、修正能力的"对城市空间负责"的产业创新体系。这是一个具有挑战性的学术研究课题，也是科学发展观指导下的城市与区域经济发展的时代命题。追本溯源，是研究任何复杂问题的基本路径。只有研究城市的空间特性以及功能的变化，只有理清基于城市空间的产业形成与产业集聚的一般趋势，才能寻找到破解这个命题的切口。

第一节
城市空间发展的规律及相关理论

一、城市空间集聚与扩散的动态认知

传统的城市本义是什么？城市，因城而立，以市而兴。可见，作为交换、交易、交流的场所，传统的城市在本质上的一个空间概念是"人的一切活动都是空间化的活动"，[①] 城市的产业与各种主体总是在特定的空间位置或范围中展开活动的，"如何获得空间性以及获得怎样的空间秩序、关系和结构"，[②] 构成了城市经济社会变迁的主题。

城市是人口、产业与空间构成的综合体，人口、产业与空间三者相依相存，共同表现了城市的特质。

首先，城市的出现是人类走向成熟和文明的标志，推动了人类群居生活从低级的部落聚居点过渡到大规模、管理行政化的高级聚居形式，实现了非农业产业和非农业人口在特定空间的聚合。就其字面意义而言，"城市"是作为空间场域的"城"与社会分工下不同产业集聚与交换的"市"相互融合与结合的产物。关于"城"，《吴越春秋》有这样的说法："筑城以卫君，造郭以卫民。"城以墙为界，有内城、外城的区别。墙内叫城，墙外叫郭。内城里住着皇帝高官，外城里住着平民百姓，这样通过城墙内外的"城""郭"之分就把统治者与被统治者用空间场上的区隔表现出来了。关于"市"，《世本·作篇》记载，颛顼时"祝融作市"。颜师古注曰："古未有市，若朝聚井汲，便

---

① 李程骅：《商业新业态——城市消费大变革》，东南大学出版社 2005 年版，第 174 页。
② 王宁：《消费社会学——一个分析的视角》，社会科学文献出版社 2001 年版，第 238 页。

将货物于井边货卖，曰市井。"也就是说，"祝融作市"就是为从事不同生产劳动的人们提供一个在固定的时间交换彼此劳动成果，满足各自需求的特定空间场所。

其次，按照通行的解释，空间是物质存在的一种客观形式，由长度、宽度、高度表现出来。但是，较之于乡村，空间在城市中有其独特的内涵。受到产业、人口、地形地貌等因素的影响与制约，空间在城市中表现出特定的结构，反映了各种经济社会的资源要素在城市特定空间范围内的分布和联结状态，它的结构形式是城市经济结构、社会结构的空间投影，是城市社会经济存在和发展的空间形式。一般而言，城市空间结构通过诸种资源要素在城市中的密度、布局和形态三种形式体现出来。城市是由经济、社会、生态等子系统的诸要素构成的社会经济综合体，各类要素在城市一定的空间范围内表现为一定数量，从而形成特定的要素密度，城市各构成要素密度的一种综合即城市密度。合理的城市密度，有利于发展生产的专业化和社会化，提高社会劳动生产率；有利于基础设施和公共服务设施的建设，节约使用土地和资源，降低生产成本；有利于信息的传递和交流，刺激竞争，培养和提高劳动者的文化和技能；有利于缩短流通时间，降低流通费用，加速资本周转；有利于城市政府进行管理，降低管理成本，提高管理效能。城市的土地和自然条件的利用状况与各种资源要素在城市空间的配置状态即城市布局。合理的城市布局，能有效地缩短人流、物流、信息流、资金流等各种资源要素在空间和时间中的流动，避免城市各资源实体或要素相互干扰，从而有效提高城市的经济社会效益。而城市内部密度和空间布局的综合反映就是城市形态，它是城市空间结构的整体形式，是城市三维形状和外瞻的表现。

再次，城市是非农产业的集聚地，在城市的经济社会再生产过程中，形成了非农各产业之间及其内部各行业之间特殊的产业结构。从不同的角度对城市产业进行分类，城市产业结构也就具有多重内涵。在现实经济生活中，根据不同的城市产业部门对某种生产要素的依赖程度，可把城市产业划分为劳动密集型产业、资本密集型产业和技术密集型产业，而城市产业结构指的就是劳动密集型产业、资本密集型产业和技术密集型产业在城市中的比例关系和结合状况。随着中国城市化与城市现代化的快速发展，以及国家新型工业化战略的确立与推进，现代城市在经济社会运行与发展过程中空间结构、产业结构的调整与演变方向成为关系到未来城市形态与长远发展前景的基本问题之一，找出其演变的规律有助于科学引导产业的空间布局。

规律是客观事物发展过程中相对稳定的内在的本质的联系。城市空间发展规律，是指城市空间发展与演变过程中各种基本要素之间相对稳定的内在的本质的联系。空间是有限的也是无限的，作为一个分析单位，城市空间既是一个物理单位，又是一个社会单位。作为一个物理单位，土地是城市空间的载体；作为社会单位，城市空间是人类社会活动中配置与协调诸种经济社会资源的空间场域。因此，就城市空间而言，它的发展与演变首先要受制于城市的土地资源。任何一个城市，在其特定的空间扩张与更替过程中都有一定的"城市边界"，只不过这个边界有的清晰，有的模糊。城市空间结构的变化首先反映到城市用地的变化上。如果城市空间的地域结构不适应经济发展的要求，就需要对城市的地域结构进行重组，以促使城市空间结构能够适应新的城市功能结构。但是，在现代城市的边界中，土地资源总是有限的，特别是能够转化为城市产业用地的土地资源更为稀缺，它从根本上制约着城市空间向外扩展的深度与广度。以我国为例，一方面，土地是人类进行各项经济社会建设事业的载体，特别是在经济飞速发展的今天，随着城市化水平的不断提高，大量人口向城市集聚，各项建设都需要占用土地，土地成为建设项目必须投入的一项资产，城市急需拓展发展空间，也就要大量侵占耕地。另一方面，由于土地是不可再生资源，是人类衣食住行之本，在我国这样一个人多地少、人地矛盾尤为突出的国家，13亿人口粮食安全问题是保证经济可持续发展、城市可持续发展的必要条件。当前，保护耕地、节约用地已刻不容缓。因此，科学发展观指导下的城市扩展，首先要破解城市扩张与城市建设用地供给有限的现实矛盾，城市空间发展规律是土地资源相对稀缺制约下的发展规律，其次是要从城市空间的价值提升的角度，不断对原有的城市空间进行改造、美化，甚至对有的街区进行整体的肌理修复，比如通过高端服务业的置换来提升经济密度、提升城市品质，以免出现传统城市中新的产业空间扩张的同时，老的产业空间被废弃的现象。正是在土地资源约束下，探求城市发展中的集聚与扩散规律，才能发现土地资源在城市空间中配置的高度经济性，以及围绕着城市的产业、市场等资源要素的集聚与扩散规律。

实际上，人类具有交易的需求才有了集市和城市。城市作为一种社会空间存在，是一种物化的资本力量，这种力量表现为典型意义上的经济与文化要素的集聚。① 城市空间的演化本质上是人类社会经济活动在空间上的反映，为经济社会的发展提供空间平台。分析城市的空间集聚与扩散，首先要借助于一个经济学的基本概念，即交易成本与生产成本。交易成本就是在一定的社会关系中，人们自愿交往、彼此合作达成交易所支付的成本，即人与人进行产品互动关系的成本。它与一般的生产成本，即人与自然界进行互动关系的成本是一对对应概念。自从人类有了简单的社会分工之后，人类就有了交往互换各自劳动产品的活动，与此同时就产生了交易成本。在市场经济中交易成本是人类社会生活一个不可分割的组成部分。美国经济学家、诺贝尔经济学奖得主罗纳德·科斯在《企业的性质》一文中最早提出，交易成本是"通过价格机制组织生产的，最明显的成本，就是所有发现相对价格的成本"、"市场上发生的每一笔交易的谈判和签约的费用"。在分散的自然经济中，不同空间的经济主体之间存在着天然的交换上的障碍，比如地理、交通、文化以及行政区域的区隔，彼此在空间上的隔离越大，交易的成本越高。

追求交换效益的最大化是人的本性，城市的空间是有价值的，通过交易来获取是最常规的手段。为了克服空间分割导致的交易成本，不同空间的经济主体之间在生产、消费、贸易等方面逐步形成了包括从劳动力、资本、技术、信息等市场到经济政策一致化的市场一体化过程。人类进入工业化社会之后，在城市发展演变的各种生产要素空间一体化过程中，通过各种资源要素的空间流动与重组，逐渐形成了经济集聚核心和经济扩散点，构成了城市集聚与扩散的源头。规模经济导致经济集聚产业点，再加上范围经济产生集聚产业区，规模经济、范围经济和外部经济共同作用产生经济集聚产业核心区。② 生产要素的空间流动产生经济集聚，并形成了进一步的集聚经济，也就是各种产

---

① 张鸿雁：《城市空间的社会与"城市文化资本论"——城市公共空间市民属性研究》，《城市问题》2005 年第 2 期。
② 孟庆民、杨开忠：《一体化条件下的空间经济集聚》，《人文地理》2001 年第 12 期。

业和经济活动在空间上集中产生的经济效果以及吸引经济活动向一定地区靠近的向心力，是导致城市形成和不断扩大的基本因素。但是随着规模经济的作用集聚体规模增大，达到一定程度便产生了规模不经济，规模不经济一经产生，单位产品的成本停止下降，规模再扩大失去了规模经济的效益，倒逼产业分解、产业基地外迁。这就是很多传统城市当主导产业失去发展前景之后，城市空间从繁荣走向衰败的重要原因。

一般而言，中心城市具有集聚和扩散这两种基本运动形式，其集聚力和扩散力随着其城市质量的提高而增大，随着交通网络的发达而提高。① 因此，可以说，外部经济产生集聚引力，外部不经济导致经济要素的扩散。集聚的本质是规模经济、范围经济和外部经济共同作用的过程；而经济扩散的原因是原先的集聚不经济、区域分工共同作用的结果。

城市虽然是经济、社会、环境、文化组合的综合空间，但最重要的发展动力还是产业，只不过产业的表现形态不同，产业升级的阶段不同。实际上，城市的产生与发展过程就是聚集经济的产生与演变过程，也是经济社会活动空间集聚与扩散的结果，它总是处于集聚力与扩散力的相互影响和相互作用中。一方面聚集经济作为空间聚集的吸引力推动着城市区域的形成和发展，另一方面聚集不经济则作为排斥力限制着城市的进一步聚集和规模扩大。大多数城市的发生和发展就是城市空间不同主体之间围绕特定区位所进行的空间集聚，城市以其特有的集聚效应，使人口与生产力要素向其集中。在城市化的初期，工业、人口、交通、能源以及伴随生存的服务等以集聚的形式达到规模效应，促使空间集中建设，而城市规模的扩大，导致城市化进程中经济结构迅速发生变化。因此，每一个具有区位优势的城市，总会形成一个人口和工商业集聚的中心。随着规模效应的外溢，大量的人口、工商业、服务业不断向这一中心集中，这个中心的规模也会越来越大。但是随着城市交通堵塞、地价上升、住房紧张、基础设施超负荷运行和环境质量下降等一系列城市问题的出现，城市产生了集聚不经济的

① 苗建军、赵霞：《基于"城市质量"决定的城市空间实证分析》，《财经研究》2005 年第3 期。

问题，城市的规模也就在具有了相对稳定的规模后，必然向多中心的格局转变。

集聚与扩散是现代城市发展过程中形成的一个基本的空间经济运动原则，集聚使克服距离的成本和费用降至最低，使生产效率和相互往来频率达到最大，产生出城市成长的内在核心，而扩散则是集聚效应不经济后城市空间向外拓展的主要表现。通过扩散，现代城市特别是区域核心城市形态产生重大变革，从单核心城市发展为多核心并存的城市空间结构。西方城市发展过程中，在汽车出现之前，单中心城市曾是其主要的城市形态，这一时期城市发展的主要趋势是集聚经济导致的集聚效应。但是随着交通设施的进步改善，轨道交通的网络化以及私人小汽车的普及，自20世纪20年代以来，西方发达国家进入了城市扩散阶段，居住和工业用地开始到主城区以外寻找发展的空间，出现了城市的分散化发展趋势，开始了大规模、低密度的郊区化时代，并前后相继经历了四次郊区化浪潮，达到了疏散中心区的人口、缓解中心区的交通压力的目的，逐步形成了新的多核心格局，或者表现为都市圈内多个副中心城市的众星拱月之势。

自工业革命以来，在工业化、市场化的驱动下，现代城市空间形态演变的基本逻辑是呈现出单中心集聚发展到多中心共同发展的历史过程。但较之于西方大部分城市的原生自发成长状态，中国的现代城市发展显得较为独特，也颇为曲折。由于新中国成立后社会经济先后经历了计划经济与市场经济两个前后相继又截然不同的发展阶段，因此，新中国城市空间形态的演变也呈现出明显的阶段性差异。在计划经济时期，严格的城乡二元户籍管理制度限制了乡村人口向城市的有机流动，同时土地国有化与集体化使得城市建设中土地使用采用行政无偿划拨的形式，未能充分发挥市场机制在城市空间集聚与扩散中的基础性作用，使得城市的地域空间结构存在很多不合理的地方，城市空间功能也处于混乱状态。向心集聚发展形式，一直是这一时期城市人口和产业空间决策和发展的主要导向。

1978年以后，中国进行了系统性的对内改革与对外开放，大刀阔斧地对计划经济体制进行调整，引入了充满活力与生机的市场经济体制，推动了城市经济由计划经济向市场经济的转型。经过30年来的不断调整与努力，市场化逻辑逐步成为中国经济运行、进行资源配置的基本逻辑。与此同时，在城市空间扩张与发展中，市场机制的主导作用也在不断加强，特别是城市土地使用制度的市场化改革引发一连串空间反应，不仅推动了房地产业的大发展，也给城市空间形态与社会结构的变化带来深刻影响。如城乡分割的二元户籍管理制度松动导致了大量的乡村人口流入城市，并在 20 世纪 90 年代形成了规模磅礴的民工潮，使得国内大中城市的流动人口急剧增长，在推动经济社会发展的同时，也对这些大中城市的空间外移产生巨大的推动作用，促使大多数城市在进行城市化与城市现代化的同时，开始向城市郊区发展，离心扩散力量成为大城市空间发展的主导动力并诱发了郊区化进程等。

　　城市空间形态的变化，不仅仅体现在产业的分离、分化、升级，也表现在城市社会结构的变化上，特别是表现在城市居民收入和职业分化带来的社会极化和空间分异上。这些变化引起了学者们的广泛关注，相继在城市人口与空间的关系[①]、城市社会区与社会空间分异[②]、城市产业的空间力量[③]等方面取得了丰硕的研究成果。此外，改革开放以来，中国在市场机制下发生的城市空间重构，甚至引起国际学术界的兴趣与重视，并产生了一批有一定影响力的研究成果。[④] 在快速的城市化进程与经济增长的大背景下，尽管这些研究成果是建立在阶段性发展的历史断面上的，但对于我们研究城市空间重组的动力机制却不

---

① Feng J and Zhou Y X. Suburbanization and the changes of urban internal spatial structure in Hangzhou. China. *Urban Geography*, 2005（2），第 107—136 页。冯健、周一星：《近 20 年来北京都市区人口增长与分布》，《地理学报》2003 年第 6 期。

② 冯健、周一星：《北京都市区社会空间结构及其演化（1982～2000）》，《地理研究》2003 年第 4 期。李志刚、吴缚龙：《转型期上海社会空间分异研究》，《地理学报》2006 年第 2 期。

③ 王兴中等：《中国城市社会空间结构研究》，科学出版社 2000 年版。

④ 冯健：《杭州城市业的空间扩散与郊区化研究》，《城市规划汇刊》2002 年第 2 期；王兴平：《中国城市新产业空间——发展机制与空间组织》，科学出版社 2005 版。

Zhou Y X，Ma L J C. Economic restructuring and suburbanization in China. *Urban Geography*. 2000，第 205－236 页

Huang Y Q，Clark W A V. Housing tenure choice in transitional urban China：a multilevel analysis. *Urban Studies*. 2002，第 7－32 页

Wu F and Li Z G. Sociospatial differentiation：processes and spaces in sub－districts of Shanghai. *Urban Geography*，2005，第 137－166 页

无启发。①

在 20 世纪 90 年代和 21 世纪初，经济的快速增长、城市化的进程加快，特别是以引进外资为主的高新技术产业园区的兴建，使中国的城市空间呈现出前所未有的边界内外的双向重组。城市的内部，多数制造业因为规模扩大的原因而实行外迁，城市的边缘区、近郊区则崛起了新的工厂区或住宅区，不少一二线大城市如上海、广州、青岛、南京、杭州、苏州等则掀起了建设新城的运动。这样，旧有的空间布局被打破，旧城、新城、开发区、卫星城等构成了呈几何级放大的新的城市空间，而新的城市空间也不再是传统的大饼式布局，加上由于处在动态的变化之中，边界也不再明显。像上海浦东新区的开发建设，等于造了一个新上海，黄浦江由原来的城区与郊区的界河，变成了新的大上海的中轴景观河。苏州本来是一个"小家碧玉"的老城，而因为苏州新城和新加坡工业园的建设，城市空间在 20 年的时间，由老城的 14.2 平方公里扩展到目前的近 600 平方公里，架起了大苏州的都市框架。南京城墙内的老城空间面积只有 40 余平方公里，实施跨（长）江发展战略后，加快建设一城（河西新城）三区（东山、仙林、江北），主城的空间则扩大到了 400 平方公里。② 这种空间的扩展和重组的速度是前所未有的，不仅加快提升了城市的竞争能级，也使原有的空间资源、产业资源以及生态资源得到了合理的配置，促进了城市自身和周边区域的可持续发展。

---

① 自 20 世纪 90 年代以来，在众多关于城市空间的研究成果中，有两个比较明显的路径取向，其一是关于多个城市体之间空间结构关系的研究，其二是单个城市体城市内部空间结构及其演变研究。20 世纪 90 年代初武进在其博士论文《中国城市形态、结构、特征及其演变》一文中，通过对中国数百个城市空间形态及其结构特征总结归纳的基础上，指出中国城市空间形态发展呈现出从同心圆层式扩展形态走向分散组团形态、轴向发展形态乃至最后形成带状增长形态的发展特色（武进，1990）；1994 年胡俊的博士论文《中国城市：模式与演进》则是系统地阐述了中国各个主要历史时期城市空间结构发展演变的各类影响因素及其作用方式，揭示了各个历史时期城市空间结构的主要模式，以及现代城市空间结构的基本模式（胡俊，1994）；黄亚平则总结了中国常见的城市空间结构类型为七种：环形加放射的圈层式结构、连片带状结构、连片定向轴线结构、连片放射状结构、细胞状结构、中心城与反磁力中心组合结构、混合结构（黄亚平，2000）；朱喜刚的博士论文《城市空间集中与分散论》提出了有机集中的空间结构理想模式（朱喜刚，2002）等等。
② 李程骅：《城市空间重组的产业动力机制》，《南京师大学报》2008 年第 4 期。

二、城市空间结构的经典理论认知

集聚与扩散是城市空间运动的基本规律，影响与型塑着城市的演变方向与发展轨迹，但是受制于不同的自然地理条件、经济社会的资源禀赋差异，城市在空间结构形态上表现出极大的差别。城市规划学、人文地理学以及城市经济学、城市社会学等学科在描述城市空间形态特征时发明了"区位"概念。作为空间具体化的实践场域，关于城市空间的选择，首先表现在区位上。区位概念源于德文的 standort，是1882年由 W. 高次首次提出，在1886年被译为英文"location"。区位与位置不同，既有位，也有区，还有被设计的内涵。区位的主要含义是人类活动（人类行为）占有的场所，但也含有"位置、布局、分布、位置关系"等方面的意义。在解决城市发展的各种问题过程中，学者们以空间运动规律为基础进行研究，形成了城市区位及其相关理论。区位理论实质上就是关于城市地理空间的一种理论视角，它首先要解决的是人类生产活动空间配置规律问题。不论是杜能的农业区位论、韦伯的工业区位论，还是廖什的市场区位论或克里斯泰勒的中心地理论，都是在探索经济发展的城市空间结构及其规律。与注重工具化、技术化取向的自然科学有所不同，20世纪30年代城市社会学的芝加哥学派独树一帜，运用社会学的方法开始关注人类的居住区位。以帕克为首的芝加哥学派把区位研究的视野从生产领域转移到生活领域，用社会学知识研究、分析人类的择居行为，即住房选择行为，并初步解释了人类住房选择的内在机制。伯吉斯的同心圆理论、霍伊特的扇形理论以及哈里斯和乌尔曼的多核心理论为人们研究城市居民的住房消费、居住空间选择提供了新视角。

同心圆理论是由伯吉斯（E. W. Burgess）于1925年在《城市社会学》一书中提出来的。[①] 它是对芝加哥城市土地利用整体空间结构分析后总结出来的，也是第一次以社会学的角度来审视居住空间与商业区位、工业区位、城市交通区位的关系等，探索不同社会阶层的空间分布规律。伯吉斯以芝加哥作为案例，用社会生态学里的入侵和承继

---

① Burgess E W. The growth of the city [C] // Park R E, E WBurgess, R D Mckenzie (eds.). *The City*. Chicago: University of Chicago Press, 1925: 47—62.

（Invasion – succession）概念来解释土地利用在空间上的排列形态。基本模式为城市各功能用地以中心区为核心，自内向外作环状扩展，共形成 5 个同心圆用地圈层结构（参见图 1 - 1）。从生态过程看，伯吉斯空间利用结构的同心圆模式是竞争、支配、入侵与接替的结果；从社会过程看，低收入阶层不断向外扩展，迫使高收入阶层向更外围的地区迁移，形成了城市内部空间的演替过程。城市空间结构在居民社会活动向心力、离心力与专门化的作用下，导致了地域空间结构的分异，形成了空间分离。各个地带间不断地侵入与接替，使得城市从中心向外围呈环状扩张侵蚀，并实现功能接替。在这一动态的空间结构变迁过程中，城市的规模在不断地扩大，城市的空间活动分布在不断地变迁。

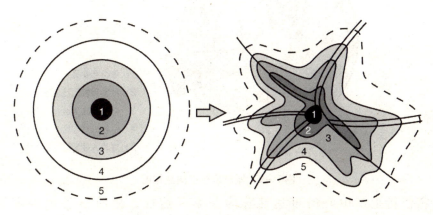

1：中心商业区　2：过渡地带　3：工人阶级住宅区
4：中产阶级住宅区　5：高级或通勤人士住宅区

图 1 - 1　城市空间同心圆结构图

伯吉斯的同心圆理论第一次直观简洁地论述了城市地域结构的空间规律，并成为城市社会学者进一步探讨居民空间居住规律的起点，具有鲜明的开拓性。同心圆理论的五环模式基本符合单核心城市的特点，后来被称为"摊大饼"式的城市扩展方式的广为流行，也证明了这一理论的前瞻性。但是该理论的过于简洁和理想化为批评者所诟病，指责其弱点是忽略了交通道路、自然障碍物（河、湖等）、土地利用的社会文化和区位偏好等方面的影响，与实际有一定的偏差。

芝加哥学派的霍伊特（Homer Hoyt）在同心圆理论的基础上于

1939 年提出了扇形理论。霍伊特的扇型理论来自于他对美国 64 个中小城市及纽约、芝加哥、底特律、华盛顿、费城等城市的房租所进行的趋势分析。就研究对象的数量看，他对美国城市空间结构的研究更具有普适性。事实上，该理论也是对同心圆理论的一次重大修正与突破，它充分考虑了交通线路、自然障碍对城市空间结构的影响。扇形理论的核心是各类城市用地趋向于沿主要交通线路和沿自然障碍物最少的方向由市中心向市郊呈扇形发展。

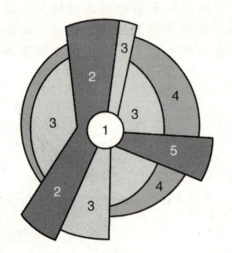

1：中心商业区
2：批发和轻工业区
3：低收入住宅区
4：中收入住宅区
5：高收入住宅区

图 1-2　城市扇形空间结构图

霍伊特把市中心的可达性称为基本可达性，把沿辐射状运输主干线所增加的可达性称为附加可达性。轻工业和批发商业对运输线路的附加可达性最为敏感，多沿铁路、水路等主要交通干线扩展；低收入住宅区环绕工商业用地分布，而中高收入住宅区则沿着城市交通主干道或河岸、湖滨、公园、高地向外发展，独立成区，不与低收入的贫民区混杂。把居住区域类型分为低级居住区、中级居住区与高级居住区，这是同心圆理论与扇形理论的共同之处，但是后者是带状分布，而前者是环状分布。中等居住区在高租金居住区的两边，并作为高租金带与低租金带之间的缓冲区。高租金是由富裕阶层的高级居住区沿便利的交通向外延伸，或向风景秀丽的河岸、湖岸、海岸延伸，或趋向银行、事务所和高级商业中心，或趋向于社会名流的住所。

在霍伊特的理论模型中，我们同样可以看到城市扩张中侵入与接替对居住区域变化的影响。当城市人口增加，城市用地需要扩大，高收入的人就从原居住区搬迁到新的声望更高的地方，原来的高收入住宅区的房产变为低租金的住宅，供贫民居住，出现土地利用的演替。但大部分低收入阶层，由于经济和社会因素的理智的内聚力，很难进入中产阶级和高级住宅区居住，只能在原有贫民区的基础上向外作条带扇形状延伸发展，因此，城市各类土地利用在空间上呈现出扇形结构。

就理论内容而言，霍伊特的扇形理论流淌着伯吉斯同心圆理论的基因。它们之间有着明显的承继关系，扇形理论更多的是对同心圆理论的改进与修正。但扇形理论把交通线路作为影响城市地域空间结构分布的一个重要因素，并以此为基础，根据城市不同区位的房租来研判城市居民的空间居住规律，较之同心圆理论，这无疑是一次重大的进步。同心圆理论更多的是依托于伯吉斯个人敏锐的观察力，它所进行的是一种主观经验上的判断；但霍伊特摆脱了对经验的依赖，在提出了理论模型的过程中，还发展出理论分析的指标，即交通线与房租，使得人们对空间结构的分析变得可操作化、可度量化。更为准确地说，伯吉斯的同心圆理论是一种定性分析，而霍伊特的扇形理论是定量分析。尽管霍伊特的理论模型也并不尽如人意，但这种研究方法、研究思路的转变，为城市居民空间结构的研究拓展了新的方向。

多核心理论最先是由麦肯齐（R. D. Mckenzie）于 1933 年提出，然后被美国地理学家哈里斯（C. D. Harris）和乌尔曼（E. L. Ullman）于 1945 年在《城市特征》一书中加以发展的。该理论与同心圆理论、扇形理论相同的地方在于都认为中心商务区是城市的核心。但是在同心圆理论与扇形理论中，都默认城市只有一个中心商务区，即单核心的中心商务区。而多核心理论则强调城市土地利用过程中并非只形成一个商业中心区，而会出现多个商业中心。其中一个主要商业区为城市的核心，其余为次核心。这些中心不断地发挥成长中心的作用，直到城市的中间地带完全被扩充为止。而在城市化过程中，随着城市规模的扩大，新的极核中心又会产生。

城市是由若干不连续的地区组成的，这些地域分别围绕着不同的核心而形成与发展。在多核心理论中，共列出了 9 种土地空间利用模式。在这些土地利用类型中，有 5 种是与同心圆理论、扇形理论相同的。不同之处在于，多核心理论增加了重工业区、卫星商业区、近郊居住区与近郊工业区。从模型的完备性与复杂性看，多核心理论具有更大的现实性，其新增加的 4 个类型也正是形成其新的亚核心的基础。

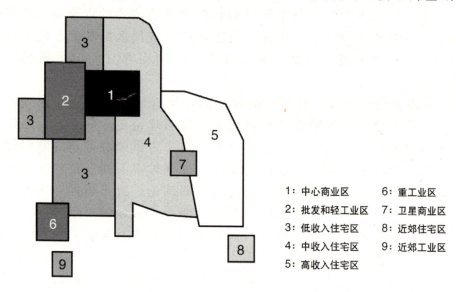

1：中心商业区　　6：重工业区
2：批发和轻工业区　7：卫星商业区
3：低收入住宅区　　8：近郊住宅区
4：中收入住宅区　　9：近郊工业区
5：高收入住宅区

图 1-3　城市空间多核心结构图

但是多核心理论并不是对同心圆理论、扇形理论根本上的否定，事实上，它是对前两个理论的发展。这三个理论都把城市居民的居住类型分为三种，但以多核心理论的类型划分最为明确：它直接把城市居民居住空间按照收入高低分为低收入居住区、中收入居住区与高收入居住区。低收入阶层居住区靠近中央商务区、批发商业区和轻重工业区，中等收入阶层住房和高收入阶层住房偏向城市的一侧，并共享城市的次中心。从多核心理论的研究方法看，它采用的也是一种定量分析方法，这种定量分析法正是霍伊特所开创的基于地租理论，只不过哈里斯与乌尔曼在此基础上又引入了地价而已。在该理论中，支付租金能力高的产业位于城市中心部位，其余是批发业和工业以及高密度的住宅区。多核心理论没有假设城区内土地是均质的，所以各土地利用功能区的布局无一定顺序，功能区面积大小也不一样，空间布局具有较大的弹性，尤其是那些由几个小市镇扩展合并而成长起来的城市。但是，这些不同的区域都围绕着一定的核心而形成与发展，即每一个次区域都有一个相应的亚核心。当然，在多核心理论中，不同的核心是有等级上的差异的。中心商务区是整个城市的核心，而其他区域性的商业中心只能成为亚中心。

芝加哥学派在城市居民居住的空间结构分布规律上提出的同心圆理论、扇形理论与多核心理论，并非是彼此不相关联的理论，事实上，这三个理论是一个前后相继的发展过程，它们有一个共同的研究主题，即城市居民居住区的空间分布状况是以居住区为本的。伯吉斯的同心圆理论以芝加哥城市居民的空间分布现状为基础，采用单样本定性研究方法，提出了一个初步的城市居民空间分布结构模型；霍伊特的扇形理论则以全美64个城市的房租资料为基础，结合城市交通线情况，采用定量分析的方法对城市居民的空间分布状况作了量化的分析；而哈里斯与乌尔曼的多核心理论在研究方法上继承了霍伊特的定量分析法，在研究主题上与前两个理论一脉相承，对城市居民的空间分布规律作了更为具体的量化研究。从总体上看，这三个理论经历了从定量到定性、从简单到复杂、从抽象到具象的一个变化过程，理论的适用性在不断地增强。即使以今天的视角来看，尽管这三个理论仍然存在种种不足之处，但仍然给当今研究城市空间变化以莫大的启发。

事实上，城市空间是一个动态发展的过程，它的结构也随着产业空间、城市经济社会的变迁而进行持续地调整与再构。从西方城市空间演变的逻辑来看，城市空间形态随着城市化进程、工业化变革以及技术科学的进步而不断地突破既有的发展形态，以适应快速变化的经济社会形式与趋势。在城市化水平较低、城市发展的初级阶段，每一个城市基本上都是只有一个中心，表现出单中心城市空间结构。通过发挥单中心的集聚效能，能有效地降低经济社会活动地距离的成本和费用，实现生产效率的最大化。但是，随着城市化水平的不断提高，单中心城市集聚的人口和经济规模越来越大，当城市的空间规模达到一定的临界状态时，由于承载力有限，单中心的集聚效能由经济转向不经济，迫切需要在城市的空间范围内寻找新的生长点，以促使城市资本、产业等构成要素在空间上的合理流动与配置。特别是当达到城市规模容纳的极限时，就不得不建设新的城市中心，推动城市空间结构的调整，以促进城市持续发展，从而在经济社会变迁的压力下形成了多中心的城市发展模式。比较典型的如新加坡的新加坡河畔更新，英国泰晤士河旧码头区改造，以及20世纪90年代上海浦东的开发等等，都是由于经济、产业的发展推动了城市空间的再造，使得城市形态由单中心转向多中心发展，促进城郊空间的一体化。

以中国的城市空间定位而言，1978年改革开放前，由于经济、技术条件的限制，中国城市工业一般建设在交通较为畅通发达与各种基础设施较为完善的城市中心地段，大多数城市形成单中心集聚发展的城市空间格局。但是，这种计划性的单中心城市空间发展模式也存在诸多隐患，例如城区土地利用不集约和污染扰民等负面因素。随着市场经济体制的确立和城市化进程的不断加快，导致了城市人口不断增长，城市各种功能日益复杂。单中心的城市空间结构已经不能适应新时期城市特别是大城市、特大城市的发展。一方面，城市空间与功能布局的单中心集聚非常容易导致环境恶化、交通拥挤、住房紧张等诸多城市病的出现。另一方面，以服务业为主导的新兴产业的发展以及新的市民生活、消费等行为方式，也使得传统的单一的以商业为主导的城市中心区无法满足新的经济社会发展需求，新的形式呼唤新的产业空间，也呼唤新的城市空间结构。在20世纪80年代，工业污染、扰民问题引起社会重视，搬迁、治理污染扰民企业以及对城市工业"大而全、小而全"体制的缺陷进行改革、重新调整工业布局成为该时期中国城市工业离心化和郊区化发展的最主要动力，并初步形成了城市空间发展的新中心。到了90年代，工业郊区化继续获得发展，出现大规模企业搬迁现象，特别是城市土地有偿使用制度改革，企业通过转让原址获得资金补偿，大大提高搬迁积极性，以及伴随城市中心城区"退二进三"产业结构调整所进行的功能置换成为工业郊区化发展最典型的动力。21世纪初，国家推动了新型工业化与城市化的发展战略，城市中心城区的第二产业继续向城郊转移，以及几乎同时飞速发展的房地产业共同推动了大中城市从单中心向多中心的城市空间转变，城市的空间形态发生深刻变革，并且产生了类似美国东海岸与西海岸的大都市连绵区。以经济发达的珠三角和长三角地区为例，在10多年前，各城市之间还是处于相对的空间隔离状态，城市之间的铁路、公路两旁是一片片工厂，产业空间与城市空间是有明显的边界的，但到了近几年，伴随着大型现代化厂区的更新，多数跨国公司的制造基地、研发基地在这里落户，厂区逐步社区化、街区化，就形成了靠交通线连接起来的城市走廊，如今在广深高速公路两侧、从上海到常州的沪宁高速公路两侧，人们看到的是一个个大企业集团的主题街区、一幢幢集商务、办公、研发为主导功能的大楼，产业空间与城市空间基本一体化了，甚至在原来介于上海与昆山之间数十公里的花桥小镇，也因为周围跨国公司工厂密布，对商务服务需求的低成本市场大而兴建了原来只可能在特大城市中心出现的商务集中区。可见，产业空间与城市空间的扩展，在速度、规模上都存在一定的对应关系。但是，在连绵的都市带出现，城市空间从原来的封闭转变为开放、动态的结构后，仅靠传统的社会学经典理论是无法作出解释的，也不适合指导城市的空间规划和商业、制造业的布局，因此，从产业经济学尤其是从产业集群、产业链构建以及产业空间一体化等新的学术视角，来探寻城市空间和产业空间扩展的新趋向，就可以对当今城市空间结构的快速变化的动力因作出更加科学的解释。

第二节
城市空间重组下的产业空间演化

一、推进城市空间重组的产业力量

城市与乡村最大的区别就是空间上的集中与分散，城市空间是二三产业发展的空间载体，它的区位与规模制约着城市产业的量能与结构；而二三产业是城市空间的内容，表现了城市空间的经济形式。现代经济学理论认为，城市空间扩大与建设是一个不断发展、不断完善、不断更新的过程。城市是现代区域社会经济要素及产业发展的核心空间载体，产业结构的调整与优化是推动城市空间整合与发展的核心动力，现代城市空间发展的过程就是产业结构持续优化与升级的动态变化过程。随着城市社会经济的升级更新，人口、社会、文化、政治等方面因素的变革与发展都会对城市空间布局、用地结构的构成、功能结构的变化产生巨大的影响。城市空间发展与城市产业结构的重组息息相关。城市产业经济既是城市生存发展的原动力，也是影响城市形态变化的内在动力。产业发展是城市空间形态变化的动力，而城市空间形态则是城市产业发展的基础。作为城市产业动态发展过程体的城市空间载体，随着社会、经济、科技等方面发展进步以及人与自然关系的修正，在城市发展过程中，不断得到完善与整合。①

　　城市发展和工业化在时间和空间上总是相伴而生的，工业化阶段是城市空间结构和规模变动最为剧烈的阶段。经济功能是城市空间结构演化的主要驱动力，城市的空间形态以其独特的方式记录着城市经济产业自身发展的历史脉络。在一定程度上，城市经济社会功能分化和多样化活动所造成的土地利用差异的地域结构就是城市空间结构的体现。城市产业的集聚与发展对包括外部形态和内部结构的城市空间产生巨大影响。作为城市空间演化的直接动力的城市经济功能，它的演替过程直接推动空间结构随之动态变化。土地利用空间结构是城市空间结构的重要体现，由于土地无可替代的承载作用以及不可避免的禀赋差异，土地利用空间结构与城市空间结构其他组成部分，如产业布局空间结构、人口分布空间结构、服务设施空间结构都存在着显著的互动影响。工业化是现代城市化的主要驱动力，城市化也是工业化的直接结果，因此，现代城市形成与发展过程中，无不都打上了工业化的烙印。从中外城市空间结构看，这种烙印在城市的空间布局与结构上有着直接的显现，如果说最初的城市是出于对神灵的崇拜以及军事防御之需而建的，只是"城堡"而非是市民占主体的城市，与产业的关联度还不是很高，那么后来伴随着农业和手工业的分工，城市发展的动力取决于市场以及市场中的交易活动。② 而到了工业社会后，矿产资源的开发、运输港口的兴盛造就了一批新型的资源型城市和港口城市，制造业的规模和水平决定了城市的发展能级和集聚力。当人类

---

① 陈林、涂欣：《新型工业化战略背景下城市空间整合研究》，《福建建筑》2007 年第 9 期。
② ［美］刘易斯·芒福德：《城市发展史——起源、演变和前景》，宋俊岭等译，中国建筑出版社 2005 年版，第 538 页。

进入后工业社会之后，信息化改变了社会组织形式，高端服务业成为提升城市空间价值的主导力量，虚拟的空间连接形式进一步强化了产业、市场要素的集中，城市空间的集聚范围放大到整个世界。

在 21 世纪刚刚来临之际，面对着后工业化、信息化社会，托马斯·弗里德曼向人们隆重提出，"世界是平的"，不再有形形色色的"隔离墙"，资本、技术、信息、产业等各种资源要素在全球化的范围里自由流动。与此同时，不甘寂寞的安东尼·范·阿格塔米尔则说，世界是新的，各种新兴经济体在未来的世界中将扮演越来越重要的角色。事实上，无论世界是"平"的，还是"新"的，都指出了当今世界正在经历深刻的产业结构与空间资源的全球性配置与重组。"平"的世界为人类创造了各种资源流动的无障碍空间，而"新"的世界则意味着权力在全球空间范围内的再分配。资源与权力在空间上的流动与重组是当前世界范围内经济全球化和信息技术的成熟发展，以及资本与劳动流变动的加剧等众多因素综合促成的全球生产活动的分散化重组。在产业结构上，一方面是工业、制造业等劳动密集型产业向发展中国家转移，造成西方城市普遍"去工业化"，另一方面是"生产者服务业（也称生产性服务业，包括商业、银行、传媒、金融等）在"全球城市"的空间场域内集聚，并发挥全球性的管理控制功能。全球范围内的经济分工与产业结构的转变，使得城市空间的外部形态和内部结构也在全球范围内进行重组。[①] 不难发现，在信息时代的后工业社会，产业结构与城市空间重组基本上遵循着这样的逻辑：技术进步与经济增长—区域产业结构转型—城市经济功能更新—空间结构重组。这一产业变革与城市空间重构的逻辑既体现在发达经济体的世界性城市中，也在类似"金砖四国"等新兴经济体的现代大都市中得到显著表现，这表明产业经济的规模不断提升、产业持续升级是推进城市和大都市

---

① 李志刚、吴缚龙、高向东：《"全球城市"极化与上海社会空间分异研究》，《地理科学》2007 年第 6 期。

空间变革的主导力量。①

　　交通网络是城市的血脉，促使大城市、大都市的地域空间结构的形成，并表现出明显的轴线、圈层和网络化特征，产业空间、居住空间往往是沿交通轴线朝外延伸，产业转移带来的是生产与管理的分工，生产加工基地向郊区分散，而管理中心往往继续保留在原来的主城空间，这样就强化了城市不同区域的空间功能，促进了城市空间的有机化扩展。在经济全球化的背景之下，跨国公司按城市的辐射能级来进行战略布局，使高新技术群落在中心城市和次级中心城市的外围逐步形成，快速建立起沿交通轴线的相关产业链布局模式，形成强大的聚集与扩散效应，以主城区或中心城市为核心的技术研发、配套合作的制造业和服务业企业群，成为带动经济发展的巨大引擎。这样，在一个大都市的空间中，或在一个大都市带，产业催发市场，市场带动产业，市场与产业联动，就形成了产业空间密集带，而这个产业空间密集带在引入了服务业、公共配套设施之后，就逐步升级为有机的城市空间。北京的石景山、上海的漕河泾、南京的江宁开发区、苏州的新加坡工业园区等，原来都是工业区，只是城市外围的产业空间，后来在快速交通体系与主城对接，各种生活、教育、文化设施配套到位之后，逐渐融入了主城空间。

　　由产业发展带来的产业集聚，由产业集聚形成相对一体化的产业空间，产业空间经过"再城市化"或深度城市化，上升为更有价值和归属感的城市空间，这是产业发展推进城市空间扩展的一条基本路径。但不同形式的产业组织形式、不同的产业门类以及产业规模，所带来的"扩散—集聚"的规律也是有差别的，就像城市空间扩张有"摊大饼"、有带状、有点轴结合等形式一样。综合工业化及后工业化时代的中外城市产业空间的生长、扩散的趋向，主要有以下类型：一是均

---

① "金砖四国"是指巴西（Brazil）、俄罗斯（Russia）、印度（India）和中国（China），将它们的英文起首字母组合起来为BRICs（发音类似英文砖块）。最早提出"金砖四国"这一概念的是高盛证券公司。2003年10月1日，高盛公司发表了一份题为"与BRICs一起梦想"的全球经济报告。高盛估计，巴西将于2025年取代意大利经济位置，并于2031年超越法国；俄罗斯的经济状况将于2027年超过英国，并于2028年超越德国。到2050年，世界经济格局将会剧烈洗牌，全球新的六大经济体将变成中国、美国、印度、日本、巴西、俄罗斯。届时，现有的六大工业国将只剩下美国与日本。

匀扩散型。以主城区为核心，规划性不强地向城市周边地区扩展，并往往和住宅区、商业服务区同步外延扩散，立足点是强调交通、生活的经济性。在工业化的初期阶段，这种类型的扩散最为普遍。20世纪80～90年代前半期，中国大多数城市在办企业、上项目时，基本是离市中心越近越好，因为那时的快速交通体系尚未形成，企业的规模也不大，产业集群的态势尚未显现，政府、企业主管部门主要考虑眼前的经济性和方便性。这种扩散类型虽然快速放大了城市的半径，但却未形成有机的城市空间，拥挤、污染等弊病也马上显现，短短几年后就不得不二次搬迁，进行空间再置换。二是轴向扩散型。产业空间受交通条件、地理条件的限制，并按照城市不同功能区的规划，通常沿着交通线的方向向外扩散，现代产业的布局尤其强调这一点，以有利于产业集群的形成，并和外围城市、整个大都市圈形成产业链，强化产业空间的开放性。在珠三角地区，广州的产业空间先期沿广佛高速公路布局，后来向广深、广花高速公路布局，比较明显地体现了这种扩散趋势。三是点轴结合型。产业空间沿城市的纵向或横向的交通主轴布局，而一旦产业规模扩大或产业集群形成后，就以新的产业空间原点放射性地向外扩散，形成一个相对独立的产业空间，随后演化为城市的副中心。很多大型市场、商业的布局，最能体现这一点。四是点状融合。城市外围的资源型企业、高新技术产业园，在发展初期其产业空间是游离于城市空间的，但随着自身规模的扩大以及产业集群的形成，并同步规划建设配套性的服务业体系，建立起与主城对接的快速交通体系，自身就渐渐成为行政空间或郊区的次级中心，以快速可达性、公共设施与服务功能的完备性与主城形成一体化的空间。一般来说，伴随着城市规模的不断扩大，特别是都市圈以及连绵都市带的形成，产业空间基本呈现出点轴结合、点状融合的趋势，以与城郊一体化的空间或大都市走廊形成融合之势，并反过来进一步带动产业集群的扩大，催生新的产业，促进产业升级与城市空间优化的良性互动。

从产业经济学和空间经济学的角度来看，产业集群、产业带与城市空间的关系，主要体现在产业布局上，而一个地区产业布局的变化，往往直接影响着城市空间的形态的变化。专门研究产业空间分布规律的产业布局理论，最早发端于德国经济学家杜能的农业区位理论，随后韦伯把它应用到工业的发展上，接着，费特、奥林、克里斯泰勒以及廖什等人，立足于城市地区审视产业发展的规律，追求市场的扩大，注意市场区划和市场网络的合理结构。后来的增长极理论、点轴开发理论等，无不立足于城市或城市郊区的空间。到了20世纪30年代初，伯尔蒂尔·俄林提出的生产要素比率理论，用比较优势来分析产业空间与所处的大区域空间的不断重组的必然性。他认为在同种商品不同区域的生产函数不变的情况下，比较优势的产生是由于：①各区域生产要素禀赋比率不同；②不同的商品需要不同的生产要素搭配比例。在一定区域范围内，随着工业化程度的拓展和工业化范围的延伸，必然导致区域内各空间子系统突破自身传统边界，实现空间子系统的重组，这一过程就是空间经济一体化。到了弗里德曼（J. Friedmann）时代，他进一步将产业发展带来的空间一体化演化过程概括为四个阶段：第一阶段是不存在等级的独立地方中心阶段。这是前工业化社会特有的典型空间结构。每一个城市坐落于一个小面积地区的中央，腹地范围小，增长潜力很快就告枯竭，经济停滞不前。第二阶段是单一强中心阶段。工业化初期所具有的典型结构，城市边缘区开始出现。由于拥有企业家素质的人才、知识分子和劳动力大量迁至中心，中心以外的其他地区的经济会遭到沉重打击。边缘区域的长期停滞可能会导致社会与政治动荡。第三阶段是全国中心城市与实力强的边缘次级中心共存阶段。这一阶段是工业化迈向成熟的第一步。战略次中心得到开发，因而使得全国的边缘区域范围缩小，大城市间的边缘区域更易管理。边缘区域的重要资源被纳入国民经济的生产性循环，国家中心的膨胀问题得以避免。国家增长潜力提高，但在大城市之间的边缘区域依然存在贫困与文化落后问题。第四阶段是功能相互依存的城市体系形成阶段。城市等级体系形成，交通网络发达，边缘性基本上消失，区域体系最终演变为良好的综合体。这种网络化的空间组织类似于克里斯泰勒提出的中心地市场网络结构。城市间的边缘区将逐步纳入其临近的城市经济中。区域一体化、布局效率高、增长潜力最大化与区域差异最小化等空间组织目标已经出现。[①] 到了这个阶段，实际上是每

---

① Friedmann J. *Urbanization, Planning and National Development*. London: Sage Publication 1973.

个区域空间功能定位比较科学，且各空间单位形成有机联系的都市圈、都市带的一体化时代，只有到了这个阶段，产业空间与城市空间才没有明确的界限，产业发展与城市扩张带来的生态、人际、就业、生活等和谐问题，才能有一个系统的科学的解决方案。

二、中外城市的产业空间变迁规律

现代城市的空间变革，得益于渊源创新的产业动力。工业革命催生了现代城市，同步带来的商业业态变革造就了新的商业中心，确立了以商业、商务为主导的城市中心区格局，而汽车社会、轨道交通则为原来隔离的产业空间融入城市空间创造了条件，同时为产业空间的持续外延提供了必要条件。弗里德曼（J. Friedmann）的产业发展空间一体化理论，实际上也是工业革命以来的城市空间与郊区空间、近邻空间一体化过程中集聚—分散—再集聚—再分散的形象展示。在世界城市化水平最高的区域、经济和产业水准最高的大都市，其产业空间的变迁规律，无不体现出产业空间与城市空间互动推进的自组织能力。

城市空间之所以对生产要素的集聚力大于周边空间，就是因为大城市属于高区位区，投入和产出的效益比较高。因此，在传统的区域发展理论中，比较有代表性的增长极理论认为，经济增长并非在空间上均匀分布，而是以不同的强度率先出现在部分增长点或增长极上，然后通过不同渠道向外扩散，并对整个经济空间产生不同的影响，也就是说并非所有产业都有相同的发展速度，在不同时期快速增长的往往是主导产业，然后波及其他产业和企业，形成一个快速增长的中心地，这就是区域的增长极，也可以说是城市的产业空间。而现代的产业集群理论则认为城市或区域的空间增长，更应重视制度的力量和技术创新的力量。迈克尔·波特（Michael E. Porter）在 1998 年发表的《集群与新竞争经济学》一文中认为，集群式特定产业中互有联系的公司或机构聚集在特定地理位置的一种现象，包括了一连串上、中、下游以及其他企业或机构。集群通常发生在特定的地理区域，产业因地理因素集中，集群由地理接近，在生产效率和创新利益提高的同时，交易费用得到降低。集群化是产业呈现区域集聚发展的态势，产业集群是指集中于一定区域内特定产业的众多具有分工合作关系的不同规模等级企业及与其发展相关的各种机构、组织等行为主体，通过纵横

29

交错的网络关系紧密联系在一起的空间集聚体，代表着一种介于市场和等级制之间的一种新的空间经济组织形式。产业集群作为产业、人口、居住、信息、基础设施等要素构成的非平衡体，在纵向、横向的联系中，不断体现出对内部各要素的整合功能，以实现自身结构的自组织及有序化发展，促进不同功能的产业空间的分化，并按照地价来优化各自的布局、形态。正是产业集群发挥的整合功能，才促进了现代城市空间结构的开放性，一方面在更大的空间范围内细分城市的价值功能区，另一方面促进城市中心或副中心形成管理总部、金融服务、商业服务等为主导的价值高地，优化了城市的空间布局，提升了城市的效能。如果以世界大都市产业空间的演化过程来验证，就会更清晰地发现这种产业空间与城市空间的变迁的规律。

　　纽约是美国的经济中心，主城空间由五个城区组成，即曼哈顿、布朗克斯、布鲁克林、昆斯和里士满。纽约最早是一个商业城市，是一个运送农产品的港口和接受世界移民的中转站，但是在 19 世纪中叶工业革命的推动下，纽约制造业迅速崛起，到 19 世纪末已经成为美国工业制造业中心之一，制造业的增长势头一直持续到第二次世界大战结束后。当时，根据纽约自然资源贫乏而劳动力充足、资本充足的特点，纽约制造业形成一些自己的特点，主要以劳动密集型、资本密集型的轻工业为主，并且门类较为齐全，典型的部门有服装鞋帽、印刷、皮革、食品加工、机械制造等产业。到了 20 世纪 50 年代，新技术革命使美国城市经济发生了巨大变化，最为典型的是白领就业人数超过了蓝领，美国走进了丹尼斯·贝尔所说的"后工业社会"。这种变迁在纽约得到了最为充分的表现，从 20 世纪中期开始，纽约就开始了产业结构的转型。一方面，自 40 年代末开始，传统的工业制造业开始衰退，至 70 年代这种衰退表现得最为剧烈，仅在 1969—1977 年期间，制造业工作岗位就减少了 30 多万个。另一方面，以金融、保险、国际商务等形态涌现的服务业开始了在纽约的大规模集中。纽约经济结构的转向与集聚，使得纽约作为国际商务中心、金融中心、公司总部中心的地位更加牢固，不仅积聚了面向全球市场的最先进、最完备的生产服务业体现，而且保持了在快速发展的全球经济中的神经中枢的地位。在产业构成上由制造业经济转向服务业经济，大多数劳动力不再从事农业或制造业，而是从事服务业；在职业上，专业与技术人员成为社会的主要职业集团，白领相对于蓝领、经理人员专业人员相对于手工劳动者取得主导地位等等。这些变革标志着纽约经济结构的转型开启了信息时代后工业社会新型经济结构的窗口，实质上是一次后工业化转型。

随着制造业就业人员减少，服务业就业人员增加，尤其是以生产服务业为龙头，形成了极具辐射力的服务输出中心，纽约完成了产业结构的后工业化转型。与此同时，纽约产业结构的变化对城市空间体系产生了巨大影响，突出表现在曼哈顿与其他四个城区之间形成了新的功能分工。曼哈顿的全美经济中枢的地位得到了进一步强化，在失去了 139000 份制造业工作岗位的同时，又吸引了更多的白领公司的涌入，曼哈顿兴起了办公大楼建设热潮。仅在 1981 ~ 1984 年期间，办公大楼的建设面积就达到了 2200 万平方英尺，曼哈顿成为后工业经济的理想基地与试验田。① 曼哈顿作为摩天大楼林立、商务机构遍布、联系遍及全球、业务昼夜不息的商业和金融中心的地位更加显著与稳固。在产业结构转型期间，曼哈顿的地价更加昂贵，外表更为华丽。生产服务业的聚集、交通通讯手段的更新，强化了曼哈顿所固有的高度集聚性、高度枢纽性、高度便捷性和高度现代性等特征，使曼哈顿成为当之无愧的纽约市、纽约大都市区以及全美经济以至世界经济的核中之核，城市空间的价值更高。

产业的升级带动城市空间价值的提升，也表现在伦敦、巴黎、东京等国际性的大都市身上。作为人类历史发展进程中第一个进行和实现工业化及现代化的国家，英国的工业化革命不仅使一个岛国成为"世界工厂"与主宰世界事务的"日不落帝国"，而且也开创了一条工业化与城市化相结合，以工业化重塑城市发展空间的城市化道路。就伦敦而言，其作为城市的概念是不断放大的。现在的伦敦主要包括三个层次：一是伦敦城，由一个自治性机构管辖，包括伦敦旧城地区的 25 个区，日常就业人口约 35 万；二是大伦敦市，由伦敦市政府管辖，主要包括从伦敦城市中心半径 20 ~ 25 公里范围内绿化带以内的地区，约 1580 平方公里，2000 年的居民人口约 70 万；三是管理松散的以伦

---

① 姜立杰、黄际英：《论 20 世纪七八十年代纽约市产业结构的转型》，《东北师范大学学报》2001 年第 2 期。

敦为核心的英国东南部城市化地区，人口约 1700 万。这三个层次，是大伦敦的三重城市空间，这三重空间的确立也是产业升级带动下的伦敦城市空间的有机化扩展的过程。自工业革命以来，工业一直是英国城市发展的主要动力之一。伦敦推进快速工业化和城市化主要是在 19 世纪到 20 世纪 30 年代末期，大伦敦地区的人口达到顶峰。资本主义工商业在伦敦城的集聚从根本上改变了伦敦城市的空间规模与布局结构，城市空间早就超越了"伦敦城"的限制，形成多中心的城市发展格局。第二次世界大战后，在伦敦进行了恢复性增长和经济结构的重大转变的同时，面临着住宅问题、交通问题、环境问题、区域成长不平衡以及城乡矛盾等城市问题，为此，伦敦开始了大规模的新城建设。经过数百年的发展，伦敦形成了以通用机械与电机著称，涵盖飞机、精密仪器、汽车、炼油、化学、服装、造纸、印刷、食品、卷烟等在内的工业体系，大伦敦的工业从业人员占英国从业人员的六分之一。工业用地在伦敦城市用地中占有重要比重，其空间布局也对城市空间结构发挥着重要影响，尤其在城市中心的外围地区以及铁路、公路、河流沿线，由于发展空间广阔、交通条件便利，工业企业大量聚集并呈蔓延发展态势，形成传统工业聚集区。20 世纪 60 年代中期，伦敦沿三条主要快速交通干线向外扩展，在其终端分别建设三座具有"反磁力吸引中心"作用的城市区域；自 90 年代中后期，伦敦又沿泰晤士河构建 30 英里长的多中心发展轴线，使城市得以在更大范围内解决伦敦及周边地区经济、人口和城市的合理均衡问题。与此同时，在信息技术、新经济的推动下，伦敦的经济结构也发生了深刻的变革。目前，大型工业企业已经搬离了城市中心区，形成了以金融、贸易、旅游等第三产业为主的产业结构，商业、金融服务部门和其他一些高科技支撑的产业创造的就业占到全市三分之一，创造出 40% 的财富。以知识密集型、高附加值为主要特征的第三产业的高度集聚使得伦敦中心区的办公楼闲置率大幅下降，商业用房租金价格节节攀升，推动商业成本不断上升。就空间形态而言，伦敦形成了主城与新城共同发展，主城中心区以第三产业为主，现代工业在新城分布的空间格局。

巴黎的城市空间结构与纽约、伦敦不同，长期以来是单中心主导型的。自中世纪以来，巴黎就是法国的中心，也是欧洲大陆的中心。19 世纪，巴黎成为仅次于伦敦的欧洲第二大金融中心。到 20 世纪前半期，由于老城区出现物质性衰落，高收入阶层离开市中心向西迁移，在城市西侧形成高级住宅区，商务活动也随之向西移动。随着二战后经济恢复，尤其是以商务办公为主的新兴第三产业的快速发展，对商务写字楼需求增长迅速，推动了城市土地空间利用结构的转移。从1954年到1974年，巴黎工业所占面积减少了近三分之一，而商务商业用房面积增长了22%，整个巴黎变成世界性的商务中心。为满足迅速增长的商务办公活动对空间的需求，保护旧城区的历史风貌，1958年巴黎城市规划部门确认了商务办公活动"西移"倾向，并且决定在城市轴线西端紧邻巴黎城的近郊区拉德方斯建设新的商务区。经过30多年的开发建设，拉德方斯商务区已入驻公司1500余家，可容纳15万人就业，成为以商务办公为主，兼有会展、政府办公、商业、娱乐、居住功能的欧洲最大的商务办公区之一，并在紧邻巴黎城外形成了一个风貌与城区截然不同的现代化的副中心，从根本上改变了巴黎传统的城市空间结构形式。为了解除快速城市化和城市蔓延对巴黎形成的制约，向外围地区疏散中心区过于集中的人口，并对自发形成的郊区进行重整，新城作为郊区的"中心"，为周边居住区提供必要的公共服务和商业娱乐设施。目前，在巴黎城的外围地区，沿塞纳河、马恩河、卢瓦兹河河谷方向扩展，形成了五座新城。这些新城的中心距离城市中心巴黎圣母院较近，平均距离为25公里左右；主要是通过轨道交通与市区相连，快捷方便，但新城内部结构较为松散，内部交通主要依赖私人小轿车；在新城主要集聚了众多的商务、服务业、研发和轻工业等产业活动，成为大巴黎都市区新的增长中心。例如，在圣康坦—昂—伊夫林，金融、保险和房地产业的就业人数占了总就业人数的三分之一强，服务业就业更接近70%；为保证就业与居住的平衡，增强新城吸引力，就近满足郊区居民工作需求和生活需求，新城功能较为综合，包括娱乐功能，如马恩拉瓦莱建有欧洲迪斯尼乐园，为其直接提供了1万多个就业岗位。通过新城建设，大致在已有的建成区南北外侧，沿塞纳河、马恩河、卢瓦兹河河谷方向，形成了两条平行的城市发展主轴，将城市空间扩张限制在这两条平行的城市发展主轴之间，即通过轴线引导规范城市的空间增长，通过副中心和新城的建设组织城市的功能布局。巴黎的轴向空间发展战略既保持了中心区的繁荣，较完整地保持了老城区的历史风貌，又为经济发展提供了组织有序的增长空间，顺应了后工业化与信息社会产业发展与空间重组的趋势。

只有科学地规划产业空间布局，才能保证城市空间的整体科学规划。二战以后，随着信息社会与后工业社会的来临，东京面临着新的挑战，城市产业调整与空间重组日益迫切。一方面，战后人口的恢复性增长和大企业纷纷向东京集中，使得东京的人口、产业占全国人口、产业的比重进一步提高，过度拥挤和城市蔓延的情况相当严重。1945~1965年东京人口年均增长率为5.8%，而日本全国的年均增长率为1.6%；东京占全国总人口的比重由4.8%提高到11%。其中，市区23个区占东京人口的比重由1945年的79.6%提高到1955年的86.7%。产业与人口在东京的高度集聚使得历史形成的以日本桥、银座为核心的单中心城市结构根本无法适应东京经济快速发展带来的城市规模扩张。因此，放大城市结构，由传统的单中心城市向多中心城市转变，从而控制城市规模过度扩张，防止人口、产业和城市功能向核心区过度集中，成为战后东京城市规划的中心任务。[1] 因此，在1976年的第三次东京总体规划中再次强调分散中枢管理功能，提出在更广阔的地域范围内建立多中心结构，建设多中心城市。首先，通过向周边地区疏散工业、大学和大型综合服务机构，合理安排功能，适度增加人口，其次是加快建设副中心，减轻对东京中心区的依赖。副中心一般选择位于交通节点、有大量未利用土地、未来有发展潜力的地区。副中心不仅是商业中心，而且应成为高度独立的具有多种功能的地区综合中心。同时，围绕着大东京都市圈正在形成中心—副中心—郊区卫星城—邻县中心构成的多中心构架，各级中心多为综合性的，但又各具特色，互为补充。在东京都市圈的中心区域，专门发展作为世界城市必须具备的国际金融功能和国内政治中心功能，并向其他级次中心疏散次级职能。新宿、涩谷、池袋等七大副中心，位于距中心10公里范围内，主要发展以商务办公、商业、娱乐、信息业为主的综合服务功能。经过近30年的建设，新宿已成为以商务办公和娱乐功能为主的东京第一大副中心，池袋、涩谷等中心也已基本形成。郊区卫星城以多摩地区的八王子、立川和町田为核心，距中心约30公里，以

---

① 肖亦卓：《国际城市空间扩展模式——以东京和巴黎为例》，《城市问题》2003年第3期。

居住功能为主。在东京外围县确立川崎、横滨、千叶、筑波等8个邻县中心，距中心约50公里。其中，位于茨城县、距东京约60公里的筑波地区，自1963年起只接纳从东京建成区迁出的科研教育机构，建设以研发为主的科学城。东京多中心城市结构形成后，强化了国际控制功能，扩散了次级功能，使其自20世纪80年代以来，东京作为国际城市的地位、高科技产业高地的地位得到了空间的强化。到目前为止，东京拥有的世界最大的跨国公司和银行的数量都超过了纽约和伦敦，位列世界第一，再次说明了产业空间与城市空间有机融合的无穷魅力。

中国大城市的产业空间重组，在改革开放后展现的是跨越式的步骤，全国性的"造城运动"，工业开发区、高新技术产业园的崛起以及主城"退二进三"的浪潮，使很多城市的产业空间从零碎到集中，从集中到放大，改变了城市的格局，重组了城市空间，引领中国进入城市社会。以上海为例，作为中国近代最主要最发达的工业中心城市之一，诞生了中国最早的发电厂、纺织厂、机械厂、自来水厂、造船厂、钢铁厂、军工厂、飞机制造厂等现代工业企业。自19世纪以来，上海工业企业的空间布局受到"以港兴市"、"沿江布厂"的影响，大批工厂沿江（黄浦江）和沿河（苏州河）分布，并且与居民区和商业区犬牙交错。这样的工业厂房布局，具有鲜明的时代特征，1909年上海建成第一座钢结构桥——外白渡桥，上海城市空间实现了第一次跨越，中心城区从苏州河北岸向南岸跨越，外滩的万国建筑群和"十里洋场"就是那个时期繁荣的见证。建国后，上海形成了"一圈（外围工业区）一轴（黄浦江港口工业轴线）"的工业格局，城市空间结构基本上维持着单核心近域推进的形态，黄浦江和苏州河成为维系城市骨架的轴线。自20世纪70年代开始，上海进入以石化、钢铁工业发展为标志的重工业化时期。为降低原材料的运输成本，船舶趋于大型化以实现规模经济，黄浦江航道水深已不能适应发展的需要。于是上海在长江沿线的宝山和杭州湾畔的金山卫建设工业卫星城，伴随着城市工业产业的升级，实现了城市空间发展跨过了黄浦江，迈进了长江时代。但是，随着经济社会的发展，特别是改革开放以来城市经济的迅速崛起，大规模工业企业在中心城区的集聚不仅容易产生工业污染，而且在能源、运输、生活设施、公共服务、厂房外观等方面的发展不协调。1990 年以前，传统的工业用地表现为产业用地在中心区与居住区的混杂，上海的工业用地主要集中于中心区，其总量是近郊区的 4 倍。90 年代以后，浦东新区的开发，上海开始了"退二进三"的产业重构，实现了第三次跨越，直接导致了工业用地的郊区化转移，松江、康桥、嘉定、莘庄、奉浦、金山嘴、宝山、青浦、崇明等九大高新技术产业区在近郊区发展起来。以工业为主的第二产业的空间分布反映出郊区分散化的趋势。同时，宝山、嘉定、松江、金山、闵行、青浦、南桥、惠南、城桥及空港新城和海港新城等 11 个新城处于规划发展中。新城均具有显著工业职能：宝山以冶金、港口为特色，嘉定以科技产业为主体，金山以石油化工为主体，闵行具有大型机电制造和航天工业的优势，空港以航空产业、综合贸易、出口加工为特色等。据统计，到 1996 年只有 23% 的工业用地还残留在中心区，中心区的居民中第二产业从业人口也大量减少。上海的第三产业主要集中在城市中心区，由中心区向郊区其集聚呈逐步衰减的趋势。中心区更新改造的一个重要方面就是商业中心在传统城市节点地域的改造发展，南京路、淮海路、徐家汇等地段作为历史上的第三产业集聚地，进一步提升为全市、长三角地区乃至全国的产业中心。就中心区而言，延安中路、延安西路沿线的街道，如长宁区的程家桥、仙霞、虹桥，徐汇区的湖南路、天平路、枫林路，整个静安区黄浦区和卢湾区的大部分街道等，都是第三产业的强集聚区。中心区的产业重构对城市空间的影响可见一斑。正是制造业与服务业实现了产业空间的分离，才使上海与国际化大都市的定位基本吻合。

　　与一开始就作为商业城市定位的上海不同，北京拥有悠久的建城史和建都史，城市经济产业与空间结构都经历了沧海桑田的变化。和世界大多数特大城市一样，北京的空间结构也是非常复杂的。主要包括三个层次：最内层是城市中心区——内城地区，中间层主要是北京建成区及近郊区，最外层是北京市行政区。新中国成立以后，作为首都，北京成为北方政治、经济、文教科卫等资源集聚的一个中心，集中了大量的现代工商业企业。通过发展工商业，特别是现代工业推动北京城市经济的繁荣，使之在承担了全国政治中心功能的同时，还承担着北方经济中心职能。应该说，这双重职能，使城市经济与空间结构产生巨大的变化。但是，就北京城市空间的拓展形态而言，仍然走的是单中心集聚模式。此后，北京单中心的同心圆模式发展了30多年，直到20世纪80年代中期以后，北京才真正开始多中心的区域化探索。特别是到了90年代，随着人口增加、交通量增长、环形放射道路延伸变得更为严重，交通阻塞、居住水平低下、环境恶化、郊区发展滞后等一系列问题困扰城市发展，这种"摊大饼"式单中心集聚发展的城市空间发展路径越来越难以适应北京的城市发展。基于此，在主城区之外，北京先后设置了10个边缘集团和14个卫星城。由于城市化进程的飞速发展，这些边缘集团已经和主城区连为一体，而卫星城又因为功能水平不高、设计和建设的水平较低、布局过多过散等原因，无法有效融入到城市功能体系中。进入21世纪，北京完成工业化，迈进后工业化初期的重要历史阶段。从工业化中后期到后工业化初期，产业发展引起城市空间的变化最为明显，随着旧城老工业区和居住区的调整改造及新功能区的建设，新的经济圈、经济带形成城市的空间结构和环境都发生较大变化。为了适应城市经济社会新的发展趋势，2004年，北京制定的《北京城市总体规划（2004—2020）》，试图跳出环形加放射的城市空间框架，代之以"两轴—两带—多中心"的城市空间新格局，通过建设若干新城，为北京建立一个面向区域的开放空间结构。其一，进一步整合现有各级开发区，引导工业企业向工业园区集中，在城市东南方向的新城集中建设电子信息产业、汽车制造业、光机电一体化、生物医药等产业基地。其二，在加强中关村科技园区的建设，坚持"一区多园的布局形态"，以更好地发挥科技园区对周边地区经济发展的带动作用的同时，发展产业集群和关联度高、带动能力强的产业。带动经济相对落后地区的产业发展。其三，改变中心地区功能过度聚集的状况，大量疏散传统制造业，同时以节约资源、保护生态环境和增加就业为宗旨，在有条件的边缘集团都市型工业。在中心城重点发展和调整完善金融保险业、商业、会展业、文化产业、旅游业、房地产业等现代服务业。从产业空间扩展来看，北京未来重点发展的是"东部发展带"，其中顺义、通州和永乐要重点发展，制造业、服务业从旧城有机疏散，实现区域协调发展，逐步形成多中心的城市空间新格局，并将在市域范围内的"两带"上建设若干新城，分流中心区的功能，构筑以城市中心与副中心相结合、市区与多个新城相联系的新的城市形态。通过产业结构和布局的调整有效地促进城市空间结构的优化，疏解城市功能、完善城市空间结构，使产业发展与城市空间结构的优化得到紧密结合。

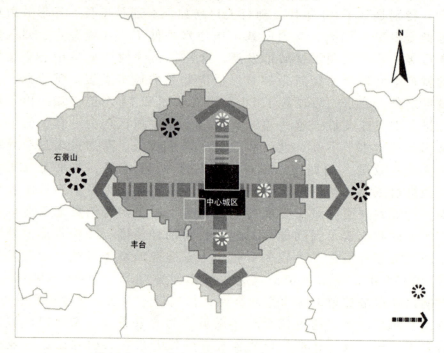

图 1-5　2004 年规划的北京城市空间发展轴向图①

　　深圳是中国改革开放的产物，也是近 30 年我国城市化与城市现代化飞速发展的一个缩影。从被列为沿海经济特区开始，深圳在不到 30 年的时间里从一个落后的边陲小渔村发展成为高度繁荣的现代大都市，并成为中国第一个完全城市化的城市，因此它的产业空间与生活空间、商业空间一开始就得到了明确的界定。在 1990 年前，深圳城市发展的定位是以"三来一补"工业为主的城市，城市的功能较为单一。1990 年以后，随着深圳经济社会发展，特别是邓小平南方讲话对改革开放的进一步肯定，促使深圳把城市发展的定位转变得更加全面，逐步开始脱离以工业为主导的发展模式，转向高科技含量、高附加值的现代第三产业经济，实现经济结构的多样化。经济功能的快速转变对城市

①　图 1-5、图 1-6 系根据《北京城市总体规划（2004－2020）》中的相关内容编绘。详见北京市规划委员会网站 http：//www．bjghw．gov．cn。

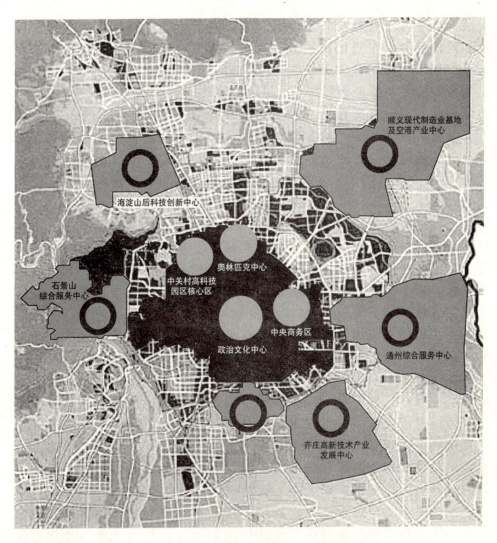

顺义现代制造业基地
及空港产业中心

海淀山后科技创新中心

奥林匹克中心

中关村高科技
园区核心区

石景山
综合服务中心

中央商务区

通州综合服务中心

政治文化中心

亦庄高新技术产业
发展中心

图1-6　北京城市功能空间扩展图

空间结构演化产生了强烈的冲击，推动城市空间在短时间内急剧地扩
展和重组。从空间结构来看，随着经济功能的多样化，深圳城市空间
结构也从简单到复杂，由原来的多中心组团带状发展到1996年总体规
划的"轴线＋功能组团＋圈层"，"十五"期间又增加了7个卫星镇。
伴随着深圳城市产业结构的重组与变革，其城市空间形态演替经历了
如下六个阶段：第一，形成原始核心阶段，基本上是在1978年及其之
前，在地理条件优越的罗湖和蛇口形成了原始聚落核心。从严格意义

上讲，这一阶段只是城市的初始形态，经济功能单一，具有浓厚的传统小渔村色彩，空间结构松散，人口密度非常低。第二，城市内部初步"膨胀"发展阶段，大约在 1979～1986 年之间，作为"以工业加工业为主的多功能经济特区"。该时期城市二、三产业得到快速发展，与此同时，城市空间用地结构开始发生分化，在原始核心——罗湖附近形成城市内部开始"膨胀"发展核心，城市的内聚力逐步提高，经济产业呈现集中发展的趋势。第三，城市向外延扩展的初期阶段，大约从 1987 年到 1990 年之间，城市用地扩展到核心城区外的地区。在这个阶段，工业得到了巨大发展，在三产中的比重增加很快，并且带动了城市沿交通条件好的区位非均匀扩展，特别是在离罗湖—福田越近的地方就越先越快地发展起来。在城市工业开发及交通建设刺激影响下，深圳的城市空间持续向外拓展。第四，1991 年到 1995 年期间形成城市多个次中心阶段。随着城市规模越来越大，产生了城市空间分散化发展的要求。由于城市地价快速上涨引起的工业区"三来一补"类型的工业企业从特区内向特区外的迁移，在交通条件好的地方形成新的工业和城市经济活动中心，此阶段第二产业的比重继续上升，并首次超过 50%。同时，此阶段的工业开始向用地集约的高新技术产业发展。第五，自 1996 年到 2000 年，深圳由分散发展开始向形成区域空间连绵带过渡。城市在继续向外扩展的同时，城市中心区的开发重点西移，福田成为城市的中心区，不断加强区域之间的经济联系，如这个阶段的梅观高速公路的建成带动了南北轴线的发展，原来沿交通轴线的串珠式基本变成了沿交通发展的连绵带。第六，进入 21 世纪后，深圳产业结构进行进一步调整，打破了关内与关外的区隔，城市的空间结构在内部更新与强化集约用地的同时，开始注重与外部空间的联系，特别是注重深圳与香港的天然空间联系，融入珠三角城市空间整合的历史潮流中，形成了开放的机制，更充满了活力。

从以上对中外城市产业空间和城市空间结构与形态演化的描述中，我们可以看出，城市产业空间扩展走的是分散—集聚—融合—升级—分化的道路，没有产业的力量，城市空间是不可能快速放大的。当然，对于当代中国的城市而言，行政权力的力量在特定的阶段大于产业自身的力量，比如政府机构的搬迁、大型文化体育设施的兴建、地铁线路的规划等可能比产业的力量大得多，但没有产业园、没有高新技术产业支撑的城市,其空间变革的驱动力也是不可能持续的。对于一体化的城市空间而言,产业空间都有从分散到集中,从集中到集约,并在生态环境最小化破坏的前提下,实现经济密度合理化,经济收益最大化的过程。由此,通过技术创新、制度创新来优化产业布局,促进产业升级达到提升城市空间品质,将成为城市永恒的主题。在这一过程中,产业的动力实际是市场的、经济的动力,而政治的、行政的以及利益集团的力量,也在处处发挥作用,只有当这两种力量博弈时能最大限度地考虑公共空间利益,不越界行动,才能培育出可持续的、和谐的、环境友好型的产业空间和城市空间。近年来,伴随着世界制造业尤其是重化工业向中国沿海地区的转移,一些城市上马了超大型的石化项目,城市空间的边缘崛起了石化产业空间。以建设环境友好型和宜居、宜游的城市而言,石化产业的空间应该是独立的,有的项目更应该离主城空间上百公里,泄漏污染以及心理上的恐慌,石化产业的空间是不应该融入城市空间的。以厦门的 PX 项目为例,位于该市海沧台商投资区南部化工区内的海沧 PX 项目,总投资人民币 108 亿元,建设项目包括年产 80 万吨 PX 项目的主厂区、热电站及配套码头。项目原已于 2006 年 11 月开工建设,预计 2008 年建成投产,每年可为厦门创造 GDP800 亿元,但由于该项目离厦门市中心只有 7 公里,而 PX 就是对二甲苯,属危险化学品和高致癌物。项目一旦投产,厦门乃至整个闽南三角,都将笼罩在剧毒的化工阴影之中。为此,部分专家、政协委员和市民对该项目持有不同意见,经过持续的抗争,厦门市政府于 2007 年 5 月 30 日宣布暂缓建设该项目,并公开向市民广泛征求意见和建议,最后决定该项目迁址至 100 多公里之外的漳州一个岛上,顺应了民意。① 发生在厦门的这场风波,说到底是广大市民对城市空间安全的自觉行动,正是这种合乎法律程序的抗争行动,才阻止了一个"有毒"的产业空间的诞生,也保障了厦门整体城市空间的不被侵害。可见,在网络社会,在现代民主社会,城市空间变革的动力,既有经济(市场)的力量、政治的力量,还有不可忽视的民意力量。

---

① 《厦门 PX 项目将迁建漳州》,《南方日报》2007 年 12 月 20 日。

第三节
城市产业空间与新产业价值链

一、新产业价值链优化城市产业空间

对于空间一体化的现代城市而言，各区域的空间功能往往有着明确的分工，居住区、商业中心区、产业园区的基础设施和公共设施的配套是不一样的。在工业化社会，制造业为主导的城市，产业空间与城市生活、商业空间是一种对立和冲突的关系。而当进入后工业社会、信息社会之后，制造业的外迁与产业生机，服务业的高度集聚，城市人"消费即生产"，使城市的产业空间与整体的城市空间形成了融合、和谐的关系。这种关系的变化，实际上是新技术革命加快了产业分工和升级，生产要素可以在全球范围内进行流动的结果，是建立在全球产业价值链上的产业升级模式的集成体现。① 传统的产业集群，是大量中小企业在空间上的相互集中，重在构建一个有机联系的市场组织网络；信息时代的高新技术产业集群，在强调协同性、互惠互利性的同时，集群内空间的接近性和价值趋同性形成整体的创新氛围，带动区域空间的创新，高新技术的产业集群在一定程度上成为城市或区域创新体系的载体。

传统的产业分工是在一个相对独立的区域空间、城市空间内进行

---

① 全球产业价值链（Global Value China，简称 GVC）是为实现商品价值而连接生产和销售等过程的全球性跨企业网络组织，涉及从原料采集和运输、半成品和成品的生产和分销，直至最终消费者的整个过程，包括所有生产者和生产活动的组织及其利润分配，并且通过自动化的业务流程和供应商、合作伙伴以及客户的链接，以支持机构的能力和效率，多向联系超越了地域的邻近关系。

的，而新技术革命带来的新的产业分工的纵深化，企业内部的生产环节被分离，由过去自身完成变为上下游企业分工完成，从而达到了规模化、高效益的目的，自觉形成了新的产业价值链分工。新产业价值链各环节要求的生产要素有差异，就使大企业在研发、制造、销售各个环节上，实行空间的价值化分工。在全球价值链为主导的产业分工中，高新技术产业、高端服务业等具有高附加值行业所引领的新产业价值链，则是促进城市产业空间布局优化、环境友好、集群竞合、集约发展的动力系统。

城市的空间是有价值的，这种价值是由城市能级决定的，而城市的能级在很大程度上是经济实力以及可持续的创新能力。经济和市场力量作用下的城市空间，优化、重组的过程就是追求空间价值最大化的过程，土地的价格、房产的价格、收入和消费水平等都是空间价值的直接体现，也就是说，每个空间单位的平均的"经济密度"，是衡量空间价值的最直接的指标。在传统的产业空间，"经济密度"直接决定于以制造业、加工业为主导的产业空间。现代的产业空间，则包括产业密度、投资密度、消费密度，追求有机的多层次的产业空间，以市场的力量来推进产业空间层次的演化。高新技术产业、服务经济引领的新产业价值链，在组织产业分工时，会依据价值规律、要素配置的最经济化来选择空间的位置。从价值链的角度来审视产业空间布局，研发机构或部门往往倾向于大学和科研机构的密集区，生产加工基地则倾向于交通方便、土地便宜且产业配套能力强的区域，至于展示销售区域往往在城市的门户和窗口地区。一些高度国际化的城市，主城空间已经不再有生产加工业基地，只是企业的管理总部，产业的主体为高端服务业，就是因为其空间价值太高，占地多的工厂车间无法达到其"经济密度"的要求。以日本东京为例，东京在第二次世界大战之后曾是日本大商社的产品制造中心，但伴随着其经济集聚力的快速强化，用地紧张带来地价飞涨，人力成本压力大，环保问题突出等，促进了大企业在生产环节上的分化。到了20世纪八九十年代，东京的市中心区成了企业的总部集中区域，在这个中心城区空间内，集中了金融中介服务机构以及政府服务部门、信息高地，各路精英人才集中。大企业的研究和开发机构则在东京的多摩地区，这里地价相对低一些，接近科研机构和新产品的使用者，至于生产基地和部门，则外迁到东京都以外的周边及近邻地区。城市产业空间的价值链效应，还强化了城市中心区的"经济密度"，"寸土寸金"成为人们习惯的现象，"高密型"城市也越来越多。

新产业价值链不仅造就了产业空间新的布局方式，也使传统的城市空间价值被重新发现。而没有产业升级、新技术革命，就不可能催生新产业价值链。经济全球化、能源结构、交通方式等外部条件的急剧变化，使全球经济发展方式出现重大转变。后工业社会作为一种全新的社会经济形态开始萌芽，知识经济和全球化进程逐渐成为世界经济发展的基本特征，以机器为基础的制造业在世界经济中的主导地位逐渐被以知识为基础的服务业所取代，导致世界产业发展出现大规模的结构调整。国内外主要城市产业发展与空间结构变迁的关系表明，无论是工业化阶段的城市化，还是信息化时代后工业化阶段的后城市化时期，城市产业发展及其能级提升都会对城市的空间结构与布局有着深刻的影响。一方面，城市经济产业发展不可避免地引起城市人口规模的扩大，而为了使城市空间适应产业发展的要求，城市的空间结构或者向外拓展，或者进行内部更新，从而为产业发展开辟新的增长空间。另一方面，在城市经济从工业化阶段向工业化后期甚至后工业化时期，城市的产业空间布局特别是工业企业在城市空间中的区位格局将开始由集聚向分散转变。受到城市空间级差地租的影响，在高租金的城市中心区第三产业快速发展，而大量的传统工业则开始由城区向租金水平较低的郊区转移，新的产业园区在城市周边蓬勃兴起，这是价值链主导下的国际产业分工的动力所在，而这种国际分工一旦在一个区域或一个城市得到落实，就加速带动了产业空间与城市空间的变革。

当然，城市空间的优化，也和城市自身的产业结构直接相关。世界经济发展的经验研究表明，当一个国家或地区人均 GDP 达到 3000 美元时，经济发展处于加速增长阶段初期，在人均 GDP 达到 1 万美元前，会有一个较长的经济高速增长时段。该时期的产业发展往往体现出一些规律性的特征：一是产业规模持续快速扩大，总体经济规模保持高速增长，人均 GDP 水平快速提高；二是产业结构进一步优化升级，在产业结构趋向高级化的推动下，工业化水平进一步提高，城市化也在第三产业推动下快速发展；三是产业发展质量提高，经济效益水平明显提高，经济增长的稳定性明显增强。2007年中国的GDP达到了246637亿元，按照现行汇率计算，人均GDP达到了2460美元，经济发达地区中心城市杭州人均GDP突破8000美元、北京人均GDP超过7000美元、上海人均GDP达到7500美元、深圳人均GDP首次超过1万美元，南京也超过了6000美元。中国已经进入了快速工业化与城市化时期，部分发达地区的大中城市已经进入了产业结构优化与城市空间结构重组的后工业化阶段，高端服务业向主城空间集聚，制造业向城市外围空间集约性扩散，是一种不可阻挡的趋势。①

城市产业结构的调整对城市外部形态和内部结构的影响，主要表现在城市空间的价值定位上。在产业空间与城市空间的互动发展关系上，级差地租理论也得到验证。19世纪60年代，W. 阿朗索的级差地租理论反映了在城市空间结构中，不同区位的地理价值。由于城市土地级差的客观存在，各类经济资源要素受成本—收益的约束围绕着城市中心呈现向心集聚态势。不同附加值的产业在空间的集聚分布将表现出规律性的动态平衡，按产业的不同各类用地布局呈现出明显的区位特征。在级差地租的制约下，当代城市空间的利用出现了新的趋势与取向，都市复兴主义、新城市主义等城市建设新理念纷纷登上历史的舞台。在产业分工全球化的背景下，参与国际分工合作的服务外包城市、创意城市也层出不穷。英国的伦敦与德国的柏林是世界上较早重视创意产业的国际大都市，把创意产业作为未来城市发展的主要方向。作为欧洲的政治、经济、文化中心，世界著名的国际经济中心城市，伦敦与柏林在工业化进程中经济结构由"工业型经济"向"服务型经济"转化的过程中，在产业经济、城市管理等方面不断创新，不断强化全球设计与研发能力，成为世界创意之都。而发展中经济体的印度则充分发挥其在国际分工中的软件开发优势，主要城市加尔各答、孟买等大量承担国际软件外包业务，充分分享全球经济成长的成果。

已经成为"世界工厂"的中国，完成了工业化、城市化发展的初期阶段，目前正在由"中国制造"向"中国创造"的历史进程中迈步前行。国民经济的产业结构呈现梯度化、层次化格局，既有劳动密集

① 李程骅：《城市空间重组与新产业价值链的功能》，《江海学刊》2008年第4期。

型的简单加工制造业，也有知识、资本密集型的高端服务业经济，并且在现存国际竞争的巨大压力下，产业结构高级化的趋势日益明显。而产业结构的高级化对城市地域空间价值的再发现具有深刻意义。特别是伴随着中心城区"退二进三"产业结构的空间大转移，城市空间价值呈现出爆发式增长。当前，各主要城市土地出让价格迭创新高，楼市房地产价格居高不下实质上就是在市场化机制下，城市空间价值的一次再发现。在城市工业和商业空间重构中，郊区化和离心化力量成为新的趋势与动力。

自20世纪80年代开始，部分沿海城市已形成中心区人口减少、近郊区人口快速增长、远郊区人口低速增长的区域差异的基本格局；到了90年代以后，中心区人口正在大幅度增加的同时，近郊区人口也在快速增长。在杭州，三个国家级开发区多数都位于用地宽松的郊区，各区级工业园区基本上都选建在近郊区的外缘地带，实现由用地比较紧张的中心区向用地比较宽松的近郊区外缘的转移。这实际上就是城市土地市场化与产业结构能级提升所导致的土地置换过程，北京、上海等其他城市也有类似趋势。在城市产业结构升级过程中，城市商业空间的重构具有特殊的重要性。近年来，城市空间产业结构中，超市、便利店、仓储式商场等多种新型商业获得较大发展，保持着年均68%的增长速度。① 大型超市或大型购物中心的兴起与发展不仅改变了城市零售业的空间格局，而且对城市空间结构产生巨大冲击。在城市空间结构中，城市的中心区域仍然是中心商业区或中央商务区。在此基础上，城市CBD得到强化，或者催生新的CBD。如在上海，由于外滩的CBD在发展空间上受到限制，90年代以后在浦东陆家嘴形成新的CBD；在广州，80年代中后期以来，CBD已发展成3个区块，中心区仍然是人口密集、居住拥挤的居住区；工业企业进行大量的外迁与布局调整，如杭州中心区工业已所剩无几；北京在2008年奥运会的新机遇下不断加大城区企业外迁力度，工业布局获得重大调整。在紧靠老城区外围的近郊地带，外来人口大量增长和集中分布，并成为一个新的社会区类型。作为配套设施的大型超市和区域性购物中心在近郊区

---

① 王德、周宇：《上海市消费者对大型超市选择行为的特征分析》，《城市规划汇刊》2002年第4期。

大量兴起，推动了商业郊区化的发展。大量崛起的各类开发区主要分布在近郊区，成为中心区和近郊区内沿外迁企业的主要接收地。在近郊区以及都市区的交通便利之处，形成一些富人居住的别墅区。在上海，伴随着城市空间的快速扩展，居住空间也因价值的差异形成了明显的分层：内环线内的原主城空间基本上是高端服务业的产业空间，居住和就业的主体是境外人士、海归派，被称为"说洋话"的圈层；外环线到内环线的"夹心层"，以国内的技术与管理型的移民为主，被称为"说普通话"的圈层；而外环线以外的居住者是原来老城区的拆迁居民和被"城市化"的郊区农民，则被称为"说上海话"的圈层。这种居住圈层的分化，在一定程度上是上海产业空间圈层演化的对应镜像：与国际接轨的总部经济等高端服务经济聚集在内环线内，生活型的服务业、专业市场聚集在外环线内，而产业制造基地、高新技术产业园等则转移到了外环线以外的区域，以降低制造成本。可见，正是经济全球化、新技术革命带来的产业分工、新产业价值链的推广，才使上海像东京、伦敦、纽约等城市一样，产业空间得到了快速优化，城市的空间布局也更科学合理。

二、新产业价值链推动城市空间重构

建立在产业分工、产业集聚以及城市土地级差基础上的新产业价值链，已经成为区域创新体系的重要推进力量，不仅加速了城市、都市圈产业空间的优化，而且直接推动了一体化的城市、都市圈空间的重组重构。特别是改革开放后的中国城市，跨国公司制造基地的设立、高新技术产业园、大学城的兴建，使很多城市的空间发展不是围绕传统的城市中心摊大饼式的扩展，而是外向融合或合围式、点轴式再造新空间，呈现多中心的扩展之势。郊区、新城成为城市空间扩展的增长极后，培育出多元的空间，不同类型、主题的产业空间通过集聚—扩散—升级—再集聚—再扩散，构成开放型的新产业价值链，直接推动城市空间的优化、品质的提升。像上海浦东新区的建设、苏州新加坡工业园和新城的建设、青岛新城的建设、南京河西新城的建设等，都属于这种路径。上海、苏州的城市空间在扩展的过程中，能迅速进行科学、集约的扩展，和国际产业分工、高科技产业园所带来的新产业价值链的作用是直接相关的。正是新产业价值链的系统作用，才使中国城市空间扩展告别摊大饼式的同质化模式，实践了多元化的、基于资源禀赋的个性化扩张模式。①

值得关注的是，在 20 世纪 90 年代，随着工业化与城市化的推进，大多数中国城市的空间地域实体已经扩展到整个近郊区的外缘。城市土地有偿使用制度发展，推动了城市"退二进三"式的工业郊区化的功能置换。工业布局的调整使中心区的功能趋于复杂化，在城市空间实体内部，地域空间的类型日益多样化，诸如外来人口集中区、各类开发区、郊区大型购物中心、城中村以及郊区别墅区等多种形态随处可见。一般而言，产业结构调整是城市空间重构的内在动力，但是地方和外来资金的投入则是城市内部空间重构的直接保障。通过旧城改造，使得城市景观重塑和城市空间再构，同时又与工业郊区化、交通设施建设等交织在一起。一方面交通设施建设推动了城市空间扩展，另一方面也与城郊购物中心及大型超市的发展形成良性互动：居住区发展需要配备区域购物中心，以满足居民生活需要；购物等设施的完善，又吸引了更多居民来此居住。开发区的发展明显地塑造着 90 年代以后新的城市空间结构。政治、经济、社会和个体的各种要素，通过交织式的综合作用，塑造着城市的经济空间、社会空间以及个体空间，有效地推动了城市内部空间重构。中国城市空间的重构常常同时综合了同心圆、扇形和多中心三种经典的城市结构模式。当代城市空间的重构主要通过产业空间、商业空间与居住空间的空间配置体现出来（参见图 1－7）。进入 21 世纪后，当城市化达到了快速发展期，城市社会学、区域经济学受到重视后，国内的学者们开始对中国城市的新产业空间布局、城市空间扩展的规律进行研究，以指导城市的整体规划和产业规划。

---

① 李程骅：《新产业价值链与城市空间重组》，《新华日报》（理论版）2008 年 6 月 2 日。

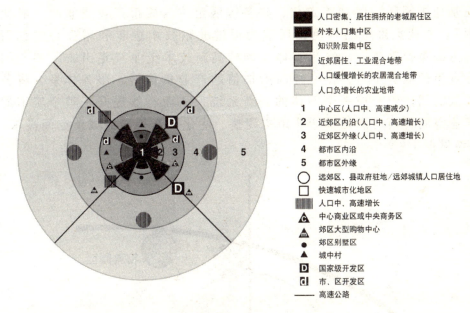

图1-7　市场经济下中国城市产业空间结构分布模式①

　　首先，城市新产业空间包括了开发区工业园区、高新技术开发区、大学城、科技街（城）、物流园区等，这些新型的产业空间主要强调空间上的集聚和功能上的互补（参见图1-8）。在区位选择上，开发区、工业园区可以远离城市中心，位于城市郊区或城市边缘区，并依托城市快速干道，通常是高速公路；高新技术开发区需要良好的环境、便捷的交通和密集的智力资源，因此往往与大学城相互依托在区位上相邻，并接近高速公路与航空港；物流园区位于城市交通枢纽地区；科技街则选择在城市内部，并与城市中心相邻，而科技城则可能依托高新技术开发区形成。在未来的新产业空间布局中，工业进一步向郊区、主要开发区、工业园区集中；高新技术开发区与大学城结合真正发挥科研研发的作用；物流园区与城市交通枢纽结合；科技街与大学、城市中心区相邻布置。产业结构空间布局的调整最有效的手段就是通过土地市场机制对城市空间用地结构进行调整。北京市的"十一五"规划中，实施以中关村科技园区为核心的首都创新战略，按照"一区

①　图取材于冯健、刘玉：《转型期中国城市内部空间重构特征、模式与机制》，《地理科学进展》2007年第7期，有改动。

三基地多园区"的功能定位，将各园区定位为城市产业空间的"孵化源"，专业集聚型的特色园区成为促进北京技术进步和增强自主创新能力的重要载体，培育出整体互动的高新技术企业"走出去"参与国际竞争的服务平台，用一种高附加值的产业价值链、服务体系，将各松散的园区组合成一个整体的创新系统，从而有效提升了整个城市的产业空间价值，满足了产业结构调整、优化产业布局的城市空间需求。（参见图1－9）

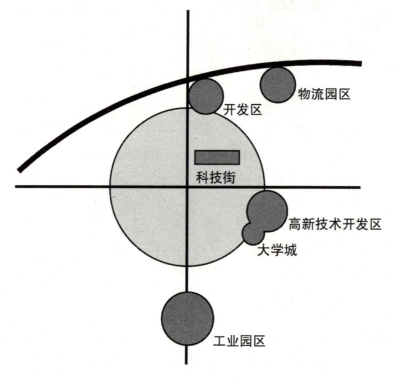

图1－8　城市新产业空间布局①

___

① 图取材于朱郁郁、孙娟：《中国新时期城市空间重组模式探讨》，《云南师范大学学报》2005年第3期，有改动。

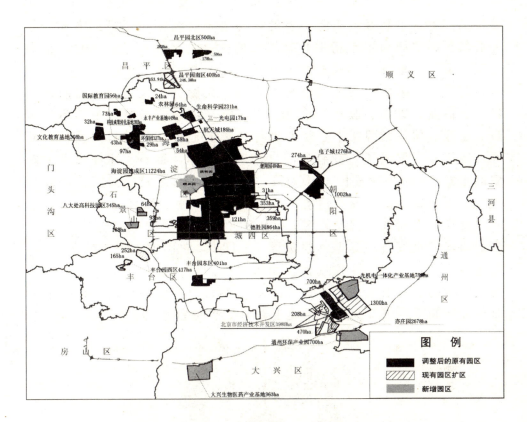

图1-9 北京中关村科技园的有机分散型空间布局图①

　　其次，对城市空间重构具有重大影响的就是城市商业空间的重构，商业新业态促进了城市空间结构的人本化。城市土地利用空间模式显示，城市中心区土地区位最优，一般适于发展金融、商业酒店、办公等高赢利性行业。随着城市由以制造业为主导的"工业时代"向以服务业为主导的"后工业时代"的转型，城市的商务、零售、娱乐、休闲功能将日益突出，中心区独特的建筑环境、传统历史文脉、浓郁文化氛围孕育了这一区域的巨大发展潜力。区域性购物中心、大型超市及家电卖场的发展，使居民购物行为转向郊区化、离心化和多中心化趋势越来越明显。新商业空间主要包括城市中心CBD、郊外大型购物超市、大卖场、仓储式商店、专业市场等。中央商务区CBD既是市场

①　资料来源：《北京市国民经济和社会发展第十一个五年规划纲要》（2006年1月20日北京市第十二届人民代表大会第四次会议批准）。

经济的产物，也是城市职能转换的一种表现。竞标租金高的商业，在中心城区的空间利用市场中具有较大的优势。有资料显示，北京市中心区商业用地地价要超过住宅用地 3～4 倍。因此，在中心区发展商业、写字楼、酒店、服务式公寓等物业，无疑会大大提高土地的单位产出。商业、管理、服务、信息、金融等经济职能向城市中心不断集聚，工业、居住则因在中心区需支付昂贵的地价而逐步被置换，因而在城市中心区形成了一种新型的以金融、管理、贸易等职能为主的新空间形式——中央商务区 CBD。以它为中心，汇聚大量的第三产业与人口，形成城市商务商业活动中心节点。除了中心城区的 CBD 外，另一种新商业空间现象就是郊区大型购物中心，包括大型的超市、卖场、专业市场、批发市场等等（参见图 1－10）。它们位于城市郊区新城，与主城有一定距离，往往选址在城市对外高速交通的出口区，这些新商业空间的发展引人注目，改变了城市零售业的空间格局，推动了传统商业空间重组，又反过来带动了新居住空间的变化。

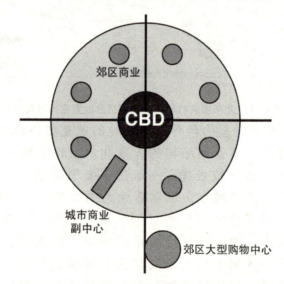

图 1－10　服务型城市的空间结构布局模拟图①

　　第三，与城市新产业及新商业对城市空间的重构一样，伴随着城市化发展，在房地产业的推动下，现代城市中出现了新的居住空间，

----

① 参见朱郁郁、孙娟：《中国新时期城市空间重组模式探讨》，《云南师范大学学报》2005 年第 3 期。

不仅包括城市中心区高档住宅区，而且还更多地包括郊区大规模的居住区、城市远郊高档独立住宅区、城市边缘贫民区、城市边缘移民区等。事实上，新居住空间不仅有着地理位置上的远近亲疏，而且还有着社会等级上的高低贵贱。居住群体在空间上呈现出鲜明的差异，受房价与租金的制约，低收入群体大部分集中在城市的边缘区，而高收入群体集中于中心城区或者属于高档物业的城市郊区。尽管存在对收入群体空间整合的企图与努力，但是居住上的分异是一个客观现实，且明显受经济社会的发展水平制约。

在国内的大城市中，产业集聚、产业空间发展的推动力，对城市行政区划调整的推动，对城市空间的持续优化的推动，广州是比较有代表性的。改革开放以来，广州已经发展成综合实力仅次于上海、北京的第三位的大都市和区域中心城市。为了应对快速城市化和产业集聚所产生的空间增长和区域协调问题，2000 年、20005 年，广州实施了两次大的行政区划调整，在扩大城市空间的同时，将产业空间布局在整个市域进行优化调整，使广州由单核心城市向多核心城市转变，番禺、花都、南沙等地成为了城市的副中心，构成了以快速交通体系为连接的网络化的城市空间结构。行政区划的调整，使原来难以实施的大项目如大学城、新型工业区等得以快速推进，使开发区转型为有机的城区。如广州经济技术开发区经过 20 多年的发展，面积达到 79 平方公里，2006 年的工业总产值超过 2600 亿元。开发区一开始是工业集中区，但发展到了一定规模后，由于就业人口的迅速膨胀，涉及社会管理与公共服务问题。因此，2005 年的区划调整，广州经济技术开发区变身萝岗区，实施区内产业、居住、公共服务的一体化规划和管理，有效解决了原开发区内部关系的不协调问题，与此同时，在新的市域空间里，广州还有效地通过规划疏解了原来主城区的现代服务业：在广州新城、新客站新城、南沙新城、花都新城等城市副中心配套商业及公共服务设施，建设各具特色的城市功能综合体；依托白云机场，建设北部的"白云空港服务区"；依托广州港南沙港区，打造南部的"南沙滨海物流园"；依托广州科学城的高科技产业基地，打造东部的"萝岗科技服务城"；依托荔湾区发达的批发市场体系和创意产业园区，打造西部的"西关商贸创意湾"，构筑北空、南海、东城、西湾——"四极辐射"的发展格局，① 在扩大广州对外辐射半径的同时，产业空间得到了科学布局。

　　城市产业空间、消费空间与居住空间变革的直接力量，表面上看是体现在城市规划中的非产业力量如体现在规划上的政府权力意志，实际上从整个城市空间一体化的扩展过程来看，正是产业集群推动的产业空间向城市空间的融合或自身的升级，倒逼城市的各功能区进行重新布局，促使传统的产业空间、商业消费空间以及居住空间不断进行空间位置的优化，形成开放的动态的一体化的空间系统。新产业价值链体系下的产业分工，高新技术产业集群、高端服务业的整合能力，不仅让城市的空间功能进一步优化，带动了城市空间整体价值的提升，而且以此为基础形成的城市创新体系能力，还能带动城市人价值观、就业理念、消费理念以及生活方式的变革，培育或导引出城市的创新精神，城市的创新体系基本形成后，就能不断创造出更有效地资源配置方式，强化新的系统功能，形成城市的核心发展优势。因此，城市无论发展到任何阶段，不断升级、不断分工的产业以及对应的产业组织、空间布局等，始终都是推动城市空间变革和优化的原动力，即使是在全球价值链主导下的现代大都市的空间重组，也是以高端服务产业来整合产业、人力、资本、信息等要素的。这种动力机制，说到底是经济的力量、市场的力量回归到城市的本质，是"市"的力量带动了"城"的规模的扩大和优化，是"城"的向心力集聚了"市"的资源要素，"城"和"市"的良性互动，持续的空间优化重组，创造出生生不息的城市创新精神。尽管一个城市创新体系的过去对未来影响较大，即通常意义上的"路径依赖"，但每个城市都有自身的地域特色和区位价值，都应通过商业经济环境的重新设计，以在未来体现出经济绩效。② 当前的中国城市化，在整体进入快速发展期之后，大城市多进入空间的优化发展阶段，政府部门的制度创新，在政策调控、价值引导以及优质服务体系的配套支持，对大企业、城市的新产业价值链的构建，显得尤为重要。认清这个方向，各个城市就会进一步优化

---

① 陈泽鹏：《广州服务业空间布局的实证研究》，《珠江经济》2007 年第 12 期。

② ［奥］曼弗雷德·费希尔等：《大都市的创新体系——来自欧洲三个都市地区的理论和案例》，上海人民出版社 2006 年版，第 156、163 页。

发展环境，重视生态文明，主动调整产业结构、就业结构，致力于打造产业空间与城市空间融合一体的生态型、创新型和高端化的城市有机大空间。

三、良性互动：一体化空间战略
——南京城市空间的新位势观

以上述的新的空间位势观和产业布局观，来审视南京城市空间与产业空间互动的历程，就会发现在当代中国城市产业空间与城市空间的变迁中，南京作为区域中心城市具有一定的代表性，那就是产业集聚的组织形式，高科技产业园区、新城区快速成长的机制，推进了南京城市空间的有机扩展。实际上，自 1978 年改革开放以后，随着经济的快速成长、城市规模的不断扩大，有限的城市发展空间对南京未来的发展提出了严峻的挑战，为了在更大的区域范围争夺资源、市场、生存空间和发展机会，南京不断转变观念，探索快速发展的模式，逐步摆脱原有封闭式、单中心的、量变的发展过程，而走向弹性开放、多中心的、质变的空间重组过程，实现了以自主创新为主导的、以新产业价值链为导向的城市产业空间与城市整体空间的良性互动。进入 21 世纪后，南京城市发展空间已经从"秦淮河时代"步入"长江时代"，全面融入以上海为中心的长三角经济一体化进程，全力建设"大南京"。目前，南京确立了"一城三区"的城市发展战略，河西新城、江宁新市区、仙林新市区与江北新市区迅速崛起，在南京的城市空间结构中承担的角色与分量越来越重。无疑，每一次城市空间范围的扩展都带来了经济的大发展、城市综合竞争力的提升，也使得南京的城市空间结构得到了重组、优化。

由于历史的原因，南京一直是东南地区重要的政治、文化中心，因此，在计划经济时期，南京城市中心区的土地被工业、仓储、军事、学校、机关等用地效益不高的单位占据，而商业、服务、文化娱乐等适宜在城市中心区发展的行业却往往难以获得相应区位的土地。与国内其他城市相比，南京城市空间土地利用结构的一个最大特点是低生产力的非生产性用地占用城市空间的比重过大，大量军事用地、大专院校用地和行政事业机构用地在城市中心区集聚，占据了许多商业价值很高或者适宜于其他第三产业的城市土地空间资源。

　　空间土地资源的优化配置应该充分体现市场经济的原则，实现地尽其用，将潜在的区位空间收益转化为现实的城市经济效益。[①] 为了适应产业结构演化的客观规律，把成熟的产业从城市中心区迁移出去，为新兴产业和经济效益高的产业腾出发展空间。城市空间利用结构随着产业结构的变化而变化，随着南京城区工业逐步向外迁移，中心区第三产业快速发展，使城市经济呈地带性圈层结构分布模式。在土地空间市场化利用机制的约束下，城市产业的空间布局遵循土地优化配置理论的要求，商业、服务业等对区位空间条件要求高同时也能支付高昂空间租金的产业布置在市中心，而将工业迁到郊区。在土地利用市场化机制下，产业结构空间布局的重构与城市空间资源优化配置要求人们必须合理调整产业在南京城区的空间分布。通过城市产业的空间置换，促进城市中心区的工业企业外迁，同时在城市中心区发展商贸、金融、房地产等新兴服务产业，充分开发城市中心区"寸土寸金"空间的优势，大力发展第三产业和高新技术产业，优化城市产业结构。在工业企业外迁的同时，城市中央商务区内的非生产性的机关、学校、军事单位等机构也要进行合理的空间重构，进一步优化中心城区的产业空间，大力促进金融、商贸、娱乐、房地产、贸易科技、教育、信息等第三产业的发展。

　　在以往的城市发展规划中，次新城区在南京的城市建设中处于次要地位，整个区域发展相对滞后。10 多年前，河西的广大区域基本上还是处于未开发、欠开发状态，城市建设水平远远落后于城市中心区。20 世纪 90 年代后，南京确立"一城三区"的城市发展规划。以河西新城建设为标志，新城区的发展迎来了历史性的机遇。特别是进入 21 世纪后，河西新城借助"十运会"契机，城市建设取得了巨大成就。河西新城位于秦淮河以西、扬子江以东，与老城一河之隔，与江北新市区隔江相望。作为南京现代化的新城区、"十运会"的主赛场和首届中国国际绿化博览会的举办地，河西新城的道路基础设施、中央商务区、公共配套设施等主要工程都相继完成，以奥体中心场馆为代表的体育设施达到国内一流水平。经过短短数年时间的建设，河西成为

---

① 徐萍等：《产业结构优化与土地资源配置——以江苏省南京市为分析对象》，《中国土地》2004 年第 1—2 期，第 74—78 页。

新型的商贸、金融、文化及市民理想居住的滨江新城。"古都金陵看老城，现代化新城看河西"体现了南京城市空间优化布局的战略。

由江宁、仙林、江北三大地理空间组成的区域，一直是南京市的城市边缘地区。虽然区域风景各有特色，但由于种种原因，它们的发展水平一直滞后于南京主城区。长江是江北发展的天然障碍，基础薄弱是仙林的难言之痛，而与主城区脱节则是江宁兴起要面临的困难。不过，根据南京城市总体发展规划，南京将坚持"多中心、开敞式、轴向发展"的组团布局方向，积极推进城市发展空间由中心区向新城区、近郊区拓展，这为江宁、仙林、江北的发展提供了历史性的机遇，"一城三区"的城市空间拓展战略正在实施。根据南京城市发展规划，"东进"仙林、"南下"江宁、"北上"江北，预计到2015年南京将建成现代化的仙林、东山（江宁）、江北三个近郊区新市区。

仙林新市区承载着"大学向大学城集中"和"南京主城东扩战略"的双重重任。规划中的仙林新市区，占地80平方公里，可容纳50万人在此工作、生活和学习。仙林是以大学城建设拉开新市区建设的帷幕，它也是未来南京高校的集聚区。经过最近数年的建设，仙林大学城已进驻了诸如南京师范大学、南京财经大学、南京邮电学院、南京中医药大学等10多所高校，现有12万名师生和居住人口，仙林新市区雏形初现。但仙林新市区各项生活配套设施明显不足，为新市区服务的交通、社区、医疗、中小学等基础设施建设相对滞后。不过，南京市已经出台了《仙林新市区公共设施配套专项规划》，将高标准配套仙林各项公共设施、基础设施。在大学城建设的带动下，仙林地区成为南京新的居住热点之一。仙林大学城周围已建成了数百万平方米的中高端公寓和别墅区，如金陵家天下、沁兰雅筑和咏梅山庄等。从总体上看，仙林地区的房地产发展可以分为两个阶段：2003年以前以别墅供应为主，2005年以后以普通住宅为主。地铁二号线将在仙鹤片区设置仙鹤门站、亚东城站、南京师大站、南京大学站等多处站点，这将极大地改善仙林地区的交通条件，加强仙林地区与城市中心区的联系，提升仙林地区的人居环境。

江宁新市区的范围北抵绕城公路，南至公路二环，东起规划的宁杭高速，西至宁丹路及江宁区行政界线，面积约107平方公里。规划2010年人口规模为50万人左右，远景为85万人左右。江宁新市区有牛首山、祖堂山风景区、雨花台风景区、青龙山森林公园及方山风景区环抱；秦淮河由南至北贯穿城区，秦淮新河、牛首河、百家湖、九龙湖等构成水网；东山、竹山、翠屏山等点缀其间，形成"山环水绕、湖光山色"的自然景观。2000年底，江宁撤县设区，成为南京三大新市区之一，经济建设和社会发展全面提速，城市化进程快速推进。区内已形成快速立体交通网络，禄口国际机场和即将兴建的京沪高速铁路南京站坐落在江宁境内；建设中的南京二环路、宁杭高速横跨江宁；区内有10多条公交线路与南京主城无缝对接，地铁一号线南延即将进入江宁新市区。良好的交通设施有力地促进了江宁新市区与主城区以及周边城市的联系。撤县设区后，江宁的房地产业迎来了快速发展的历史机遇，并为江宁新市区的快速巨变和迅速成长提供了巨大的推动力。

　　相对于北京、上海、武汉、广州等国内主要城市的空间规模，南京城市空间规模相对偏小，导致城市发展与空间资源的稀缺性矛盾相当明显。为了解决空间资源匮乏，南京城市发展先后突破了城墙、秦淮河与长江的空间障碍，向周边空间扩展，并积极加强与周边城市扬州、镇江、滁州、马鞍山等地区的联系，构建一小时都市圈，同时主动融入以上海为核心、南京与杭州为两翼的"长三角"区域经济空间的整合历程中。实际上，整个市域空间的不规则、不经济性一直是南京城市发展的主要瓶颈，空间利用的严重非均衡性则是南京城市发展的主要问题。多年来，城市发展中的空间利用失衡问题集中表现在江南与江北发展脱节、中心城区与次新城区及郊区的发展脱节。在城市中心区，由于人口与商业资源的高度集中，导致城市空间的人口密度过大，不仅导致中心城区道路拥堵、生态失调、环境恶化等城市病，而且使得中心城区的城市商务成本节节攀升，影响了城市可持续发展能力。从某种程度上说，南京中心城区的发展已经接近饱和。与上海、深圳、杭州、成都相比，南京空间扩展与产业布局、产业结构还存在许多不足。当前，影响南京城市空间有机发展的问题集中在以下几个方面：

　　其一，南京跨江发展的长期摇摆性。长江是南京拥有的天然资源之一，但长江也割断了江南与江北的联系，成为南京跨江发展、"圆满"发展的自然障碍。相对于武汉、上海等临江城市长江两岸均衡发展格局，南京江北的城市发展、经济建设比较滞后。在影响江北发展的诸多要素中，跨江交通是根本制约条件。20 世纪 90 年代以来，南京就开始建设浦口高新技术开发区，但是由于其位于江北，与江南主城的交通联系相对不便，严重限制了它的发展。当时，为了配合浦口高新技术开发区建设，南京先后把南京大学、东南大学、南京工业大学等新校区建设在浦口，但是，到了 21 世纪初，受到交通的制约，这些大学先后搬出浦口，重新在江南寻找城市发展空间。交通条件对江北发展的影响由此可见一斑。与之形成鲜明对照的是同期建设的江宁开发区，由于与主城交通联系便捷，加上生产、科研、居住并重，使其逐渐成为城东南新的引力中心。对江北来说，克服交通上的障碍，提高接受主城功能扩散的能力，真正壮大江北新城区的城市经济，使之成为南京"一城两翼，两翼并举"的支柱性的"一翼"是当前面临的主要问题与挑战。是以江南为主体的辐射江北策略，还是以江为轴的南北协同发展，在多轮的空间规划中都没有得到确定。

　　其二，南京主城内部空间资源配置的结构性矛盾。传统的南京主城区是指长江以南、绕城公路以内的地域，包括鼓楼、建邺、下关三区的全部，玄武、秦淮、白下三区的几乎全部，以及栖霞和雨花两区的一部分，面积大约 243 平方公里，和城区范围基本重叠，由老城、东片、南片、西片和北片五大片区组成。从城市空间的人口分布与就业看，主城的老城区经济社会资源的集中程度较高，其他四片则相对分散。目前，土地使用面积占全市建成区的五分之一的老城区，人口却占到了南京全市人口的五分之三强，就业岗位也相当于全市建成区内就业岗位的 65% 强，城市人口密度与其他片区相比高出近七倍。人口与就业的高度集中以及往返于老城与外围片区所造成的交通压力，使老城的基础设施不堪重负。而老城以外其他片区的发展，在城市空间功能结构上都不具有独立性，很大程度上依赖于老城。要使得南京城市产业空间结构优化，必须要把老城区过度集中的资源有效地向其他城区转移，增强其他城区发展的自主性与独立性。

　　合理的城市空间结构能够最大限度和最经济地分配、疏导与调节人流、物流、信息流等资源要素，使其在城市中心区内部、中心区和边缘区之间的合理配置与功能互补互动。南京持续扩张的城市空间与重构的工业企业基地之间面临着空间整合的现实性与迫切性，要优化城市产业空间布局，实现以产业整合为诱因，以空间整合为主体，以社会整合为目标，城市空间的发展经由低层次的有序向高层次的有序过渡，使组成城市空间的要素之间保持和谐，达到健康发展的状态，南京可以从以下几个层面着手，构建合理的南京城市的空间结构以及产业布局：

其一，城市外向拓展的方向。在南京城市发展的"一城三区"规划中，河西新城与浦口、江宁、仙林新市区承担着城市空间外移与分流城市中心区产业、人口等资源要素的角色。就浦口新市区而言，要打通城市跨江发展的交通障碍，加强浦口与主城区的有机联系，使浦口成为江北的经济社会中心，建成具有商贸、物流、金融等综合性服务的功能区，带动江北地区相关产业的发展，改善江北发展落后于江南的局面。在江南其他三个新城区中，东山（江宁）新市区应该作为未来城镇空间的主要扩张方向之一，承担高新技术产业的加工、主城其他加工工业的扩散、住宅和娱乐空间等发展需求。仙西地区要着力培育的新经济发展空间，主要承载教育、高新产业研发、高标准住宅等新兴产业。河西新城区要建设成为南京的副中心，分担主城区的人口、就业压力。

其二，城市工业产业的空间合理配置。南京工业调整应该沿两个"轴"布局，第一个"轴"是长江，是南京高端产业尤其是高端服务业布局的主轴；第二个"轴"是沿南京主城到高淳的宁高公路，作为南京工业布局的次轴，在这一"轴"上集聚了江宁开发区、溧水开发区、高淳开发区等多个工业园区。按照科学的总体布局思路，南京的工业生产活动应当沿"两轴"相对集中展开，构成一个个各有分工、相互衔接的工业组团，最终形成"两轴多组团"的工业布局总体框架。

其三，构建现代交通体系，强化南京城市各组团空间的有机联系。以南京主城为中心，以长江为主轴，沿宁通高速公路、宁连高速公路、宁马高速公路、津浦铁路、沪渝铁路等对外交通线扩展来发展与整合南京市域空间。市内交通以公共电汽车、地铁、轻轨等为主，以私人小汽车、自行车等为辅的多种交通方式。建设以主城为核心，三个新市区为次中心，放射状的交通线为扩展轴，引发城市同心圆式扩展和廊道辐射同时进行，避免原有的平面的、摊大饼式的低密度蔓延。

其四，建设多样化的过江通道。要使南京长江南北两岸的城市建设协调发展，使南京长江南北岸城区真正融为一体，首先要解决过江和沿江的交通问题。借鉴上海、武汉等城市的做法，将南京长江大桥、长江二桥打造成市内桥，促进江南江北的人流、资金流、物流、信息流的无缝对接。增加联系主城和江北新区的通道，长江三桥以及轻轨、地铁过江，交通大格局的最终形成将使得江北成为南京城市功能延伸的重要载体。只有这样，江北才有可能加快发展，也才有可能在未来与江宁一起成长为南京主城的两翼。

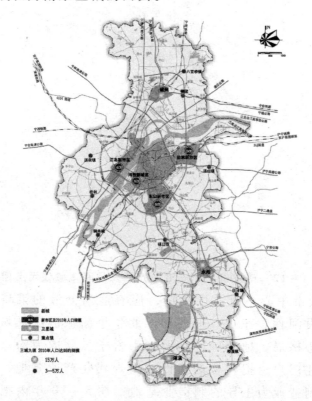

图 1-11　南京"十一五"城市空间拓展示意图①

其五，中心区的旧城改造。为了保证当地产业的竞争力，促进商业的成长，必须降低旧城改造成本，控制中心区地价；减少中心城区

---

① 参见《南京市国民经济和社会发展第十一个五年规划纲要》，南京市发改委：《南京市国民经济和社会发展第十一个五年规划汇编》。

的非主导功能，提高核心功能的"纯度"，保持传统中心区的集聚优势，防止衰落，避免西方发达国家在城市郊区化过程中出现的"空洞化"现象。对于新街口地区的改造应该突出 CBD 中央商务区的主导功能，通过在河西新城建设新的次级 CBD，向外疏解某些次级功能。

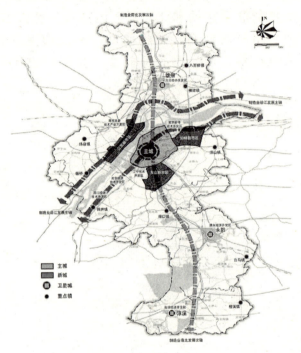

图 1-12　南京市"十一五"产业发展基本轴线示意图①

　　南京的城市中心不宜高度集中，应有适当分散的策略。通过在主城区之外建设河西、东山、仙西和江北 4 个新城区次区域中心，形成多核区域中心格局。把浦口区建设成为科学城，成为南京对苏北、安徽辐射的江北门户；把六合区建设成为现代化产业基地，成为以化学工业、装备制造业为主导的制造业基地；在 5~10 年内把河西新城区建成具有现代文明和滨江特色的南京新标志区，其北部以中档居住区、鼓楼科技园区为主体，中部形成新区中心，包括中高档居住区、滨江休闲地与都市产业园，南部是高标准居住区教育科技产业园和休闲体

---

① 参见《南京市国民经济和社会发展第十一个五年规划纲要》，南京市发改委：《南京市国民经济和社会发展第十一个五年规划汇编》。

育健身基地。作为老城人口的重要疏散地，整个河西新城区可安排居住总人口约 55 万人，且主要集中在北部和中部；把江宁建设成为主城以外城镇中最密集的通勤区，大力发展电子信息、新能源等现代工业；把仙林大学城建设成为承载教育、高新产业研发、高标准住宅等新兴产业的基地，成为新经济发展空间。从而，实现南京"以长江为主轴，主城为核心，结构多元，间隔分布，多中心开敞式的都市发展区空间格局"。

当前的南京正处在崭新的历史阶段和重要的发展关口，城市的发展环境、发展内涵进入了前所未有的战略性转变，集中体现在以下几个方面：一是在发展动力上，正由投资驱动阶段加速向创新驱动阶段转变；二是在城市定位上，正由建设区域中心的基础框架阶段加速向完善"五个中心"功能的阶段转变；三是在内部空间结构上，正由主城 257 平方公里为核心的发展阶段加速向全市域 6582 平方公里发展阶段转变；四是在战略目标选择上，正由注重省内竞争阶段加速向赢得国际国内综合竞争优势的阶段转变。因此，在新的发展起点上，以科学发展观为指导的区域协调发展观、城市发展观，将成为南京城市空间拓展、提升城市能级、城市品质的理性选择。与以往过度追求经济总量和增长率不同的是，强调城市内在综合素质的现代化程度和对周边地域影响力的城市能级水平提升，正成为国际共识。而在经济全球化和信息化的新背景下，城市的这种能级水平主要表现在对外经济的连通性、协同性和要素整合能力上。根据国家"十一五"规划《纲要》编制的国家主体功能区规划，南京和长江三角洲地区确定为国家层面的优化开发区域。进入优化发展阶段的南京，目前正加速完善"五个中心"的功能，以进一步提升南京城市的能级，而城市能级直接表现在空间位势上。空间位势是建立在空间位置上的资源禀赋、集聚能力和辐射力，往往具有资源集中、要素集聚、发展集约的核心优势。南京的空间位势决定了其经济、社会发展影响力早已超越省域范围、长三角范围，如果从经济全球化带来的国际产业转移、全球价值链下的服务经济分工以及南京的软件业、服务外包行业的快速崛起，则表明南京已是中国东部沿海"国际化、外向型城市链"中的重要一员，正在培育出超越地域的新产业空间。正是基于对南京已有的和潜在的发展优势的综合认知，建议从三个方面来认识南京的空间位势，以促进城市能级进一步提升。

首先，应进一步强化"沿海城市"的概念，彰显南京的开放性，为融入全球价值链造势聚能。城市的空间是有价值的，其价值有的是显性的，有的是隐性的。在工业化和后工业化时代，沿海大都市始终是世界经济的领跑者，开放和创新是公认的城市特征。因此，"沿海城市"本身就是开放的代名词。南京是内陆城市还是沿海城市？从地理位置上看，南京离长江出海口约300公里，只能算做内陆城市，但南京作为中国东部沿海地域的发达城市，自改革开放以来，和广州、杭州、苏州、天津等都是列入"沿海地域"城市的，特别是南京地处长江下游，拥有国内最大的内河港口，国际航运成本和沿海城市基本一样，完全称得上是泛沿海概念城市。① 更重要的是，沿海城市与内陆城市的最大区别在于发展观念上的开放性与保守性。定位沿海城市，南京在直接承接国际产业转移的长三角地区，可以更多获得跨国公司的在区位上的心理认同，可以在面向全球的服务业外包竞争中获得更多的关注，促进南京的先进制造业、高端服务业、软件业直接融入全球价值链。这就要求南京在思想观念和制度配套等软环境建设上，在城市空间布局、基础设施规划、产业空间布局以及物流服务等配套方面，都必须向上海、广州等沿海大都市看齐，而不是以内陆省会城市为参照。

其次，应在区域影响力拓展上同步打好两"长"牌，既打国际产业转移的"长三角"牌，也打承东启西的"长江"牌。在长三角的地域空间里，国际化的经济组织形式正催化上海的"极化效应"，南京不仅在与杭州争夺"长三角第二城"的过程中，在经济总量上目前落后于杭州，就是与苏州、无锡、宁波相比，在经济外向型上也是处于后位的。只有在长三角找到不可替代的经济位置，而不是借助苏州、无锡的"梯度"来承接国际产业的转移，南京才能构建具有竞争力的产业集群和高附加值的服务经济。像前不久南京汽车集团整体融入上海汽车集团的大产业链、价值链，就是南京汽车业做强的深思熟虑的选择。伴随着自主创新为主导的战略发展机遇期的到来，南京在构建高端化的经济形态方面，会在长三角地区起到示范作用，加速产业融

---

① 参见李程骅：《聚焦WTO高层论坛》，江苏文艺出版社2003年版。

合和价值链共享。承东启西打"长江牌",本来是南京独有的优势,自武汉以下的长江流域,南京是唯一的中心城市。早在1986年,江苏、安徽、江西三省的19个城市就建立了以南京为主席城市的"南京经济区"协调组织,曾产生过一定的"内联"影响力。现在,面向新的开放形势以及新的区域合作热潮,南京重打"长江牌",沿江向上可达九江,对接皖江经济带、武汉都市圈,向下通过产业链延伸辐射扬州、镇江、泰州、常州等市,由此整合的商贸、航运、物流等方面的资源,会在低交易成本的条件下强化南京的总部经济效应、服务业高地效应,真正体现出沿江经济走廊的中心城市的强大位势。而伴随着京沪高铁南京枢纽站的开工、南京到安庆以及南京到杭州等城际铁路的兴建,南京作为长江中下游中心枢纽的位势会进一步强化。

第三,通过城市空间结构的集聚性扩散来培育发展腹地,做实做强南京都市圈,不断提升区域中心城市的向心力。南京在"十五"期间,通过实施跨江发展战略和"一城三区"的集中发展,实现了空间结构由以主城257平方公里为核心的发展向全市域6582平方公里的转变,形成了多中心、开敞式的空间形态,强化了对南京都市圈的辐射力。面向"十一五",按照国家发改委的区域规划设想,南京都市圈是未来我国20个都市圈的重要组成部分,中心城市南京要发展为1500万人口的特大城市,这就要求南京必须突破制度性的障碍,通过创新型城市功能的完善,面向整个都市圈来进行资源、要素的集中配置,打破行政区隔来构建环境友好型产业链,培育生态型发展腹地,促进都市圈的做实做强。如可充分调研在南京、扬州、镇江统一实施025长途电话区号的可行性,加速以南京地铁系统为中心的都市圈内城际轨道交通网无缝对接的规划,在交通出行上实行同城待遇、产业园规划、招商推广错位、协同发展策略等,使其在强化都市圈龙头地位的同时,也最大化提升在省内的"首位度"和在长三角地区的辐射力。

从空间势上提升南京的城市能级,也是为南京在国内大城市的发展竞争中,尤其是在全国15个副省级城市的发展中保持竞争优势的重要举措。"十五"期间,南京地区生产总值、人均地区生产总值在15个副省级城市中的排位从第10位上升到了第7位,但未来的进位难度进一步加大,成都、宁波、武汉等城市的GDP总量已经超过或接近南京，特别是成都、武汉获批国家城乡改革综合配套试验区后，制度性的推进力量将大于南京，且成都、武汉作为区域中心的辐射空间也大于南京。在省内和长三角地区，与副省级城市杭州、宁波以及苏州、无锡相比，南京的经济总量尚处在末位，不利于空间资源和市场要素的优化集聚。因此，面向"十一五"，南京要形成"五个前列"的发展格局，必须强化在长江中下游经济带的中心枢纽地位，必须保持副省级城市梯队中"第一方队"的位次，必须保持在长三角区域中"第二城"的综合竞争优势，必须在科学发展、优化发展、协调发展方面保持省内领先优势，而通过放大空间位势来提升城市能级，强化创新型城市的功能，当是保持发展优势的重要路径。

城市的空间是有价值的，这种价值是由城市能级决定的，而城市的能级在很大程度上体现在经济实力以及可持续的创新能力。经济、市场力量作用下的城市空间，其优化、重组的过程就是追求空间价值最大化的过程，每个空间单位的平均的"经济密度"，就成了衡量空间价值的最直接的指标。在工业化阶段，城市的"经济密度"直接决定于以制造业、加工业为主导的产业空间的收益水平，但现代城市的产业空间则和城市空间形成融合或互动发展之势，其"经济密度"则是产业密度、投资密度、消费密度的有机构成。特别是高新技术产业、服务经济引领的新产业价值链，在组织产业分工时，会依据价值规律、要素配置的最经济化来选择空间位置，从而不断优化产业结构、城市空间布局，科学提升整个城市的"经济密度"。

当前的中国城市发展，在科学发展观的引领下，都在主动地转变经济发展方式，注重在合理充分利用自然资源、保护生态环境的基础上促进经济的发展，摒弃了以往片面通过追求数量上扩张来实现更多产出的理念，包含了更加注重经济结构的调整、优化，资源利用效率的提高，生态环境的不断改善，经济增长与自然环境的协调并进，经济成果的合理分配，以及保持人与自然、人与社会、人与环境的和谐发展等内容。在这样的时代命题之下，中国城市空间的"经济密度"，就不仅仅体现在单位空间的数量指标上，而更多体现在质量指标上，体现在对于全球要素的集聚能力上。

南京作为江苏的省会、长三角次中心城市、长江下游的枢纽型城市以及中国东部沿海地区的区域中心城市，对区域性、国际性的物质、信息、人力资本等要素的集聚能力，决定了城市的空间价值高，决定了"经济密度"的提升潜力。南京的经济发展近年保持了快速增长的势头，争先进位明显，地区生产总值于 2004 年跨上 2000 亿元的台阶之后，在 2007 年达到 3275 亿元，进入了"3000 亿城市俱乐部"。与此同时，南京城镇居民的可支配收入大幅增加，城市的财政收入在副省级城市中仅次于深圳、广州、杭州，位居第四。面对新一轮自主创新的发展新机遇，面对转变经济发展方式的时代要求，面向"十一五"和今后更长一段时间，南京要想继续保持在副省级及同类城市中的竞争优势，要想在国际化程度较高的长三角地区保持发展优势，必须进一步在"经济密度"的质量提升上下工夫，即在有限的城市空间里，通过产业升级加大节能减排的力度，通过高端服务业来引领城市空间的科学布局，科学提升南京城市空间的"经济密度"：

一是在市域空间一体化进程中，优化产业的空间布局，推进现代服务业、高新技术产业的集约化、集成化发展。南京主城的空间有限，全市域的面积也仅有 6582 平方公里。在这样一个空间里，如果不能进行快速的产业升级，经济增长所面临的土地、空间、能源、水资源、环境问题将越来越突出，只有遵循城市空间的演进规律与产业空间布局的优化规律，才能使不同类型的产业在有限空间内找到合适的位置。就副省级城市而言，除深圳、厦门外，南京的空间面积是最小的，但南京的地区生产总值居于中上位置。成都、武汉、大连、青岛的地区生产总值和南京比较接近，市域面积却大得多，产业发展的预留空间大。南京在这方面不占优势，唯一的选择就是要在同样的单位面积里创造出更多更优的经济收益，即创造的"经济密度"大于同类城市。2007 年，南京以市为单位总体全面达到江苏省定的小康标准，这标志着南京进入了一个新的发展起点，那就是可以突破城乡二元结构，通过实施城乡一体化的战略来推动城市能级的大跨越。因此，南京在整个市域范围内，对电、汽、化、新、服等主导产业进行科学、合理的规划布局，促进其集约化形态、集成化效益的实现，是科学提升"经济密度"的重要前提。相比较而言，市域面积小于南京的深圳、上海"经济密度"是南京的数倍，和它们超前的城市产业空间一体化的规划有直接的关系。

二是以自主创新为主导，促进科教资源禀赋向现实生产力转化，让更多的创新成果实现市场价值、应用价值。南京的科教综合实力仅次于北京、上海，在国内城市中位居第三，基于科教资源优势的南京自主创新的发展模式，推进了南京向创新型城市的迈进。但是，城市的发展动力关键是产业的力量、经济的力量，科技实力不等于高新技术产业实力，知识资本不等于货币资本，南京城市空间拥有的科教资源，本身就是一座高科技城市。问题的关键是，必须通过观念创新、制度创新、管理创新，构建一个创新型城市服务体系，来促进高新技术向高新技术产业转化，科教资源禀赋向现实生产力转化，让本地的、国内的、国际的科技创新成果，通过"南京平台"在不同层次的市场空间里实现市场价值、应用价值，促进"经济密度"质的飞跃。韩国的新兴科技城大田，20多年前本是个土地贫瘠、资源匮乏的小城市。但目前大田市的GDP总额却占韩国的20%，"经济密度"如此之高主要得益于其以科学城带动城市创新的政策，使教育、科研、产业自然连接，要素高度集聚的科学城占地面积27.6平方公里，聚集了70多家教育科研机构、900余家高科技企业，既是专业化科研基地，又是科研与成果转化融为一体、科研与产业密切结合的高科技企业孵化基地。南京所具备的科教实力、创新能力、科技成果的转化能力以及多元的创新主体，已经具有了创新型城市的基本功能，在新一轮国家倡导的自主创新的发展机遇中，理应成为具有示范意义的创新型城市，以高端经济形态统领的城市"经济密度"创造出更大的高新技术产业效益，在向深圳、上海看齐的同时，与武汉、西安、成都等同类城市拉开距离。

　　三是在全球产业价值链中寻求合适的"节点"，突出城市空间的"国际化"元素，升华"知识资本"的核心竞争优势。被称为全球城市的纽约、伦敦、巴黎、东京等，城市空间寸土寸金，"经济密度"位居世界大城市的前列，就是因为具有在全球范围内整合资源、集聚财富、配置要素的能力。经济全球化使各种要素可以突破空间界限寻找适合自身集聚并能实现最大价值的区位，这样，城市就不是一个孤立的节点，城市的产业空间成为全球产业价值链的一部分。南京地处国际化程度较高的长三角前沿地带，地缘优势能使南京参与国际制造业转移、国际新产业的分工，但南京基于科教资源禀赋的科技创新优势、以高端人力资本为代表的知识资本优势，在信息化时代则可以使自身直接成为全球产业价值链的重要一环，如接纳国际服务外包业务，打造"世界办公室"等，大力发展服务贸易，就是核心优势的重要体现。同时，根据全球外包服务贸易规模不断扩大的趋势，还可以发展面向先进制造业，促进本地的制造业尽快进入全球产业链的高端。目前的南京，中国软件名城、国际服务业外包基地城市的形象已经树立起来，城市的高科技型、国际化元素日益明显，加上高端人才的劳动力等要素价格比较优势明显，将大有利于承接更多的国际服务业务，有助于城市空间"经济密度"实现飞跃性提升。面对全球高端产业价值链向中国的"嵌入"，南京在与深圳、上海、大连、苏州等外向型特色明显的城市竞争中，高端业务人才的集群性、整体创新能力以及人力资源成本所具有的优势，当是其核心竞争力所在。

总的来说，南京作为区域性的特大城市，区位优势、规模优势、产业的要素集聚优势明显，在内部基本形成了"多中心、开敞式"组团布局框架，到 2007 年年底，城市建成区面积已达 573 平方公里，在全国城市中仅次于北京、上海、广州、深圳、天津，位居全国第 6 位，比位居第 7 位的重庆市多 81 平方公里。鉴于南京已经步入工业化发展中后期、城市化加速期，伴随城市化和城市现代化进程的加速，大量人流、物流、资金流、信息流以及其他生产要素加快向南京集聚，到"十一五"末期，南京将步入千万人口的特大城市行列。按照国家的区域发展战略，南京在东部沿海地区的交通枢纽功能将进一步强化，京沪高铁、宁沪城际铁路、宁合铁路、宁杭城际铁路的开建，使南京承南接北、承东启西的作用更强，要素集聚的规模性、经济性进一步显现，与此对应的主导产业如电子信息、石油化工、汽车制造、现代商贸、软件设计、创意产业等所构成的产业空间、产业集群，将会在主城空间与市域空间乃至南京都市圈空间里，进行更有效的要素集聚与整合，使产业空间、居住空间、商业空间以及公共空间得到更科学的布局，从而提升城市的功能、城市的品质以及城市的整体空间价值，造就出持续的产业竞争优势和城市竞争优势。

第二章
城乡一体化与产业空间优化

　　世界上任何一个国家的城市化进程，都没有像中国这样独特：在计划经济和市场经济制度的双重作用下奋力前行；在城市和乡村二元结构的对立与融合中拓展空间；在产业结构的持续调整中不断优化主体功能。来自政策制度上、发展要素上以及市场化等多元力量的博弈，不仅使当代中国在经历了30年的改革开放之后，正在从原来的乡村社会快步进入城市社会，而且在很多地区培育出的现代城市的空间形态，颠覆了传统的城市概念：郊区、城区的界限越来越模糊，城市的生活空间与产业空间有机融合，都市圈与城市群的空间界限逐步淡化。轨道交通、高速交通体系构成的网络将各功能区连成一体，郊区、郊县不再是与城区对立的二元结构空间，而成为城市空间的有机构成。深圳、上海、杭州、苏州等城市，在行政管理体制上，已经完全消除了城区和郊区的界限，没有了市民和农民的身份区别。城区与郊区、城区与郊县、老城区与新城区呈现出协调发展的态势。但是，中国毕竟是一个工业化起步较晚的国家，而当很多城市尚处于工业化进程之中的时候，经济全球化又带来了后工业化的挑战，这就使中国的城市化进程必然带来不协调性：经济发达地区先于经济欠发达地区，沿海地区先于内陆地区，大城市地区先于中小城市地区，即使在同一个市域，主城区、郊区、郊县之间也存在明显的发展水平的落差，其结果就必然造成区域发展失衡、城乡发展失衡，不利于发展要素的整合、资源效益的最大化，甚至在部分地区出现以"土地城镇化"取代产业推进城市化的"伪城市化"、虚假城镇化的现象。① 当世界性的金融危机到来，房地产热降温，由此带来的弊端就更加明显。因此，以科学发展观为指导，从区域发展一体化、城郊空间一体化的高度，来探求中国城市空间扩展与城郊一体发展、城市空间的功能提升与城郊产业空间的优化布局，当有重要的现实指导意义。

---

① 陆大道：《我国的城镇化进程与空间扩张》，《中国城市经济》2007 年第 10 期。

第一节
城市空间扩展中的"郊区化"进程

一、大城市空间扩展的圈层化规律

传统的城市空间扩展，基本是以城市的政治中心、商业中心或者交通中心为原点，有序地向外延展，伯吉斯（E. W. Burgess）的"同心圆理论"首次描述了城市地域结构的空间延展规律，分析了城市的商业区位、工业区位、交通区位以及与居住空间的关系，认为是地域空间结构的分离造成了各地带间的侵入与更替，使城市从中心向外围呈环状扩展侵蚀，在实现功能接替的过程中推动城市空间活动分布不断扩大范围。霍伊特（Homer Hoyt）的扇形理论对同心圆理论进行了承继和延伸，认为城市空间的有序扩展主要是借助交通线的功能。而麦肯齐、哈里斯和乌尔曼等整合发展的"多核心理论"，则是对大城市郊区化的发展趋向进行了描述，认为城市的不断扩展不会只有一个商业中心，会出现多个商业中心，并相对分隔出重工业区、卫星商业区、近郊居住区与近郊工业区，这一理论对现代大都市空间的圈层化发展态势作出了基本判断，为"都市带"、"都市圈"概念的出现奠定了基础。

第二次世界大战以后，世界范围内工业化与城市化的快速推进，使以大城市为中心的都市圈经济发展成为各国经济发展中的重要现象。1957 年法国地理学家戈特曼（Jean Gottmann）根据对美国东北海岸地区的实地考察，发表了《大都市带：东北海岸的城市化》一文，提出在美国东北海岸地区出现了崭新的人类社会居住空间形态——大都市带（Megalopolis），并认为这是对世界其他地区具有导向性和示范意义的空间现象，这个城市化区域表现出核心地区构成要素的高度密集性和整个地区的多核心的星云状（Nebulous）结构，而成熟的大都市带的发展要经历四个阶段：城市离散阶段、城市体系形成阶段、城市向心体系阶段（都市区阶段）和大都市带发展阶段。大都市带的成熟是工业社会和后工业社会的产物，它不仅是新技术和新产业的培养器，亦是新技术和新产业推动的结果，新产业的产生和主导产业的演替、产业结构的转换，实现了城市区域经济的自增长和自我发展。后来，以美国学者刘易斯·芒福德（Lewis Munford）为代表，认为戈特曼等人所描述的大都市带，其实并不是一种新型的城市空间形态，而是一种"类似城市混杂体"（Urbanoid Mishmash）。这种"类似城市混杂体"是由于发生在大城市地区的人口爆炸之后产生的。①

　　日本自 20 世纪 50 年代，逐渐提出了"都市圈域"的概念，并且是最早将都市圈理论运用在国土规划中的国家之一。日本是高度城市化的国家，其城市以 28% 国土面积容纳了全国总人口的 80%，当时针对大城市的迅速扩展，学界围绕城市化和卫星城镇快速发展的现实，从商业性角度提出了"大都市圈"的概念。到了 20 世纪 60 年代，日本政府接受了都市圈域经济学概念，制定了《大都市圈建设规划》，②并对都市圈经济的范围进行界定：大都市经济圈是由一个拥有 50 万以上人口的中心城市或由几个 50 万以上人口的相邻市镇所组成的区域。相邻市镇是指其就业人口至少有 15% 的人到中心城市通勤上班。如果某市镇到中心城市通勤上班的人数低于 15%，但又处于中心城市和另一入圈的相邻城市范围中，则该市镇也属于中心城市圈域范围。

　　基于城市快速发展的都市带、都市圈的形态，是一个动态的发展过程，而且在不同的国家、地区，在不同的发展阶段，都有比较鲜明的特色。20 世纪后期，亚洲新兴国家的工业化和城市化进程明显加快，以大城市的高速增长为代表的经济、技术和社会发展模式及其地域空间表现展现了许多新形态征，又催生了新的城市化理论。加拿大

① ［美］刘易斯·芒福德：《城市的形式与功能》，宋俊岭、陈占祥译，《国外城市科学文选》，贵州人民出版社 1984 年版。
② 智瑞芝、杜德斌、郝莹莹：《日本首都圈规划及中国区域规划对其的借鉴》，《当代亚太》2005 年第 11 期。

地理学家麦吉（T·G·McGee）经过多年的研究提出，在亚洲某些发展中国家和地区，如泰国、印度、中国大陆和中国台湾地区出现了与西方大都市带相类似而发展背景又完全不同的新型空间结构——城乡一体化区域，后来麦吉又进一步把它发展为类似大都市带的超级都市区（Mega urban Region，MR）概念，他将超级都市区定义为包括两个或两个以上由发达的交通联系起来的核心城市，当天可通勤的城市外围区及核心城市之间的（Desa - kota）区域。[①]

国内学者对都市圈、都市带的研究是从 20 世纪 80 年代中期开始的，并通过对沿海都市圈地区，如长江三角洲地区、珠江三角洲地区、京津塘地区的实证研究，提出了当代中国的都市圈发展理论。1983年，于洪俊、宁越敏在《城市地理概论》一书中首次使用"巨大都市带"的译名向国内介绍了戈特曼的思想。[②] 紧接着，南京大学崔功豪对此作了全面系统阐述，认为特大城市和城市群是这个时代的特征，城市群体结构分为：城市—区域、城市组群和巨大都市带三种类型。[③]随后，周一星借鉴西方城市不同尺度空间体系，提出了市中心—旧城区—建成区—近市区—市区—城市经济统计区—都市连绵区这样一套中国城市的地域概念体系。进入 90 年代后，随着中国城市化进程的加快，关于城市的功能地域概念，如都市区、都市连绵区（Metropolitan Interlocking Region，MIR）等在国内逐渐传播。伴随我国三大都市圈一体化进程的不断深入，学界对各大都市圈的实证研究层出不穷，研究视角和方法各具特色。其中南京大学、中科院南京地理研究所、同济大学、华东师范大学、东南大学和浙江大学等高校建立了专门的研究机构，对长江三角洲地区发展跟踪考察，洪银兴、刘志彪的《长江三角洲地区经济发展的模式和机制》、顾朝林的《长江三角洲城市连绵区发展战略研究》、张鸿雁对于作为世界第六大城市群的长江三角洲城市群的培育机制的研究等，虽然角度不同，但重点集中在长三角大都市圈的发展与整合。

---

① McGee, T. G., *New Regions of Emerging Rural - Urban Mix in Asia: Implications for National and Regional Policy*, a paper presented at the Seminar on Emerging Urban - Rural Linkage, Bangkok: August, 16—19, 1989.

② 于洪俊、宁越敏：《城市地理概论》，安徽科学技术出版社 1983 年版。

③ 崔功豪：《中国城镇发展研究》，中国建筑工业出版社 1992 年版。

　　中外学者的研究成果以及城市规划的实践都表明，都市圈是地域城市化的特殊空间表现形式，并以经济比较发达、具有较强城市功能的中心城市为核心，同与其有经济内在联系和地域相邻的若干周边城镇所覆盖的区域所组成，是城市和乡村一种特殊的社会经济相互作用力的结果，是对中心城市、城市边缘区、远郊区、卫星城、中间地带及传统农业地带等空间要素综合归纳的有机组合形式。进入快速交通时代之后，环状的高速公路网、轨道列车，将中心城区、新城区、卫星城、产业园以及商业服务区等紧密地联系在一起，使原来相对松散的都市圈、都市带形成层次分明的空间圈层，特别是现代城市的空间扩展多以新城区的再造为突破，用大型功能区和快速交通线迅速造就城市的多个新中心，形成相对分隔但又可便利沟通的副中心城区，使大城市或都市圈空间形成动态的稳定系统。因此，当代中国的大城市在20多年的快速城市化过程中，多以原来的老城区为基点快速扩展，构建出中心城区、主城区、都市延伸区、近郊区、远郊区的空间圈层状态。过去由多个城市构成的大都市圈空间组合形态，如今在一个巨型城市系统里就能得到有效承载。

　　在传统的城市空间布局中，往往只有中心城区的功能最强最完善，在都市圈、都市带的新空间形态下，城市的功能开始分散，产业功能、商业功能以及居住功能在不同的区域各有侧重，减轻了中心城区的压力，有利于城市整体空间的均衡发展。中心城区的集中功能被分散，主城区的多样化服务功能得到体现，因为大城市的主城区不仅指原来的老城区，还可能包括定位不同的一个或多个新城区，如巴黎的德方斯新城，上海的浦东陆家嘴地区、闵行新城，南京的河西新城、东山新市区，广州的天河新城，郑州的郑东新城，杭州的滨江新城，苏州的新加坡工业园、苏州新城等，就属于这种类型的功能疏散。新城区由于规划到位、交通便捷、商务服务集中，所发挥的功能甚至超过原来的中心城区。都市延伸区是大城市快速扩张、都市圈范围放大后的新型区域，它处在原来郊区的位置，一般位于主城区边缘，也有的以"飞地"的形式存在，但都独立于大都市的新城区，承载部分城市的功能，如生态居住、物流、游乐、休闲等。现代城市的近郊区，则突破了与主城区、新城区的界限，往往和都市发展区形成交错发展之势，但覆盖的范围更广，而且因为快速交通体系的连接，生态维护较好，中高端居住的功能很强。远郊区在现代大城市带多被视为发展走廊地带，也可被视为"准城市化地区"，它是城市与农村各种要素在一定地理区位上混合发展的一种特殊的空间结构形态。由于快速交通的发达，远郊区一般距离主城的乘车时间在半小时至一小时之间。像中国一些大城市，如北京、成都、南京等所属的郊县，基本上可视为远郊区。在这样的新型都市发展圈层布局中，城市的主导产业可以依据地租级差，依据价值链规律，选择空间布局形式，把管理机构、研发基地、制造基地以及物流基地等，分别布置在中心城区或主城区、都市发展区、近郊区或远郊区。同时，由于都市发展区、郊区的产业服务功能相对集中，以新的生产方式、新的产业组织模式为基本特征的新产业空间快速形成，常以一种或多种产业为主导的工业园或产业园的形式建立起来的相对独立的地理区域，使新产业、新技术、新模式与新的城市空间有机结合。在信息化城市时代，城市的功能布局呈现出明显的网络化结构特征，并刺激城市空间流动模式的快速变化，其中最突出的表现是工业空间的边缘化，但这种边缘化与过去的郊外的纯工业区不同，呈现出以综合社区建设为主导的生活—生产模式，造就的是均衡发展的城市主题型社区。即使是在远郊区的城镇，大多沿着交通通道的区域，也被纳入到大都市圈的空间经济系统之中，这些城镇的专业化定位可以带动城镇产业和人口的集聚，并依靠自身的区位交通、商贸物流、历史文化、自然资源等优势条件而发展成为独具特色的小城镇。[1] 特别是进入后工业化社会之后，一体化的市域空间或都市圈空间，使主城区、都市发展区以及郊区的就业、收入、消费水平方面的差异也逐渐消失。实现空间结构和规模结构的均衡，区域空间各组成部分完全融合为有机整体，整个空间结构系统处于均衡稳定状态。[2]

　　其实，改革开放以来，中国部分大都市的城市空间扩展，在郊区化的进程中，都遇到了因城乡二元机构导致的主城区郊区、郊县的空间分割问题，但后来通过主城区吞并近郊区、郊县变郊区等手段，使

---

[1]　冯玉廷：《大都市圈的圈层结构及资源整合路径》，《改革》2007 年第 6 期。
[2]　耿明斋：《现代空间结构理论回顾及区域空间结构的演变规律》，《生产活力》2005 年第 11 期。

城市空间扩展突破了行政区划的隔离，逐步形成相对均衡的圈层扩张导向，1982～1997年，北京市城市土地利用扩展的空间形态以圈层式蔓延为主，[①] 后来通过四环、五环线的建设，将城市的功能区进行了相对区隔，促进了空间结构的均衡化发展。自20世纪90年代初期开始，上海城市空间扩展经历了近域渐进发展→同心圆式外延扩展→变异型飞地发展→独特的"K形"轴线发展→"K形"发展转向"星形"低密度爆炸式扩展，[②] 快速破除了郊区、郊县的概念，基本上形成与国际接轨的大都市区。广州城市空间格局的发展，则经历了团状城市、星形城市、分散组团城市、带状组团城市、多组团半网络化城市演化历程。[③] 武汉因为自身在区域中的高首位度，城市用地变迁遵循了以跳跃式发展、轴线推进、环状填充、圈层扩展等4种基本方式和规律，在不同阶段表现出不同的特点。[④] 当然，由于政绩考核体系等方面的原因，国内的省会城市、区域中心城市由于掌握着行政的主导权，可以动用行政权力，将郊区变城区、郊县变郊区、乡镇变身街道办事处，城市空间扩展贪大贪多，人为放大城市建成区面积，容易陷入"摊大饼"的怪圈，使城市发展的整体空间格局处于失控状态。特别是以市带县的行政管理模式，使很多大城市经济发展水平尚未同步于郊县地区，甚至出现了新的"大城区加大农村"的现象，而中心城区、主城区第三产业的强势推进发展，综合服务功能的加强和交通设施的改善，在很大程度上又抑制了郊区、郊县的大型第三产业的发展。这种发展态势不利于市域空间的均衡扩展，解决的路径只能靠产业集聚、产业园区的市场化的力量来推动。

在城市空间的扩展中，市场的力量不是唯一的，行政主导下的城市规划所体现的政府意志所起的作用也是很大的，这种力量既可以科学地提升城市化的进程，但也容易为了追求表面的繁荣和速度，造成"冒进式"的或"夹生饭式"的城市化，反而给都市圈、区域的有机化发展造成伤害。在当代中国的城市化进程中，长三角地区、珠三角

① 刘盛和等：《基于GIS的北京城市土地利用扩展模式》，《地理学报》2000年第4期。
② 邓智团等：《城市空间扩展战略研究——以上海市为例》，《城市规划》2004年第5期。
③ 毛蒋兴、阎小培：《高密度开发城市交通系统对土地利用的影响作用研究——以广州为例》，《经济地理》2005年第2期。
④ 罗名海：《武汉市城市用地变迁研究》，《规划师》2004年第12期。

地区曾经在 20 世纪 80 年代后半期出现过城市化滞后于工业化的现象。即使是到了 20 世纪 90 年代中期，在珠三角的核心地区顺德、东莞，也是厂房现代化、道路村镇化，缺乏统一的空间规划和产业布局，人们的收入虽高却难以获得相应的城市生活方式，吸引不了大城市的高级人才群体。后来，在区域规划的引导之下，仅数年的时间，现代化的城市道路和公共设施、商业服务设施都配套建立起来了，原来的经济发达的县城、乡镇所在地都成为了大都市圈的卫星城或都市发展带，并与工业集中区的村镇形成网状连接，整体区域消除了城市和乡村的界限。珠三角、长三角核心地区的空间一体化、产业布局的秩序化，是行政主导下的区域统一规划的力量，其前提是有较为雄厚的经济基础，政府具有对公共设施大投入的财力。相比较而言，我国大部分以省会城市和区域中心城市为统领的都市圈，尚不具备一体规划建设的财力，而政府的指标考核又和城市化率有直接关系，在这样的背景下，部分区域出现"冒进"城镇化就是必然的了，把本来应该是产业、经济推动的城市化，简单地用行政手段变成"土地城市化"，如撤县建区、将镇改街道，将原来的农村户口转成城镇户口。尽管城市化的统计水平提高了，但产业发展水平低、公共配套设施缺位、失地农民同时失业都造成了虚假城市化，反而损害了城市郊区、区域的可持续发展。我国现在已经面临的"大城市病"、"大城市周边贫困带"等问题，就是最直接的表现。因此，以郊区化主导下的中国城市化进程，应该根据经济增长的幅度、区域协调发展的方针，保持一个合适的节奏。发达国家的城市化进程对我们应该是有借鉴意义的，如从 20% ~ 40% 的城镇化率的过程，英国经历了 120 年（1720 ~ 1840 年），法国是 100 年（1800 ~ 1900 年），德国是 80 年（1785 ~ 1865 年），美国是 40 年（1860 ~ 1900 年），苏联是 30 年（1920 ~ 1950 年），日本是 30 年（1925 ~ 1955 年），而中国只用了 22 年（1981 ~ 2003 年）。我国的快速城市化，固然是建立在自身每年的经济高增长的前提之下的，但是，中国的人口基数太大了，现阶段每增加一个百分点的城市化率，要创造的就业岗位就比上述国家增加一个百分点所要创造的就业岗位要高 10 倍左右。我们这种超越"自然城市化"的"人为城市化"，带来的不仅是就业、城市产业空间布局、城市能级提升难等方面的问题，更重要的是有限的优质土地资源被浪费，规划的城市空间大但没有规模效益，不利于城市空间的集约化发展。为此，曾有专家痛心疾首地指出：我国20世纪90年代以前城市的人均占地很少，但进入新的世纪，城市人均占地很快达到了110平方米～130平方米的水平。[①] 2005年，中国城市人口（为非农人口）为3.58亿人，当年城市建成区面积为3.25万平方公里，城市人口人均占地水平为91平方米。按城市建成区人均占地与城市间交通网络人均占地大体为6：4的比例计算，交通人均占地为61平方米，当年我国城市人口人均占地达到152平方米。相比较而言，欧美国家的人均耕地面积是我们的10倍，但大纽约地区人均综合占地只有112平方米，香港的人均综合占地则只有30平方米，日本大都市圈人均用地是80平方米左右。可见，在未来相当长的一个时期，我国城市的空间扩张、都市圈的发展，科学规划、集约用地、功能提升都是首要任务。[②]

二、城市空间扩张与郊区功能新定位

改革开放30年来，中国城市化进程在空间扩展上最大的进步，是快速打破了原来计划经济主导的城乡二元结构，通过制度的力量、政策的引导、产业的推动，将城市的主城区、郊区甚至郊县纳入到空间一体化的发展战略之中，尽管在这个过程中郊区与郊县经常出现发展的落差。如果说过去的城市发展，主要是通过主城区的建设来提升城市功能和综合竞争力，那么从20世纪90年代以来，以新城区的高水平规划和大投入来完善城市的整体功能和强化发展要素的集聚能力就成为了一种新的发展取向，这既是与国际城市空间发展模式的接轨，也是应对国际产业转移，提升内生发展动力的理性选择。伴随着城市空间的快速扩大，城市产业空间的大规模外迁以及区域发展都市圈化现象的产生，原来处于从属发展地位的郊区站到了前台，城市的郊区被重新定位，被赋予了全新的城市功能。在二元结构的城市发展时代，郊区给城区提供的是蔬菜、农副产品的功能，郊区与城区的建设形成

---

① 陆大道、姚士谋、李国平、刘慧、高晓路：《基于我国国情的城镇化过程综合分析》，《经济地理》2007年第6期。
② 王建：《到2030年中国空间结构问题研究》（国家发改委"十一五"前期重点研究课题），2005年。

了明显的分割，郊区的居住主体是农民。新的城市空间一体化的战略的实施，郊区的价值被重新发现，郊区的发展定位被重新确立，郊区成了新的产业高地，郊区展现了居住的魅力。郊区的概念，也随着城市空间的快速扩张，随着功能与老城区、主城区的对接，变成了新城区、新市区、城市副中心等名称，让传统的城市郊区的概念退出历史舞台。在当前中国的各大都市，发展的重心在新城区、新市区、卫星城，而不是中心老城区、主城区，是一个普遍的现象，并且是未来的趋势。

按照国际大都市的空间扩展规律，在汽车社会时代到来和轨道交通发达的条件下，城市的郊区范围可以沿着快速交通系统扩展、延伸，可以不受行政区划的影响。但是，在当前中国的行政区划决定发展区域的大背景下，大城市的空间扩展往往只能在行政区域内进行，所推行的城乡一体化范围基本是在自身的行政空间的规划建设的一体化。这固然带来了资源集聚、要素整合等方面的不利，但好在中国的大城市行政管辖的面积较大，同时政府可根据大城市和中心城市空间扩展、产业发展的需要，对其行政管辖范围进行扩大，以使城市的发展减少制约，如广州、青岛、大连、杭州、成都、哈尔滨、昆明等省会城市和副省级城市，在近些年发展的过程中，市域面积都是不断扩大的。在这样的情况下，我国大城市的郊区发展就明显承担了分散老城、主城的城市功能的任务，近郊区也容易快速发展为新城区或融入主城区，这有利于整个城市空间布局的优化和综合功能的提升。以北京为例，城八区面积只占全市总面积的8%，却承担了北京全部市级以上的功能，其中还包括"一区五园"的三个园区的高新技术产业基地（只有两个园不在八城区），而占全市总面积92%的远区郊县几乎没有承担市级功能，长安街两侧以延长线为核心的中心城区，高度叠加了政治中心、市级行政管理中心、文化中心、旧城保护核心区、金融中心、国际交往中心、中央商务中心、国际化大都市的展示区等。因此，城市规划学者多年来不断呼吁，应将北京部分城市功能迁出中心城区，引导与功能相联系的人口流向郊区，缓解中心城区的人口压力，如将国家的行政中心沿京八线分散到通州区，将市级的行政、经济功能沿规划的地铁线向大兴黄村延伸，并改变南部地区的发展洼地面貌等。①
相比较而言，上海在 20 世纪 90 年代率先开发浦东，再造了一个新上
海，将城市的行政、产业、商务以及休闲娱乐等功能区有效地分散到
浦东，大大提升了城市的综合服务功能，具有了国际化大都市的合理、
均衡的空间布局，也为整个市域的率先城市化打下了基础。（参见图
2 - 1）上海"十一五"规划中，对浦东的新战略是，通过资源整合，
加快区域功能一体化发展，形成功能特色明显、布局合理、配套完善、
重点突出的"一轴三带六个功能区域"的空间布局。青岛在城市空间
扩展的过程中，是国内大城市中第一个将政府行政功能区迁出的城市，
一方面将腾出的老城空间用于发展服务业，提升了城市的服务功能，
同时以新的行政中心为基点快速培育出了新城区，使青岛具备了大城
市的空间框架，在国内国际的资源要素集聚中显现出新的优势。南京
的主城空间原来一直局限在明城墙合围的空间内，在 40 余平方公里的
面积内，承载了近 200 万的居民人口压力，一度是全国人口密度最高
的城市。进入新的世纪，南京真正破除了城墙意识，实施"一城三
区"、跨江发展的城市空间新战略，短短数年的时间，城市的建成区
面积就扩大到了 257 平方公里，围绕绕越高速公路规划的主城面积达
到了 440 平方公里。在实施这一战略的过程中，把河西新城区建成新
的市级功能中心，是最大的制度支持力量。到了 2008 年 4 月，南京部
分市级行政机构率先进入新城办公，有效起到了分解原来老城行政管
理的功能。同时，一流的商务中心区、国际会展场馆以及文化设施的
启用，则大大优化了南京城市的综合服务功能，提升了整个城市的现
代化、国际化的品质。

---

① 《北京大兴全力打造生产性服务业集聚区》，《光明日报》2008 年 6 月 19 日。

图 2 - 1　上海浦东新区功能区布局图①

　　正因为在当前的中国城市空间扩展中，郊区的功能具有引领作用，关于郊区的发展定位，如何高水平规划建设城市的郊区，特别是在大郊区空间范围内分散布局的新城区、大学城、高新技术开发区所承载的不同功能的认知问题，制定出符合中国国情和市场发展要求的中国城市空间结构战略，促进科学发展观主导下的城乡统筹发展，已成为时代的命题。一方面，沿海地区经济快速发展，工业化和后工业化推进了城市化的深化发展，都市圈、城市群所形成的空间发展高地，使原来的郊区、郊县的价值被重估，郊区、郊县要纳入到城市的功能区统一规划，毕竟一个区域的发展要受到环境、土地方面的制约，郊区、郊县的产业布局、居住功能、生态功能等方面的规划要与中心城市的功能定位接轨；另一方面，经济全球化的浪潮方兴未艾，其对中国区域空间结构变动的影响是长期的，因为尽管在过去的 30 年中，国际产业转移在珠江三角洲地区、长江三角洲地区以及更大范围的东部地区，已经形成了声势，但这些产业基本是属于消费品制造业，大型装备制

---

① 《上海市国民经济和社会发展第十一个五年规划》，2006 年 1 月 20 日上海市第十二届人民代表大会第四次会议批准。

造业、重工业向中国的转移才刚刚起步，而它们向中国转移，依然会首选产业基础好、产业链完备的沿海地区和中部的大城市区域。然而，目前的中国沿海经济发达地区，大城市、都市圈所承载的环境压力本身就已经很大，主城区主要发展以服务业为主，即使是新城区、高新产业园区也以生产型服务业、研发基地、总部经济为重点，制造业向都市发展带、远郊区迁移。可见，在新的国际产业转移浪潮中，大城市广大的郊区、郊县以及都市圈的外围区域，将起到重要的承接作用。因此，在科学发展观主导下的城乡一体发展战略，必须对大城市郊区、郊县有一个新的定位，即空间规划的全覆盖，实施集约发展，进一步优化产业布局，为新的国际产业转移预留空间。

中国未来城市化的质量和效益，在很大程度上取决于广大郊区、郊县的土地集约使用程度和单位的"经济密度"，也就是说郊区、郊县也不能无序开发，也要考虑生态环境对经济发展的承载力，特别是郊区、郊县的开发区必须告别传统的以土地优惠政策来吸引投资的套路，让开发区不再定位于"经济孤岛"、"地理孤岛"、"政策孤岛"，而是以城市社区具有的基础设施、教育设施、卫生设施、文化娱乐设施等综合服务功能来整合周围的村镇，培育造就一个卫星城镇、新型城市社区。要实现这样的目标，实行大城市行政区以及在大都市圈的空间范围内进行区域功能的分解，当是一种明智的选择。日本整个国家的城市人口，主要集中在 3 个约 3000 万人口左右的大都市圈内，每个都市圈都有一套比较完整的产业体系，辐射半径在 70 公里～100 公里，使都市圈的每一个圈层都得到了合理分工，有效地解决了规模经济带来的劳动空间消耗难题和工业化进程中的土地集约化问题。中国的东部沿海地区，工业化及后工业化带来的土地、环境问题，集约发展、节约发展成为必然的选择，即使是中西部地区的大城市，也面临着可利用的平原面积急剧减少的挑战。因此，在新一轮的城市化进程中，实施跨越行政区域的都市圈发展战略，已上升为国家战略。国家发改委经过长时间的系统体验，认为只有走建设大都市圈的道路，才能在中国有限耕地资源的基础上解决吃饭问题和工业化问题。在未来的 10 年到 20 年的时间，中国应通过政府规划的引导，逐步构建中心城市在 1500 万人口以上的 20 个都市圈：哈尔滨都市圈、齐（齐齐哈尔）大（大庆）都市圈、长春都市圈、沈（沈阳）大（大连）都市圈、京（北京）津（天津）都市圈、石（石家庄）邯（邯郸）都市圈、青（青岛）烟（烟台）都市圈、济（济南）潍（潍坊）都市圈、郑州都市圈、徐州都市圈、盐（盐城）连（连云港）都市圈、南京都市圈、驻（驻马店）信（信阳）都市圈、上海都市圈、武汉都市圈、南昌都市圈、长沙都市圈、珠三角都市圈、南宁都市圈以及成（成都）渝（重庆都市圈）。① 尽管这些都市圈有的已经比较成熟，有的正在形成，有的仅仅是设想，但都表明了未来中国城市化发展的新趋向。

从区域空间一体化城市功能与区域功能的合理分工的角度看，都市圈战略比原来的城乡一体化更有空间价值的导向作用。按照马克思主义经典理论，"城乡一体化"是"通过消除旧的分工，进行生产教育，变换工种，共同享受大家创造出来的福利，以及城乡融合，使全体成员的才能得到全面的发展"。② 但是，现代城市和区域发展的规律表明，城市和乡村是一个整体，各种时空资源要得到高效利用，城市和近郊区、远郊区必须形成相对的梯级发展，各地域空间必须具有分异程度，否则就不可能有集聚效应。从这个意义上来看，实施都市圈战略，有助于使大城市的各个圈层形成"坡度"，促进区域的协调发展。这种战略实际上体现了科学发展观引导下的我国的新型城市化战略：把城市和农村作为一个整体来规划和建设，以工业化推进郊区的产业集聚并实现产业结构不断优化升级，注重区域协调和社会公平，注重均衡发展并促进公共服务全面覆盖，确保城乡居民拥有公平的国民待遇、完整的财产权利和平等的发展机会。无疑，这条道路是与新型工业化相匹配的资源集约度高的就业容纳量大、城乡一体的可持续的城市化道路，无论是中心城市、新城区、近郊区、都市发展区以及远郊区，都能实现功能的最大化、空间价值的最大化。

从 2007 年起，由我国确立的城乡一体改革试验区，在成都、重庆、武汉、长沙等中西部大城市率先起步，由此带来了城市发展向郊区倾斜、产业布局在都市圈范围内推进的新导向。上海在 2008 年开局的"两会"上，提出"要着力改变城乡二元经济与社会结构，加快形

---

① 王建：《到 2030 年中国空间结构问题研究》（国家发改委"十一五"前期重点研究课题），2005 年。
② 恩格斯：《共产主义原理》，《马克思恩格斯选集》第 1 卷，人民出版社 1995 年版。

成破除城乡二元结构的体制机制，率先实现城乡基础设施一体化、基本公共服务均衡化"的城市发展新战略，以改变"大上海、小郊区"的空间不均衡的发展现状。① 作为国家级综合实验区桂冠的上海浦东新区，成立了功能区域党工委、管委会，对区域发展进行统一规划、统筹管理，为实现城郊一体化发展提供体制保障，以率先实现城乡基础设施一体化、基本公共服务均衡化，例如在实现城乡教育公共服务均等化方面，浦东通过"政府管理、学校为主办学、社会评价"的"管办评"联动改革，以政府购买服务的形式提高农村教育公共服务水平。区域协调发展，快捷交通系统是关键，为此，上海在已经拥有8条轨道交通线，运营线路长度达到234公里，并形成了"一环七射八换乘"的网络运营格局，组成了联结城乡的交通筋络的基础上，计划今后五年再建成500公里左右，13条线组成的全市范围的轨道交通基本网络，使轨道交通网络实现城乡的全覆盖。城乡基础设施一体化、交通水平的非差别化，使整个上海的一体化发展成为可能。

　　广州作为处于快速城市化阶段的大都市，郊区化进程明显高于一般城市。广州的传统主城区只有55平方公里，到20世纪80年代，城市的土地已经严重饱和，当时的广州曾提出力争用15年的时间赶上"亚洲四小龙"，而城市空间布局落后、老城区超负荷运转、产业分布不均等却成为发展的大障碍。为此，在90年代，提出了以"北由、南扩、东进、西联"的"大广州"空间战略。然而，珠三角大都市圈的快速发展，使广州的城市空间扩展的步伐一直滞后于经济发展的需求。如老城区的管辖面积普遍较小，其中越秀区为8.9平方公里，荔湾区为11.8平方公里，东山区为17.2平方公里，但老城区却承担了主要的城市功能。面积只有8.9平方公里的越秀区，人口达到43万，是广州市人口密度最高的区域。省、市党政机关和很多政府部门都设在该区内，区内还有众多的名胜古迹和标志性历史建筑，要发展成为经济、文化和教育强区，可供发展的面积实在太小。同时行政管理成本很高，产业结构不尽合理。与此相对照的是，新城区的管辖面积普遍很大，从化、增城虽然拥有丰富的土地等资源空间，但在经济、文化和生活水平等方面大大落后于广州市中心城区，这已在一定程度上制约了广

---

① 张俊才:《上海:倾斜郊区　布局城乡均衡》,《中国经济周刊》2008年第5期。

州市的现代化进程。由于不是城区建制，使得这两个市在城市规划、产业结构调整、基础设施建设、环境保护等方面难以与整个广州市同步发展，有些方面还存在重复建设等问题。因此，这两个县级市始终徘徊于广州城区发展的边缘，其自身发展受到了相当的限制。随着泛珠三角区域合作与发展战略的实施和广州经济社会的持续快速发展，位于广州东部、南部的广州经济技术开发区和广州南沙经济技术开发区，正在成为珠三角产业集群和广州未来城市中心区。但是，广州开发区用地困难，许多优质项目无地可用。2004年4月，广州市启动了对从化市和增城市撤市设区研究工作，同年5月决定在广州经济技术开发区申请设立行政区，以理顺其管理体制。2004年7月，在充分征求各方意见的基础上，广州市制定了行政区划调整方案，即将东山区并入越秀区、芳村区并入荔湾区，设立萝岗区和南沙区，增城、从化两市撤市设区，同时对老城区的一些地域、边界作出了相应调整，逐步形成了以新城区、开发区、郊区为发展重点来带动农村的空间一体化战略。在行政区划调整到位的基础上，整个广州市域的不同功能区被重新定位：主城区的450平方公里为商贸、商务、商业、金融、文化、生活服务核心区，以经济开发区为主导的东部分区为制造业及创新基地区，以新白云机场为中心的花都分区重点发展汽车制造、空港物流业，增城分区以地缘优势定位为珠三角的商务商贸金融的新型功能服务区，从化分区为生态旅游休闲区、都市农业基地，番禺分区为区域商贸、物流及生活服务的综合功能区，新成立的南沙分区则定位为汽车制造及大型临港产业基地、物流中心。[①] 这一覆盖全市域的功能区划分，既使广州的主城区、新城区、郊区实行了有效的产业分工，产业带重点在郊区和县级市，同时又使"大广州"形成了相对独立的产业发展系统与城市功能系统，使空间要素在城市的区域发展中的功能得以彰显，对广州的产业发展、城乡均衡发展产生积极的影响。

　　尽管深圳是新兴的现代城市，但因为有经济特区与非特区的分界

---

① 广州市城市规划局、广州市城市规划编制研究中心：《广州市城市总体发展战略规划实施总结研讨会综述》，《城市规划》，2004年第28期。

线，空间一体化发展从一开始就受到了阻隔。[①] 以此分界线为区隔，深圳城市空间形成了"关内"与"关外"两个区域。(见图2-2) 1979年设立的深圳特区，当时总面积327.5平方公里，仅占全市2020平方公里的16%。到了20世纪90年代，深圳就已发展成为综合实力较强的大城市。关内城市格局基本形成，关外城市化的速度迅速加快。1992年年底，深圳原宝安县撤县改区，使城市范围从特区扩展到全市。

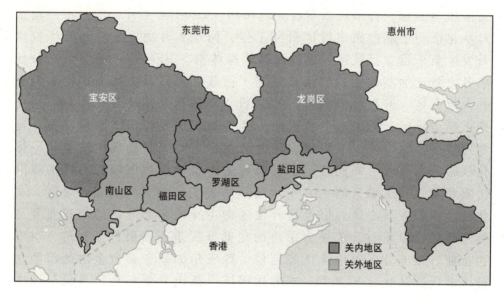

图2-2 深圳关内地区、关外地区的划分[②]

以关内关外的分区方式统筹深圳发展的弊端日趋暴露出来。在《深圳市城市总体规划》(1996-2010) 中，深圳被定位为"现代产业协调发展的综合性经济特区，华南地区重要的经济中心城市，现代化的国际性城市"。[③] 为此，重新分区的要求就日趋显现，二线关外是

① 这条分界线于1982年兴建，1986年全部建成，全长84.6公里，东起小梅沙，西至南头安乐村，沿途以巡逻公路及高2.8米的铁丝网分隔，沿线设有南头、布吉等9个检查站和多个便于当地居民出入耕作的耕作口。

② 图2-2、图2-3引自：孙久文、施小丽等《深圳市产业结构调整与产业布局研究》，www. szpb. gov. cn/News/GuiHuaChu/15yjkt/08. doc 986K 2006-3-16。

③ 张志斌、张小平：《城市规划与城市功能互动发展——以深圳市为例》，《西北师范大学学报》(自然科学版) 2003年第1期。

深圳未来的发展大空间，深圳产业结构不断升级，产业布局必须在更大空间范围内进行调整。同时，珠江三角洲区域间的经济合作、一体化的发展，深圳必须积极融入这个区域经济一体化的过程，积极参与到区域经济分工与合作中去。否则，深圳就不可能成为华南地区重要的经济中心城市和现代化的国际性城市。在这样的新挑战下，深圳积极研究新的分区方案，将整个深圳市域划分为东部、中部（核心）、西部三大地带，各地带实行不同的功能定位。东部地带，包括东部工业组团、横岗组团、龙岗中心组团、东部组团等组团和葵涌、大鹏、南澳等独立城镇所在行政区域。在国际性集装箱枢纽港盐田港的带动下，发展为集航运、商贸、仓储、旅游于一体的珠三角地区重要的工业基地。中部地带为福田、罗湖构成的城市核心区，建设为全市的政治、经济、文化中心以及金融商贸为主导的区域性的物流中心。西部地带包括南山组团、宝安中心组团、西部工业组团等行政区域，定位为未来珠三角的重要工业地带、区域性交通枢纽和物流中心，同时还是深圳的教育、科研基地和旅游度假胜地、高新技术产业基地和临港工业区。（见图 2－3）

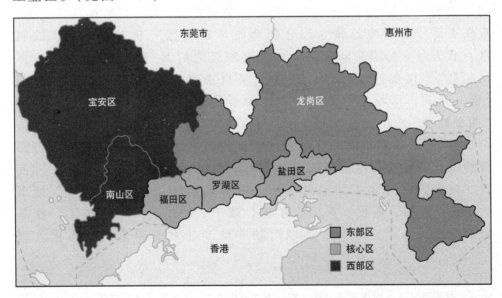

图 2－3　深圳新的核心区、东部区和西部区组成示意图

广州、深圳的城市空间向郊区扩展，并在全市域的范围内优化产业布局，主要是产业的力量。改革开放以后，两市所在地的珠三角地区，率先承接了以香港为跳板的国际产业转移，快速的工业化进程培育出了珠三角都市圈，城市土地的制约，是它们的产业空间尤其是制造业基地，率先进入郊区和都市圈范围。这种基于地理空间要素的集约化整合，又不断带动区域的产业结构升级，造就了各自的产业规模优势和国际化优势，使广州、深圳在中国东部的沿海城市的竞争中，经济总量始终处于领跑的位置，并被国际上公认为是与北京、上海并行发展的"一线城市"。广州、深圳以及上海等城市将郊区作为重点发展区域，以空间一体化的规划来推进城乡的同步发展、均衡发展和协调发展，这种一体化的发展战略所培育出的城市的经济势能和可持续的核心竞争力，使内地的大城市、都市圈看到了空间资源整合的重要性和现实紧迫性，它们在科学发展观引领的区域协同发展理念的影响下，纷纷以制度的创新来争取国家的相关政策，推动城乡的一体化发展。成都从 2003 年开始，在全市实施了以推进城乡一体化为核心、以规范化服务型政府建设和基层民主政治建设为保障的城乡统筹、"四位一体"科学发展总体战略，以大城市带动大农村，实施了一系列重大改革，开创了城乡同发展共繁荣的局面。2007 年 6 月，成都、重庆申请"全国统筹城乡综合配套改革试验区"获得国务院正式批准，成为继上海浦东新区和天津滨海新区之后又一国家综合配套改革试验区。[1] 仅仅过了半年，国务院又批准武汉城市圈和长（沙）株（洲）（湘）潭城市群为全国"资源节约型和环境友好型社会（简称"两型社会"）建设综合配套改革试验区"，以培育中部地区新的经济增长极。[2] 武汉城市圈综合配套改革试验的主要内容为，按照建设资源节约型、环境友好型社会的总体目标，以武汉市为主体，充分发挥武汉在城市圈中的龙头和辐射作用，提升武汉城市圈内"1＋8"城市（武汉＋黄石、鄂州、黄冈、孝感、咸宁、仙桃、天门、潜江）在基础设施建设、产业布局、区域市场和城乡建设的四个"一体化"程

---

[1] 《成都获批设立全国统筹城乡综合配套改革试验区》，《成都日报》2007 年 6 月 11 日。同时获批设立全国统筹城乡综合配套改革试验区的还有重庆市。

[2] 《国家批准武汉城市圈和长株潭城市群为综合配套改革试验区》，新华网，2007 年 12 月 16 日。

度。① 长株潭三市面积 2.8 万平方公里，人口 1300 万，行政中心两两相距不到 40 公里，沿湘江呈"品"字形分布。长株潭作为一个整体概念提出来，可追溯到 20 世纪 50 年代末，当时的动议是将长株潭连接起来，建立"毛泽东城"。改革开放之后，湖南有关方面一直致力于三市的空间、交通、产业布局的一体化建设，2002 年，中国城市规划设计研究院着手长株潭城市群规划，《长株潭城市群区域发展规划》于 2005 年正式出炉。2006 年 6 月，湖南省向国家发改委正式递交了关于在长株潭地区设立综合配套改革试验区的申请，并举行长株潭三市市长联席会，签署了《长株潭区域合作框架协议》。目前，三市在基础设施方面全力实施"五同规划"：交通同环、能源同体、生态同建、信息同享、环境同治。总投资 150 亿元、总长 150.13 公里的长株潭三市城际轻轨将于 2008 年年底动工。② 成都、重庆，武汉、长株潭接连获批国家级的综合改革试验区，从国家层面上看，是通过加大政策扶持力度以此带动西部、中部地区的发展水平，促进中西部地区与沿海地区的协调发展。而从相关城市、区域来看，国家级综合改革试验区富有的特殊政策，可以真正打破原来行政区空间的城乡二元结构，实现城乡一体化发展，这样，原来介于城区和郊县的广大郊区，就被赋予了新功能、新使命，其所发挥的过渡性平台作用，可以促进郊区、郊县与城区实现同步发展。我国 2008 年 1 月 1 日实施的《城乡规划法》代替了原来已执行 18 年之久的《城市规划法》，从"城市"到"城乡"一字之差，标志着中国进入城乡一体规划时代，有利于加快城乡的共同发展，有利于加快消除城乡的二元结构。这实际上昭示，科学发展观统领下的中国新型城市化道路，必须坚持城乡一体、区域协调共进，进一步加大城乡统筹力度、进一步加大统筹区域发展力度，进一步优化产业的空间布局，使城市和农村的发展都走上土地、资源节约之路。

---

① 艾启平：《"武汉城市圈"初现雏形》，新华网，2005 年 7 月 20 日。
② 《长株潭城市群区域规划条例》经湖南省十届人大常委会 2007 年 9 月 29 日表决通过，已于 2008 年 1 月 1 日实施。

第二节
城乡一体化下的产业空间优化

一、国际大都市区域的产业布局模式

城市和区域的空间位置及其所具备的要素集聚能力对于产业发展的作用，在工业革命初期就被企业经营者和经济学者们所洞察。古典区位论德国经济学家杜能最早对产业布局理论进行研究，1826 年他在《农业和国民经济中的孤立国》一文中提出了农业区位理论，认为在确定农业活动最佳配置点时，要把运输因素考虑进来，认为容易腐烂、集约化程度高的农产品生产要安排在中心城市附近，而粗放经营的农产品基地则可安排在离中心城市较远的地方。[①] 德国地理学家克里斯泰勒首创了以城市聚落为中心进行市场与网络分析的理论，即中心地理论。[②] 伴随着工业化的快速推进，工业生产点之间经济联系的加强，建设各种形式的交通通讯线路成为发展轴，这些轴线一经形成对人口和产业就具有极大的吸引力，吸引企业和人口向轴线两侧聚集，并产生新的点。为此，点轴理论应运而生：根据区域经济由点及轴发展的空间运行规律，合理选择增长极和各种交通轴线，使产业有效地向增长极及轴线两侧集中布局，从而由点带轴、由轴带面，最终促进整个区域经济发展。瑞典经济学家缪尔达尔（Myrdal G.）在 20 世纪 50 年代

---

① 杜能：《孤立国农业和国民经济的关系》，吴衡康译，商务印书馆 1986 年版。
② 沃尔特·克里斯泰勒：《德国南部中心地原理》，常正文等译，商务印书馆 1998 年版。

提出地理二元经济理论,[1] 他利用"扩散效应"和"回波效应"概念,论证了在经济发展过程中发达地区由于要素报酬率较高,投资风险较低,因此吸引大量劳动力、资金、技术等生产要素和重要物质资源等,由不发达地区流向发达地区,从而在一定时期内使发达地区与不发达地区的差距越来越大。同时,产业集中的聚集规模经济效益也不是无限的,超过一定限度往往会出现规模报酬递减现象。这样,发达地区会通过资金、技术乃至人力资源向其他地区逐步扩散,以寻求新的发展空间。与此同时,发达地区经济增长速度的减慢,会相应增加不发达地区经济增长的机会,特别是对不发达地区产品和资源的市场需求会相应增加。

在同一区域空间中产业发展的非同步性、非均衡性,使处在工业化与城市化进程中的国外大都市尤其注重推进郊区工业化、乡村城镇化,把中心城区与郊区的协调发展作为发展的重点。中心城区的不断扩展、郊区化,是大都市发展的必然要求,这既有城市本身空间规模放大的问题,也有产业集聚带来的空间布局和分工等问题。以日本东京、澳大利亚墨尔本、美国纽约等为代表的国际大都市,在20世纪50年代至70年代,城区范围迅速扩展到近郊甚至远郊,中心城区制造业、零售业等产业大批向郊区转移,人口加快向郊区扩散,郊区小城镇和各种规模的商业、工业、聚居中心大量涌现。澳大利亚墨尔本在这一时期为解决城市快速工业化带来的环境污染问题,在短期内通过新建和迁移来实现郊区工业化,将大多数大工厂主要集中于墨尔本康、富茨克雷、威廉斯敦及阿尔托纳等近郊区。许多小型企业特别是传统工业,如服装、首饰、印刷业则集中在城市中心及近郊,使生产、生活服务业的布局也发生巨变,在实现城、郊统筹发展的同时,墨尔本也成为了环境一流的花园城市。[2]

自20世纪80年代起,由于交通条件和信息技术的发展与电子商务的普及,世界大城市普遍出现了大郊区化的产业相对松散布局和远

---

① Myrdal, G. 1957. *Economic theory and underdeveloped regions*. London: Gerald Duckworth & Co Ltd.

② 陈云、顾海英:《国外大都市协调发展的基本特征及政府调控措施》,《经济纵横》2006年第9期。

程空间扩散的趋势，使城市产业布局的传统模式发生了根本性变革。"如何处理好城市与区域之间的产业发展联系"愈来愈成为世界各大城市产业布局规划的关注核心。日本的城市群是由中心城市、近郊卫星城市、远郊卫星城市这三大层次构成的。中心城市一般处于城市群体的中心地带，它是由原来的该地域中社会经济最发达和人口最多以及地理条件较为优越的大城市逐渐演变而来的。在城市群体的发展、建设过程中，它的主要社会活动逐渐由物质生产中心过渡到管理中心，重点发挥中枢管理功能。中心城市以外到城市群边缘以内的都是卫星城市。之所以区别为近郊卫星城市和远郊卫星城市，主要是由它们所处的地理位置和对中心城市的依赖程度决定的。凡是距离中心城市较近，在生产和生活方面与中心城市联系密切的属于近郊卫星城市；凡是距离中心城市较远，在生产和生活方面对中心城市依赖程度较小的属于远郊卫星城市。日本的各城市群体一体化空间，逐步演化为由中枢管理城、生产城、居住城、生产和生活兼用城、学园城、游览城构成的有机圈层。①

巴黎大都市圈位于法国北部，由巴黎市和埃松、上塞纳、塞纳马恩、塞纳圣德尼、瓦尔德马恩、瓦尔德兹和伊夫林等 7 个省组成，全区面积 12072 平方公里，人口 1100 万。从 19 世纪末开始巴黎的城市发展进入扩张阶段，由此引发了交通拥挤、郊区扩散、公共设施严重不足等城市问题。20 世纪下半叶，通过一系列成功的区域开发实践，巴黎人口向近郊和部分远郊扩散，使之形成了人口增长最快的集聚区。巴黎近郊的发展重点为 9 座副中心，即德方斯、圣德纳、波尔加、博比尼、罗士尼、凡尔赛、佛利泽、伦吉和克雷特伊，形成了若干具有相当水平的工业小区。20 世纪 60 年代后巴黎工业重心西移，从市区西郊至西部形成工业轴心，其两侧组成西北—东南方向的工业带，西郊布局汽车工业，南部的航空、电子工业、东郊的基础化学、制药工业等。行政、管理、工业贸易、工业服务等非生产性人员主要集中于巴黎市区的中部和西部、西部近郊工业部门中，比重从市区向郊区降低。

20 世纪 30~50 年代，德国的鲁尔地区由于煤矿资源的大面积开

---

① 董晓峰、成刚：《国外典型大都市规划研究》，《现代城市研究》2005 年第 8 期。

采和钢铁、化工等重工业的发展，土地资源遭到严重破坏，生态环境恶化，莱茵河水被严重污染，河水经常发臭。但自上世纪70年代以来，当时西德联邦政府成立了区域开发联盟，采取了多种城乡共同发展的协调模式，大力改造与建设德国的重化工、钢铁、机械工业区，使原来城乡分离、城乡对立的局面得到明显改善。近20年来，德国鲁尔工业、经济发达区的城乡一体化、城市建设生态化、地区发展协调化的新居民点已经出现，[①] 德国城市在郊区化过程中，广大的乡村区域，围绕大城市或工矿城镇进行系统的住宅区规划建设，形成一系列相对独立的社区（相当于小城市），每个社区人口约4~6万人，社区低密度的土地利用（Downzoning）创造了优良的人居环境。这些社区都有完善的交通系统（轻轨与高速公路），社区附近有大型的购物中心（Shopping Mall）、学校、文化中心以及博物馆、教堂等设施，社区之间、社区与大城市之间有大片的绿地相隔，人居环境优美。[②]

　　世界典型大城市的空间扩展以及产业布局优化的历程表明，大城市在快速崛起过程中所患上的各种"病症"，比如功能退化、环境恶化、交通混乱、产业布局的不合理等，只有靠科学、有序的郊区化，比如新城建设、卫星城镇的规划以及都市发展区的空间有效利用等才能得到有效地解决。同时，城市功能、产业、服务设施的有序外迁或转移，才能腾挪出原来占据的老城空间，吸引和发展更有价值的高效益产业。因此，郊区化带来的大城市、都市圈的产业布局的优化，提升的是整个区域的发展水平，从而容易培育出具有竞争优势的产业链、产业集群。

　　从上述分析中可以看出，国际大城市或大都市区域的产业布局基本是在城乡一体化化的空间中，通过产业关联、产业链整合以及产业内部联系和地域外部环境相互作用与协调而形成相对稳定的区域产业体系。在这个相对稳定的区域内，郊区、都市发展带和具有一定规模的城镇与中心城市的主城区或新城区，形成经济和通勤上的密切关系，

---

① Leitmann J, Bartone C and Bernstein J. A New Trend of Urban Community Development in Rhine – Ruhr Area. *Environment and Urbanization*, 1992 (2).

② 姚士谋、房国坤、L. Nipper:《中德经济发达地区城乡一体化模式比较——以长江三角洲与莱茵河下游地区为例》,《人文地理》2004年第4期。

带动区域内经济和社会文化活动上的融合性和互补性，从而构成以产业为纽带的空间一体化关系。这种产业空间布局，边界不是非常明显，往往具有动态性、聚集性、自组织性和地域分布梯度性等多方面的特征。其所具有的动态性特征，是因为以中心城市或产业集群基地所构成的产业体系，由于要素集聚能力或经营战略变化等方面的原因，要么通过自身的强大不断整合内外部资源，适应竞争环境的新兴产业能得到快速发展，而缺乏对市场应对、应变能力的产业则会快速衰退，甚至被淘汰。在这样竞争的过程中，中心城市的产业结构就会得到不断优化，如制造业、加工业，要么沿交通线进行轴向扩散，要么以中心城区或新城区外向圈层扩散，从而形成动态的区域一体化的产业布局。集聚性的特征，不是一个城市的单向集聚。其所具有的聚集性特征，是因为科学园区、高新技术产业园区等，由于先进的规划、大资本的介入、通畅的信息传递等条件，可以迅速发展为现代生产的高聚集区域、商品和要素集散的枢纽，从而造就出城市或区域的新增长极，并带动一个区域的产业分工和规模经济。其自组织性是指大城市或大都市区域在开放发展的过程中，不断适应环境变化和经济发展的需要，能够不断调整自身的空间结构，具有强大的自我调整能力。面对新技术、新产品、新产业的不断涌现，大城市以区位、人才以及市场控制等方面的能力，不断地优化自身产业结构，特别是通过对周边地区经济要素的吸取，形成更有效率的产业体系、市场体系和区域创新体系。

以郊区的放大与发展来优化产业布局，以外部空间的拓展来优化内部空间的功能，几乎是所有世界大都市的共同选择。伴随着信息社会的到来，经济全球化、区域一体化、产业高度化和城市极化发展，成为世界经济的主要特征。尤其是国际经济环境的变化，国际产业价值链的跨区域构建，使得世界范围的生产要素集聚和扩散转移，形成了几个以国际性大都市为中心的区域快速发展，并逐步成为带动世界经济快速发展的"增长极"新态势。城市郊区化带来了区域经济空间新形式——都市圈经济，城市各板块之间，同一区域的大中城市、城镇之间，以产业关联效应、产业转移效应和产业聚集效应，构成轴线型、圈层化、网络化等多种形态的区域产业体系。如果说传统的城市产业空间延展，是呈明显的差序化特征，即三产在主城区或新城区，二产在远距离的开发区，现在则由于交通、技术条件的改善，特别是大城市产业结构升级带来的"二产三产化"趋势，使新型的差序化以产业创造的空间经济价值为依据，综合效益高的产业占据更好的空间位置，其他的则向外转移，或者是原有的产业集群以价值链规律分散在不同的空间范围，如管理总部、市场总部、研发中心等在主城区或新城区，实验工厂、技术平台在近郊区，占地面积大的制造基地迁到远郊。世界各大都市因自然地理因素、区位条件、基础设施结构及经济发展能级等多方面的影响，郊区化产业空间扩散形态虽有所不同，但基本表现为"均匀扩散"、"轴向扩散"、"点轴结合"以及"点状融合"等特征。① 均匀扩散是以中心城区或中心城市为核心向外围地区延伸，半径不断扩大，随着人口的增多和经济实力的增强，经济势能越来越强，促使其经济的辐射区域更大。这种扩展方式就是我们通常说的"摊大饼"模式，尽管这种模式会带来诸多"城市病"，但在城市发展初期是必须的，即先有集聚再有扩散。轴向扩散规律是指都市圈产业沿着一定的方向（通常是以交通主干线为轴）向外扩散的过程。轴向扩散主要是沿交通线或规划发展带，以中心城市为核心向外进行放射状扩散。在工业化的进程中，世界上的大都市产业空间布局，考虑到产业集聚、就业方便、物流便捷等方面的原因，几乎都选择了这样的经济性扩散方式，并且扩散半径达到 100 公里甚至更远的距离。如近 20 年的上海产业空间向外扩展，先是向郊区、郊县，随后就沿沪杭、沪宁交通走廊扩展，杭州湾大桥、长江苏通大桥的通车，使沪甬、沪通（南通）又成为第三条、第四条扩散轴线。点轴结合是指大都市区域中有两个以上中心城市或一个城市行政区内两个中心之间的轴线扩散发展，如日本的阪神都市带、中国珠三角的广深都市带等，同一个城市之间的点轴结合，更多表现在主城区与新城区之间、副中心与副中心之间。点状融合指各中心城市的城市化进程中，郊区的开发区、县、镇等形成副中心、次中心，通过产业均匀扩散后与中心城市、新城区融合，使城市大空间实现一体化的功能分工。这些有机扩散的形式，使大都市各区域、板块之间，以功能错位、产业价值链维系，形成协调发展的新态势。

　　世界大都市产业空间布局形态的演进过程，实际上是现代经济发

---

① 李小建：《经济地理学》，高等教育出版社 2002 年版。

展在空间上差序化分工的形象展现。城市产业结构的升级与优化，是城市发展的客观规律，而产业结构升级与优化，固然有技术上的因素，但更直接体现在产业空间的优化布局上。城市的空间扩展与产业空间的迁移，必须是一种良性的互动，否则就会产生诸多"城市病"，或失去产业的核心竞争优势。其实，对于大都市所产生的外部经济影响力，是空间经济学中的一个经典主题，区域间的相互作用有助于资源优化配置，在发展过程中实现各自利益的最大化。在郊区化的进程中，城市产业空间布局与城市功能空间优化形成互动，城乡空间一体化，造就的是一种全新的城市类型。大都市扩展过程中的溢出效应，尤其是信息网络时代一些国际性大城市具有全球性要素整合能力。这些城市是全球经济组织中高度集中的控制点，是全球主导产业的生产场地，是新产品和创新的市场平台。其所产生的外部效应，使在以它们为中心的都市圈、都市带内，具有超常的空间渗透和空间再生产功能。其政策、信息、技术的放大传递效应加倍放大，这样，市场的力量、产业互动的力量，在城市空间扩展与优化的过程中，就得到了充分的展现，并且快速培育出一个又一个新的城市或区域功能中心，如技术中心、就业中心、生活中心等，提升了整体区域的发展水平。

　　当然，国际大都市以产业动力来推进郊区化，从而带动大区域一体化开发的发展路径也带来了一些新问题，如郊区低价低廉吸引主城区、中心城市的产业以及居住，造成了中心城市或城区的空心化问题，郊区的阶段性快速发展造成的逆城市化问题等。为此，20世纪90年代起，在西方涌起了对无限度的郊区城市化的反思的潮流，强调节约土地、倡导城市发展"以人为本"的新城市主义应运而生。1993年，美国学者J. 康斯特在《无地的地理学》一书中，批评了第二次世界大战以来美国松散的、不受土地节制的城市发展模式，认为城市沿高速公路无序蔓延是不经济的，属于高成本、低效率，生态环境不可持续。提出了要从规划上改变因为工业化、现代化造成的城市庞大无度的状况。他的"新城市主义"理念，明确提出了"终结郊区化蔓延"的主张，对郊区的城镇则采取紧凑式的开发模式，以减少土地的浪费和汽车的使用。但是，新城市主义着重从城市居住规划的层面来看待城市空间扩展，对于郊区化带来的产业布局优化问题并未作实质性的探讨。毕竟，城市的可持续发展要靠产业的推动，而产业发展造成的危害，主要是对生态环境的破坏。假如通过合理的产业布局，能促进城市的发展同时又不使生态环境受到影响，不是更可行的发展路径吗？为此，1997 年美国马里兰州州长 P. N. G. Lengdening 提出了精明增长（Smart Growth）概念，① 随后，美国规划师协会在联邦政府的资助下，前后花了 8 年的时间完成了对精明增长的规划立法纲要。精明增长的理念以及相关措施的推行，使北美大陆近年来明显改变了过去无限度蔓延的郊区化发展模式，纷纷在提高土地利用上下工夫，控制新城的扩张，保护生态环境，推动城乡协调发展，尤其是通过对大都市区域的经济、环境、社会的可持续发展，促进城市空间的可持续发展。城市增长的途径为：现有城区的再利用——基础设施完善、生态环境许可的区域内熟地开发——生态环境许可的其他区域内生地开发，以这种时空顺序来进行空间开发，可以保障城市发展用地的高效、集约、紧凑。就规划的实施而言，精明增长实施的断面规划，将规划区看做是由农村向城镇直至城市功能区的过渡的连续统一体，根据城镇化的水平将规划区域划分为不同的生态带，在不同的生态带内配置不同的土地利用结构，把原来的以产业用地规划为主导，转变为科学的用地结构为主导，以有效保护农业用地和生态用地。精明增长实际上限制了无限度的产业开发用地，但空间限制所产生的倒逼作用，又促进了都市圈内的产业升级，即把占用土地面积大、高能耗的生产制造环节有效地转移出去，在超越都市圈空间的大范围内延长产业链。而伴随着经济全球化的纵深发展，在这些国际大都市圈内成长起来的跨国公司，在实施全球发展战略的同时，面对重点的区域市场和服务对象，往往先行把制造基地实施跨国迁移，然后为完善产业链再把区域性的

---

① 1996 年，美国环保署（US Environmental Protection Agency）组织多个机构成立了一个旨在促进城市精明增长的组织网络。90 年代中期，美国规划协会（American Planning Association）设立了一项精明增长项目，并在 1997 年发布了《精明增长立法指南》。同年，美国自然资源保护委员会与地面交通策略研究项目发表《精明增长方法》，旨在促进城市集约增长、土地混合利用及以大容量公交系统为导向的城市开发模式。1997 年，马里兰州通过《精明增长与邻里保护法案》，鼓励再开发工业弃置地，州政府凭借为改造区内的基础设施提供资金、减税等方法鼓励在工作地附近建房。从此，精明增长项目得到大规模推广，城市精明增长组织网络越来越庞大，接受精明增长理念的人也越来越多，包括政府、规划师、设计师、开发商等。引自王丹、王士君：《美国"新城市主义"与"精明增长"发展观解读》，《国外城市规划》2007 年第 2 期。

市场管理总部、研发基地分步迁移，形成了以产业价值链主导的全球产业差序化分工。在这样的背景下，一方面发达国家的跨国公司可以在全球城市区域内实施生产加工体系的合理分工，实现生产销售过程的成本最低化和效益最大化，另一方面具有人力成本优势和市场潜力的发展中国家，为了防止被边缘化，积极融入全球产业分工，提升自身的工业化和城市化水平。这无疑突破了原来在一个城市空间或都市圈空间内进行产业布局的传统模式，是基于全球产业空间、市场空间一体化的产业布局、产业集群的最优化的一种选择。

二、城乡空间一体化与产业布局优化

国际大都市区域的产业空间演进规律以及产业布局的不断优化，与其自身的城市化、深度城市化进程直接相关，全球城市具有的要素集聚能力和对全球经济的控制能力，使其无论在自身的都市圈空间还是在全球范围内，都可以站在产业价值链的高端位置获得超常的发展回报。中国城市的产业布局，一直受到城乡二元结构的制约，城乡产业空间基本处于断裂状态，即使是一些大工业区，受行政管理体制的制约，厂区与相邻的郊区、农村也是完全分离的。改革开放以来，特别是20世纪90年代以来，长江三角洲城市群的一些大城市、特大城市出现了明显的城市郊区化现象，但依然难以摆脱行政区经济的制约，造成同一个区域、都市圈的各城市产业同构现象严重，快速城市化带来的是城乡之间发展的严重失衡，带来的是区域产业体系竞争力的削弱。近年来，长三角、珠三角以及环渤海都市圈区域，在产业集群、产业链效应的引导下，政府逐渐发挥了协调发展的功能，一方面是在自身的行政区域内削平城区、郊区、郊县之间的梯度门槛，推行城乡一体化的发展方略，另一方面是加强与周边行政区的多项协作，在交通、商贸、产业等方面实行有效对接，破除区域发展之间的行政樊篱，从而提升了都市圈、都市带的竞争水平，降低了生产、市场要素优化配置的成本。特别是科学发展观引导下的我国新型城市化与区域发展战略，把城乡一体化发展作为重要的前提，使各大城市、都市圈在进行空间的功能定位规划和产业布局时，能在城乡一体化的大空间里对制造业、服务业、生态区、居住区等进行有机布局，既在承接发达国家、地区的产业转移中培育出具有竞争力的产业集群、产业链，又使郊区、郊县的空间价值得到发挥，推进了城乡一体化的发展，优化了城市自身或大区域的综合功能。

综观改革开放以来中国城市和区域的现代化进程，不难发现中国城市产业布局的优化，实际上取决于三度突破产业空间的束缚。第一轮突破是在工业化的步伐加快之时，工厂由于扩大再生产的需要，朝城市的郊区转移，原来的主城空间"腾笼换鸟"，老城区发展服务业，郊区发展工业制造业，那是一种被动的空间突破。由于缺乏系统的产业空间规划，不少工厂搬迁主要考虑离主城不要太远，没有考虑到预留空间与环境承载能力，要么因为规模问题、要么因为环境问题，而不得不进行二次搬迁，造成资源浪费。进入21世纪以来，随着经济技术开发区、高新技术产业区的快速发展以及房地产开发商在郊区快速造城运动的推动，我国各大城市纷纷通过行政区划的调整，来"消灭"农村、郊县，撤县设区，将乡镇变身为城市的街道办事处，以解决"经营城市"和工业化推进中的产业空间狭小问题。应该说，第二轮的空间突破，在促进产业集群、规模经济以及在吸引国际产业转移等方面发挥了积极的作用，使众多的特大城市和大城市的主城空间、建成区面积集聚扩大，并引发了"新城"开发建设热，使大城市的经济实力和产业发展水平得到了明显提升，催生了在具有国际影响力的都市圈、城市群。但这一轮的空间拓展，由于过分强调满足产业发展的要求，具有太强的地方功利性，唯GDP马首是瞻，没有充分考虑到环境承载能力、能源供应、工业排放等方面的问题，以工业园的名义圈地之风严重，造成了严重的产业结构失衡、区域发展失衡、城乡发展失衡问题，制约了区域产业体系的可持续发展。因此，科学发展观引导下的城乡一体化、区域协调发展的新型城市化道路，实行的城乡一体化空间发展战略，实际上是中国城市产业空间的第三轮空间突破。这一轮突破综合考虑了环境因素，走的是集约用地的路子，在一定程度上借鉴了精明增长的发展理念。在都市圈空间内，在整个市域范围内进行产业布局，总部经济、研发经济、实验工厂、制造基地等各得其所。第三轮空间突破的重要标志，是国家在制定"十一五"规划时，强调区域统筹规划和城市之间的分工协作。2005年10月，中国共产党十六届五中全会通过了《中共中央关于制定国民经济和社会发展第十一个五年规划的建议》，其中指出"珠江三角洲、长江三角洲、环渤海地区，要继续发挥对内地经济发展的带动和辐射作用，加强区内城市的分工协作和优势互补……有条件的区域，以特大城市和大城市为龙头，通过统筹规划、形成若干用地少、就业多、要素集聚能力强、人口分布合理的新城市群"。2006 年 3 月，《中华人民共和国国民经济和社会发展第十一个五年规划纲要》经十届全国人大四次会议表决通过，明确提出要以城市群作为推进城镇化的主体形态，逐步形成以沿海及京广京哈线为主轴，长江及陇海线为横轴，若干城市群为主体，其他城市和小城镇点状分布，永久耕地和生态功能区相间隔，高效协调可持续的城镇化空间格局。几乎与此同步，我国又启动了国家综合配套改革试验区的建设，以制度创新来推动区域一体化发展。2005 年 6 月，国务院批准上海浦东新区进行社会主义市场经济综合配套改革试点；2006 年 5 月，国务院正式批准天津滨海新区为国家综合配套改革试验区；2007 年 6 月，成都、重庆申请"全国统筹城乡综合配套改革试验区"，获国务院正式批准；2007 年 12 月，国务院又批准武汉城市圈和长（沙）株（洲）（湘）潭城市群为全国"资源节约型和环境友好型社会（简称"两型社会"）建设综合配套改革试验区"。这些政策引导和制度创新的落脚点，都是区域协调发展和城乡一体化发展，为大城市、都市圈、城市群突破原来的城乡界限、行政区界限进行产业布局，优化资源配置、推动产业结构升级，提供了更大的空间和得力的制度保障。这种制度性的保障，在前两轮城市空间扩张中是没有的，也是不可能实现的。现代城市的空间布局，已经颠覆了传统的城市空间扩展模式，高速交通体系、轨道交通、通勤交通提供的便捷，使城区与郊区的界限越来越模糊。当主城区的制造性产业、生产性服务业向郊区转移时，郊区不再是传统的与城区对立的二元结构空间，而成为大都市区空间的有机构成。在我国，以城乡一体化的发展理念来进行产业布局，是最先在国际化程度高、经济发展领先的长三角地区、珠三角地区以及环渤海地区的当代中国三大都市圈中得到实践的。在被称为世界第六大都市圈的长三角地区，龙头城市上海率先消灭了"农民"，在自身的行政区域内对居民实行无差别待遇，在功能区规划、产业规划布局上打破了城区和郊区的界限。自 20 世纪 90 年代起，上海大力推进国际经济中心、金融中心、贸易中心和航运中心建设，同时不断加强与相邻的江苏、浙江的分工与合作，吸引了大批跨国公司来上海落户，跨国公司建立的不仅仅是管理总部、研发基地，还有制造基地。制造基地对土地的庞大需求，使上海必须通过城乡一体化、产业空间的外延来突破向国际化大都市发展所遇到的瓶颈。因此，在不到 20 年的时间里，上海制造业实施了从 100 平方公里向 600 平方公里，进而向接近全市域面积的 6000 平方公里空间拓展的历史性跨越，逐步形成了以微电子产业基地、汽车产业基地、船舶产业基地、石油化工及精细化工基地、精品钢材基地以及装备制造基地等六大产业基地为龙头，市级以上工业区为支撑，区级重点工业区为配套的产业布局。①（见图2－4）

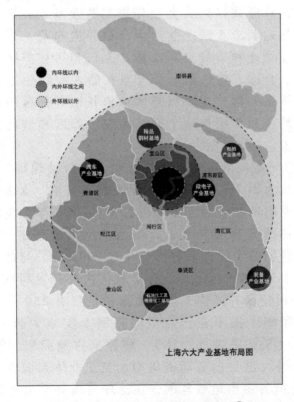

上海六大产业基地布局图

图2－4　上海六大产业基地布局图②

---

① 联合国贸易网络上海中心、上海投资促进平台信息中心、王寿庚等综合整编：《上海吸引外资促进产业结构优化升级及其发展趋势研究报告》，上海工程咨询网，http：//222．66．64．131：8080/zxxh/index．jsp。

② 资料来源：上海外经贸网站：www．smert．gov．cn。

　　用优化的产业布局来承载城乡一体化的蓝图，是上海的大胆探索。进入 21 世纪，上海在产业的空间布局上，借鉴欧洲一些国家集聚化的发展模式，坚持土地集约、产业集聚和人口集中，城镇开发相对集中，做到统一规划、规模开发，客观上推动了城乡一体化的发展。从全市域的产业布局来看，基本上形成了圈层式的优化模式。在土地、物业价格高昂的内环线以内，以都市型先进制造业园区（楼宇）为基本载体，发展以产品设计开发、技术服务、经营管理和高增值、低消耗、无污染的都市型先进制造业，形成新的产业业态。在内外环线之间，则重点发展都市型先进制造业和高科技产业，以及与支柱先进制造业相配套的产品，外环线以外为大型先进制造业基地，集中在市级开发区内，并按各先进制造业区产业功能定位导向布局。近年来，随着上海市中心的工业外迁和旧城更新改造，人口和居住郊区化趋势已经十分明显，工厂、仓库、连锁超市及大型仓储式购物中心也在向郊区扩展，新型产业体系的构建主要以郊区为依托，近郊区的就业机会正在增加，郊区的地位和作用快速上升，实现了郊区和城区在空间功能上的同步优化分工。

　　深圳产业空间布局的变化，处处体现了"效益深圳"的发展理念。深圳总占地面积为 2020 平方公里，除去农业保护、水源保护等不可建设用地，可建设用地总量为 761 平方公里。2000 年，我国第五次人口普查，深圳的户籍人口为 700 万，但由于庞大的外来人口没有计入，有关部门判定深圳的实际人口数已经超过 1000 万。与此对应的，是深圳的土地资源十分有限，到 2003 年，特区内可开发利用土地面积只有 22 平方公里，而特区外尚待开发土地面积也仅有 250 平方公里。在这样的形势下，深圳不得不在产业空间拓展上实施"跨界"（跨越边界）、"进关"（关内、关外一体），将原来占地面积、能耗大的"两头在外"、"大进大出"的劳动密集型加工工业体系向市外转移，跳出 2000 多平方公里的狭小地域范围，在泛珠三角的更大地域空间组合上构建产业链、产业集群。为此，深圳在"十一五"规划中明确提出了"提升中心区现代服务业"的规划要求，以"强化特区内现代服务业主体功能区的综合服务功能和持续发展能力，以知识型服务业为重点，消费性服务业为基础，生产性服务业为支撑，加快发展现代服务业，提升特区中心区服务全市发展的辐射和带动功能。同时，在深圳市域范围内，探索新的分区方案，将整个深圳市域划分为东部、中部（核心）、西部三大地带。各地带实行不同的功能定位，建设四个产业主体功能区：一是以特区内为主体的现代服务业主体功能区，二是以光明产业园区为主体的西部高新技术产业主体功能区，三是以大工业区（出口加工区）和宝龙工业区为主体的东部先进制造业主体功能区，四是以东部滨海地区为主体的生态休闲度假主体功能区。①（见图2-5）通过主体功能区的建设，加快形成"南软"、"西高"、"东重"的市域产业布局，使各区域的功能得到最大限度地发挥，"经济密度"大大提升。

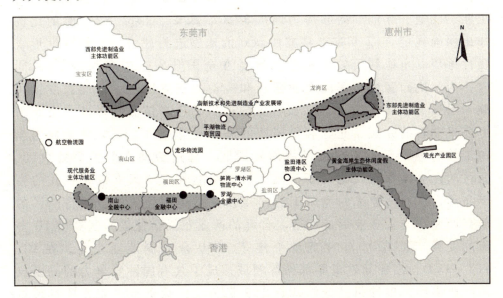

图2-5 深圳"十一五"总体规划产业布局图

以新城建设的模式，通过放大主城空间来优化城市或区域的产业布局，是快速城市化进程中的中国许多大城市的共同选择。由于新城是在郊区，或是由于某一大型项目（如文体设施、会展场馆或科技园区）带动，或是以原来的次级城镇为基础而提升发展起来的，其功能往往以产业为主导，如北京的亦庄新城，规划用地55平方公里，入住人口30万，定位就是高新技术产业功能区；顺义新城规划占地60平

---

① 见《深圳市国民经济和社会发展第十一个五年总体规划》，2006年3月26日深圳市第四届人民代表大会第二次会议批准通过。

方公里，入住人口60万，定位是临空产业及先进制造业基地。沈阳的浑河新城，规划面积150多平方公里，定位是工业制造及物流园区。这些新城，由于具备较强的综合服务功能和对外辐射力，不仅仅在自身的园区范围内能实施一体化的产业布局，各功能区实施有效地分工，同时可以在区域或市域范围内构建资源优化配置的产业链、产业集群。如苏州工业园区，建园之前就将园区当做一个城市来运营，为园区制订了集约和高效利用土地的发展规划。其70平方公里中新合作区，规划为吸引外资200亿美元、提供36万个就业岗位及60万人居住的高科技工业园区。1994年，工业园区70平方公里土地一次性规划，对工业、住宅、绿地、商务等用地按32%、22%、14%、2.4%的比例作出明确规定。12年来严格按照规划的比例进行建设，土地开发形成良性循环。土地利用效率和产出效益在全国开发区中名列前茅。① 同时，为解决园区核心区的企业搬迁和劳动力安置问题，对周边乡镇实施"分区开发"工程，即在核心区的周围，各乡镇分别形成一个5平方公里左右的分区，充分利用园区的基础设施条件，把它建设成为乡镇工业的集中区、外向型经济的发展区、动迁劳动力的主要吸纳区、园区的配套区和现代化的新镇区，从根本上改变"天女散花"式的生产布局，从而使原来的乡镇工业向规模化、集约化发展，并与园区的新兴产业、龙头企业形成配套。合理的产业布局，使该园区经过10多年的发展，到2006年年底就汇集了3000余家制造业企业，在IC、TFT－LCD、汽配及航空零部件等领域形成了具有国际竞争力的高新技术产业集群，累计引进合同外资269亿美元，投资上亿美元项目超过67家，其中10亿美元以上项目6个，66家世界500强企业在区内投资了102个项目。到这里来投资的跨国大公司多、大项目多，成为跨国公司在长三角地区的重要制造基地和研发基地。② 广州开发区成立于1984年，到现在累计引进外资134亿美元，外商投资项目2552家，世界500强投资项目102家。③ 开发区财富集聚后，如何发挥区域带

---

① 李灿、邓华宁：《苏州工业园的新加坡味道》，《经济参考报》2004年5月27日。
② 郑梓锐、吴礼晖：《苏州工业园，演绎城市"双面绣"》，《佛山日报》2007年5月8日。
③ 罗艾桦：《广州开发区探索建设大部门体制》，人民网，http：//www. people. com. cn/2008年3月26日。

动作用。2005 年，广州以开发区为依托设立萝冈区，以开发区作为东进龙头，带动全区、带动东部及其他城区发展，发挥辐射带动作用。为了推动开发区与行政区的统筹发展，将萝冈区转变为广州真正的新城区，开发区管委会实行"统一领导、各有侧重、优势互补、协调发展"的运行新机制，以工哺农，以工业化推动城市化，同时开发区也因此获得了发展的空间，由过去影响开发区 60 平方公里的土地，发展到影响整个行政区 390 平方公里的大范围。在这样的空间范围内，广州开发区的产业布局得以施展手脚，规划建设综合研发孵化区、总部经济区、金融创新服务区、创意产业园区、国家服务外包示范园区、会展物流区等"六位一体"的现代服务业集聚区，[1] 同时使整个开发区与广州的其他各功能区形成有效分工，优化了广州城市的服务功能，促进了广州和珠三角核心地区的产业结构升级。

　　我国大城市在工业化和城市化的快速进程中，仅有空间的拓展是不够的，更重要的是要对产业布局进行优化调整，合理、优化的产业布局会有效地促进产业的可持续发展，否则就会产生消极的影响。在改革开放以来的三次城市发展空间突破中，我国的省会城市、沿海发达城市，在土地成本不断提升的形势下，工业区基本是遵循"主城—近郊区—新城（副中心）—郊县"的延伸规律。广州在"十五"期间，工业总体布局变动剧烈，尽管工业布局呈现出明显的中心——外围圈层结构，从城市中心到外围，工业密度先升后降，但是"迁二建三"的步伐明显加快，"东进"、"南拓"带来了工业重心的外移，基本做到了工业园区建设与城市空间规划相协调。[2] 杭州、成都的产业空间布局与城市空间拓展的良性互动，在我国的省会城市中也具有一定的样本意义。杭州自新中国成立以来，城市发展定位一度摇摆不定。1984 年，国务院批复的《杭州市城市总体规划》，要求把杭州建设成为"我国东南部的旅游中心和国际上第一流的风景旅游城市"，同时又把杭州确定为全国首批重点风景旅游城市和国家历史文化名城。城

---

① 薛晓峰：《开发区行政区优势互补有利于高起点大发展》，《南方日报》2008 年 5 月 13 日。

② 何江：《我国大都市工业布局的实证分析——以广州市为例》，《珠江经济》2008 年第 1 期。

市面积虽然经过几次调整、扩充，到 2000 年还只有 683 平方公里，在 15 个副省级城市中列倒数第一。在如此狭小的空间里要兼顾发展工业经济和保护自然、文化等旅游景观，无疑是一个很难的命题。这一时期，杭州市在城市发展方向上偏重于"中心城市"，更多地强调了经济发展，虽然后来也实施了一些"退二进三"的措施，但城区内企业林立，产业布局不合理的状况没有根本性改观。2001 年，萧山、余杭撤市并入杭州市后，杭州市区总面积达到了 3086 平方公里，巨大的资源条件，提供了拓宽发展的空间，为杭州市将城市中心东移，从"西湖时代"跨入"钱塘江时代"打下了基础。近年来，杭州以 93 公里长的钱塘江岸线资源为依托，沿江规划建设了十大新城"：湘湖新城、之江新城、滨江新城、钱江新城、城东新城、钱江世纪新城、空港新城、下沙新城、江东新城、临江新城。杭州将从"三面云山一面城"的传统城市格局，走向"一江春水穿城过"的新城市格局。[1] 在"大杭州"的全域范围内，产业布局终于趋于合理化：老城区以信息服务、金融服务、文化教育、商贸旅游功能，进一步疏解与上述功能不一致的其他功能，集聚发展旅游业、软件业、现代服务业和都市型工业；依托萧山的一个国家级工业开发区、四个省级工业园区和 15 个区级工业园区，打造长江三角洲的现代制造业基地；以高新技术为主导的下沙新产业区等。产业空间从市中心区到新城区、远郊区，形成了合理的"轻"、"重"结合，高"、"轻"结合的网状布局。成都的产业空间拓展，和杭州有相像之处，但由于在所处的区域具有绝对的首位度，在推进的过程中建立起的是一个比较独立的产业体系，产业布局和空间框架更有对应性。特别是 2003 年以来，成都先行创新和探索"城市规划"变革为"城乡规划"，在新的城市化背景下，从全生态社会建设向度来审视城乡一体发展的问题，重新对远近郊乡村进行科学合理的空间布局，推进了全面系统和整体性的建设，走出了政府主导、集中发展、城乡统筹、系统推进、公众受益的"大城市带动大农村"的新路径，从根本上消除了城乡二元结构，使远近郊区和城区真正成为功能互补的有机统一的社会共同体。（见图 2-6）在这样的

---

① 王国平：《早日实现杭州从西湖时代迈向钱塘江时代的历史性跨越》，《杭州日报》2008 年 6 月 5 日。

大空间里，产业布局重点推进工业向园区集中，全市 116 个各类开发区调整规范为 21 个工业集中发展区，投入 24.5 亿元加快基础设施建设，提高工业集中发展区的承载能力和服务功能。为了发展高新技术产业，成都 2005 年实施了 294 项国家火炬计划、国家星火计划和科技示范工程项目，建立了 2 个技术转移中心和 5 个重点工程中心，促进资源要素向高新技术产业集聚。①

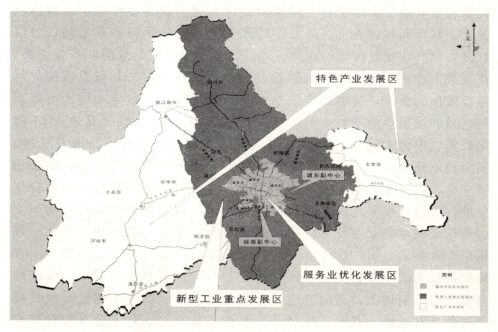

图 2-6 "十一五"成都产业功能区布局图②

城乡一体化下的产业布局，首先是城乡规划的一体化，使城市和乡村、城区和郊区在一个空间范围内进行产业要素的配置。有了舒展的空间，处在快速工业化、后工业化时期的城市才有条件进行产业空间调整，优化城市空间，并加强重点区域建设，以提升城市的总体功能。但是，城市和乡村毕竟是具有不同特质的经济社会单元，城市的郊区化与乡村的城市化不仅仅是农民的身份变为市民，更重要的是基

---

① 许传新：《成都城乡一体化模式对西部大开发的借鉴意义》，《四川行政学院学报》2007 年第 2 期。

② 见《成都市国民经济和社会发展第十一个五年规划纲要》，2006 年 2 月 18 日成都市第十四届人民代表大会第四次会议批准。

础设施、就业、生活方式的无差别化，因此，城乡一体化的动力机制，关键还要依靠产业发展，产业发展形成合理的产业布局、具有竞争力的产业集群、产业链，带动新的城市和区域的科学分工，才能逐步消除城乡之间、城郊之间的界限和落差。其实，城乡一体化下的产业布局的优化，从现代城市、现代社会发展的要求考量，一是可以减轻产业、经济发展所带来的生态环境危机，二是通过土地集约、技术升级提高经济收益，实现产业空间价值的最大化。但是，如果从区域协同发展、城市和区域的可持续发展的角度来看，优化的产业布局，对区域城市化和深度城市化的作用，还会产生许多潜在的效用。产业发展、产业集聚在纳入了城市或区域发展的总体框架之后，其所发挥的外部经济效应，就能以辐射的方式加快城市的发育，有效推动城市基础设施建设和社会事业发展。因此，自20世纪90年代，尤其是进入21世纪以来，中国大城市的郊区化以产业为推进，多以经济技术开发区、高新技术开发区、科学园以及保税区等为载体，来建设新城、城市功能中心，以突出产业的带动作用。由于多数园区起步是由政府投资兴办的，政府在规划建设方面的投入较大，可以很快地把研究机构、大企业以及众多的专业技术人员聚集在一起，使研发成果快速物化、规模生产并推向市场，造就出高新技术产业综合体，形成财富效应。在传统的城乡二元结构下，园区与所在的行政区有严格的界限，园区的财富效应不能外溢，基础设施、公共配套和商业服务功能是按现代城市的要求打造的，而园区外还是农村的基础设施，几无公共配套和商业服务功能，以至于形成了园区内似"欧洲"，园区外似"非洲"的强烈反差。与此同时，快速工业化引发的国际产业转移，使多数开发区产业集群规模急剧放大，原来圈定的工业用地很快告罄，失去了可持续发展的空间。在这样的新形势下，国内的开发区近些年来纷纷展开"破墙"运动，通过开发区与当地行政区综合管理的一体化、重叠化来解决原来的空间隔离问题，并同步解决产业发展的空间问题以及进一步优化布局问题。这样，不同产业主题的开发区，在新的城乡一体化的发展行动中，所发挥的就不仅仅是产业功能、经济功能，而是带动区域均衡发展、协调发展的综合功能。大型、国家级高新技术产业开发区，一般与区县级的行政功能一体，使开发区变身为新城或城市副中心；省市级开发区则和镇、街道的行政功能一体，成为所属行政区内的新增长极，带动工业开发向园区或功能区集中，达到土地节约、产业集约的双重目的。这样，在同一个市域空间内，产业集群就可以在主城区、新城、郊区、郊县得到不同等级的疏散和集聚，如管理总部、市场总部以及商务中心等在主城，研发基地、生产性服务业等向新城或城市新中心会聚，制造基地及相关配套区等落户在郊区、郊县的产业园区，形成分工合理、功能错位、空间集约的不断优化的产业布局。

在传统的城市化进程中，城市发展和城市产业空间的扩大是同时进行且又互为促进的过程，城市产业未形成规模时，其产业空间、经济空间必然狭小，而经济空间的狭小又限制了城市规模的扩大和城市地位的提高。但是，现代城市的发展，尤其是大都市的多极化、网络化空间拓展，则可以通过在郊区新建大型开发区、产业园的方式来再造一个产业新城，突破原来城市空间与产业空间相互挤压造成的发展瓶颈、效率瓶颈，并在此基础上提升综合服务功能，培育出一个现代化新城，从而大步提高城市的能级水平。改革开放以来，中国城市的经济总量不断放大，在工业化阶段，几乎所有城市的经济总量的攀升，都是和所在城市产业空间、经济空间的放大呈正相关的关系，"大上海"、"大广州"、"大苏州"、"大南京"、"大青岛"、"大成都"等城市发展理念的推广，并且得到海内外的认可，主要是取决于其城市综合实力、规模经济增长，具有了承接国际产业转移、融入国际产业价值链的产业空间，而不仅仅是城市的人口和建成区面积。因此，在全球重要节点城市构成的国际产业链主导世界经济走向的大背景下，中国的城市、大都市区域，实际上处在工业化和后工业化的同步驱动中，沿海的城市如果叫停工业化，不积极承接国际先进制造业的转移，就无法优化目前不太合理的产业结构体系，失去在国际产业价值链中的成本竞争优势。同样，如果仅仅满足于简单地做"世界工厂"、"加工基地"，不大力发展高端服务业，就无法站在产业价值链的高端位置，难以造就自身的核心竞争力，而一旦遇到国际产业转移的周期波动，跨国公司把制造基地迁移到世界其他更有成本优势的国家、地区，国家的产业安全就会受到重大影响。正是基于区域和国家产业安全的战略考虑，我国大城市或都市圈的产业布局、产业集群引导，一方面强调与国际产业价值链对接，另一方面则在内部构成一个相对完备的产业链、产业体系，并以高新技术产业集群的创导作用来带动区域或国家的创新体系的构建。

按照区域创新体系的理论，产业与区域创新环境的整合度越高，越利于产业和区域的发展。高新产业集群不仅仅是规模经济的基础，还能通过分工专业化与交易的便利性，把产业发展与区域经济有效地结合起来，形成更有效的生产组织方式，把产业集群提升为区域创新体系的重要载体。美国的硅谷、波士顿 128 公路、德州的奥斯汀、印度的班加罗尔地区、韩国的大田、以色列的特拉维夫等，都在这方面走出了成功的路径。在我国，深圳作为新成立的特区城市，在一开始进行城市空间布局产业布局时，就借鉴世界先进城市、都市区的经验，以三大城市中心培育现代服务业、高科技研发，把制造链条转移到相邻的珠三角地区，使深圳经过 20 年的发展就成为了名副其实的高科技城，成为全国高新技术转让交易的市场和孵化基地。华为、中兴的研发基地、实验工厂，已经超越了产业空间的功能，而成为深圳城市创新文化的名片。改革开放以来，苏州经济快速崛起，2007 年 GDP 达到了 5700 亿元人民币，目前经济总量在长三角地区仅次于上海。苏州经济的奇迹产生，和集现代产业空间与现代化城市功能空间为一体的苏州工业园的贡献直接相关，该园区以高新技术产业集群为先导，先后建成国家火炬计划软件产业基地、国家火炬计划汽车零部件产业基地、国家电子信息产业基地、国家集成电路产业园、国家动漫产业基地、中国软件欧美出口工程试点基地等 6 个国家级科技成果转化产业基地，并形成了以集成电路和 TFT - LCD 为主导、软件和 IC 设计为特色的电子信息产业群。2006 年，该园区以占苏州市 4% 左右的土地、人口和 7% 的工业用电量，创造了全市 15% 左右的 GDP、地方一般预算收入和固定资产投资，26% 左右的注册外资、到账外资和 30% 左右的进出口总额。① 2006 年，苏州工业园每平方公里投资强度达到约 15 亿美元，在长三角地区以及国内高居第一。更让世人惊叹的是，园区名为"工业园"，但从城市规划、城市建设与城市管理到产业发展、人居环境与园林绿化，再到公共服务、商务运行与文化品位，都体现

---

① 贾健莹：《苏州工业园区：中新合作打造创新创业"新硅谷"》，《中国科技产业》2007年第 6 期。

出一座现代化城市应有的水准和功能，在这里有 2 万多名各类高科技
人才创业，近万名外籍人士工作生活，其绿地覆盖率超过 45%，位列
全国国家级开发区第一，① 园区处处绿草茵茵、树木成林，建筑掩映于
烟柳、荷塘、桂树、枫林之中，堪似经典的"园中城"。由工业园到
家园、花园、公园，由制造基地到"科技硅谷"，苏州工业园所具备
的综合创新优势，已经不仅仅是培育出国际化的产业空间，而且具备
了成为长三角地区区域创新先行区的条件，并逐渐发展为具有示范意
义的"国际技术产业城市"。

　　如果说苏州工业园优化的产业空间布局，主要得益于外源力量，
得益于中新合作的制度保障，得益于所处的长三角地区承接国际产业
转移的地缘优势，那么，后起的天津滨海开发区的产业布局，则是基
于城乡一体化的内生动力机制。天津滨海新区位于天津东部临海地区，
包括塘沽区、汉沽区、大港区三个行政区和天津经济技术开发区、天
津港保税区、天津港，以及东丽区、津南区的部分区域。2006 年，天
津滨海新区被国务院批准为全国综合配套改革试验区，其中在土地管
理方面允许滨海新区创新集体土地征收和农用地转用方式，试行农村
集体建设用地及土地收益分配的改革。② 在土地面积达 2270 平方公里
的空间范围内，滨海新区实施了"一轴"、"一带"、"三城"、八个功
能区的科学布局。"一轴"是沿京津塘高速公路和海河下游建设"高
新技术产业发展轴"；"一带"是沿海岸线和海滨大道建设"海洋经济
发展带"；"三城"是在轴和带的 T 型结构中，建设以塘沽城区为中
心、大港城区和汉沽城区为两翼的宜居海滨新城；八个功能区为先进
制造业产业区、滨海高新技术产业园区、滨海化工区、滨海中心商务
商业区、海港物流区、临空产业区、海滨休闲旅游区、临港产业区
（规划）。（见图 2 - 7、图 2 - 8）③ 滨海新区的定位是：经过 15 年左
右的努力，成为具有国内领先、国际一流的技术和管理水平，具有较
强自主创新能力的现代制造和研发转化基地；成为服务辐射能力强、

---

① 苏州工业园管委会：《科技创新》，http：//www. sipac. gov. cn，2008 年 1 月 31 日。
② 《天津滨海新区 OTC 市场获批》，http：//www. cs. com. cn，2008 年 3 月 19 日。
③ 见《天津滨海新区产业功能区规划图》，引自滨海新区网站，www. bh. gov. cn，2006
　年 5 月 12 日。

运转效率高的北方国际航运中心和国际物流中心；成为特色鲜明、风
景宜人的国际旅游目的地；成为具有综合竞争力和世界影响力，服务
和带动区域经济发展的改革创新先行区；建成为以人为本、要素集聚、
生态良好的最适宜创业和人居的现代化海滨新城。预计到 2020 年，滨
海新区的生产总值达到 10000 亿元，年均递增 13.5%。无疑，要实现
如此宏大的目标，必须以一流的产业集群和优化的产业布局作为基础。
八个功能区的规划，实现了互助互动的作用，有利于在土地集约、资
源共享、生态环境不受损害的前提下，打造中国北部的改革创新先行
区，同时在各功能区内部易于形成集群优势、规模优势，使先进制造
业区、高新技术产业区等在国际产业链上占据高端位置。国际大都市
区域的建立创新体系的经验表明，区域整体创新能力的关键在于促进
各种组织建立长期互助的关系，同一区域的产业功能区，通过系统的
内部机制相互结合、相互作用，发明新产品、新技术，提升要素配置
的效率，就会影响区域创新系统的发展，提高区域创新系统的效率。
区域创新体系的有效运行，营建的创新创业环境，形成的创新创业局
面，则会加速形成产业集群和空间集聚，产生集聚经济性，培育出产
业的核心竞争优势，提高产业链的附加值。从这个角度来看，天津滨
海新区以制度创新、政策创新，在城乡一体化的大空间里，先行进行
不同主题的产业功能区的空间划分，使整体的产业布局顺应产业集群、
产业链的成长规律，对当前中国城市转变发展方式，在城乡一体化进
程中进行产业升级，在有限的土地供给条件下提升"经济密度"，无
疑具有很强的导向作用。

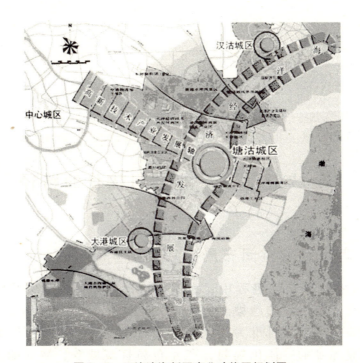

图2-7　天津滨海新区产业功能区规划图a

图2-8　天津滨海新区产业功能区规划图b

第三节
"全域南京"产业空间优化的路径

一、南京产业空间布局的变动趋势

在当前中国城市化进程中,大城市市区与郊区的联动发展、城乡规划一体化正成为新的趋势。上海浦东新区、天津滨海新区以及重庆、成都、武汉等城市被批准为国家级的综合改革配套试验区,其重要特征之一就是城乡的一体化规划,产业布局打破城乡、城郊的界限,以建设生态文明的要求进行空间、要素的优化配置。南京作为国内特大型城市,所处的区位既可说是内陆城市,也可是说是沿海城市,其在工业化、后工业化进程中的城市空间变化与产业空间布局优化的路径,无疑在国内的大城市中具有样本意义。

南京是一个城乡二元结构极为明显的城市,属于典型的"大农村"合围"大都市",空间发展布局呈现出城区—郊区—郊县的三重梯度。在城市快速郊区化的过程中,农村的城市化成了新的难题。为了让广大农民充分享受城市化利益和工业化成果,从 20 世纪 80 年代开始,南京就不断探索城乡统筹发展的路子。1985 年提出"面向城市,搞活农村;服务城市,富裕农民;依托城市,发展农村"的城郊型农业发展战略。1992 年实施以加速工业化为主体的"城乡一体、兴工强农"发展战略。2000 年起将"城乡一体化"列为全市经济和社会发展的四大战略之一。2003 年把郊县作为南京新一轮发展的主战场、重要增长极和组合板块区,全力推进郊县工业化、农业产业化、农村城市化和农民市民化进程。近年来,南京又先后出台了一系列促进城乡一体化建设的主体的政策,进一步明确目标任务、责任单位和政策管道,使全市进入了生产力布局从主城区向郊县加速扩展，生产要素从聚集城市向城乡互流，基础设施建设从老城向郊县延伸，城乡关系从分割到融合的新阶段。正是有了城市空间的持续扩展，才使南京的经济发展迈上一个又一个新台阶。改革开放以来，南京的经济总量以年均12%以上的速度快速增长，2000年GDP突破千亿元大关；2004年突破2000亿元；2007年突破3000亿元，达3275亿元。在经济总量快速增长的同时，产业结构也实现了逐步优化调整，产业的空间布局日趋外向化、集聚化，主城的现代服务业集聚区在快速生长，郊区的高新技术开发区成为工业增长的重要载体。到2007年，南京全市非农产业增加值占地区生产总值的比重已达97.4%，第二产业和第三产业比重基本持平，城市的生产和服务功能进一步完善，进入了先进制造业和服务业发展的新阶段。根据二三产发展对空间的需求变动，郊区、郊县成为产业重要的扩展腹地。目前，南京的产业空间结构特征表现为：

一是服务业向主城集聚。2006年，南京主城六区的服务业增加值占地区生产总值的比重均已超过60%，主城区基本形成了服务经济的架构，而郊县地区服务业发展则不很充分，除浦口区（41.8%）之外均不足40%。

二是工业向郊区、郊县集聚。主城"退二进三"战略的实施，开发园区的建设，为全市产业发展开辟了广阔空间。郊县和开发区成为工业发展的主战场。按2007年上半年的统计：南京"五郊二县"的工业产值占全市规模以上工业总产值的86.7%。江北地区的工业产值占全市工业的30.8%。就工业增长的速度来说，两县快于五郊区，五郊区快于六城区，越是距离主城遥远的区域工业增长越快。同期的工业投资情况也反映了这一特点，"五郊二县"的工业投资占全市工业投资的78%。四大开发区（高新、新港、江宁、化工园）的工业投资占全市的34%，"五郊二县"和四大开发区的工业投资增长速度快于全市工业投资增幅10个百分点以上。

三是产业呈现以"轴"为脉络，以"圈层"为梯度，以"组团"为载体的"两轴三圈多组团"的特点。"轴"指的是以长江为横轴，以宁高、宁连公路为纵轴，形成的"十"字形南京产业空间布局框架。"两轴"贯穿南京全境，并向南京都市圈其他地区辐射延伸。"圈层"指的是主城、都市发展区（包括主城外围的新市区、新城区）和远郊县三个空间层次，由内向外，产业的附加值和制造业的加工度，总体上渐次递减。"组团"指的是以规模较大的开发园区为核心的十大工业集聚区域。包括江宁、新港、化工园、高新区四大千亿元规模的组团，浦口、六合、溧水、高淳等四大百亿元规模的组团，正在快速成长中的雨花开发区组团，以及以主城区为载体的一批都市型工业组团。

南京产业结构变化的趋向，一方面为应对新一轮发展，确立"大南京"的整体观，在"全域南京"的空间概念中制订出科学的城乡一体化规划，并按不同等级的市域空间来进行产业的优化布局，进行有效的资源配置打下了很好的基础。另一方面，面向"十一五"，按照国家发改委的区域规划设想，南京都市圈是未来我国 20 个都市圈的重要组成部分，中心城市南京要发展为 1500 万人口的特大城市。这就要求南京必须首先突破制度性的障碍，通过创新型城市功能的完善，面向全市地域和南京都市圈来进行资源、要素的集中配置，打破城乡界限、行政区隔来构建产业链，优化产业空间布局，促进都市圈的做实做强。实际上，南京在"十五"期间，通过实施跨江发展战略和"一城三区"的集中发展，实现了空间结构由以主城 257 平方公里为核心的发展向全市域 6582 平方公里的转变，形成了多中心、开敞式的空间形态，加快了城乡一体化，强化了对南京都市圈的辐射力。2006 年 6 月，南京市人民政府发布的《南京市国民经济和社会发展第十一个五年规划纲要》（以下简称《纲要》），提出在"十一五"期间将建立城乡统筹发展的长效机制，着力打造城乡布局统一规划、城乡市场开放互通、基础设施相互配套、三次产业协调发展、保障体制基本接轨、社会事业互为补充的发展格局。在统筹城乡发展规划方面，要切实把统筹城乡作为各类规划的重要内容，加强和改善规划对城乡统筹发展的引导和促进作用，提高城乡建设的协同性与系统性。在统筹城乡市场体系建设方面，要打破城乡界限，全方位构建城乡统一开放、竞争有序的市场体系，促进农村的劳动力、土地等生产要素与城市的人才、资本、技术等生产要素双向流动和有效组合。在统筹城乡基础设施建设方面，按照基础设施与公共服务设施配置水平适度超前的原则，以卫星城和重点镇为重点，进一步加大对郊县基础设施建设的投入力度，着力构建城乡一体的道路交通、给排水、能源、消防、信息网络，提高农村地区用水、用电、电信、公交、安全保障水平，形成主城区、新城区、重点镇、中心村梯度协调发展的格局。同时根据镇村布局规划，加快推进工业向园区集中、农民向城镇集中、土地向规模经营集中的步伐，引导区域性基础设施向规划居民点延伸，引导新建农民住宅向规划点集中。在统筹城乡产业布局方面，要科学界定城乡产业分工，明确郊县的功能定位与发展的主导方向，组织实施产业布局的有序调整，有效引导新建产业项目的合理布局，形成合理分工的城乡产业布局体系。具体落实到产业空间布局上，将按照"多中心、开敞式、轴向发展"的组团布局方向，推进城市发展空间由中心城向广阔都市发展区的拓展，促进城乡协调、南北联动、跨江发展新格局加快形成。"十一五"期间，南京将通过绕越公路环江南片区域及江北新市区的城市化与城市现代化建设，努力构筑更加开敞的城市发展平台，整体优化老城与新城新区的功能分工、人口分布、产业布局、基础设施配套和生态环境建设。继续高标准建设"一城三区"，力争现代化河西新城区基本建成，并形成新城、老城空间紧密相连、功能合理分工的发展格局；仙林新市区功能进一步完善，成为带动宁镇扬板块共同发展的增长极；东山新市区总体开发建设水平进一步提升，基本实现与主城基础设施体系的一体化对接，成为拓展宁杭发展带的重要区域节点；江北新市区基础设施进一步完善，江北地区中心作用显著提升。同步加快构筑城乡一体化发展的城镇体系，推进雄州、淳溪、永阳3个卫星城建设，实施禄口、汤山、铜井、汤泉、桥林、八百桥、横梁、白马、桠溪等重点镇的建设，有效加快郊县城市化进程。

　　《纲要》对统筹城乡产业布局的指导性意见，还涉及服务业发展带来的南京产业空间布局的调整课题，认为在新的产业空间结构变动中，应加快制造业向郊县集中、服务业向新区拓展的步伐，打造"一主（中心城）三辅（三个新市区）"服务业布局主体框架和沿江与沿宁连一宁高路"十"字形制造业发展轴带，总体形成"一轴（沿江主轴）两翼（南北两翼）"产业发展基本格局。围绕中心城—新区—新城—重点镇四级架构，建立与城镇体系层级配套衔接的服务业梯度发展体系，促进服务业在整个市域空间的统筹配置与整体均衡，有效带动郊县地区服务业的发展。结合"十"字形制造业发展轴的培育，积极提升郊县地区制造业集聚发展水平，打造全市先进制造业集中发展的主体区域。进一步加快沿江地区发展建设，一体化推进沿江产业园区发展、基础设施配套与综合功能完善，重点加强南京经济技术开发区、南京化学工业园、滨江经济技术开发区、浦口经济开发区、雨花经济技术开发区等发展载体建设，形成沿江各板块合理布局、有序发展的新格局，打造横贯东西、带动南北的沿江发展带；沿宁连—宁高路重点加强南京高新技术产业开发区、南京江宁经济开发区、六合经济开发区、溧水经济开发区、高淳经济开发区等发展载体的建设，构建贯通南北的纵向产业发展带。位于江北的南京高新技术开发区，将加速发展国家级软件园和生物医药园，加大整合全市的应用软件及系统集成、光机电一体化、新材料等高新技术产业的力度，南京经济技术开发区将依托港口和国家级出口加工区优势，扩大临港产业规模，重点发展电子信息、生物医药、新材料、物流储运等产业，成为国内一流的平板显示和临港产业基地。位于江北六合区的南京化工园，立足乙烯、醋酸、氯碱等核心项目，将延伸形成三大特色产业链，重点发展高分子材料、精细化学品、新型材料、医药化工等高附加值石油化工、天然气、煤化工延伸产品，同时建设华东重要的化工产品物流集散中心，成为以高度集中、高度增益和高度流通为特征，具有世界影响、全国一流的化工园区。已经具有较高开发水平的江宁开发区，则重点发展电子信息、汽车整车及零配件制造、轻工食品产业和现代服务业，一是依托出口加工区，重点引进手机、芯片、通信等大进大出型企业；二是依托汽车城，加快推进福特项目建设，积极引进汽车零部件项目；三是依托江苏软件园，着力引进国内外知名软件企业；四是依托空港工业园，促进现代物流、航空科技和先进制造业发展。（参见图2-9，图2-10，均见《南京市国民经济和社会发展"十一五"规划》）

在确立了南京"十一五"产业发展的空间布局以及各开发区的产业定位后，《纲要》进一步对现代服务业重点集聚区建设进行了规划指导，促进全市现代服务业依托主城"一核多带"的布局，以"两副三组团"在外围空间实施均衡分布。（参见图2-11）这些服务业重点集聚区主要包括新街口商贸商务服务区（体现南京服务业形象和水平的窗口地带，具有多种商贸商务功能，辐射整个都市圈的核心服务区）、河西新城现代服务业集聚区（重点为中央商务区、奥体中心区和新城科技园三大板块建设）、物流产业集聚区（龙潭物流基地、王

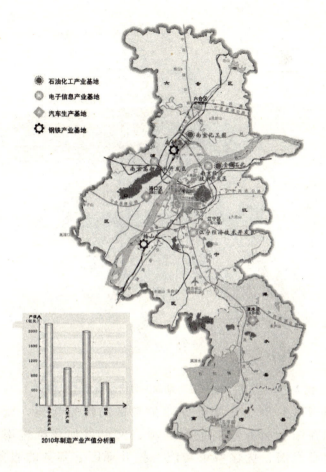

图2-9　南京"十一五"制造业发展规划图

家湾（丁家庄）物流基地、南京空港物流基地及幕燕金属物流中心）、
软件产业集聚区（南京软件园、江苏软件园、徐庄软件产业基地、江
苏工业设计园、宁南软件产业基地、江宁吉山软件产业基地等）、仙
林综合服务区（重点为高等教育、科技研发、商贸商务、文化体育、
休闲、居住等服务业，体现现代城市文明和绿色生态环境协调发展）、
夫子庙商贸旅游服务区（国际知名、游客云集的商贸旅游服务区）、
珠江路—长江路科技文化服务区（融科技研发、科技中介、文化交流、
商贸、旅游、休闲等功能于一体）、城南商贸集聚区（华东地区名列
前茅，具有全国影响力的汽车产品交易市场和辐射周边地区的商贸服
务区）、城北商贸集聚区（以家居装饰、汽配等产品为主的产品交易

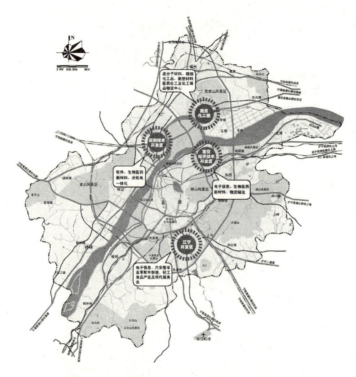

图2-10　南京"十一五"期间开发区发展重点示意图

和商贸服务集聚区）等。这些服务业集聚区的规划建设，既可以弥补主要工业园区在综合服务功能上的弱项，又可以加速推进南京城市空间布局向多中心发展，优化城市功能，提升郊区、郊县的服务业水平，促进整个市域制造业和服务业的均衡发展。

　　但是，长期形成的南京城乡差别太大，使城乡一体化进程在南京的郊区、郊县处处受到"狙击"。改革开放以来，南京与苏州、无锡等苏南发达城市相比，最突出的特征是主城区工业化程度与广大的郊区、郊县工业化程度形成了强烈的反差，这既有历史的原因，也有地理的原因。从产业结构因素来看，南京一直是老工业基地，产业结构呈重型化，主要以钢铁、石化、电子以及重型机械为主，产业链很短，难以带动周边郊县的发展；从区位因素来看，南京的郊县呈南北狭长状分布，郊县中心离主城太远，毗邻安徽、苏北等地区，境内没有大型交通主干道，加上北部还有长江天堑的阻隔，影响到郊县接受主城的辐射；从人口因素来看，与南京市主城区的人口密集度相比，郊县的人口密度很低，大约为 400 人～500 人/平方公里，苏州、无锡的郊县常住人口密度一般达到 1000 人/平方公里以上。由于经济发展的滞后，郊县的社会事业发展落后。目前，南京主城区已初步建立了比较完整的社会保障体系，养老保险金已基本上实现了社会统筹，建立了国家、企业和个人共同负担的基本模式，医疗、失业、工伤等保险都在原有的制度上进行了改革和逐步完善；而农村社会保障基本上还不成体系，除了养老保险和医疗保险才开始改革和推广外，其他保险项目基本上没有建立起来。无疑，城乡二元结构下长期形成的"城市偏好"，是制约南京城乡统筹发展的深层原因。具体说来，目前制约南京城乡一体化进程和产业空间一体化的"阻力"主要来自以下几个方面。

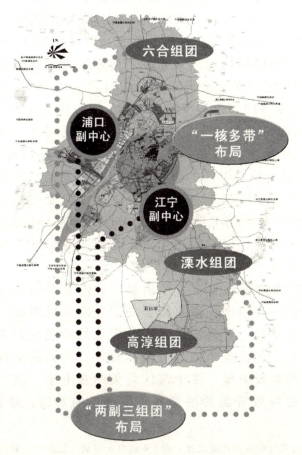

图 2-11　南京"十一五"现代服务业空间布局图

　　一是城乡收入和消费差距有加大的趋势。2006 年，南京城乡收入差距达到 2.489∶1。如果考虑到城镇居民享有的各种补贴和劳保福利，以及农民尚需从纯收入中拿出相当大的部分用于生产性支出，那么，上述收入对比关系会进一步拉大。据国际劳工组织发表的 1995 年 36 个国家的资料，绝大多数国家的城乡人均收入比都小于 1.6，只有三个国家超过了 2。南京城乡消费水平的差距，2000 年时为 2.119∶1，在随后的几年中逐渐缩小，到 2005 年时为下降为 1.666∶1，但 2006 年又扩大到 2.219∶1。从其他国家的发展经验来看，日本和亚洲"四小龙"在经济高速增长的初期，城乡居民消费差别一般在 40%（即 1.4∶1）左右，差别最大的韩国也不过是 60%（即 1.6∶1）左右。南京城乡的收入差距，不能有效缩小，城乡消费的差距还将会拉大。

　　二是二元经济结构难以在短期内改变。农业比较劳动生产率①是衡量一个地区二元经济结构的重要指标。南京的农业比较劳动生产率从 1978 年以来经历了一个先上升后下降的过程，从 1978 年的 0.294 上升到 1985 年的 0.415，之后又降到 2000 年的 0.202，近几年开始逐渐上升，但 2006 年仍低于 1995 年的农业比较劳动生产率。较低的农业比较劳动生产率使南京的二元对比系数也明显偏低，2006 年为 23.7。根据西蒙·库兹涅茨的研究，发展中国家的二元对比系数最小值不过为 24.5，通常在 31～45 之间，发达国家一般在 52～86 之间。② 南京目前年人均 GDP 已超过 6000 美元，进入中等发达地区的行列，按照这样的标准，南京的二元对比系数明显偏低，城乡二元经济结构仍较为明显。

　　三是市域空间内资源整合力度不够。具体表现为部分郊区、郊县发展定位有待进一步明确。南京郊县的工业定位虽然在一定程度上考虑了错位发展的布局，并形成了具有一定地域特色的产业结构，但相互之间重复发展、恶性竞争的状况依然存在。例如南京各郊县工业园区的产业重合问题较明显，多个园区均集中在电子、汽车、生物制药等产业上，势必导致资源的浪费和竞争格局的加剧，难以形成合力。

---

① 即农业的产值比重与劳动力比重之比，即 1% 的农业劳动力创造的产值比重，是衡量地区二元经济结构的重要指标。

② ［美］西蒙·库兹涅茨：《现代经济增长》，北京经济学院出版社 1989 年版。

同时不少郊县内部就存在产业重复布局的问题，在一些郊县内部既有国家级的高新技术产业区，又有区县自己设立的开发园区，仅栖霞区内部就有大小园区八个，除八卦洲大同产业园区明确将产业定位为农副产品加工业和旅游产品制造业外，其他几个园区的产业定位大多集中在电子、信息通讯、生物制药、物流等产业上。在江北的浦口和六合区中也同样存在着国家级园区与郊县园区争夺资源的现象，这是一种资源上的极大浪费。造成这种现象的原因，行政约束是其中的主要原因。由于缺少有效的行政整合方式，在郊县内部就存在园区和郊县都从自身利益出发，各自发展、重复发展等问题。

四是产业链有待进一步延伸和整合。产业链的延伸与整合是产业发展的重要方式。南京近些年围绕产业链的发展制订了相应的规划，各郊县也在自身产业链的发展方面出台了一些政策和措施，促进了南京产业整体竞争力的提高和发展。不过这些规划整体看，方式较为单一，界限面较大，还不能完全适应南京郊县的产业发展需要。产业链是指一种最终产品在加工过程中从最初的矿产资源或原材料一直到最终产品到达消费者手中所包含的各个环节构成的整个纵向的链条，因此，产业链并不是仅存在于制造环节，一条完整的产业链应包括从供应商到制造商，再到分销商和零售商等所有加盟的节点企业。而目前南京（包括郊县）的产业链规划还主要集中在制造业领域，忽视了对产品上下游的整合，由此所造成的后果是难以有效控制产品的上下游市场，使企业的获利能力大大降低，也难以提高产业链等整体竞争力。所有这些问题，都有待于在新的城乡一体化道路的进程中，通过制度的创新、政策的落实以及市场的动力来逐步解决，并通过产业链、产业集群的带动，产业布局的优化，实现经济、社会发展水平的同步提升，实现"全域南京"的城区、郊区、郊县的协同发展和均衡发展。

二、"全域南京"：优化产业布局的路径突破

城乡一体化进程，经济社会协同发展，产业空间科学布局，关键是广大农村空间的工业化、城市化与生态化的同步推进。城市化不是通过行政区划的改变，把农民的农村户口转变为城镇户口就完成的，要义是把农民培养为"市民"，把原来的农村发展为新型的城镇社区，成为城市空间或都市权发展空间的有机体和生命体。世界各国在城市

125

化和工业化的进程中，无不通过行政的力量、制度的创新和市场的整合作用，来大力提升都市区农村的发展水平。韩国从1970年起，以政府为主导，发起长达30年的"新村运动"，①把城市的价值观念推向农村，统一规划、突出重点、以城带乡、提高实效，使韩国从一个落后的农业国变身为发达的工业国。到2004年，韩国人均GDP已跃升至1.4万美元，城乡居民收入为1∶0.84，实现了城乡经济协调发展和城乡居民收入的同步提高。20世纪70年代，日本经济进入高速增长时期，大量农村劳动力进入城市，城乡差距扩大，日本政府发起"造町运动"②，规划并实施了旨在改善农村生活环境，缩小城乡差别的乡村综合建设示范工程。示范工程的主题通常由具体实施的政府承担，投资费用的50%由中央政府承担，其他由各级政府分担。"造町运动"其内容涵盖乡村综合建设的构想，包括村镇未来前景的展望、产业的振兴、生活环境建设、社会组织以及地区经营等，建设计划则落实到村落、道路、上水道、排水设施、土地用途划分、工商设施、公共设施等。"造町运动"的做法被我国台湾地区吸收，成为该地区的"社区总营造"工程的重要构成。我国改革开放以来，许多先进的城市在城乡空间一体化方面进行了大胆的探索，并取得了很好的成效。深圳是最早"消灭"农民的城市，经济特区的产业发展优势，使城市空间快速吞没了乡村空间，产业布局的空间优化程度很高。杭州和成都则以"大都市推进"战略，将整个行政区域纳入一体发展轨道。杭州市辖8个区、3个县级市、2个县，为加快构筑市域网络化大都市，促进区域统筹协调发展，一是以规划共绘、政策共享、设施共建、产业共兴、环境共保原则，推进萧山、余杭融入大都市；二是以"旅游西进"为先导，完善"交通西进"，依托高速公路，实现产业、资金、人口集聚，"顺藤结瓜"，促进中心城市产业梯度转移，发展"高速公

---

① 新村运动：20世纪70年代初，韩国当时占全国人口70%以上的韩国农民生产和生活状况落后，而政府也没有钱，为了动员农民共同建设"安乐窝"，政府开始在全国开展"新村运动"，短短几年时间里改变了农村破旧落后的面貌，并让农民尝到了甜头，"新村运动"由此逐步演变为自发的运动。

② 造町运动：造町运动始于20世纪五六十年代的日本，其时日本经济高度成长，农村因青壮年人口大量外流到城市，出现了人口高龄化、生产力低落、小区面临瓦解的危机。为了活跃地方经济，日本政府以振兴小区产业为手段，使逐渐衰败的农村重新振作起来的造町运动应运而生。

路经济"和"黄金水道经济"，推动郊县经济向郊区经济转型。成都市总面积 12132 平方公里，总人口 1060 万，借助城乡统筹试点地区的政策，实施"大城市带动大农村"策略，成都现在已经形成了以主城区为核心，都江堰、温江、龙泉等地为主的组团发展模式，拥有丰富优质旅游资源的郊县区域把握这个机遇，以旅游资源开发为纽带，通过整合房地产等资源以市场化手段营造新的区域亮点，促进城乡统筹发展，实现城乡的真正融合。

不过，城乡一体化固然需要大力促进郊区和郊县的经济发展水平、公共设施水平，但更重要的是通过主城空间的资源集聚与扩散，带动郊区、郊县的产业发展水平，以工业化致富农民，以城市化带动农村，以产业化提升农业，以市民化提高农民的素质，以信息化推动产业升级。因此，基于"全域南京"整体发展战略，从目前来看，南京产业布局的优化之路才刚刚起步，郊区、郊县的发展还必须在更新的理念、更高的目标上寻求路径的突破。笔者认为，这种路径的突破不妨从以下几个方面入手。

一是从南京市域空间发展一体化以及在长三角地区提升整体实力的高度，推进郊县和市区的同步发展、协调发展。南京作为国内特大型城市，作为世界第六大都市圈长三角地区的核心城市，在融入全球产业体系、承接新一轮国际产业转移方面，将越来越彰显出自身的重要地位，未来的产业集群效应会更明显，产业链将继续拉长，产业升级将进一步加快步伐，在有限的市域范围内，郊县是其重要的扩展腹地。城市的发展战略，必须顺应特大型城市发展的一般规律，确立"大南京"的整体观，即立足"大南京"6582 平方公里的广阔市域空间，在反复和系统调研的基础上，制订出科学的城乡一体化规划，并按不同等级的市域空间进行有效的资源配置。首先是从市域空间一体化的高度来规划郊县的发展定位。政府职能部门要按照统筹城乡协调发展和建设社会主义新农村的基本要求，在城乡功能定位、空间布局、产业发展、劳动力就业、基础设施建设、区域发展、环境保护、社会保障、公共服务、城市管理等方面，把郊县和城区作为一个整体进行科学安排、合理规划，制造型产业与生产型服务业应快速从中心城区向郊县转移，尽可能地将重点建设项目安排在郊县，促进城区的人才、资本、技术等优质生产要素与郊县的劳动力、土地等优势生产要素双向流动和有效组合，形成郊县跨越式发展的新优势。在这一点上，可借鉴杭州、成都等同类大城市的郊县发展模式，并结合具体区域特性，创新南京郊县的发展模式。其次，郊县要跳出"自我发展"的传统思维，主动融入一体化的发展空间。在长三角的各中心城市中，南京与上海、杭州、宁波相比，最大的问题是发展腹地在缩小。在现有的有限空间里，南京要增加经济总量，必然要提升经济密度，在主城区加快发展智慧型经济的同时，郊县的发展也必须着力提升产业水平，优化产业结构。要围绕打造郊县先进制造业基地，推进工业向园区集中，把劳动密集型、资本密集型和技术密集型产业结合起来，研发核心技术，优先发展先进制造业，打造优质品牌，从"郊县制造"向"郊县创造"转变。提升面向郊县的现代服务业水平，要从郊县实际出发，发展郊县的现代物流、现代商贸、现代金融保险、房地产业和信息服务业，在生态环境得到保护的前提下，有效提升经济密度。政府要制定激励政策，支持和鼓励外资、民资、国资大企业的产业链向郊县延伸。再次，抢抓区域发展的新机遇，树立产业发展的竞争新优势。区域经济一体化是当今世界经济发展的基本趋势之一，我国区域经济一体化来势很猛，长三角区域经济一体化进展很快，正在从传统的行政区经济向经济区经济发展。同时，南京都市圈已经成为整合区域经济资源、促进区域经济一体化的新平台。江南、江北的郊县，应抓住战略机遇期，从国际化的长三角的经济腹地的产业配套与多样的支持系统建设、服务南京大都市的供应、流通、旅游、居住等方面的支撑性系统建设等方面，来集聚区域发展要素，形成发展的比较优势、新的竞争优势。此外，南京在一体化的空间规划中，应根据大城市发展的扩散规律，依托主城，将南京郊县空间确定为三级发展圈层：都市延伸区、近郊区、远郊区。都市延伸区主要为距离主城10公里内的江宁、雨花、栖霞、浦口的部分地区；近郊区主要为距离主城30公里的江宁、雨花区、栖霞区、溧水县、浦口、六合区部分地区；远郊区为距离主城30公里外的除上述两个圈层的溧水、浦口六合、高淳等所有区域。在每个圈层中，都建有能级不同的产业园、服务业集聚区、生态居住区，并通过高速公路、轨道交通网络连接贯通。随着南京"一城三区"、"跨江发展"等重大战略的实施，南京的逆城市化现象凸现，城市郊区化、多中心化已是必然趋势。郊县发展要抓住新机遇，充分利用城市核心区辐射出来的能量，建设多核差异化新市区、城市功能区，促进南京市域的产业空间、居住空间、生活空间从原来的以市区为中心的"太阳系"，向全市域互动、协调的多核的"银河系"发展格局转变。

二是从推进制度创新的高度，加大促进郊县资源的整合力度。实现郊县资源的优化整合是促进郊县发展、优化郊县产业布局的重要突破口，南京可借鉴上海、天津、武汉、重庆等城市在跨江发展等方面的成功经验，打破地域界限与行政界限，推行"行政一体化"，在最大程度上实现各郊县内部的统一管理、统一规划。在条件许可的情况下，建立更高级别的管理体制，用于整合国家级园区与郊县的行政资源。例如，在六合区设立大六合区行政体制，对郊县的发展进行统一规划和管理，集中优势资源，形成规模经济，避免恶性竞争格局的继续发展。同时，对各郊县主体功能、产业发展进行准确定位，形成错位发展的格局。郊县之间定位重叠是造成资源浪费的主要原因之一，要针对各郊县的发展特点，仔细梳理各郊县发展的优势资源，进行科学、准确的规划设计。目前，各郊县内部也存在着资源竞争的不正常现象。这一方面与行政体制的划分有密切的关系，另一方面也存在规划不力的因素。对此，各个郊县要从全局出发，整合现有的各种园区，如栖霞区，就可以对下设的 5 个园区进行全面整合，相互之间可以形成梯度推进的态势，在不同的产业高度上发展园区产业。

三是通过"大产业链"发展，带动郊县产业全面进步。目前，南京虽然在郊县发展功能上也有分区定位，但总体上只是框架性的，过于模糊，特别是没有将功能定位与产业发展特色进行有效对接，因而不但没有能够形成郊县之间的错位发展，反而因为产业结构与发展战略的过于近似产生一些重复建设、互争资源等现象。一般来说，郊县经济发展的有效机制往往是一方面接受城市产业转移，吸纳城市的资金和技术，另一方面则为城市经济提供服务，弥补城市功能不足，并从分工中受益。所以，郊县经济发展必须依托城市、服务城市、接轨城市，结合自身特点，以战略的眼光审时度势，变区域"边缘"为发展"前沿"。产业链的延伸与整合是提升南京郊县产业全面发展的重要手段。郊县不仅是南京的先进制造业基地，同时更是原材料产业以及服务业的集中地。因此，我们必须以"大产业链"战略带动郊县产业的发展。所谓"大产业链"战略就是将现有的产业链拓展到制造业以外的产业中，注重产业链附加价值的提高。因为，目前郊县乃至南京市在产业链规划所涉及的还仅仅是制造业领域，而实际上，产业链的延伸与整合不应仅仅是制造业的产业链发展问题，还应涉及原材料行业以及服务业，尤其是生产性服务业的发展，这些行业对于提高制造业的附加价值和产业创新能力发挥着不可替代的作用。对此，"大产业链"战略包括了三个层次的内容：（1）从"大产业链"的视角出发，打破现有的管理界限，对产业链进行从原材料、生产加工直至最终的市场销售等全系列的规划和研究。在此，要尤其注重产业链发展中制造业与现代服务业的对接问题。我们应充分利用现有的产业园区，在发展制造业的同时，加快服务业，主要是生产性服务业的配套发展，实现制造业与服务业互动发展的良性格局，这样一方面可以促使现有的产业园区向真正的产业集群转变，更好地发挥外部优势的积极作用，另一方面也可以更好地实现产业链的整体升级。（2）从郊县的自身条件出发，制订相关服务业产业链的发展规划。如对于旅游业，可以从旅游业的上下游产业，包括旅游资源的开发建设、旅游产品的设计、开发和生产、旅游的交通运输以及车辆的制造生产、园林绿化、旅游信息的发布和传播、旅游的餐饮、宾馆业、金融、通信、邮电、旅游咨询以及旅游培训教育、旅游保险、旅游市场调查、旅游环境的保护、旅游废物的回收再利用等方面进行统一的规划，制定详细的产业政策，降低产业壁垒，整合行政管理资源等，促进郊县服务业产业链的延伸与整合。（3）突出产业链规划中对"提高附加价值"的关注程度。产业链的延伸与整合的根本目的是提高产业的整体竞争力，而产业链整体竞争力的提升是建立在产业链附加价值不断上升的基础上，但是我们目前的产业链规划所关注的还仅仅是产业链的产品体系完备问题，对于产业链价值的提升等重视不够。对此，郊县应在现有产业链规划的基础上，增加一些对于提高市场占有率、产业附加价值及利润、劳动效率、创新能力等产业经济效益方面的规划。尤其对于产业链已相对完整的石化、钢铁、汽车制造等产业，要尤其注重加强在提高产业链价值上的引导。

　　四是加快郊县旅游资源的整合、转化，规划建设一批南京的"生态旅游核心增长区"。南京全域拥有丰富的人文、自然旅游资源，旅游景点众多，旅游产品形态多样，但由于长期以来管理体制的制约，景点过分分散、旅游配套设施不完善，缺乏明确的定位，品牌型的旅游度假区太少，对南京旅游业发展的整体贡献度较低。2007 年，南京及长三角城市的人均 GDP 已经达到 6000 美元，国际及国内发达城市的经验表明，在这一阶段，居民消费结构将从生存型向享受型、发展型"升级"转变，呈现明显的富裕型特征。伴随着"消费升级"而来的，必将是旅游、休闲等消费性服务业的大发展，旅游需求总量与结构将高速提升，市场需求不断壮大以及休闲度假型的旅游消费时代的到来。南京郊县具有的生态资源、人文底蕴以及交通网络便捷优势，加大集聚型的"生态旅游核心增长区"（ETCGD）的规划建设，将能加速南京旅游业的提档升级。"生态旅游核心增长区"的特点是在完整保护生态环境的前提下，在比较知名的景区景点建设集旅游观光、休闲度假、商务、文化娱乐、体验消费运动、康体等为一体的核心集聚区，从而形成持久的人气，构建品牌型的旅游服务业基地。如浦口、江宁、溧水、高淳等区县，可以依据各自的生态特性、文化资源，在近郊区和远郊区规划建设一批不同规模、不同能级的旅游核心增长区，如江宁的甘泉湖、溧水的傅家边、东屏湖，六合的金牛湖，高淳的游子山等。以浦口区为例，可以围绕实现跨江发展战略目标，在老山建设江北旅游特区——"南京生态旅游核心增长区"，吸引参加公司会、博览会以及异地观光的"推动型游客"，既能为一江之隔的主城市民提供完备的休闲度假服务，又可以使这个具有多重服务功能的核心区成为撬动江北现代化新市区建设目标的强有力引擎，丰富南京现代服务业的形态。

第三章
总部经济的空间形态创新[①]

进入新经济时代的当今世界，突飞猛进的信息技术和快速便捷的交通网络，使众多大城市空间分化加剧，而经济全球化带来的各种要素在国际产业价值链上的重新配置，则使城市不再是分割的空间节点。全球化促进了经济的发展，经济的发展推动了城市化的进程和城市空间的优化，由此而形成的新的动力机制，使作为要素集聚载体的城市，不断以功能和规模进行空间分层。不同类型的产业集群被分布在不同的区域，而在其核心空间内所聚集的来自本区域甚至全球范围内的高质量的要素，往往具有高度的控制能力，决定着一个区域甚至全球的经济走向。比如大企业总部、金融中心、研发中心、市场总部、信息港、传媒中心以及与之配套的高档酒店和高级公寓等，这种核心空间通常被称为中央商务区（CBD），成为城市总部经济的重要形态。综观那些公认的具有全球经济控制能力的国际化大都市，如纽约、伦敦、东京、巴黎等，无不是靠"智慧的中枢"——中央商务区来行使各种经济指令的。与此同时，全球现代服务业的迅猛发展，同一个城市或都市圈区域内的产业空间置换提上日程，企业的价值链与城市空间资源的耦合，管理、研发、制造等环节在空间上的分开，又培育出了主

---

① 北京社会科学院赵弘研究员在 2002 年 9 月第一次提出了"总部经济"这一概念。随后的几年中赵弘教授通过理论论证和北京总部经济战略的实践过程进一步研究了总部经济中涉及的各类现象的内在动因。"总部经济"是一个全新的经济学概念，是指某区域由于特有的资源优势吸引企业将总部在该区域集群布局，将生产制造基地布局在具有比较优势的其他地区，而使企业价值链与区域资源实现最优空间的耦合，以及由此对该区域经济发展产生重要影响的一种经济形态。笔者认为其本身可视为经济、产业的一种高密度、高强度集聚形式。

题不同的"总部基地"，进一步提升了城市的空间价值和能级水平。当代中国的城市化进程，一方面促进中国向"城市社会"迈进，另一方面是培育出了一批具有国际影响力和区域控制能力的大城市、都市圈，使"总部经济"渐成气候，并使北京、上海、广州、深圳等一线城市涌现了与国际接轨的"中央商务区"，主城空间日益"去工业化"。中国加入世界贸易组织之后，国际经济战略资源加速向中国转移，使中国城市的总部经济进入了以高端服务业为主导的"结构升级"时代，并快速创新出了新的空间表现形态，成为提升城市和区域经济控制力的新载体。因此，从城市空间的有机扩展，产业空间的梯次转移以及新的全球分工体制，来探讨中国城市总部经济与现代服务业的互动发展关系，从产业空间布局的优化来审视总部经济的多元化空间形态，当有重要的导向意义。

第一节
总部经济：服务业集聚的新型经济形态

一、总部经济的空间定位与聚集功能认知

在工业革命之前，城市的发展比较缓慢，自身的形态与内部的空间布局处于一种相对稳定的状态。工业革命到来之后，随着城市化进程的迅速推进，各种资源迅速地向城市集中，这种过度的集中带来了如环境污染、交通阻塞等一系列问题，一些工业项目等搬迁至城外，进而引发了整个城市空间结构的全面分散。同时，机动化的交通方式，迅速打破了城市原有的结构，商业利益成为城市空间扩展的重要力量，推动城市进入空间分层、分域的新阶段。在美国芝加哥学派学者伯吉斯（E. W. Burgess）的同心圆理论中，工业化城市空间扩展的基本模式，就是城市各功能用地以中心区为核心，自内向外作环状扩展，形成同心圆用地圈层结构：中心商业区、过渡地带、工人阶级住宅区、中产阶级住宅区、高级或通勤人士住宅区。由于工业化时代的城市，物质要素的流动和人口的活动主要依赖机动化交通工具，城市空间结构基本是以重要交通线为框架而外向延展的，这种圈层结构一旦确立，往往在很长时间难以改变，使城市的核心区域始终成为要素的控制中心。因此，伴随着城市规模的扩大，产业集群空间的放大，由此集聚的各种优质要素，在交易、结算的过程中，必然向处于城市的交通中心、商业中心的核心区域集聚，使原来的中心商业区上升为"中央商务区"（CBD）。"中央商务区"的区位一旦确立，其内在的经济力量则会以土地价值的杠杆，把原来运转效率不高、单位收益率较低的商业经营空间逐步转移出去，强化办公、金融、商务等方面的功能。对

于竞争的主体企业来说，为了强化在城市或区域的影响力，主动拥抱更多的商业机会，则会把办公管理总部、营销总部或研发中心迁入其中，逐步形成城市中心地区的"总部经济效应"。

此后，扇形理论和多核理论逐渐修正和丰富了"中央商务区"的区位及空间结构理论。鲍登[1]对旧金山市 CBD 的发展分 1850 年、1906 年及 1931 年三个时段进行了考察，指出其空间结构变化存在外围增长（peripheralaccretion）、爆发增长（burst）和分化（separation）3 种增长方式。围绕 CBD 的内部结构这一主题，默菲，万斯，爱泼斯坦[2]通过对美国 9 个大中城市的研究，给出了 CBD 内部结构中的功能比例：商务办公占 40%，零售百货业占 16%，住宅占 22%，工业仓储占 12%，公共建筑占 10%；认为零售和办公是"中央商务区"的主要功能。他们还根据各行业的空间分布提出了 CBD 内部结构的"圈层论"和"短期空间调整过程"理论，认为由内向外的四个圈层分别为零售业集中区、零售服务业、办公机构、旅馆业和商业性较弱的商务活动。

赫伯特·托马斯[3]在综合总结前人研究的基础上，提出了一个适用于中等城市的概念化的"中央商务区"模式：包括初级零售商业区，以传统百货店和大型连锁商店为主；二级零售业区，主要聚集了耐用品和日常用品商店，它们围绕初级零售商业区分布或是分布于其一侧；商业办公区，集中了金融和保险业；娱乐及旅馆区；批发业、仓储业区，常分布在沿海、沿河码头或火车站附近的市中心环境较差地区；公共管理、办公区域集中区，常位于"中央商务区"边缘。

在 20 世纪 70 年代左右，零售功能在 CBD 中扮演了一个非常重要的角色。沃斯乌姆的研究指出 CBD 内零售店铺的组合是动态调整的。戴维斯[4]提出了以一般便捷性（general accessibility）、干线便捷性（ar-

[1] Bowden M J. Downtown through time: delimitation, expansion and internal growth. *Economic Geography*. 1971, 47 (2): 121 – 35.
[2] Murphy R E, J E Vance, B T Epstein. Internal structure of the CBD. *Economic Geography*. 1955, 31 (1): 21 – 46.
[3] Herbert D T, C J Thomas. *Urban Geography: a First Approach*. London: John Villey and Sons, 1982.
[4] Davies D H. *Zambia in Maps: Graphic Perspectives of a Developing Country*. New York: Africana Pub. Corp., 1972.

terial accessibility）、**特殊便捷性**（special accessibility）三类影响因素为主线的 CBD 零售业布局的结构模式。

但是随着美国城市"郊区化"的发展，其城市的零售业带来了长期市场的衰退。特别是 20 世纪 90 年代以后随着城市规模增加以及经济活动的增强，CBD 的商务办公功能愈益成熟，零售活动份额逐渐减少，学者们又转向了办公楼的研究（尤其是租赁方面）。霍夫，克瑞兹、布雷楠和韦伯和费雪[1]分别研究了芝加哥 CBD 的办公楼租赁市场。阿里玛和纳卡莫拉使用住宅价格法研究了大阪地区 CBD 办公楼租赁市场，而近藤和太田[2]也采用类似的方法对东京的 CBD 办公楼租赁市场进行了研究。进入 20 世纪 90 年代以后，人们更多地对城市 CBD 内部的一些问题进行研究。尤其是随着信息技术与网络社会的崛起，城市空间形态发生了新的流变。Wong[3]等学者开始注意到在数字化时代，城市"中央商务区"由于巨大技术进步影响下导致城市形态的动态性。

在城市空间的快速变革中，体现城市空间"强度"增长的 CBD 满足了人们对于城市空间集中的要求，逐渐发展成为城市内建筑容量、交通、白天人口及地价等的峰值地区，并成为城市及城市所在区域繁荣与发展的标志和依靠。CBD 集中了大量的商务办公、金融保险、商业贸易、信息服务、文化娱乐、会议会展、商务酒店、行政管理、高级公寓等配套设施，具备完善便捷的交通、通信等现代化基础设施和良好环境，便于开展大规模的商务活动，因此对跨国公司、大企业的商务及办公有莫大的吸引力。从世界大城市的"总部经济"的形成过程来看，其"中央商务区"发挥的核心带动功能，基本体现了"总部经济"的水平。著名学者弗里德曼认为，世界城市的本质特征是拥有全球经济控制能力，而这种控制能力的产生主要体现为少数关键部门的迅速增长，如企业总部、国际金融、全球交通和通讯、高级商务服

---

① Webb R B, J D Fisher. Development of an Effective Rent（Lease）Index for the Chicago CBD. *Journal of Urban Economics*, 1996, 39: 1 - 19.

② Nagai K, Y Kondo, M Ohta. An Hedonic Analysis of the Rental Office Market in the Tokyo Central Business District: 1985 - 1994 Fiscal Years. *The Japanese Economic Review*, 2000, 52（1）: 130 - 54.

③ Wong T - C. The changing role of the central business districtin the digital era: the future of Singapore's new financial district. *Land Use Policy*, 2004, 21: 33 - 44.

务等。① 而这些"少数关键部门",在城市的空间里多集中在核心地带的"中央商务区"。美国学者 J. O. 威勒曾分析了美国多座大城市的资料,发现有的城市在制造业转移出去之后,依旧保持了持续繁荣的局面,主要原因是城市实现了产业服务化和总部化。② 所谓产业服务化和总部化,主要是指在城市发展过程中,一些制造企业选择将总部留在城市,制造基地迁往郊区或者外地,同时城市经济中的服务业尤其是知识型服务业由于其资源消耗小、不造成环境污染、占地面积少、利润附加值高等原因发展迅速,随着这种趋势的不断加快,城市经济表现出明显的总部聚集、服务产业兴旺的发展特征。

在工业化的中后期,CBD 的空间优势在城市中得到了集中的体现,它与整个城市构成以大运量的高速通道连接的、庞大的、多层次的空间体系,从而使城市经济要素高度集聚,使其具有服务的高水准、人流和信息流集中化、交通便捷化以及土地价值和租金的最贵化等特征。但是,随着后工业时代和信息时代的到来,CBD 的发展呈现出新的趋势。由于传统的"CBD"发展空间日益局促化,商务成本过高,交通与环境问题突出,在政府规划的引导下新的"CBD"浮出水面。新 CBD 不同于传统的 CBD,它不是自然、渐进发展起来的,而是人为规划和开发出来的,沿着"向城市中心点集中——由一个点向周边扩散——在更高层次的中心集中"的轨迹外迁,如伦敦的道克兰、巴黎拉德芳斯等就是代表。与此同步,信息技术的发展使实时接收手段提高,远程服务实现,人们在网络上的联系代替了实际空间上的接近,大规模集中化生产方式被灵活的、柔性化的生产方式所替代,在全球价值链上服务外包化,企业的组织由以前的金字塔形转变为结点网络型,由此在新城空间或高新技术园区,出现了主题性的"商务公园"、"企业公园"、"生态办公区(EOD)"、"总部基地"、"商务 SOHO"等一系列的"泛 CBD"形态,丰富了总部经济的内容和形态。

不过,从全球化带来的国际产业分工新体系以及造成的城市功能

① 引自 Freedman J. The World City Hypothesis. *Development and change*, 1986, 17 (1): 69 - 83.

② Wheeler, J. O. Centers for Urban Geography Research in the United States and Canada, 1980 - 2001, *Urban Geography*. Vol. 23, 597 - 600.

的分化等角度来看，即使出现了"泛CBD"现象，但主要国际城市全球经济的控制力不但没有削弱，反而得到了加强。这说明，传统的CBD和新的"泛CBD"完全可以在一个大城市的空间范围内进行资源融合和功能互补。当前，世界主要城市的总部经济仍处在不断集聚的过程中，而且和国际产业价值链形成联动之势。美国纽约作为顶级国际城市，是公认的全球总部经济之城，主要得力于曼哈顿CBD的高度集聚力与影响力，它在银行、证券、保险、外贸、咨询、工程、港口、新闻、广告、会计等领域为美国甚至全球提供优质服务，由此奠定难以取代的国际地位，成为世界最大跨国公司总部最为集中之地。曼哈顿CBD是纽约总部经济的重要空间载体，对于纽约经济的发展起到了巨大的促进作用，它主要分布在：曼哈顿岛上的老城（Downtown）占地2.1平方公里，中城（Midtown）占地1.2平方公里，区内人口150万人，形成于20世纪70年代中期，是最早的CBD之一。在老城长仅1.54公里、面积不足1平方公里的华尔街——CBD的金融区，集中了几十家大银行、保险公司、交易所以及上百家大公司总部和几十万就业人口，成为世界上就业密度最高的地区。中城是曼哈顿的豪华居住区，有帝国大厦、克莱斯勒大厦、洛克菲勒中心等一些著名的建筑，中城有许多非营利的办公机构，如工会、研究部门、专业团体、政府机构等。许多相关的专职事务所，如房地产、广告业、税务部门、保险业及银行等也被聚集到中城来。曼哈顿CBD所具备的超强功能，成为纽约总部经济发展的催化剂：美国21%的电话是从纽约打出的，曼哈顿的地产估价约占纽约市地产估价总额的53%，1969年至1983年间，曼哈顿区地产价值增长了约58%。曼哈顿地区经济增长量占纽约市总经济增长量的82%。伦敦的中央商务区道克兰占据泰晤士河两岸，面积8.5平方公里，其内部的道格岛拥有该地区绝大部分的商业性建筑，道克兰的核心区堪那瑞沃尔夫地区占地面积34.4公顷，拥有包括英国第一高楼——加拿大广场一号在内的众多高层写字楼，聚集了银行、金融机构和法律服务等众多行业，摩根斯坦利、瑞士第一波士顿银行、花旗集团等世界知名金融机构是该地区的主导租户。这里承担着全球三分之一的外汇交易，管理着全球涉外资本交易的60%以及超过5000亿英镑的外国投资。巴黎的中央商务区不在老城，而是位于新建的拉德方斯区。拉德方斯区于1958年建设开发，该区位于巴黎市的西北部，巴黎城市主轴线的西端。全区规划用地 750 公顷，先期开发 250 公顷，其中商务区 160 公顷，规划建设写字楼 250 万平方米，供 12 万雇员使用，共容纳 1200 个公司。已建成写字楼 247 万平方米，其中商务区 215 万平方米、公园区 32 万平方米。建成住宅区 1.56 万套，可容纳 3.93 万人。其中在商务区建设住宅 1.01 万套，可容纳 2.1 万人；在公园区建设住宅 5588 套，可容纳 1.83 万人。法国最大的企业一半在这里。现在区内已经吸引聚集了法国最大的 5 家银行和 17 家企业，170 家外国金融机构，还有 190 多个世界著名跨国公司的总部或区域总部。① 东京新宿 CBD 紧依市中心，1958 年开始规划建设，在以新宿站为中心、半径为 7000 米的范围内，建成的商务区总用地面积为 164 公顷，共有 40 幢大厦，商业、办公及写字楼，建筑面积为 200 多万平方米，聚集了金融、保险、不动产、服务业、批发零售等各种高端服务行业的大企业，仅日本银行就有 160 多家，成为"华尔街"的翻版。② 新加坡之所以能跻身国际化都市的行列，也是依靠位于新加坡河南岸的珊顿道中央商务区所发挥的功能，区内建筑面积 700 万平方米，包括跨国公司总部、本地和国际的大型银行、证券交易公司、律师事务所、会计与管理顾问公司以及全球第四外汇交易市场。新加坡目前已成为东南亚乃至全球最为著名的总部聚集地之一，目前，全球有 6000 多家公司的区域总部设在新加坡，仅中国就有超过 230 家企业进驻该区，美国和欧洲投资的企业分别超过了 2000 家，日本企业 1800 家，印度企业 800 家，澳大利亚和新西兰企业 800 家。由此，新加坡成为亚太地区极具实力的"总部基地"。③ 中国香港是跨国公司亚太总部、地区总部基地，中环区是总部聚集的区域，集中了大量的金融、保险、地产及商用服务业、中国银行新总部等，成为香港经济的"心脏"。根据 2002 年海外公司驻香港的地区代表统计调查结果，在 2002 年 6 月 1 日，香港以外注册公司驻港的地区总部共有 948 家，驻港的地区办事处则有 2171 家。进入的跨国公司不仅数量

① 徐淳厚、陈艳：《国外著名 CBD 发展得失对北京的启示》，《北京工商大学学报》2005 年第 5 期。
② 王桂玲：《国外著名 CBD 建设一览与得失探析》，《北京观察》2006 年第 4 期。
③ 杨沛儒：《城市核心区设计：新加坡的亚洲经验》，《城市规划》2005 年第 3 期。

多，并且覆盖的行业范围广，加强了香港的金融中心、国际商贸和运输中心地位。如今的香港控制着环太平洋西岸地区的经济发展，是仅次于纽约、东京、伦敦的全球第四大国际金融中心，也是东亚的主要经济中心。

世界主要城市的CBD，在空间形式上无不体现办公设施、资本、人力资源的高度集聚性，而且都是随着城市经济规模的成长，尤其是随服务业的崛起而日益强化对区域经济、全球经济的控制的。以纽约曼哈顿CBD的发展为例，这里本来是制造业总部的云集之地，众多的制造业总部需要金融、法律、财务以及公共关系服务，很快使数万家法律服务机构、管理机构、公关机构、数据处理机构、财会机构、广告服务机构以及研究机构形成集群服务之势，培育出了新型的服务经济，促进了"总部经济"的结构升级。实际上，自20世纪80年代起，随着后工业时代的到来，世界主要城市加速转型，重点发展服务业，而制造业则在都市圈甚至全球范围内转移，主城空间重点转向服务业，使服务业在就业和国内生产总值中的比重不断加大，国际产业结构也由"工业型经济"向"服务型经济"转型，"去二产化"成为共同的选择。在服务型经济中，依托电子信息等高技术或现代经营方式和组织形式而发展起来的通信、金融、中介服务、房地产等行业，发挥了引领作用，城市的"总部经济"也逐步突破原来的空间束缚，在新兴的城市空间里寻找新的"势力范围"，造就出了主题定位不同的总部经济园区。另一方面，随着冷战的结束，全球地缘政治格局改变，市场经济在全球推广受到的阻隔基本消失，使生产要素可以在全球范围内流动，原来集中在一个城市、一个国家的生产过程就被分配到全球的不同区域，实现经济价值与区域要素结合的最优化，从而加长加粗国际产业价值链。在这个产业价值链中，总部设在发达国家、国际化大都市的跨国公司，将生产过程全面、有计划地分配到世界各地，经营管理资源也同步顺应生产过程分散，公司只要在总部进行高效有序的调动，就可完成产品的生产和销售以及售后服务。这种新的分工方式实际上优化了跨国公司的商业模式，使各环节的生产、交易成本降低，增值能力提升，同时，被分解的各环节对区位环境的要求更高，使大公司为了强化竞争优势，降低生产和交易成本，管理总部、研发中心进一步向全球城市、国际化城市集中，生产环节则向劳动力成本、土地成本以及便于推向市场的区域集中，由此引发一轮又一轮的国际产业转移浪潮。在这样的背景下，控制全球和部分区域的经济走向的全球城市、国际城市，在向"服务型经济"转行的过程中，对其高端环节的控制力、吸引力更强，"总部经济效应"会更明显，并且其总部经济的表现形态，已不仅仅是原来的 CBD，还有主题不同、专业强度更高的总部基地园区。

经济全球化带来了国际产业价值链的空间重构，加速了世界新的城市能级体系的形成，城市和区域的空间极化效应也更为明显，伴随着世界经济增长的重心向亚太地区转移。从 20 世纪 90 年代中期开始，一些先行进入中国的跨国公司，就改变了只在北京设立办事处的策略，将全球性研发机构和区域管理总部设在北京。中国加入世界贸易组织之后，世界制造业、国际资本流、跨国公司区域总部以及国际交通通信流等加快向中国沿海地区流动，使中国在成为"世界工厂"的同时，不断向"世界制造中心"和"世界办公室"迈进，大城市"服务经济"风生水起，中心城区空间出现了具有集中服务功能、高楼林立的中央商务区，主城或新城涌现出主题性的总部经济园区，标志着中国城市正在进入以服务业主导的"总部经济"大发展阶段。在中国，总部经济的新概念，是随着各大跨国公司总部的逐步迁入以及国内许多大公司总部的逐步设立、迁移而出现的。有关总部经济的研究，最早出现在蔡来兴主编的《上海创建新的国际经济中心城市》一书中，其中的相关章节提出，"迈向新世纪的上海将成为一大批全国大公司、大企业集团总部及跨国公司总部或地区总部的汇集地，并通过这些企业建立指挥决策系统，发挥投资决策和产业配置、生产组织功能"。[①]中国的企业界和政府，在认识到了总部经济的引领作用之后，将大城市的中心区改造为中央商务区，或者像巴黎那样，直接在新城区或发展水平较高的高新技术产业园，规划建设硬件一流的现代 CBD，以推进现代服务业的集群化、高端化。学术界对中央商务区的功能研究、对总部经济的性质的界定，也对各地的总部经济热给予了有效的引导。北京社会科学院率先成立了总部经济中心，以该中心主任赵弘为代表的一批专家学者，在国内首次系统提出了总部经济的内涵和范围。赵

---

① 蔡来兴：《上海创建新的国际经济中心城市》，上海人民出版社 1995 年版。

弘认为，"总部经济"是指某区域由于特有的资源优势吸引企业将总部在该区域集群布局，将生产制造基地布局在具有比较优势的其他地区，而使企业价值链与区域资源实现最优空间耦合，以及由此对该区域经济发展产生重要影响的一种经济形态。① 他指出，具有竞争优势的中国现代企业，应该按照总部经济的模式进行空间布局，把总部经济布局在发达的中心城市，而将生产加工基地布局在欠发达地区，以使企业能够以较低的成本取得中心城市的战略资源和欠发达地区的常规资源，实现两个不同区域优势资源在同一个企业的集中配置，从而使企业资源配置综合成本降低。尽管从全球化、信息化时代的服务经济的特性来看，这种判断重点强调了总部经济的传统空间形态，没有关注到国际产业价值链主导下的总部经济的多样化形态，但对于进入城市化加速期的并持续承接国际产业转移的中国大城市来说，"总部经济"理论的广泛传播，有助于树立空间集约发展的新观念，推动产业空间的优化布局。

二、总部经济与现代服务业的空间互动

从世界主要城市空间结构的变化规律，特别是核心空间的功能演进来看，无论在工业化时期还是后工业化时期，城市对经济的控制能力都取决于其"智慧中枢"的能级。城市的"智慧中枢"，在工业化时期是植根于空间价值感最强的"中央商务区"，其对制造业总部以及配套的服务机构的聚集力，造就了初级化的"总部经济"。进入后工业阶段之后，城市产业结构升级，伴随着城市空间的"去工业化"，原来只是作为配套服务的行业如金融、商务、法律、公关服务，上升为主导产业，城市进入了"服务经济时代"。此外，从国际发展经验看，全球产业结构正在呈现出"制造型经济"向"服务型经济"转型的新趋势。产业服务化是大城市经济转型的必然选择，在纽约、东京、香港等发达大都市，服务业对经济的贡献已占主导地位，其 GDP 的 70% 都集中在现代服务业。第三产业占 GDP 的比重，1996 年东京为 82.8%、华盛顿为 79.1%、纽约为 84.1%；1997 年汉城为 80.5%、

---

① 赵弘：《总部经济及其在我国的发展》，《江海学刊》2005 年第 1 期。

1998 年澳门为 90.3%，1999 年香港为 85.4%。[①] 对于 GDP 水平和产业结构变化的关系，库兹涅茨、钱纳里等都有过定量的描述。（见表 3-1）人均 GDP 在 300 美元～1500 美元的工业化初期阶段，以土地、劳动力为主要生产要素的劳动密集型产业对经济增长起主要推动作用；人均 GDP 在 1500 美元～10000 美元的重化工阶段，对经济增长起主要推动作用的则由劳动密集型产业转为以重化工为主的资本密集型产业；人均 GDP 在 10000 美元以上时，经济结构进入后工业化阶段，此时对经济起主要推动作用的则是以信息产业为代表的知识、技术密集型产业即服务经济。其实，在工业化中期阶段，工业生产向规模化、专业化、技术化方向发展，工业经济成为国民经济主体，服务业就开始活跃了。在后工业化社会，技术密集型产业的内涵进一步深化，经济的知识化成为经济发展的主流，跨国公司成为推动全球产业转移与变革的动力，就真正进入了服务经济时代。综观世界级大城市、国际化程度比较高的城市，人均 GDP 水平越高，服务业比重越大，对世界和区域经济的控制力就越强，总部经济的集聚度就越高。2004 年，纽约、伦敦、巴黎、新加坡、首尔的人均 GDP 分别为 61000、59400、46000、32000、23000 美元，其服务业在 GDP 总量中的比重分别为 84%、75%、76.5%、64%、56.3%。[②] 近年来，我国东部沿海城市人均 GDP 达到了 6000 美元～10000 美元，深圳、上海人均 GDP 已经超过 10000 美元。根据以上产业结构变动的规律，这些城市正在进入后工业化阶段或即将进入后工业化阶段，二产的"三产化"，服务经济大发展，将成为一种趋势，其总部经济也将进入快速发展期。但是，由于我国城市与世界发达城市在人均 GDP 和服务业比重上的差距，现代服务业的发展只能说是刚刚起步，总部经济的结构层次还不可能太高。但正是这种落差的存在，才使中国城市在承接世界服务业的转移中，在发展现代服务业的总部经济方面，具有很大的上升空间，并在上升的过程中不断优化产业结构，培育更多的增值环节，逐步占据国际产业价值链的高端。

---

① 王树林：《北京率先基本实现现代化的对策》，《北京行政学院学报》2005 年第 1 期。
② 南京市社科院课题：《南京与国内外相关城市发展比较研究》，2008 年 4 月。

表 3–1　三次产业 GDP 构成变动的一般趋势（%）

三种主要研究结果	第一产业	第二产业	第三产业
1. 库兹涅茨模式（1971）人均 GDP（1958 年美元）			
150	36.1	28.4	35.5
500	19.4	42.5	38.1
1000	10.9	48.4	40.7
2. 钱纳里、艾金通和西姆斯模式（1970）人均 GNP（1964 年美元）			
100	46.3	13.5	40.1
600	21.8	29.0	49.2
1000	18.6	31.4	50.0
2000	16.3	33.2	49.5
3000	9.8	38.9	48.7
3. 赛尔奎因和钱纳里模式（1989）人均 GDP（1980 年美元）			
500	31.7	33.4	34.6
1000	22.8	39.2	37.8
2000	15.4	43.4	41.2
4000	9.7	45.6	44.7

资料来源：西蒙·库兹涅茨：《各国的经济增长》，商务印书馆 1985 年中文版。

由于新兴的服务经济是建立在知识密集型部门之上的，其运行基础、竞争环境和制度保障大不同于原来的制造业。城市的整体机制以及"中央商务区"的功能，都必须实现转型和升级，以整合各产业的"服务环节"、"高端环节"。面对世界服务经济浪潮的挑战，尤其是新经济对人类生产、生活方式改变的挑战，全球性、国际化的城市通常在两个方面寻求突破，一是加大对原来中央商务区的投资强度、改造力度，充分发挥地租级差的作用，"腾笼换鸟"，吸引更具实力、更有发展前景的国际大公司进驻，把原来运行效率低、营利能力差的衰退型公司置换出去，使处于城市核心空间的 CBD 形成良性循环，保持"活水"机制。二是根据新兴服务业企业，如信息处理、软件开发、技术研发等方面的需要，并借助跨国公司设立研发基地、实验工厂的溢出效应，在生态环境好、高端人力资本集中的地区，规划建设不同主题的、具有集聚功能的园区式"总部基地"，使这些园区快速成为生产型服务业的增长点，而服务业的高度发展，又使园区具备了为企业总部提供高水平的优质服务的能力。这两个方面的突破，有助于强化城市自身的核心竞争优势，提升"总部经济"的质量，同时培育现代服务业生长的主题空间，带动相关服务业构建新的产业链，使总部经济和现代服务业形成空间互动和内容融合。

　　与制造业各部门以及传统服务业相比，现代服务业从根本上说就是服务业的现代化，具有知识密集、技术含量高和附加值高等特点，可以有效解决经济发展中能源资源消耗和环境污染等方面的难题，加快城市经济增长方式转变，扩大消费需求对经济增长的带动作用。其主要门类有：由通信、网络、传媒、咨询等构成的信息服务业，由银行、证券、信托、保险等构成的金融服务业，由会计、审计、评估、法律服务等构成的金融服务业，此外还有会展业、现代物流业、商务服务业、教育培训业等。这些门类的现代服务业，是在工业化比较发达的阶段产生的。制造业发展到高级水平，必然产生现代服务业，制造业是服务业产出的重要需求部门，没有制造业的发展，现代服务业就失去了需求的重要来源。众多生产型服务部门，如金融、保险、电信、会计、技术服务、咨询、R&D、物流等，都是支持制造业发展的重要部门，生产型服务能够提高制造业劳动生产率和产品的附加值，使服务业和制造业的关系变得愈来愈密切。现代服务业与新型工业的融合趋势日益明显，二产的"三产化"使新型高端制造业与生产型服务业相互支撑、相互交织，推动产业结构的高端化，空间资源与要素整合资源更加合理。不过，世界上一些靠"工业立市"的城市，由于大企业和城市发展的规划部门对发展现代服务业的认识不足，错过了"二产三产化"的机遇，无可奈何地走向衰落。如曾有"世界汽车之都"之誉的美国城市底特律，是通用、福特、克莱斯勒三大汽车巨头总部的所在地，辉煌时世界上每生产4辆汽车就有1辆出自底特律。20世纪20年代，底特律已达到200万人口，成为美国四大都市之一。但是，一个拥有如此雄厚的技术和资金家底的城市，自20世纪60年代起却走向了不回头的衰落之路，这是因为新兴技术革命对传统行业造成了巨大的冲击，但汽车巨头们没能推进产业升级，数十年来一直不断裁员，人口大量外迁，使 1.2 万多栋房子遭废置，沦落为一个"生锈"的城市。尽管至今"财富世界五百强"里还有 50 多家企业在底特律，但这些企业绝大多数是传统产业，没有现代服务业的支撑，很难融入新型的国际产业价值链，失去了对美国和世界的经济控制力。与底特律衰落形成对比的是巴尔的摩（Baltimore）的复兴奇迹。巴尔的摩是美国马里兰州的最大城市，美国东海岸的重要海港，西南距华盛顿 60 多公里，市区面积 207 平方公里，是大纽约都市带的重要城市成员。从 20 世纪 50 年代起，工业、商业走向衰落，整个城市充斥着犯罪。1956 年，大巴尔的摩委员会创建了规划委员会。规划委员会聘请了一个全国闻名的设计家和建筑家负责对巴尔的摩进行可行性研究和规划。随后，率先启动了位于原商业区和金融区的新型商务区建设，以发展服务业来吸引企业进驻。1964 年，投资 2.6 亿美元重建港口滨海地带，提升城市的商务休闲功能。经过近 40 年的服务业振兴，巴尔的摩获得了巨大成功，逐步形成了世界贸易中心、商业中心、国家水族馆、内港广场、体育娱乐设施、展览馆馆群及海滨大道等主要功能区，吸引了整个大纽约地区的商务会议、旅游观光人群，原来市区内废弃的厂房，也被改造为商业、办公场所。现代服务业使城市重新获得生机，现代服务业决定了城市未来的命运。底特律的教训表明，总部经济不仅仅是量的聚合，更是质的提升，只有以战略眼光规划发展好现代服务业，以现代服务业来引领总部经济，提升和完善的城市功能，才能带来城市的持久繁荣。①

在经济全球化的背景下，新的国际产业价值链注重每个环节的增值，并能根据利润最大化的原则在全球城市体系中选取研发、生产、市场拓展的各环节，由此所形成的新的全球分工体系，使其作为管理功能、研发功能的总部，越来越集中于少数世界级、国际化的大城市。同时，跨国公司的全球布局战略，使其产业价值链在延伸过程中，也给发展中国家的大城市、中心城市创造了承接区域性"总部经济"、发展现代服务业的机会。弗里德曼在上个世纪 90 年代后期的研究成果

---

① 周波：《发达的现代服务业是打造经济中心城市的前提》，《中国经济时报》2007 年 7 月 11 日。

表明，已经形成的全球城市体系，基本控制了世界经济的走向，它们在全球范围内自东向西形成了东京、纽约、伦敦三个世界一级城市，并且分别形成了东京—首尔—香港—新加坡轴线、纽约—芝加哥—洛杉矶—墨西哥城、伦敦—巴黎等三城市链。① 在这个城市体系中，一些发展中国家的城市主动切入，如上海、深圳、北京、曼谷等，成为全球产业价值链的重要节点，同时也以承接世界一级城市的服务业的转移，成为控制区域经济走向的国际化或国际性城市，奠定了发展开放性的总部经济的基础。一般来说，能进入全球城市体系的城市，须具有这样几个特点：有积极参与国际事务的能力；有重要国际机场承载的密集的国际航线；有相当数量的国际金融机构进入，特别是大银行和世界500强企业的总部，最好有证券交易所；有知名的文化机构和国际化程度比较高的大学。具备了以上要素的城市，才有可能在全球产业价值链中发展现代服务业和总部经济。② 在现代服务业中，金融服务、信息处理以及商务服务的水平是跨国公司最为看重的，因此，没有国际银行、国际机场以及大规模数据处理能力的城市，是不可能发展以现代服务业主导的总部经济的。

当总部经济进入现代服务业主导的新阶段之后，一些世界级城市为满足跨国公司扩展全球产业价值链、建设区域总部的要求，一方面通过高强度投入来改造升级原来的 CBD 国际性总部经济的空间要求，吸引国际性银行，另一方面是在新城区、高新技术园区以及空港区等建立适合的生产型服务园区，成为集聚性的研发总部、管理总部基地，使其成为总部经济的新载体。在亚太地区，新加坡是从"制造中心"

---

① Freedman J. where were we stand: a Decade of World City Research. In Knox P. L. & Taylor P. J. *world cities in a world System*. Cambridge University Press. 1995. 21-47.

② 1999 年，全球化与世界级城市研究小组与网络（Globalization and World Cities Study Group and Network, GaWC）为世界级城市定义和分类，主要以城市设有多少提供金融及顾问服务的跨国公司为依据。第一类为全球性城市：伦敦、纽约、巴黎、东京、芝加哥、法兰克福、香港、洛杉矶、米兰、新加坡；第二类为大型世界级城市：旧金山、悉尼、多伦多、苏黎世、布鲁塞尔、马德里、墨西哥城、圣保罗、莫斯科、首尔、台北；第三类为小型世界级城市：阿姆斯特丹、波士顿、加拉加斯、达拉斯、杜塞尔多夫、日内瓦、休斯敦、雅加达、约翰内斯堡、墨尔本、大阪、布拉格、圣地亚哥、华盛顿哥伦比亚特区、曼谷、北京、上海、蒙特利尔、罗马、斯德哥尔摩、华沙、亚特兰大、巴塞罗那、柏林、布达佩斯、布宜诺斯艾利斯、哥本哈根、汉堡、吉隆坡、马尼拉、迈阿密、明尼阿波利斯、慕尼黑等。

向总部经济中心成功转型的典范。20世纪70年代，制造业是新加坡占主导地位的经济部门，但到了80年代，新加坡就全面接受了跨国公司的资本、技术、企业家精神和管理模式，大力发展总部经济，并以金融和商务为重点的现代服务业为引领，吸引大量跨国公司总部入驻，迅速成为集聚了全球7000多家跨国公司和4000多家跨国公司的地区总部。它的港务集团经营着全球最繁忙的中转集装箱码头，处理着全球四分之一的转运量，每周定期航班3250次往返于50个国家的140个城市，有超过500家的本地和外国金融机构提供各种各样的金融产品和服务。[1]香港因为特殊的地理位置以及长久以来在连接东西方经贸往来的影响力，一直是亚太地区的总部经济之城，港岛的中环区是总部聚集的区域，集中了大量的金融、保险、地产及商用服务业、中国银行新总部等，是香港经济的"心脏"。2002年海外公司驻香港的地区代表统计调查结果表明，2002年6月1日，香港以外注册公司驻港的地区总部共有948家，驻港的地区办事处则有2171家，跨国公司在港的不仅数量多，并且覆盖的行业范围也非常广。过去，驻港地区总部的主要业务范围是批发、零售、进出口贸易业以及商用服务业。近些年来，以金融、物流为主导的生产性服务业的总部成为主流，金融服务十分发达，包括银行、基金管理、证券买卖、私人银行、企业融资、保险等服务。以1997年为例，香港筹集的银团贷款总额是日本的10倍，是新加坡的7倍。金融业的发达，使香港始终是仅次于纽约、东京、伦敦的全球第四大国际金融中心。[2]香港作为金融业高度聚集的城市，通过企业总部的资本运作活动，香港雄厚的金融实力得以向周围广大地区辐射，保持着在珠江三角洲、华南地区以及东亚的主要经济中心的地位。

在现代信息社会，"总部经济"健康生长，和一个城市或区域能给企业提供求低成本的信息流动、信息交换和信息沟通的基础设施直接相关。同样，对于生产性服务业来说，全球产业链下的分工体系，也可以在信息、金融服务以及生活配套设施完备的新功能区培育出基于高端服务业的总部经济载体。而通过主题科技园区的建设来打造高端

① 朱荣林：《从新加坡模式看总部经济》，《新民周刊》2007年第2期。
② 赵弘：《总部经济》，中国经济出版社2004年版。

总部经济，台湾新竹科学园区也是一个成功的范例。新竹科技园于1976 年开始筹建，1980 年 12 月 15 日正式成立，是台湾第一科技园，规划面积为 21 平方公里。经过 20 多年的发展，开发面积 6.32 平方公里，成为孕育台湾高技术产业发展的基地。2004 年，园区有 384 家企业，企业密集度高，每平方公里容纳 64 家企业，年销售收入 323 亿美元，从业人员 11.3 万人。新竹科技园距台北 70 公里，离桃园国际机场、基隆港、台中港不远，岛上的纵贯铁路和南北高速公路都经过此地，交通十分方便。新竹有台湾清华大学、交通大学、工业技术研究院、精密仪器发展中心等大专院校和科研单位，附近还有许多机械、电子、石化等企业，可以与园内的工业相互配合。园区内分为工业区、住宅区、休闲区，建有国际水平的标准厂房、高级公寓、娱乐中心、实验学校等设施，还有诊所、邮局、海关、银行和车站，是一个功能完善的城市社区。对于新竹科技园的成功，被称为"台湾自动化之父"的石滋宜先生认为，关键是园区汇聚的都是创新型企业的研发总部，形成了研发—制造的基地，几乎所有的企业都可提供一年 365 天、每天 24 小时的服务，由此培育了独有的创新的环境、创新的文化。①

　　从传统的 CBD 的形态来看，作为中小型高科技企业聚集的新型科技园区，是不能纳入"总部经济"的范畴的，但随着后工业化时代的到来，城市的主导产业逐渐变为服务业，作为汇集科技研发与生产型服务业企业的高科技园区，本身具有的系统的商务服务能力，尽管在空间位置上不在老城区或新城的中心，也应该视为新型的总部经济形态。实际上，台湾新竹科技园的成功，为亚洲的众多城市发展新型总部经济园区提供了方向。以北京为例，进入 21 世纪以来，通过战略规划和制度支持，已经形成了多个总部经济聚集区：中关村海淀园以民营科研、电子商贸为主，中小企业在此孵化、磨砺、成长，是民营企业的摇篮；朝阳区 CBD 是为以商贸、外贸办公为主的跨国企业和合资企业创造内外贸易的窗口，也是国际企业进入北京的跳板；西城区金融街，倾力打造金融企业总部聚集地，在自身产生经济效益的同时为首都经济提供金融支持；亦庄开发区则是国内外大型企业的生产基地，

---

① 石滋宜：《从台湾新竹科技园的发展看总部经济》。作者为全球华人竞争力基金会董事长，此文是他 2003 年 9 月 13 日在北京"高成长企业与金融市场国际论坛"上的发言。

也是国际企业的产业基地。① 上海新兴的总部经济区陆家嘴地区，已会聚 24 家跨国公司地区总部、170 家中外资分行级以上银行、60 家在沪大企业和 200 多家外资银行办事处。与陆家嘴金融总部经济区相得益彰的，是被称为大陆"IT 企业总部集中区"的张江高科技园。② 成立于 1992 年的上海张江高科技园区，经过 15 年的发展，到 2007 年除了建立起来世界级的集成电路产业链、软件技术服务产业链和银行卡产业链之外，还吸引了几乎所有进驻中国大陆的国际 IT 企业前来设立研发中心、管理总部，并在集成电路、软件产业集群的基础上，衍生出手机芯片、移动视音频等新兴产业链和网游创意产业集群，已经具备了美国"硅谷"的一些特征。张江高科技园区的成功，表明了上海总部经济形态的持续创新。

进入后工业化时代，以知识经济和信息技术网络为基础，通过高端服务业的发展来推动经济的升级与总部经济联动发展，是国际大都市的共同选择。企业总部的集群、集聚，为现代服务业带来了充分的发展空间，企业总部又成为金融、物流、信息、中介等生产型服务业的重要客户。没有现代服务业做支撑，任何一个城市都不可能有发育完善、结构优化的总部经济。因此，进入全球产业价值链的中国大城市，面对国际产业持续转移的浪潮，都在通过综合优势的展示，积极引进国际大公司，培育跨国公司在我国的先进服务业基地、先进制造业基地、研发中心和地区总部，特别是期望通过服务外包、服务贸易的"溢出效应"，促进制造业与服务业有机融合，促进高新技术产业园区的"去工业化"、"二产三产化"。近年来，基于全球的系统、网络、存储等信息科技技术的迅猛发展，跨国公司不断扩大服务外包业务范围，非核心业务的离岸外包成为共同的选择，从而使业务流程外包（BPO）和信息技术外包（ITO）组成的服务外包快速成为服务贸易的重要形式。据联合国贸发会议估计，2007 年，全球服务外包总值

① 张东林：《总部基地乍现北京楼市 丰台低价杀出多层写字楼》，《中国楼市》2003 年第7 期。
② 2008 年 1 月 16 日，上海举行了 2008 年第一批在沪跨国公司地区总部颁证仪式，共有 10家跨国公司地区总部喜获认定证书。至此，上海市外资总部经济项目达到 603 家，成为国内拥有地区总部最多的城市，一举盖过了风头正劲的北京、深圳等城市。《华夏时报》2008 年 1 月 21 日。

为 1.2 万亿美元。商务部提供的资料显示，全球服务外包在未来若干年将以 20% 至 30% 的速度持续增长。[①] 中国的北京、上海、深圳、南京、大连等大城市，都在积极把握国际服务外包业务转移的机遇，以优良的商务环境、健全的保障体系和具有比较优势的人力资源成本，积极在国家级的高新技术产业园区、软件园区建设"服务外包基地"，树立做"世界办公室"的新目标。此举在促进生产性服务业与国际接轨的同时，也丰富了布局在非 CBD 区的各主题园区的总部经济的形态，使现代服务业与总部经济的发展实现良性互动。

综上分析，在新的世界产业分工体系之下，国际产业的转移已经呈现出了企业集群式、组团式的转移，新的产业价值链所实施的价值链拆分和产业空间分割式的转移，一方面强化了国际产业的集聚效应，使"头脑产业"与"躯干产业"在同一区域达到最优组合，同时又能不断提升产业结构的高度和虚拟化程度，使高端服务业可以通过信息科技技术实施国际拆分式，达到各个环节成本最小化、增值最优化。不同形式的组合，使基于生产性服务业的总部经济，表现为不同的空间形式。传统的 CBD，通过结构性的升级，特别是国际金融机构的引入、信息网络的建设，依然是总部经济的重要载体。新型的主题性高科技园区，集聚研发中心、实验工厂以及相关的配套商务机构，则成为总部经济的新载体。此外，在高端制造业高度集聚的大都市圈地带，主要为周边地区企业服务的新型商务城，如北京丰台的总部基地、上海浦东的花园商务城、昆山的花桥商务城等，则是高起点规划的总部经济与服务经济一体化的创新的经济空间。上海、北京、深圳、南京等城市在定位为总部经济城的同时，在同一个城市空间下，分化出"总部—商务"、"总部—研发"、"总部—高端制造"等功能错位的总部经济区，以实现空间布局的最优化和要素集聚价值的最大化。当然，随着现代服务业特别是生产型服务业引领功能的显现，城市空间的服务业集聚形式还会不断发生变化，由此也将带来总部经济载体的多元化和不断优化。

---

① 陈文玲：《认识发展服务贸易的战略意义》，《商业研究》2008 年第 7 期。

第二节
中国城市"总部经济"的空间形态创新

一、城市发展与"CBD热"、"总部经济热"

在当代中国城市空间变革的进程中，城市外向拓展的"郊区化"和主城核心区域的"高密化"成为非常显著的特点。特别是在 20 世纪 90 年代中期，不仅北京、上海、天津、深圳等城市，大部分省会城市也喊出了"建设国际大都市"的口号。在当时的公众认知概念中，"国际大都市"首先体现为高楼林立的"曼哈顿化"，于是各城市纷纷兴起了中心城区改造热潮，以高星级酒店、大商场、购物中心、写字楼等取代了原来低矮的建筑，强化了中心区的商业、商务的功能。但是，在这一时期，大多数城市看重的是百货大楼、购物中心等提升的城市商业形象，尚未考虑到城市商务区的定位与建设，中心区的商务功能是附着在商业功能上的。进入 21 世纪，随着中国加入世界贸易组织，国际产业大规模转移的浪潮涌向中国的长三角、珠三角以及环渤海地区，跨国公司的区域管理机构、办事处等大批进入北京、上海、深圳、广州等大城市，与此同时，历经市场风雨洗礼的大批中国本土企业在进入规模发展阶段后，也纷纷把企业总部从原来相对偏僻的中等城市、县城，迁入到省城以上的大城市。外资企业和本土企业总部、区域管理中心、市场总部等机构的进入，对城市的商务功能的缺位提出了新的挑战。因此，一、二线城市在城市中心、主城空间内，又兴起了高档写字楼、商务中心建设热，开始把城市的商务功能从商业区中剥离出来，形成了中央商务区（CBD）的雏形，如北京的朝阳CBD、上海的淮海路 CBD、深圳的福田 CBD 以及南京的新街口—大行宫 CBD 区等。但是，由于中国城市的老城区中心区范围不大，商业设施、住宅区以及政府行政机构混杂在一起，改造的成本太高、难度太大，一些城市便仿照国际城市如巴黎、东京等的做法，在新城建设的过程中，规划建设商务服务功能集中的新 CBD 区，一方面改变了传统的 CBD 空间狭小问题，另一方面又以现代化的硬件设施和扶持政策强化了对企业总部的吸引力。由此，近七八年来，在中国的大城市中，无论是旧城改造还是新城开发，无不标榜 CBD 区的建设，甚至形成了在一个城市出现多个"CBD"区的现象。

总部经济发轫于 CBD，但大建 CBD 不等于能同步放大城市、区域的总部经济。参照国际性城市的 CBD 经济密度和投资强度，国内城市的 CBD 仅有 CBD 之名，并无 CBD 之实。毕竟，CBD 的高度集聚效应，特别是作为现代服务业的集聚中心，应该是跨国公司的中国总部或地区性运营中心、采购中心的集聚地，在一个国家或区域具有高度的影响力。对照这一要求，目前中国大陆只有北京、上海、深圳等少数城市具有建设国际 CBD 的基础。但是，也应看到，随着国内城市 CBD 的泛化，中心城市在优化城市空间、提升城市品质的同时，大大提升了现代服务业的发展水平。金融、信息服务、物流服务等生产性服务业的进入，又促进了中国大城市主动加入国际产业价值链。毕竟，中国多数省会以上的城市，人口动辄都是两三百万，并主导着以自己为中心的区域都市圈或省会经济圈，对要素的集聚力超过一般城市。从这个视角看，CBD 建设产生的效应是多元的，它改变了过去城市空间价值泛化现象，提升了整个城市的竞争水平。同时，新城建设热和城市的郊区化，带来了持续的房地产开发热。为了防止新城成为功能单一的"卧城"，政府以及大企业纷纷在新城以及高新技术产业园区。科学园区建设以集聚现代服务业为主导的总部基地、生态型商务园区。如北京中关村科学园的丰台园规划建设的"总部基地"，临近北京朝阳 CBD 的"非中心商务基地"，上海浦东的张江高科产业园，均是以生态型、低密度的单体建筑，来吸引跨国公司的区域总部、运营中心、研发中心进驻，形成了新的总部经济载体，致使北京、上海的不少跨国公司逃离原来所在的老城 CBD 空间，来到商务成本低、供应链完备、办公环境和空间舒适的新城或郊区的"总部基地"。生态型的、低商务成本的"总部基地"，与 CBD 的空间形态最大的区别，就是不完全局限在老城或新城的 CBD，是在城市多个功能区或基于宽厚产业链的现代服务业的主题性集聚，更符合现代城市的空间优化与产业布局规律。因此，从 CBD 热到总部经济热，是当前中国大城市不断优化产业结构，加大现代服务业的比重，提升国际化水平和综合竞争力的必然趋势。

北京是我国最早明确提出构建 CBD 和发展总部经济的城市。1993年，经国务院批复的《北京城市总体规划》明确提出了建设"商务中心区"的目标。1999 年，北京市政府就发布了《关于鼓励跨国公司在京设立地区总部经济的通知》，吸引跨国公司在北京建立管理总部和研发中心。2000 年 8 月 8 日，北京市政府第 82 次市长办公会议，决定全面加快朝阳区的北京商务中心区建设，成立了"北京商务中心区管理委员会"。截至 2005 年年底，爱普生、佳能、欧姆龙、松下、索尼、爱立信、西门子等 20 多家跨国公司先后通过商务部的地区总部认定；外资研发中心达 189 家；具有跨国公司部分地区总部职能的投资性公司数量达到了 140 家，占全国的 60% 以上，高居全国首位。[1] 北京的总部经济集中区，分布在朝阳 CBD、中关村海淀园、金融街以及亦庄等区域，各区域的集聚功能侧重在商务、金融、科技以及生态办公等不同方面，但真正体现与国际接轨的现代中央商务区，是朝阳区的北京 CBD。世界 500 强企业进驻北京的 160 多家中，有 120 余家聚集在这一地区。该区域汇集了全北京市 70% 的涉外资源，北京 60% 以上的外资机构、半数以上的星级宾馆、酒店和众多交际活动场所。自 2001 年推出《北京商务中心区控制性详细规划》以来，北京 CBD 深入研究并制定了 CBD 空间形态规划、交通规划、地下空间利用规划、智能交通规划、绿化系统等十多项规划和实施方案，形成了较为完整的规划体系，对 CBD 加快建设功能完善的国际化现代商务中心区起到了积极的引导和促进作用。到 2007 年年底，规划实施完成 80%。到 2008 年，北京 CBD 的地上建筑总规模将达到 800 万平方米，其中，仅 5A 和超 5A 级的高品质写字楼超过 370 万平方米，为 CBD 产业发展提供大体量的优质空间。[2] 为了给北京 CBD 创造更大的发展空间，北

① 赵弘：《总部经济》，中国经济出版社 2004 年版。
② 《北京 CBD 形成了较为完整的规划体系》，2007 年 12 月 19 日，新华网。

京市朝阳区人民政府2006年制定的《北京CBD功能区"十一五"发展规划》，将CBD功能区规划范围扩大至东起东五环、西到东二环、南至松榆南路和京沈高速路、北到机场高速路和亮马河，以北京商务中心区为核心的84平方公里的地域范围。同时，积极把握产业外溢、产业吸引和功能置换的契机，以"市场主导、政府引导"为原则，推动合理功能分区，充分发挥聚集效益，逐步形成"一心"（北京商务中心区）、"三区"（商务生活服务区、商务功能配套区和商务产业拓展区）、"一带"（商务功能辐射带）的空间布局。

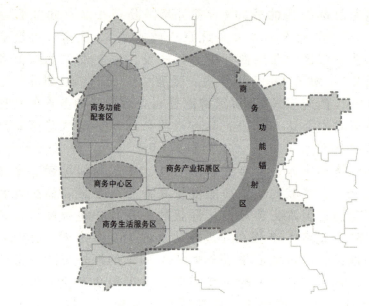

图3-1　北京CBD功能区空间布局图①

在整个功能区中，中心商务区（CBD）的面积为3.99平方公里，重点发展国际金融、文化传媒、现代商务等高端现代服务业，全力打造与国际惯例接轨、充满活力与生机的国际化商务环境，培育总部经济，强化金融商务功能，增强产业集聚和辐射能力。商务功能配套区以朝外大街为轴线，利用商厦、写字楼、娱乐场所云集的优势，打造商业、商务、商贸繁荣的朝外国际化大街。商务生活服务区适当限制住宅开发，合理控制人口规模，结合通惠河南岸改造，完善文化、娱

① 引自《北京CBD功能区"十一五"发展规划》，详见北京商务中心区网站http：//www. bjcbd. gov. cn。

乐、休闲、健身等公共服务设施和生活设施配套。商务产业拓展区，依托 CBD 年轻白领居住聚集、央视在呼家楼地区落户和众多文化传媒企业的迁入，在朝阳北路和朝阳路发展商住服务业和图书报刊、音像制品、电子出版物批发零售、物流集散、图文制作、图书展览、印刷、影音制作、互联网信息服务、文化艺术经纪公司、知识产权服务等文化传媒关联产业。商务功能辐射带，主要作为未来商务功能拓展备用地，加大对区域环境进行更新、改造、整治、升级，重点加强市政基础设施建设，为未来商务功能拓展及配套提供预留空间。

上海的 CBD 功能区规划建设与总部经济发展理念的提出，比北京要晚些。但由于上海特殊的国际地位，对国际资源的天然向心力，使其总部经济的规模、效应很快超过北京。2003 年、2004 年，北京的跨国公司区域总部分别为 24 家、30 家，而上海分别为 41 家、86 家。① 为什么众多跨国公司进入中国，倾向于把区域总部设在上海呢？这是因为上海从 1843 年开埠以来，就逐渐替代广州成为中国贸易中心，外国商品和资本大量涌入，早在 19 世纪末，外滩就已经成为外资银行最集中的地区之一。1854 年，上海的洋行数量达到鼎盛期，多达120 家，冠居亚洲城市之首。上海的外滩地区，因为金融机构集中，被称为"远东的华尔街"。到 1936 年，经历多年战乱后的上海还拥有外国银行 29 家。由于很多外国银行与上海的历史渊源，在重返中国时优先选择上海。上海适应了跨国公司职业经理人对工作生活环境舒适性的要求，上海的城市文化又很好地契合了他们的心理诉求。因此，对很多跨国公司来说，把区域总部建在上海，在某种程度上更像是一种"回归"。如英国汇丰银行于 1865 年在上海设立分行，1950 年撤离上海，2000 年重回中国时，又将"中国总代表处"设在了上海。② 上海是伴随着浦东开发才规划建设 CBD 区的，鉴于上海外滩就是历史上的传统金融中心区，新的 CBD 区是以黄浦江为轴的西为外滩、东为陆家嘴商务区的大空间，黄浦江、高层建筑带和以东方明珠电视塔构成的 CBD 氛围浓郁、气势磅礴，成了独特的新旧建筑辉映、东西文化融合的 CBD 功能区。陆家嘴金融贸易区的规划面积达 28 平方公里，

---

① 王琦玲、张楠：《上海已成总部之都第一城》，《IT 时代周刊》2005 年 11 月 21 日。
② 王琦玲、张楠：《上海已成总部之都第一城》，《IT 时代周刊》2005 年 11 月 21 日。

高层建筑 500 多幢，集中了 8 家国家要素市场、全球 130 多家银行与金融机构、世界 500 强企业的绝大部分地区总部以及 4000 多家金融和贸易机构、跨国公司以及中介服务机构，[①] 被称为"最典型的 CBD中心"。上海作为特殊的经济和商业高地，在中国加入世界贸易组织之后，掀起了跨国公司、国内公司的抢滩潮，使陆家嘴 CBD 区呈现高度集聚化，空间的拥挤与商务成本的快速提高，使后来者在淮海路、徐家汇以及张江高科技园等地开辟新的商务集中区，如英特尔、IBM、宏碁、AT&T、索尼、飞利浦等。为了满足中外公司对办公、商务、研发的集中性需求，上海 2005 年还在主城通过旧城改造、空间置换，规划建设了 20 个微型 CBD。[②] 短短数年，整个上海的主城区、浦东新区，已经搭建起"总部之都"的框架，丰富了上海总部经济的内涵，展现了强大的总部经济集聚效应。

改革开放以来，中国经济的增长与国际化，主要是以沿海大城市作为载体的，大城市、中心城市在区域经济发展中充分发挥了增长极的作用，在长三角、珠三角以及环渤海三大区域的发展过程中，上海、北京、天津、深圳、广州等城市，无不以强大的辐射作用带动区域经济增长和与国际产业链对接。而这种辐射作用，则和它们以总部经济的集聚功能，承接国际产业转移有直接的关系。如果说北京、上海总部经济的发展与繁荣，和它们作为政治中心、文化中心以及经济中心的地位是分不开的，那么，深圳、广州的总部经济效应，则完全来自于市场的动力机制。深圳作为最早的经济特区，紧依国际大都市香港，在起步规划现代城市的大框架时就践行了组团城市的设计理念。早在1984 年《深圳经济特区总体规划》中，福田中心区就定位为初期的深

---

① 赵方、陈建锋：《上海 CBD 的七种风格》，《第一财经日报》2006 年 11 月 9 日。

② 20 个微型 CBD：都市创意园区包括南苏州河创意园区、上海集成电路设计基地、上海都市工业设计中心等创意产业；高新科技园：漕河泾高新科技产业服务区按照国际化、信息化、生态化的标准，到 2010 年基本建成整体现代服务业集聚区；普陀长风生态商务区作为苏州河沿线老工业区的历史文脉也将被很好地保留；商业商务区；中山公园商务区以商业为核心，依靠交通优势，预计引进 100～200 个国际国内著名品牌以及 50～100家总部型企业；虹桥涉外商务区依托虹桥国际机场和虹桥经济技术开发区，着力吸引更多外事机构、外资企业、国际机构入驻；物流商务区：宝山钢铁物流商务区的建成将吸引全球和全国的钢铁交易市场以及大型生产厂商及贸易商，从而实现产品供应商、贸易商、用户的直接联动，形成信息流、商流、物流、资金流的场内运行。

圳中央商务区（SZCBD）：滨河大道、红荔大道、彩田路、新洲路四条城市主干道共同围合。经过 10 多年的发展，到 90 年代，在福田中心区南面 60 公顷的土地上，高楼林立、商社云集，集中了深圳的金融、商贸、信息和服务业。北部的市政厅为南部的 CBD 提供了方便高效的行政服务。CBD 区内商住楼标准高，可容 7 万人生活。连接居住区与 CBD 之间的休闲广场，为城市创造了商务与绿化的和谐统一。①广州最早是 1993 年规划珠江新城 CBD 区的，珠江新城位于广州东部新中轴线上，北接黄埔大道，南达珠江北岸，西临广州大道，东抵华南大道，总用地面积约 6.6 平方公里。2002 年 6 月，广州对该地区重新规划，新规划把珠江新城分为 14 个街区，发展成为"集国际金融、贸易、商业、文娱、行政和居住等城市一级功能设施于一体，推动国际文化交流与合作的基地"。②在珠江新城，曾有中国第一高楼双子塔、世界第一高塔电视塔、广州第三高楼珠江城以及广州最大的城市中心广场、广州歌剧院等，成为代表广州城市名片的现代建筑群。然而，由于广州是国内大城市中最具市场活力的城市，其珠江新城 CBD 在规划建设的过程中，不像北京、上海那样具有强烈的导向作用，中间出现了缓慢发展甚至停滞期，而与其相邻的天河新城地区，因为大型体育场馆建设提升了城市基础设施水准，加上一批大型商业设施、写字楼建设的及时到位，以广州东站为圆心，酒店、写字楼、商厦、商铺、公寓等林立，成为银行证券业集中区，奠定了天河北金融中心的地位，由此形成了天河 CBD。③目前，珠江新城 CBD 与天河 CBD 已实现了空间发展对接，进一步强化了广州的总部经济效应。

　　一个城市是不是能建 CBD，是不是适合发展总部经济，是由其能级水平、经济总量和产业结构决定的。北京、上海、深圳、广州，一向被跨国公司视为大陆的"一线城市"，是具有国际色彩或出现了国际性端倪的城市，是中国对外开放的窗口城市，经济实力雄厚、商务环境优良，具有建设 CBD 的城市基础。但是，中国的市场太大，发展

---

① 山传海：《中央商务区（CBD）专题研究》，搜房网，http：//www. soufun. com，2004 年 3 月 18 日。

② 任国庆：《珠江新城金融商务区轮廓初现》，《新快报》2006 年 8 月 2 日。

③ 李扬、倪鹏飞：《中国大都市 CBD 建设评点》，《中国经济时报》2002 年 9 月 27 日。

空间广阔，随着城市化和工业化的快速推进，不少区域性城市的集聚效应明显，在跨国公司的中国全局战略中的地位渐显。大区域中心城市为了提升核心功能区的辐射力、集聚力，改变城市商务环境，在中国加入世界贸易组织后，也争相规划建设 CBD，其中武汉、南京、杭州、郑州、重庆、青岛、大连、成都等城市的力度较大，在人均GDP3000 美元左右时规划建设新的 CBD。武汉是 2001 年决定在汉口王家墩建设中央商务区的，规划的总控制面积为 11 平方公里，由金融交易、商务博览、生活居住、商业服务四大功能板块构成，西起万松园国际品牌商业街，东至江汉路步行街，南起解放大道武商、武广、国际会展中心，北至建设大道喷泉公园、西北湖广场等区域，构成武汉 CBD 的次级区。该地区作为汉口的地理中心，会聚了武汉绝大多数国内银行的区域性分行和法国兴业、日本陆奥、香港汇丰等境外金融机构，辖区内金融网点集中，70 多家世界著名跨国公司设立了办事机构。鉴于武汉在中国中部地区的特殊地位，以及武汉城市圈战略的实施，武汉 CBD 的建设目标是经过 5～10 年的滚动开发建设，成为经济聚集、商务会聚、活力四射的"华中之中，武汉之心"。① 南京在长三角地区是仅次于上海的区域中心城市，具有承南接北、承东启西的独特作用，区域要素集聚能力强，承接国际产业转移的区位优势明显。从 20 世纪 90 年代开始，南京就在主城核心区新街口—大行宫一带，形成了集中的商业—商务中心区。2001 年开始，南京全面实施"一城三区"（河西新城，东山、仙林、江北新市区）的发展大战略，决定在河西新城区的中心部位打造现代化的南京 CBD，集商务、商业、文化、休闲和服务于一体，总建筑面积 230 万平方米。从 2003 年起，河西 CBD 建设强势启动，其南北长约 4 公里，面积 2 平方公里，北至松花江东街，南至江山广场，西至江东中路，东至庐山路，是一个立足南京，呼应上海，面向都市圈，辐射长三角，承载现代商务商贸功能，具有新概念典范的区域性 CBD——河西 CBD 目前已初步形成以金融、信息服务等现代商务功能为主体，商贸流通、会展以及旅游休闲、居住等其他辅助功能相配套的新型现代服务业集中区，基本确立了作为南京城市未来商务中心的整体形象。杭州 CBD 规划建设的历程和南

---

① 《武汉 CBD 概况》，中央商务区网站，http：//www．whcbd．com。

京颇为相似，最初也是把以商业零售中心武林地区作为中心商务区的，但零售业环境与商务环境的冲突越来越严重。2001 年 2 月，杭州经历了一次行政区域空间调整，撤销萧山市和余杭市，设立杭州市萧山区和余杭区，使市区版图面积从 683 平方公里扩大到 3068 平方公里。[①] 与此同步，一份酝酿长达 10 年的《杭州市城市总体规划（2001 ~ 2020 年）》编制完成火热出炉。在该规划中，杭州提出了城市发展方向，即城市东扩、旅游西进、沿江开发、跨江发展，实施"南拓、北调、东扩、西游"的城市空间发展战略。其中提出的以江滨地区作为城市中心的战略，为杭州 CBD 钱江新城的规划开发奠定了基础。2001 年 7 月，杭州大剧院正式开工，标志钱江新城建设全面启动，钱江新城核心区即中央商务区占地面积 3.29 平方公里，建筑面积约为 500 万平方米，包括八个功能区：行政办公区、金融办公区、商务办公区、商贸会展区、文化休闲区、商业娱乐综合区、办公园区和滨江休闲旅游憩区。[②] 新城核心区以市民中心为核心，向钱塘江形成中轴线，两侧将建设杭州大剧院等标志性建筑，集中的现代化建筑群，重点吸引浙江民营企业前来建立总部中心。

通过新城 CBD 的规划建设，来强化自身的竞争力和对区域经济的控制力，几乎成为所有大中城市的共同选择。但是，任何一个大城市的 CBD 的形成都不是一蹴而就的，新城的大厦好建，能吸引众多大企业前来安营扎寨却不是容易的事。特别是近年来，我国大城市多中心的框架基本形成，加上房地产价格上涨过快，中心城区、新城区的 CBD 商务成本加大，使很多企业改变了过去热衷于扎堆中心区写字楼的做法，如高新技术企业乐于把管理总部、研发中心、实验工厂等一揽子放到生态环境好、交通便捷的高科技园区，创意型企业则喜欢把办公总部搬到老厂区、厂房改造的创意产业园。与此同时，大城市在优化产业结构、大力发展现代服务业的新背景下，纷纷以多元的政策支持在城市的老城、新城以及郊区等建设多种类型的现代服务业集聚区，这些服务业集聚区对于内资企业、中小企业的政策支持力度大，

---

① 《杭州从西湖时代迈向钱塘江时代》，《青年时报》2006 年 2 月 22 日。
② 杭州市钱江新城建设管理委员会：《杭州市钱江新城 2006 ~ 2010 年（十一五）建设发展规划纲要》2006 年 8 月。

也分流了原来向 CBD 写字楼里集聚的中小企业，由此也起到了给 CBD 建设热的降温作用。但是，CBD 热的降温，只是表明很多城市发展总部经济更趋理性，认识到了 CBD 只是集聚放大总部经济的平台和载体，并不等于总部经济的全部，那些现代服务业集聚区、高科技园区、创意产业园区，实际上也是总部经济形态的新形式，它们和 CBD 共同托起了总部经济的可持续发展和繁荣。从目前来看，在中国东部沿海地区，CBD 所辐射的空间范围，已经超越了城市本身，扩大到了都市圈或更大的区域，同时 CBD 的规划建设和总部经济、现代服务业的发展形成了良性的互动，使北京、上海、深圳等一线城市已经朝整体的"服务之城"、"总部之都"功能发展。跨国公司的中国战略，往往是在北京、上海、深圳或广州先行设立管理分支机构，以便在环渤海都市圈、长三角都市圈以及珠三角都市圈分别建立起产业转移、研发、市场的战略支点，这些城市的总部经济效应自然明显。北京尽管只有一个重点规划建设的北京 CBD，但总部经济的空间分布已经出现中关村、金融街、首都机场周围、丰台总部基地、崇文、亦庄等多个密集区。我国加入世界贸易组织后，国际产业转移重心朝长三角倾斜，上海成为中国大陆总部经济项目最集中、发展最快的城市。2006 年，在进入上海的外资中，第三产业的比重首次超过第二产业，三产的比例超过 65%，引进超过 1 亿美元的"巨无霸"项目有 140 多个，在上海的电子信息、汽车、钢铁、精细化工、医药产业等支柱产业中，外资起了提升能级和加速发展的作用。到 2006 年 6 月，经上海市政府认定的跨国公司区域总部累计已达 104 家，其中包括 33 家"全球 500 强"，并且有 300 多家上市公司总部，8 家中央企业总部和 100 多家中央企业地区总部、重要生产基地或营运部门，以及 31 家"民营企业500 强"企业总部。[1] 珠三角地区是我国改革开放的迁延地区，以香港为"跳板"的跨国公司、境外企业，由于地缘和文化的原因，往往把管理总部、市场总部等设在深圳、广州，以便有效掌控。到 2006 年，在 99 家投资深圳的跨国公司中，有 11 家设立了管理总部、27 家设立了研发中心。沃尔玛、家乐福、欧姆龙等跨国公司的中国采购中心均

---

① 徐金发、江青虎、张宏：《基于产业集群的视角的总部经济分析》，中国总部经济网，
　2007 年 3 月 19 日。

设在深圳。在广州的国际及国内 500 强企业的地区总部或分支机构超过 100 家；亿元以上的规模企业 403 家，企业总部设在广州的 250 多家。[1] 有专家认为，跨国公司的区域推进战略，国际产业转移的价值链策略，使当前的中国集中培育出了环渤海、长三角、珠三角三大总部经济区。环渤海总部经济区，以北京为中心，以京津冀为腹地的"总部—加工模式"；长三角总部经济区，是以上海为中心，以江苏、浙江为制造中心和基地的"总部—加工基地"区域合成模式；珠三角总部经济区是以深圳、广州为中心，以香港和珠三角互动为前提的"总部—制造基地"互动发展模式。[2] 尽管这种总部经济区的划分过于宽泛，总部经济模式的界定过于简单，但指出了总部经济所依赖的区域国际化的发展条件，表明区域经济—总部经济的互动关系，是具有一定现实意义的。其实，自 20 世纪 90 年代后期兴起的 CBD 热和总部经济热，是中国城市化进程进入深化阶段的必然结果，也是中国经济结构升级对空间作用的时代选择。CBD 热展现的是"城市归核化竞争"的战略，总部经济热是城市提升综合竞争力的重点突破策略，当然，除了北京、上海等少数城市的 CBD 规划建设与总部经济的发展实现了良性互动，大多数城市虽然搭建了 CBD 的空间框架，总部经济的功能却难以同步体现出来。这种现象的出现，背后是处在快速城市化进程中的大多数中国城市的强烈冲动，尽管这种冲动的负面效果越来越明显，如 CBD 功能低端化、大都市的"夹生化"等，但也不应否定这种冲动的正面成果，如快速扩大城市规模，提升要素集聚能力，以优化的产业空间布局和竞争的比较优势，直接参与国际产业分工，并逐步融入国际产业价值链。在全球化的竞争体系中，国家之间的竞争，主要体现在大城市、城市群之间的竞争，城市人和企业在具有国际竞争力、区域竞争力的城市中，才能有更多更自由的发展机会才能享受到更充分的价值福利。面对国际城市间和跨国公司的竞争，中国的大城市获得关注的一个重要战略应该是"归核化竞争战略"，这一战略能以比较高的效率把城市的优势资源集中起来，而打造新型的 CBD 或以现代

---

[1]　《京沪穗三地总部经济发展能力分析》，《领导决策信息》2005 年第 49 期。

[2]　IUD 中国政务景气监测中心：《总部经济在中国：四大新模式助力二线城市后发优势》，《领导决策信息》2007 年第 3 期。

服务业为主导的总部经济区，当是归核化竞争战略的重要内容。因为真正的 CBD，必定是大城市、区域参与国际竞争与合作的龙头和基点，能率先与国际接轨，仿真国际环境，执行国际规则，从而吸引、争夺、拥有、控制和转化优势资源，争夺、占领和控制市场空间，快速展现城市的核心竞争能力。[①] 从这个角度来看，中国城市的 CBD 热和总部经济热，在一定程度上是中国城市提升自身能级、优化产业结构、参与全球经济竞争的重要起步，也是城市国际化自觉意识的体现，问题的关键是中国城市化进程太快，过度冲动、盲目争先，将要付出巨大的环境、资源以及公众福利代价。当然，这直接取决于我国经济增长方式和城市发展模式的转变，需要多方力量的共同努力，而不是停止 CBD 的规划建设，不是不支持总部经济的发展。

二、CBD "变形" 与总部经济的空间创新

以城市化来推动现代化，是当代中国经济社会发展的重要战略选择，这就使改革开放 30 年的中国城市化进程，主要表现为城市经济总量和城市空间的 "外延式" 扩张。因为在经济全球化的潮流中，发展中国家的城市只有具备相当的规模和扩展腹地，才有可能参与国际产业分工，才能培育出核心竞争优势。因此，在 20 世纪 90 年代中后期，在扫除了对市场经济认识上的障碍之后，中国的城市进入了规模扩张期，一方面是城市空间突破围墙、进入郊区化发展阶段，另一方面是你追我赶建设经济开发区、高新技术产业园区，建设 "国际化城市"、"国际化大都市" 一时成为时髦的口号。在中国加入世界贸易组织之后，迎接国际产业转移的浪潮成为诸多城市的新追求，于是新城开发、CBD 建设热兴起，城市的房地产开发价值显现，"圈地热" 持续高涨，由此造成了土地资源和各种发展要素的浪费，甚至使生态环境遭到破坏。如 20 世纪 90 年代，广州市政府曾设想用 5～10 年的时间，把珠江新城打造成一个现代化金融商务中心，但从 1992 年到 2001 年年底，珠江新城共出让土地 99 宗，建成 19 宗，在建 11 宗，没有开发的有 69 宗之多，其中 "烂尾" 2 宗。合同地价 102 亿元，到 2001 年年底仅收回 45 亿元。在卖出去的地块中，有三分之二没有进入实质性的

---

① 李扬、倪鹏飞：《中国大都市 CBD 建设评点》，《中国经济时报》2002 年 9 月 27 日。

开发。为此，广州市政府于 2000 年 8 月开始公开对珠江新城规划进行检讨，之后又于 2002 年 6 月公开发表《珠江新城规划检讨》。①

　　尽管中国参与全球竞争需要与国际接轨、高强度的 CBD，但真正具有建设 CBD 基础和必要性的中国城市，毕竟是少数。大中城市争相规划建 CBD，必然是劳民伤财，后患无穷。为此，2002 年 11 月到 2003 年 3 月，国家建设部委托深圳、广州两家城市规划设计单位在全国范围内对 CBD 建设情况进行秘密摸底调查。调查表明，中国提出 CBD 发展计划的城市数量甚至超过了美国，从经济发展与商务活动的内在联系分析，显然超过了合理限度。当时 20 万人口以上的中国城市中，有 36 个已提出或正在实施 CBD 发展计划。调研报告认为，目前中国内地尚无具备发展全球性 CBD 条件的城市，具备发展国际性 CBD 条件的城市只有上海、北京和广州 3 个城市，而具备发展地区级 CBD 条件的城市也只有重庆、武汉、成都、杭州、南京、大连、福州、厦门、深圳和宁波等 10 个城市。调研报告同时认为，上海、南京、杭州、宁波的 CBD 和广州、深圳以及香港的 CBD 由于能够分工协作，合理配级，其"布局有一定的合理性和可行性"。占中国三分之二国土面积的东北和中西部地区一些城市，由于人口密度偏低、经济发展相对滞后、商务密度不够，目前尚不具备发展 CBD 的基本条件，因此近期不适于考虑 CBD 的规划建设。②

　　这份关于 CBD 的调研报告，尽管给全国性的 CBD 热泼了瓢冷水，但也指出我国相当一部分区域中心城市是适合开发建设"地区级CBD"的，关键是不能盲目求大，动辄以纽约曼哈顿、巴黎拉德方斯为标杆，造成土地、资本的巨大浪费，破坏城市空间的平衡。其实，高楼密集型的 CBD，是工业化时代城市空间资源集聚的重要形式，在城市进入信息化时代和多中心时代之后，CBD 的形态必然呈现出多元化，E－CBD、生态型 CBD、微型 CBD 以及"泛 CBD"，都在城市的不同地域空间里得到生长、发展。在经济全球化时代，电子网络的结算以及金融类的商务活动始终处在不间断的状态，国际性的 CBD 必须具有 24 小时运转的功能。因此，国际化的 CBD，不仅是有形的建筑群构

---

① 《建设部秘密摸底"CBD 泡沫"》，《21 世纪经济报道》2003 年 4 月 2 日。
② 《建设部秘密摸底"CBD 泡沫"》，《21 世纪经济报道》2003 年 4 月 2 日。

成的实体 CBD，如办公楼宇区、文化休憩区、住宅商贸区，还有以电子数据交换、电子商务、电子金融等信息技术为基础，以电子货币为主要媒介的虚拟 CBD，由此构成能不受外界条件限制、24 小时全天候运行的电子化中央商务区，即 E－CBD。

　　建设 E－CBD，近年来已经上升为一些发达国家的国家安全战略。对传统 CBD 而言，大楼内部体系的运转是功能的体现，楼不在则功能不在，安全防护能力差。1997 年的亚洲金融危机，面对国际游资的冲击和金融大鳄的兴风作浪，首尔、香港等城市的 CBD 由于缺乏有效的预警和防范机制，在制止国际金融风险传递方面显得力不从心，美国的"9·11"事件，又从安全角度将 CBD 海量数据的备份和异地存储提上了紧迫的议事日程。而服务于现代金融的 E－CBD，事前采取了防火墙、事前预警、实时反馈、智能模拟、全球联动等举措，则能在外来冲击面前保持正常运转。面对经济全球化、经济和社会信息化、金融贸易现代化的新格局，升级改造传统 CBD，建立 E－CBD，成为世界性的新课题。[①] 我国的 E－CBD 规划建设始于上海陆家嘴的金融中心区。陆家嘴金融贸易区是目前我国内地规模最大、资本最密集的 CBD，其展现的是"金融中心模式"。但作为上海 CBD 重要组成部分的陆家嘴中心区，10 多年来边规划边建设，走了不少弯路。为了提升上海的国际金融中心地位，缩小与纽约、伦敦、香港等世界主要 CBD 的差距，2003 年上海决定创建后来居上的 E－CBD，并将陆家嘴 E－CBD 建设的试点列入上海市和浦东开发的中长期发展战略及工作目标，确定和实施包括虚拟和实体 CBD 的一系列工程；组建 E－CBD 管理机构；制定和试行《E－CBD 管理暂行条例》。根据规划，上海 E－CBD 的创建将以小陆家嘴中心区为核心，并覆盖整个陆家嘴金融贸易区、北外滩国际商务中心区、外滩源、世博会展区。[②]

　　当然，"E－CBD"是信息城市建设的重要内容，本身就是一个动态建设、不断升级的过程，仍然属于硬件建设，必须依靠庞大的商务信息处理来维系自身的运转。从某种意义上来说，"E－CBD"只是一

---

① 庄峻、经一平：《E－CBD：21 世纪国际金融贸易中心模式创新》，上海人民出版社 2002 年版。

② 叶国标等：《E－CBD：传统 CBD 的"终结"者》，新华网，2003 年 4 月 15 日。

个概念，或者说是体现常规 CBD 电子商务水平的标志。要规划建设一个真正的"E-CBD"，只能是在大都市新城核心区的理想实验，但在商务集聚效应尚未充分展现之前，提前巨资建设"E-CBD"，走所谓的"筑巢引凤"之路，则有可能投入不经济，出现"空心化"现象。也就是说，虚拟化的"E-CBD"与实体化的 CBD 必须基本同步，才能提升城市的商务功能。近些年来，中国的一些城市，在新城建设、中心商务区建设的过程中，盲目追求高楼林立的表面效果，多数大厦裙楼是商场、购物中心，塔楼是公寓、写字间，根本没有考虑金融机构、大公司管理总部对于硬件条件和空间环境的特殊要求，造成功能性缺陷。如银行及金融机构的数据处理中心、备份中心等，对大楼的承重、安全性有特殊的要求，而多数大厦由于事前设计的缺陷，无法满足这种需求。同样，在城市的非核心空间，一些现代服务业园区、高新技术园区以及商务花园等空间形态表现出来的企业总部集聚地，由于信息、商务等综合功能到位，引入"E-CBD"的基本理念，反而在城市、区域中发挥了重要的商务功能，对跨国公司和中小企业产生了极大的吸引力。北京、上海等大城市，近年来出现了一大批"微型 CBD"、"泛 CBD"式的总部经济集中区，已经验证了这种新趋势。对于一些先行进入中国的跨国公司来说，原来 CBD 区地价、房价的上涨带来租金的提高，使其商务成本大幅增加，而非中心区的商务花园、总部基地等地域，所具备的先进的信息网络设施、生态环境好、交通可达性强以及办公成本、商务成本的优势，促使它们从 CBD、中心区外迁。对于刚起步的中小企业来说，总部及研发空间的需求，强调成本比较优势，对集办公、商务、生活等为一体的"泛 CBD"、商务花园更感兴趣。毕竟，在当前信息城市、"无线城市"的建设时代，在城市的空间内，常规的信息服务已经可以做到全覆盖，CBD 的电子商务服务优势不再明显。因此，近几年来，北京的一些跨国公司总部、研发机构开始撤离市中心，将商务和支持部门外移，将管理总部、研发机构、服务中心以及配套服务机构在郊区的园区或商务花园实现聚合，以达到降低运营成本、加强上下游的互联互通、创造舒适工作环境的多重目的。如诺基亚在北京经济技术开发区建立的"诺基亚中国园"，于 2007 年年底正式启用，该园区由诺基亚中国区总部、研发机构和已经在开发区发展良好的手机生产基地共同组成，从而使诺基亚在中国的地区总部、产品研发机构、手机生产基地和以诺基亚为龙头的"星网工业园"汇集一堂，形成世界上最大的集技术研发、产品设计、零配件供应、物流、生产和地区总部于一体的移动通信高科技园区之一。[①] 对于诺基亚、爱立信、通用电气、IBM 等先行进入中国的跨国公司来说，制造中心或产业基地的规模迅速扩大，其综合竞争优势体现在研发、制造、市场以及配套供应链等多个方面，其管理总部从 CBD 走出来，不仅整合了内部各环节的业务，大幅降低办公成本、商务成本以及资源成本，同时还以龙头效应引入了供应链伙伴，在拉长产业链的同时，也节省了配套成本。

　　跨国公司在向中国实施大规模产业转移的过程中，其总部的空间定位不再钟情于传统的 CBD，反而倾向于在郊区、高新技术产业园区构建综合功能的"小天地"，所考虑的不仅仅是降低综合商务成本问题，还有在知识经济时代如何以人性化、生态化的办公环境来激发员工持久的创新、创造能力。伴随着知识经济的崛起，微软、雅虎、百度等互联网企业营造的"互联网文化"，成为员工创新力的重要源泉。在 Google 树立了"奢侈"的办公环境的标杆之后，国际性企业为了强化员工对企业文化的认同感，不约而同地掀起了改造办公环境的热潮——扩大办公空间，设立个性化的利于开展头脑风暴的办公室，提供免费运动、休闲设备，可以及时获取免费茶点等成为基本标准。新的办公环境，是原来 CBD 办公楼内狭小的写字间无法提供的，只有在近郊的高新技术产业园区、商务花园才能得以实现。如北京的中关村科技园，从 20 世纪 90 年代的"一区多园"升级为目前的"一村多园多基地"，使产学研在生态型的园区、基地内得到有机结合，到 2007 年年底，入住的跨国公司研发中心达到 70 家。[②] 位于北京丰台的"总部基地"、朝阳的"非中心——中弘商务花园"，也因规划设计出生态型的、可自由组合的企业总部商务楼，迎合了新经济企业对办公环境的新要求，而深得国内外企业的关注，成功地把原来单一的房地产项目，

---

① 《世界 500 强逃离北京市中心过郊外生活》，《第一财经日报》2008 年 2 月 29 日。
② 贾海峰等：《中关村冲刺"中国纳斯达克"》，《21 世纪经济报道》2008 年 8 月 1 日。

升级为综合型的企业总部集中区，提升了城市的区域功能。①

如果说传统型的 CBD 是城市投资强度、消费强度和经济强度的集中体现，是以城市中心区为空间载体的，在一定程度上是和一个大都市的总部经济画等号的，那么伴随着多中心城市体系的到来，伴随着虚拟的 E－CBD 的出现，伴随着高新产业园区商务功能区的崛起，CBD 承载的商务功能、总部经济的功能，已经被逐步分化。对于当前中国的大城市来说，由于市中心地价的暴涨、拆迁成本加倍攀升，大建 CBD 已经不再视为提升城市功能、强化集聚能力的最优选择，而通过城市商务环境的优化、创新型城市服务体系的构建，创建不同主题的总部经济区，把城市提升为以现代服务业引领的"总部经济城"，正成为新的选择。毕竟，对于中国的大城市来说，即使是北京、上海、深圳等一线城市，也不可能在短时间内成为控制全球经济走向的"全球城市"，这也就意味着在相当长的时间内不可能培育出纽约、伦敦、东京级的 CBD。但是，中国的一、二线城市抓住不断升级的国际产业转移浪潮，以现代服务业为抓手，培育不同主题的总部经济区，则又具备成本比较优势、要素整合优势，有助于在国际产业价值链上找到自身的位置。因此，在现阶段，CBD 在中国城市的"变形"，重实不重名，以服务总部经济发展为前提，无疑是一种明智的阶段性选择。

信息社会带来的要素快速流动，使全球性的产业分工体系重新建立，国际产业价值链以主要城市为节点进行布局，国际间城市的竞争，正以整体功能取代原来的个性功能、单一功能，国际大都市所积蕴的经济资本、社会资本以及文化资本，在现代商务活动中所发挥的综合功能越来越强，或者说其丰厚的人文资本、知识资本，在应对时代挑战、自我更新方面，往往显现出超强的创新能力，而这正是纽约、伦敦、巴黎等国际大都市的魅力所在。从这个意义上来说，这些城市在当前经济全球化的竞争中，无不以现代服务业高地、国际金融中心以

---

① 总部基地是中国第一个总部经济示范区，由丰台园与英国道丰国际集团合作开发，统一规划、统一设计、统一建设、统一产业化运营，以"中外合资，外方运作，市场机制，服务经济"的全新理念，共同打造的集产业、研发、办公于一体的总部集群基地，是智能化、低密度、生态型的公司社区。非中心——中弘花园是北京 60 项重点工程之一，总占地约 39 公顷，总建筑规模近 45 万平方米，是集商务办公、商业、酒店、展览、休闲娱乐于一体的低层、低密度、花园式、生态化商务办公园区。

及跨国公司总部会聚地而取胜，就不仅仅是其 CBD 在发挥作用，更是整个城市在展现辐射力和集聚力，或者说，这些国际性大都市本身已经成为全球性的"总部经济城"。以此为参照，审视我国的北京、上海，这两个对跨国公司、国内大公司最有吸引力的城市，其 CBD 规划建设较早与国际接轨，总部经济聚集区遍布在城市的不同空间，在很大程度上是因为北京、上海的商务环境、金融服务以及城市的整体服务体系，基本上具备了"总部经济城"的功能，可以提供 24 小时不间断的国际商务服务。对跨国公司来说，要与中国经济一起发展，其中国战略的实施，首先就要把北京、上海或其中的一个城市作为区域总部基地；对国内成长性的公司来说，只有把总部迁到北京、上海，才有可能发展为全国性的企业，并以此为基点集聚要素来参与国际竞争。正是认清了这种演进路径，中国加入世界贸易组织之后，北京、上海在规划建设朝阳 CBD、陆家嘴 CBD 的同时，在城市的副中心、科教中心、高新技术产业园区等多元的空间里，打造"泛 CBD"商务集中区、微型 CBD、商务花园型总部经济园等。在为企业办公与商务提供个性化空间、降低企业商务成本的同时，又完善了城市的服务功能，提升了城市空间的整体价值。因此，近 10 多年来，总部经济的空间形态，在我国的大城市中得到了集中性的、多元的创新：既有传统的城市中心型 CBD，也有新城型的 CBD；既有城市中的微型 CBD，还有远离市中心的生态型商务花园；既有虚拟化的 E-CBD，也有产学研结合的总部经济园区。总部经济空间形态的多元化，使我国城市在对外承接国际产业转移，特别是承接以服务外包为主导的现代服务业转移，可以提供柔性化的产业空间和商务空间；在对内集聚方面，则可以满足不同等级、不同行业的企业在办公、商务以及相关配套服务的需求。以北京为例，朝阳 CBD 形成的是以商贸活动为特色的综合性总部聚集区；西城金融街聚集的是外资金融机构、大型银行总部、大型电信企业总部等金融、电信企业总部等；中关村科技园区海淀园形成了以 IT 为主导的高新技术企业总部聚集区和企业研发中心聚集区；丰台、亦庄的生态型商务花园以企业独栋建筑吸引国内大企业总部进驻。上海具有总部经济所要求的人才、科教资源、区位优势、交通、信息、法制环境等一切条件，目前已经成为中国拥有跨国公司地区总部最多的城市。最新的统计数字显示，到 2007 年年底，上海已经聚集了 300

多家上市公司总部、180 余家跨国公司地区总部、165 家跨国公司投资性公司、244 家跨国公司研发中心、近 200 家民营企业集团总部。[①]陆家嘴金融中心区日益国际化，浦东的"第一高楼"金茂大厦云集了汇丰、花旗等十多家国际金融机构的总部，被称为"立体金融街"。陆家嘴—南京路—虹桥经济开发区作为上海核心的商务轴线，聚集了上海 70% 的大企业、大公司总部，已经形成了上海的"总部经济带"。[②]浦东的张江高科技园区，成为世界 IT 巨头在中国的管理总部、研发以及高端制造的聚集区。为了满足不同类型企业在上海设立办公总部、技术中心的需求，上海在 2007 年还决定把规划的 20 个现代服务业集聚区优化提升为"微型 CBD"，重点为以金融、物流、信息和各类专业服务为主导的成长性企业，提供完善商务服务的办公、商务、研发场所。[③]这些举措的目的，就是吸引更多的企业来上海发展，吸引更多企业把总部迁到上海，始终维持上海"总部经济之都"的地位。

　　发展以现代服务业，尤其是生产性服务业为主导的总部经济，使总部经济不仅仅局限于"办公室经济"，而扩展到研发、市场以及后台服务等多个环节。从这个视角来看，总部经济的空间完全可以超越 CBD 的空间束缚，构建起功能完备、与国际接轨的"商务飞地"。江苏昆山新近规划建设的"花桥国际商务城"，被称为上海的"第十个卫星城"，就很有样板意义。2005 年 8 月，江苏根据全省经济发展阶段性变化的新特点和国际服务业转移的新态势，决定在昆山花桥建设核心区 11 平方公里、总面积 50 平方公里的国际商务城，把上海的区位优势、江苏的政策优势、昆山的成本优势叠加起来，打造上海经济圈内、沪宁线上以国际性商务服务为主要产业的现代商务城，吸引制造企业的区域性总部，包括研发中心、采购中心、营销中心、管理服务中心以及大公司业务流程中的后台处理中心、大型金融机构的财务结算中心、客户呼叫中心等进驻。[④]花桥国际商务城与上海安亭镇一街

---

① 钮怿：《上海总部经济"花开四处"》，《文汇报》2008 年 7 月 13 日。
② 赵妍、叶锋：《上海将拉长"总部经济"地带》，新华网，2008 年 7 月 12 日。
③ 顾卓敏：《上海发力打造 20 个微型 CBD》，《上海青年报》2007 年 2 月 9 日。
④ 陈钢等：《花桥国际商务城提速起飞》，《新华日报》2008 年 6 月 7 日。

之隔，离上海市中心不过半小时车程，在周围半小时车程的空间内，集中了一大批跨国公司在长三角的制造基地。这一定位，实际是依托长三角地区的产业基础，低成本来承接上海的商务溢出，尽管行政属地是江苏的，但直接借助的是上海综合的商务服务功能。如在这里生活、投资的企业和个人，过的是"海派生活"：可以申请上海、昆山两个不同区号的电话号码，打到两地的电话都按照市话计费，完全享受"同城待遇"；上海的医院、学校、幼儿园在商务城内设立分院、分校、分园；将于2009年竣工的上海R11轻轨线，也规划延伸到花桥商务城内。与此同时，花桥国际商务城充分发挥江苏省政府在资金、土地、税收等方面提供的政策优势，采取"一事一议"、"一企一策"等方法，最大限度地给予进驻企业以政策扶持，使其在地价、房价、劳动力等要素成本，基础设施、项目建设等硬成本，以及政府服务的软成本等方面的综合优势更加凸显。① 新型的"商务飞地"，把原来行政空间的边缘化劣势，转化为整合两地优势资源的新优势，打造出"长三角级"的新型国际商务城，这可以说是以制度创新、构建总部经济集聚区的大胆探索与成功之举。

从聚焦"城市之心"到构建"智慧中心"、"商务中枢"，是改革开放以来中国城市空间优化建设理念的重要转变。而总部经济的分层次化、CBD的多形态化，则是当代中国城市快速扩张、提升国际化程度中的特有现象，这固然与城市发展要素、市场要素流动追求效益最大化、成本最小化有直接的关系，也和现有的行政管理体制对城市空间、都市发展空间的"割据"有直接的关系。在跨省市的大都市圈，如长三角都市圈、珠三角都市圈，中心城市、副中心城市之间，不仅在承接国际产业转移、争夺跨国公司的大项目之间存在拼杀，就是对本区域内成长起来的企业，也是用足手段阻止管理总部、研发中心向更高一级城市的迁移，因为这直接影响着本地经济的可持续发展，影响着税收和地方财政收入。即使是在同一个大城市，各城区、郊区之间对企业注册地的争夺也是处于白热化状态的，因为企业的总部设在哪里就在哪里纳税、统计各项经济指标，直接决定区级政府的经济业

① 吴嘉昊：《花桥国际商务城：上海的第十个卫星城》，《文汇报》（香港）2008年4月15日。

绩，这也是北京、上海、广州、南京等城市，在有了核心区的 CBD 之外，还有多个总部经济集中区的重要原因。同一区域城市之间、同一城市各区之间的这种竞争，固然能给城市发展现代服务业、总部经济带来生机、活力，但也容易造成商务设施的重复建设，造成城市空间资源和发展要素的浪费，削弱城市各方合力打造总部经济城的集约机制。可以说，当前中国一些地区制约总部经济规模化、集约化最直接的障碍，不是城市本身对要素集聚能力问题，而是地方行政的力量阻止成长型企业向区域中心城市、大都市的总部经济空间集聚。从这个意义上来说，当前的 CBD "变形" 现象以及总部经济空间的过于分散化，在一定程度上也是 "圈地热" 的表现，必须注意在其空间拓展的同时，内涵深化的制度性建设也要同步到位，防止新的 CBD 和总部经济集聚区的间断性热闹和潜在的 "空心化"，影响城市空间与产业空间的可持续发展。

第三节
总部经济空间布局的 "南京愿景"

一、南京发展总部经济的禀赋分析

在中国城市发展史上和现代化的进程中，南京始终担当着重要的历史使命，其区位优势、城市能级水平、科教资源禀赋以及所积蕴的丰厚的城市文化资本，使其具备了发展总部经济的空间优势和综合实力。① 改革开放以来，南京作为江苏的省会、长三角副中心城市、长江流域四大中心城市、中国东部沿海地区的区域中心城市，对区域性、国际性的物质、信息、人力资本等要素，显现了超强的集聚能力。作为区域性的特大城市，南京的空间结构基本形成了"多中心、开敞式"组团布局框架，初现大都市的风采。到2007年年底，南京的城市建成区面积已达573平方公里，在全国城市中，仅次于北京、上海、广州、深圳、天津，位居全国第6位，比位居第7位的重庆市多81平方公里。鉴于南京现阶段已经步入工业化发展中后期、城市化加速期，伴随城市化和城市现代化进程的加速，大量人流、物流、资金流、信息流以及其他生产要素加快向南京集聚，到"十一五"期末，南京将步入千万人口的特大城市行列。按照国家的区域发展战略，南京在东部沿海地区的交通枢纽功能将进一步强化，京沪高铁、宁沪城际铁路、宁合铁路、宁杭城际铁路的开建，使南京承南接北、承东启西的作用更强，要素集聚的规模性、经济性进一步显现，区域中心的地位更加突出，作为总部经济城市的综合优势更为明显。

　　国际大都市发展总部经济的经验表明，良好的区位优势和交通运输网络设施，人才、教育、科技资源优势，专业化服务支撑体系，是成就总部经济城市的重要条件。同时，在城市发展的不同阶段，总部经济的战略重点也将不同。进入21世纪，南京经济呈现快速增长的势头，争先进位明显，其地区生产总值于2004年跨上2000亿元的台阶之后，在2007年达到3275亿元，进入了"3000亿城市俱乐部"，服务业在GDP中的比重接近50%，② 城市的人均GDP达到了6000美元，

---

① 于2005年12月出版的《中国总部经济蓝皮书》一书中，将大陆35个城市总部经济发展能力划分为四个能级。第Ⅰ能级城市，包括北京、上海、广州3个城市，这一能级城市总部经济发展综合能力较强，未来应重点吸引跨国公司和国内大企业集团全国性总部。南京与深圳、成都、杭州、天津、青岛、武汉等7个城市被列于第Ⅱ能级城市，未来适宜作为跨国公司或国内大企业集团的大区域性总部。在建设总部经济城市基础条件方面，排名前10位的城市依次为上海、广州、北京、深圳、成都、南京、杭州、青岛、大连、天津。

② 李平等：《"调轻、调高"：当前我省经济调整结构的重点——关于苏南及沿江八市调整优化经济结构典型调研的报告》，江苏省人民政府参事室网站，http://www.jscss.gov.cn/index.asp，2008年4月10日。

进入了以服务业为主导的"服务城市"时代，也带动了"总部经济"发展水平的提升。当然，与北京、上海的"国家级"的总部经济能级相比，南京与一些省会城市、副省级城市，更适合定位为"区域性总部经济城市"。在全国的15个副省级城市中，南京综合实力近五年来的位次前移较快，从2002年到2007年，南京的GDP总量由第10位升至第7位，排名前移了3位，分别超越了沈阳、大连和武汉。这得益于制造业与服务业的"双轮驱动"，在这5年间，南京二产总量由第10位上升到第6位，排名前移了4位，三产总量由第8位上升到第6位，排名前移了2位。（见表3-2）南京在区域经济发展中的集聚力和辐射力，得到了进一步加大。

表3-2　15个副省级城市主要经济指标比较表（2002~2007年）

城市	GDP(亿元)		二产增加值		三产增加值		社会消费品零售总额		城市居民人均可支配收入	
	2002年	2007年	2002年	2007年	2002年	2007年	2002年	2007年	2002年	2007年
南京	1295	3275.00	614	1605	621	1584	525	1380.46	9157	20317
沈阳	1400	3073.93	615	1451.90	701	1455.48	695	1231.85	7050	14607
大连	1406	3131.00	661	1535.50	626	1346.50	592	983.30	8200	15109
长春	1150	2089.00	522	1049.30	481	839.70	402	778.30	6900	12811
哈尔滨	1232	2436.80	433	902.60	599	1186.60	559	1036.00	7004	12772
杭州	1780	4103.89	902	2059.15	765	1877.17	524	1296.31	11778	21689
宁波	1500	3433.08	829	1888.68	566	1390.76	463	1035.46	12970	22307
厦门	648	1375.26	362	735.32	264	622.46	215	362.05	11768	21503
济南	1200	2554.30	509	1163.00	593	1241.00	447	1103.10	8982	18005
青岛	1518	3786.52	765	1953.55	607	1629.38	401	1199.18	8721	17856
武汉	1493	3141.50	660	1440.00	743	1572.35	770	1518.30	7820	14358
广州	3002	7050.78	1227	2816.89	1671	4072.80	1371	2595.00	13381	22469
深圳	2239	6765.41	1235	3444.74	1003	3314.44	690	1915.03	24941	24870
成都	1663	3324.40	759	1504.00	765	1584.90	710	1357.20	8972	14849
西安	824	1737.10	372	762.51	403	891.42	409	921.58	7184	12662

总部经济对城市产业结构的升级，具有直接的推动作用，可以给城市带来"税收贡献效应"、"产业乘数效应"、"消费带动效应"、

"劳动就业效应"和"社会资本效应"。① 一个大公司，特别是一个跨国公司的总部向某一个城市迁移，可能带动几个甚至是十几个在业务上密切关联的较大企业的迁移。这些大企业的积聚形成合力，为城市的发展提供了资源优势、创新优势、市场优势和扩张优势，从而带动地区经济的快速发展。而大企业总部选址主要是基于所选城市的政治环境、基础设施建设、区位条件、政治与制度环境、服务业发展水平、人力资源条件等多方面的考虑。南京已经具备了发展总部经济所需要的人才、交通和投资环境等条件，相对于上海等大城市来讲，南京市人力、办公等各种成本较低，人文环境相近，把南京作为总部，是江苏及周边省份民营企业重要的选择。目前，在南京设立的国际知名公司，已有德国的巴斯夫、西门子，美国的摩托罗拉、伊斯曼、AO 史密斯，荷兰壳牌、飞利浦，日本的伊藤忠、三井物业、夏普、东芝，瑞典的爱立信，韩国的锦湖轮胎，意大利的菲亚特等。投资领域广泛，涉及制造业、加工业、商贸、餐饮娱乐、金融、通讯、房地产等各行各业。总部经济作为区域经济的重要组成部分，在推动经济社会发展中的作用逐步显现出来。

　　尽管南京的总部经济已经初具规模，但是与同处长三角的上海、杭州两市相竞争，尤其与上海、北京、广州等中心城市相比还存在一定差距，如总部经济发展水平不高、"生产型总部经济"发展缺乏后劲等。同时，从地理位置来讲，南京是江苏省的省会，但南京不是江苏的地理中心，与安徽的距离短于到达省内大多数地方的距离，且受到经济规模、市场环境的制约及上海经济发展强大的辐射作用。这就要求南京发展总部经济要做好自身的定位，避免与上海的正面交锋，要在产业选择和空间发展方向上做好"互补"。也就是说，南京市发展总部经济的战略定位，要以发展江苏、安徽等省内和周边地区的大中型企业总部为重点，并积极发展跨国公司分支机构和区域总部；同时注重非生产型总部的培育和设立，大力发展"服务型总部经济"。按照功能的不同，总部可以分生产型企业总部和非生产型企业总部。不同性质的总部对所在城市功能的要求也不同，但都能给所在城市提升形象、加快经济发展带来好处。就国内来看，南京发展总部经济，

---

① 贾林男：《总部的聚集产生"五大经济效应"》，《中华工商时报》2006 年 4 月 2 日。

有着区域、人才等多方面的优势，但是与北京、上海等国际化大都市相比，城市功能、产业辐射方面的局限较为明显，尤其与同处长三角的上海、杭州相竞争，单纯靠政策倾斜来发展"生产型总部经济"已经明显缺乏后劲，因此，要重视引进非生产型企业总部。实践表明，非生产型企业总部的设立，虽然不会直接促进中心城市 GDP 的增长，但是通过提供产业发展动态等信息，有助于带动和支持相关产业的发展，优化城市的产业结构。

近年来，受龙头城市上海"极化"作用的影响，加上创新的动力不足、科教资源优势转化不足、产业结构依然偏重等方面的原因，使南京的总部经济集聚力被遏制，总部经济的国际化水平不高，并且在长三角核心区域相对被"边缘化"：一是在城市经济实力方面，南京在经济总量上与其他领先城市的差距还在进一步扩大。人均 GDP、城市居民人均可支配收入、农民人均纯收入，南京均靠后。2007 年，苏州、无锡两市的人均 GDP（按常住人口、现行汇率折算）超过 9000 美元；杭州、宁波超过 7000 美元；而南京的人均 GDP 刚过 6000 美元，经济实力提升的脚步已经受到产业发展的拖累。二是在政策优势方面，南京几乎得不到任何实质性的国家政策支持，上海的浦东综合改革配套政策、宁波和苏州的国家保税区政策、宁波海港政策等，都具有很强的环境"溢出"效应，吸引了大批优质企业。三是核心空间方面，南京不具备近距离接受上海辐射的优势，特别是近年来长三角北翼一系列重大交通设施，如江阴大桥、苏通大桥的相继建成与使用，改变了长三角的经济关系，构建长三角"一小时交通圈"，放大了这些城市与上海的同城效应。四是在区域的规划定位方面，在南京都市圈，南京作为核心城市的吸引力在下降。在南京都市圈八城市的"十一五"规划中，涉及融入南京都市圈思路的只有安徽滁州和巢湖，马鞍山、芜湖明确了对接大长三角的目标，地处安徽的城市同时还提出了融入其省会经济圈（"合肥经济圈"、"江淮城市圈"）的设想。在长三角城市群规划的初期，南京和杭州曾一度作为仅次于上海的一线城市，形成了相当的集聚力和辐射力，成为撑起长三角两翼的支点。然而，随着宁波被国务院批复确定为长三角南翼经济中心，杭州的发展定位逐步朝着"生活品质之城"靠拢，苏州也提出要构建长三角"最重要"的副中心城市。各个城市在调整自身定位的同时，都在着力打造其综合实力和竞争力。在国家即将出台的《长江三角洲地区区域规划纲要》中，明确指出要"逐步建成以上海一级中心城市为核心，以南京、杭州、苏州、无锡、宁波等副中心城市为支撑的世界级城市群和城镇体系"，对上海的中心地位给予了毋庸置疑的肯定，而将南京与长三角其他四个城市放在了同等重要的"副中心"位置，这实际上潜在地削弱了南京在长三角的地位，不利于南京提升区域经济的影响力和控制力。

但是，在新一轮以服务业为主导的国际产业转移中，具有科教资源禀赋和人力资源优势的南京，则又展现了发展总部经济新的潜力。在全球化、信息化以及经济要素流动无障碍化的新背景下，现代服务业构建起了国际空间价值链，跨国公司可以在全球城市中进行服务外包，以最大限度降低新品研发、信息处理、综合服务、物流配送等环节的成本。随着南京工业化和专业化分工程度的加深以及经济开放程度的提高，生产性服务业将有更广阔的发展空间和市场，南京可依托雄厚的制造业基础和地缘优势，吸引国际零售业、金融业、流通业转移。积极承接国际服务业转移，能够创造条件促进以制造业为主的经济向服务经济升级，发展高附加值的服务业。例如通过吸引跨国公司来宁设立研发中心，提高本市企业的技术吸收能力；通过吸引国际运输和物流公司，促进南京逐步形成区域性的国际采购中心、国际配送中心和国际分销中心；通过扩大与货物贸易有关的金融服务（包括贸易结算、外汇交易、保险等）引资，提升高端制造业的运转效率等。其次，南京可以抓住未来几年跨国公司将非核心业务转移到发展中国家的新机遇，以建设"服务外包之都"来提升总部经济的国际化水平。计算机与信息服务、软件等服务外包项目是外商投资服务业的重要途径，南京电信基础设施状况较好、专业人才比较丰富，遍布南京主城区、高新技术产业园区中的南京软件园、江苏软件园、南大高校科技园、徐庄软件园以及中兴、华为的南京研发基地，都是承接国际服务外包业务的重要载体。南京在服务外包业务上所具备的核心优势，是长三角多数城市无法比肩的。实际上，伴随着世界经济生产服务业的快速增长，世界主要大城市的商务和金融服务的就业专门化程度迅速提高，使城市成为世界经济的区域节点或全球节点，在区域经济发展过程中发挥动力源的作用。城市作为核心的地位已经突破原有的

"核心——经济腹地"模式，代之以城市间的网络系统或称功能性城市体系。区域经济联系及其运行以区域内纵向联系为主转向区域间、国际间横向联系为主，城市功能开发和提升的潜力与趋势决定着城市及其所在区域的未来。南京发展总部经济，必须从国内区域中心城市向地区性国际性城市的目标迈进，必须顺应信息化和全球化的潮流，积极构建参与国际分工与国际竞争的新型产业体系。这种新型产业体系具有高度开放性，能使南京进入世界城市网络体系。显然，建设"服务外包之都"，是南京融入新型国际产业的重要突破口。从区域发展的战略高度来看，以上海为核心的长江三角洲大城市群，将是21世纪前期中国经济发展的引擎，上海成为中国大陆第一个国际化大都市态势已经呈现，以上海为中心的长江三角洲都市连绵区也正在形成，这一区域是21世纪中国的核心区域，是参与世界竞争的主体，也将成为中国乃至全球经济的强劲增长极。南京是这一核心区域的组成部分，发展现代服务业和总部经济，必然要充分利用这一发展条件，突破行政区划的限制，在更广阔的空间范围优化城市空间布局结构，依托上海这个正在成长中的世界城市，会同长江三角洲地区各城市，加强沪宁、沿江城市发展轴的规划建设，实现长江三角洲地区的交通、通信网络化和经济一体化；优化区域内的城镇体系网络和产业结构布局，在把长江三角洲地区打造成高效率、开放性、生态型的大都市圈的同时，自身也同步升级为国际性的都市。

从今后一个阶段来看，国家的长三角发展大战略，东部交通现代化战略，都会进一步强化南京区域中心地位。南京是我国新一轮铁路大发展的优先建设地区。在国家新一轮铁路发展战略中，在未来5年内，南京将新建京沪高速铁路、沪宁城际铁路、宁杭城际铁路、宁安（庆）城际铁路、沪汉蓉铁路和高等级铁路大型客运枢纽站南京南站。其中，沪宁城际铁路力争2010年世博会前通车；宁杭城际铁路争取年内开工；沪汉蓉线铁路和京沪高铁于2010年基本同步通车。南京枢纽内引入的线路将由目前的4条增至10条，最终形成南京站和南京南站两个主要客站，通向扬州、上海、杭州、芜湖、合肥、北京6个方向的格局。届时，南京的路网辐射能力将超过上海，铁路辐射力将居长三角之首。南京铁路枢纽在长三角、在东部城市，甚至在全国整个铁路路网中，其地位和作用鲜有城市能与之媲美。铁路将成为南京独具优势的大亮点。南京在全国交通网中的地位将大大提高，在整个长三角经济圈中的地位更将大大提升。而京沪高速铁路、沪宁城际铁路开通后，根据经济要素可跳越传播原理，南京与上海之间将形成"一小时交通圈"，南京与上海间的互动成本降低了，有利于优化资源配置，将产业链上下游集聚在一起，减少中间环节和物流成本。从近年外商投资的区位选择上看，长三角地区基本呈现出以上海为中心，沿着沪宁线和沪杭线两个方向梯度递减的分布特征。苏州是距离上海最近，接受上海辐射最强的城市，外商不仅能方便地享受上海的金融和贸易服务，同时还能利用苏州商务成本低等优势。但随着"高铁时代"的到来，绝对的空间距离已经不足以成为上海产业扩散和外来投资的决定因素。时空距离的缩短以及南京自身的资源禀赋，使南京能够在一些方面越过苏锡常，无障碍地接受上海的辐射，使南京与上海在经济、科技、社会等多方位的联系得到加强，成为长三角的一个"副中心都市"，强化区域总部经济城市的地位。

在长三角地区，南京作为区域总部经济城市的地位将得到巩固，还表现在对安徽的区域辐射力的进一步加强。当长三角发展战略上升为国家层面时，原来制约区域一体化的行政区隔将加速打破，要素流动将逐步实现无障碍。令人振奋的是，国家正在推进的"大长三角"空间发展战略，已经把安徽也纳入到整体的功能规划中，[①] 这就使上海—南京—合肥形成新的发展轴，使南京在长三角北翼处于绝对中心城市的地位，这对于南京发展现代服务业、科技研发、总部经济将产生双向促进作用，使南京、合肥的城市能级都得到提升。2008 年 8 月 1 日，宁合高铁动车运行，南京—合肥的空间距离缩短到 1 小时，这就意味着两城市构建起了"一小时交通圈"，使商务活动、就业选择获

---

① 陈善哲：《"3 + 1"："长三角规划"正式收编安徽》，《21 世纪经济报道》2008 年 7 月 16 日。

得更大的互动空间，有利于加速推进"南京都市圈"的一体化①。合肥与马鞍山、芜湖、巢湖都是南京都市圈成员城市，尽管从地缘看，南京的对外辐射空间绝大部分是安徽的这几个城市，但过去由于行政区域的分隔，使南京都市圈形成了"一个圈、两个世界"，都市圈内部难以一体化。而推进空间一体化，交通先行，以快捷、低成本的交通成本，来推动人际交往、要素流动，城际交通是关键。在长三角的核心区域，由于上海的"极化"效应，南京在要素聚集方面，在承接国际产业转移方面不占优势，但南京在长江中下游流域、面向皖江以及安徽的绝大部分地区的辐射力，始终是具有首位度的，而南京—合肥两个城市交通的"同城化"，使南京带动的不仅仅是合肥，还将放大到安徽的多数城市，扩大了南京的发展腹地。

　　区域总部经济城市，尽管在自身辐射的空间范围内具有要素集聚的优势，但也必须在国际产业价值链上找到应有的位置。否则，形成的总部经济只会是低水平的，也不可能是以现代服务业为主导的。南京发展总部经济，在外向借力方面，还有同类城市目前不具备的新机遇，那就是与台湾的直航效应。2008 年 6 月 13 日，海峡两岸关系协会与海峡交流基金会签署了《海峡两岸包机会谈纪要》，南京与北京、上海、广州、厦门成为两岸周末包机首批直航城市，这固然与南京在两岸关系上具有的特殊影响有关，但也表明了南京在两岸产业发展、商贸往来以及科教交流中的重要地位。在未来两岸共同市场开发、产业研发以及高端产业价值链的构建上，南京在区域性的人才、资本、市场等要素集聚上的优势明显，发展的潜力巨大。因此，作为两岸首批直航点城市，南京应抓住历史性的契机，在两岸经贸发展大空间中，有效地整合中华民族的各种资源，整合世界性的资源，来系统地提升南京的城市形象，以吸引更多的台商和台湾在海外的企业集团来南京

————————

① 2008 年 8 月 2 日，《扬子晚报》刊发了记者马燕等采写的《南京到合肥开动车：时速250 公里犹如贴地飞》专题报道，其中就两地构成的"一小时交通圈"的意义采访笔者，笔者认为，"一小时交通圈"提高南京辐射力，有利于强化南京在长三角地区的区域中心地位。南京在长江中下游流域、面向皖江以及安徽的绝大部分地区的辐射力，始终是具有首位度的，而南京合肥两城交通"同城化"，使南京带动的不仅仅是合肥，还将放大到安徽的多数城市，扩大了南京的发展腹地，带来两城的利益互动和人流、物流及发展要素的全面对接。

投资兴业，促进南京科教资源的转化，推进南京产业的高端化和集聚化。南京成为直航点后，使江苏和周边地区与台湾的联系更为密切，往来更加便捷，直航节省的时间，提升的效率，将大大降低企业的运营成本，有助于在南京和周边地区形成新一轮的台商、台资企业的集群效应，加快南京产业结构升级。改革开放以来，南京的综合实力、城市竞争力不断争先进位，城市的能级水平不断提升，但一直被跨国公司、国内大企业等视为"二线城市"，与北京、上海、广州、深圳等城市存在着形象上的落差，如新加坡、香港的华人企业来投资，在战略布局上往往首选"北（北京）上（上海）广（广州）深（深圳）"。而南京与北京、上海、广州成为首批直航点，无疑在城市形象的认知上打破了公众的认知定势，彰显出南京成为"一线城市"的实力和潜质。在全球化浪潮中，国际产业转移态势仍在继续，特别是高端产业、服务业发动新一轮向长三角转移浪潮，台湾物流服务、IT等正在向大陆转移，这种转移会增加长三角机遇。在长三角地区，南京所具有的人文优势、山水城林资源优势以及独有的文化资本优势，使其和上海、杭州相比，更具有适合创业和生活的环境，更具有人力资源、商务成本、研发制造成本以及生活成本上的比较优势，南京要利用这些优势，争取更多的台湾高端产业转移。南京在大陆同类城市中所具有的科教资源、人才优势、宜居宜学等方面的优势以及在未来两岸共同市场构建中的主导作用，将会对台商产生新的集聚力，吸引他们在南京设立研发基地、实验工厂、区域总部基地等，这将大大有助于南京生产型服务业水平的提高，有助于南京在国际产业价值链中占据高端位置，并使南京逐步发展为台商在大陆的研发总部、市场总部、管理总部。①

二、南京愿景："区域总部经济名城"

在近年中国城市的 CBD 热、总部经济热中，南京作为区域总部经

---

① 李程骅：《以"直航"提升南京城市形象》，《南京日报》2008 年 6 月 20 日。

济城市的禀赋和综合优势，已经成为跨国公司、国内大企业的共识①。以现代服务业集聚为主导的总部经济战略，也已经成为南京产业升级、城市功能提升的动力引擎。2006 年 7 月，南京正式确定了"五大中心"的发展战略：以科学发展观为指导，紧密结合"十一五"发展规划，坚持以实现又快又好发展为主题，以加快经济结构战略性调整为主线，以提升城市综合竞争力为核心，以创新、改革、开放为动力，以"两个率先"为总目标，按照"高起点规划、高标准建设、高强度投入、高效能管理"的方针，加快"五大中心"建设步伐，使南京优势特色更加明显，整体功能更加强大，城市布局更加优化，生态环境更加优美。力争通过 5 至 10 年的时间，基本建成在全国或区域范围内具有辐射、聚集、示范、引领功能的"五大中心"：以技术创新化、产业集群化、制造信息化、标准国际化、资源集约化为重要特征的长三角先进制造业中心；以商务、研发、流通、文化、休闲、房地产为主导功能的全省现代服务业中心；以国际化、枢纽型、综合性为基本模式的长江国际航运物流中心；以创新型城市、教育名城、人才集散高地为显著特点的全国重要科教中心；以生态环境优良、绿色产业发达、绿色科技领先、绿色文化浓厚为区域特色的东部城市绿色中心②。

　　"五大中心"战略，在很大程度上也是指导基于长三角空间的南京区域性总部经济发展方针。围绕"五大中心"建设，南京在全力提升新街口—大行宫 CBD、河西新城 CBD 大商务区的在品质和区域影响力的基础上，又推出了 22 个市级现代服务业集聚区，并将它们划分成 8 种形态，包括中央商务区（CBD 或微型 CBD）、创意产业园、科技创业园、软件园、现代物流园、商贸暨产品交易市场、文化服务业集聚区、旅游休闲集聚区等，在政策上给予重点扶持。同时，以服务外包和软件开发为突破口，大力推进"世界办公室"的建设。2006 年 12 月，南京成为国家商务部、信息产业部已经认定的 11 个服务业外包基

---

① 2007 年 9 月 18 日，在青岛举行的"第三届中国总部经济高层论坛"上，中国总部经济研究中心发布的《内地 35 个主要城市总部经济发展能力评价报告》中，南京位列北京、上海、深圳、广州之后，进入全国"五强"。南京市鼓楼区被推选为 2008 年第四届"中国总部经济高层论坛"的举办地。参见《南京日报》2007 年 9 月 19 日。

② 沈文虹、罗志军：《以"五大中心"建设推动南京科学发展》，《南京日报》2006 年 7 月 26 日。

地城市之一①。目前南京已初步形成了高新技术产业开发区、鼓楼区等
5 个服务外包示范区，从事或有条件承接服务外包业务的企业已有 148
家，同时还出现了一批开拓离岸外包市场的重点企业。作为国家软件
外包基地城市，南京市软件产业近年来实现了快速发展。"两园（江
苏软件园、南京软件园）多基地"是南京发展软件外包的一大特色。②
坐落在滨江地块的南京国际服务外包产业园，全部建成后可提供 10 万
个"白领岗位"。作为"国家软件出口创新基地"、"中国服务外包基
地城市"，南京软件产业发展吸引力巨大，引得国内外软件巨头纷至
沓来。中星微电子有限公司在徐庄基地建设集成电路研发设计和产业
化基地，印度 Integer 公司在南京软件园建立培训中心，世界上最大的
企业软件公司甲骨文公司在南京设立分公司。2007 年 8 月 16 日，台
湾富士康科技集团在大陆投资的第一个软件基地在南京正式签约，这
个位于南京浦口区的基地将在 5 年内聚集 3 万名软件工程师，目标是
打造成如印度硅谷——班加罗尔的超一流的软件园③。自 2005 年起，
软件业成为南京服务经济中最具活力的增长极，销售额以每年 50% 以
上的速度递增。到 2007 年，南京市软件企业数量突破 1100 家，产业
销售收入突破 360 亿元人民币，当年在全国城市中位列第四，仅次于
北京、深圳和上海。④

　　南京虽然具有总部经济城市的禀赋，但由于长期被作为全国的重
要工业基地，产业结构偏重，不利于现代服务业的聚集。大力发展现
代服务外包，不仅有利于优化南京的产业结构，而且能快速提高南京
总部经济的水平，培育与国际高端产业对接的总部经济园区。自 20 世
纪 90 年代中期开始，南京开始大规模的中心城区、商业区改造，在构
筑了高商业密度的"中华第一商圈"新街口商圈的同时，集中大企业
办公机构、省级银行总部以及信息服务机构的新街口—大行宫 CBD 区
也渐现雏形。2002 年，南京市政府提出了把新街口地区建成为"华东
第一商贸区、江苏城市旅游第一品牌、南京第一商务中心、老城改造

---

① 任绍敏：《南京服务业：在挑战中加速成长》，《第一财经日报》2008 年 7 月 1 日。
② 金伟昕等：《创建中国的"班加罗尔"》，《新华日报》2007 年 3 月 21 日。
③ 施勇军：《打造世界一流软件园区富士康软件基地落户南京》，《南京日报》2007 年 8 月
　　17 日。
④ 陈淑娟：《软件三城记——南京特色》，《计算机世界》2008 年 4 月 14 日。

第一示范区"的发展目标。到2007年，新街口商贸面积从60万平方米猛增到160万平方米，商品零售额从60亿元跃升到210亿元，入驻的世界500强分支机构从20家扩大到80家，林立的楼宇崭现出万千气象，成为南京商贸业和总部经济快速发展的见证①。在南京的主城区，鼓楼区、玄武区、白下区等近年纷纷利用自身的商务环境优势，以服务业集聚区为载体来发展总部经济。2002年，鼓楼区决定扬科教人才之长，避土地空间之短，加快推动产业结构优化升级，重点发展总部经济和以研发设计为主的现代服务业。到目前为止，该区以南京城区十分之一的土地，创造了南京城区近三分之一的财政收入，财政收入总量和增量连续多年居六城区之首，吸引了包括西门子、阿尔卡特—朗讯、艾默生、松下、微软等40余家世界500强企业和其他著名大企业的地区总部或分支机构，以及超过700家的科技企业前来落户，成为国内外著名企业落户南京时的首选之地，成为南京名副其实的"总部佳地、创新沃土"。②

　　现代城市空间的疏散、多中心化，使大都市、区域中心城市的总部经济的空间形态多样化，但是，总部经济的核心载体依然是经济强度、空间价值最高、综合商务服务功能最强的CBD核心区。CBD的投资强度，在很大程度上直接决定城市的能级。南京作为长三角的重要区域中心城市，由于上海的"极化效应"，一直有被"边缘化"的危机感，如何提升城市的功能，成为扩大区域经济的辐射力和影响力的关键。尽管拥有新街口—大行宫CBD，但这个CBD是集商业零售与办公区为一体的，电子商务、现代金融服务等功能难以实现。为此，南京在2002年实施"一城三区"的空间发展大战略之时，就决定以奥体中心为原点，以河西新城为依托，建设一个面向长三角、功能与国际接轨的现代CBD，承载现代的商务、金融、信息服务功能，其中把现代金融业集聚区作为CBD首要发展目标。从2003年起，南北长约4公里、面积2平方公里的河西CBD建设全面启动，16幢标志性建筑快

----

① 陆峰、沈文虹：《加快建设软件名城大力发展城市服务业》，《南京日报》2007年9月18日。

② 王建：《鼓楼区积极推进"总部经济与研发设计"载体建设》，《南京日报》2008年4月21日。

速崛起。与此同时，江苏省、南京市两级政府对南京河西 CBD 的发展予以了高度重视。江苏省政府在 2005 年颁布的《关于加快发展现代服务业的实施纲要》中提出："要重点支持南京河西中央商务区的建设，以国际化、生态型为特色，使之成为国内一流的现代商务集聚区"。南京市在《南京加快发展服务业行动纲要》中，制定了一系列推动河西 CBD 金融业发展的政策：从 2005 年下半年开始，南京每年安排 5000 万元，专项用于河西新区 CBD 金融业发展，时间为三年；对入驻河西 CBD 的金融企业总部或地区总部，购地建设本部自用办公用房的，按土地出让金净收入（含配套费）的 30% 给予补助，市权范围内的规费给予优惠；对入驻河西 CBD 的金融法人企业给予一次性资金补助，注册资本 10 亿元人民币以上的，补助 1000 万元人民币；注册资本 10 亿元人民币以下、5 亿元人民币（含 5 亿元人民币）以上的，补助 800 万元人民币；注册资本 5 亿元人民币以下、1 亿元人民币（含 1 亿元人民币）以上的，补助 500 万元人民币；对入驻河西 CBD 金融机构总部副职待遇以上、地区总部正职待遇以上高级管理人员在河西新城租房居住的，按每个职位每月 1500 元的标准给予补贴；被入驻河西 CBD 的金融企业连续聘用 2 年以上的高级管理人员，在河西新城购买商品房的，按其上一年度所缴个人工薪收入所得税地方留成部分的 80% 予以奖励；入驻河西新城金融单位的高级管理人员，在河西新城居住的，其子女入学、家属就业、医疗保障、户籍迁移、出入境管理等项服务，由所在区政府及公安部门优先安排；对在 2007 年 12 月 31 日前入驻河西 CBD 并符合所属区产业导向的企业，其所缴纳的增值税、营业税和企业所得税留区级地方财政收入，在 2007 年 12 月 31 日前，区给予 100% 的财政扶持，自 2008 年起，三年内区给予 100% 的财政扶持，后三年，给予 50% 的财政扶持。① 新 CBD 的一流硬件建设、生态环境和优惠的企业扶持政策，对进入长三角地区的跨国公司和大企业产生了积聚效应。到 2007 年年底，基本建成的一期入驻企业、机构达 397 家，已开业或办公的 232 家，其中省级企业集团或大型民营企业的总部有 10 多家。正在建设的 CBD 二期，已引入新

① 市政府关于印发《南京市鼓励境内外大型企业设立总部或地区总部的暂行规定》的通知，宁政发（2007）46 号，见南京市人民政府公报，2007 年 2 月 14 日印发。

华报业集团、香港新鸿基、美国富顿等 12 个总部项目。[①] 作为金融 CBD 的定位，已引进金融企业 8 家，上海四大金融业的同业公会以及汇丰银行、花旗银行、德国商业银行、菲律宾首都银行等驻沪中外知名金融机构，也将在这里设立分支机构或办事处。企业总部集聚的框架，在河西新城基本形成。[②]

在河西新城 CBD 功能日渐完善的同时，"五大中心"战略也促进了新市区和主城区发展总部经济的热情。2002 年，"一城三区"的规划建设全面铺开，跨江发展的城市空间布局与江北新市区的建设，使浦口区决定全力打造江北新市区的核心区，像长江对岸的河西新城一样，向全球招标规划建设生态型的 CBD，为江北的高新技术开发区的企业提供高水平的商务服务，以高端服务业来优化江北地区的产业结构，培育南京城市经济与消费的新增长极，使之成为辐射安徽和苏北的区域中心。[③] 紧邻主城的雨花区，以"雨花科学园"为载体，在京沪高铁南京南站地区，规划建设国内一流的科技园区和通讯产业研发基地，已经吸引了华为、中兴中软、东软、新华科技等 12 家国内外知名软件企业设立研发中心和管理总部。其中，华为软件投资 29 亿元，占地 1600 多亩，将建成全球最大的数据处理中心和 3G 研发中心。[④] 江宁开发区起步于 20 世纪 90 年代初，是长三角地区承接跨国公司产业转移的重要基地，在经历了产业链构建和大型制造基地建设的过程后，近年则大力引进生产性服务业，吸引大公司区域总部、研发中心入住，打造总部经济，目前已有长安福特马自达、摩托罗拉、金智科技、中材国际、苏源电气、菲尼克斯、南瑞继保、中电电气、大唐国际、大全集团等 10 多家的研发中心、研发基地在运转。园区东南大学、南京航空船天大学、河海大学、南京工程学院等高校共有 75 个项目实现了产学研合作。其中最大的亮点是，东南大学与开发区联手打

---

① 肖岚：《河西 CBD 又添两家省级金融机构》，http://blog. soufun. com/njrbxl，2008 年 3 月 12 日。

② 《长三角地区逾 20 城市争建区域金融中心　多元区域金融中心格局凸显》，《21 世纪经济报道》2008 年 7 月 4 日。

③ 《浦口中心区要学河西 CBD　全球招标打造南京副中心》，《现代快报》2005 年 10 月 14 日。

④ 左中甫等：《南京雨花开建国内最大科学园区》，《南京日报》2007 年 1 月 29 日。

造"南京通信技术国家实验室",并签约建设"东大科技园"。"南京通信技术国家实验室"项目将在江宁开发区建设研发大楼及可进行移动测试的场地,建成共性研发高端平台,并全球招聘专家学者,形成产业集聚,构建一个国内一流、国际领先的"无线谷"①。

与国内同类城市比较而言,当前南京总部经济的"载体",如CBD、高新技术产业园、以及现代服务业集聚区的规划建设等方面,无疑处于领先的位次,从主城到新城,从园区到基地,以现代服务业引领的总部经济的空间布局,已经形成了比较合理的梯度结构。从南京自身来看,"总部经济"城市的集聚功能、商务功能,已经比较突出和完备了。但是,在国际产业价值链主导下的产业分工体系之下,在区域经济发展非均衡化的空间结构之下,城市总部经济的发展,不仅仅是自身的载体建设和体系完善问题,还有城市之间的竞争与合作的问题。以长三角地区为例,南京、杭州作为区域副中心城市,对自身辐射范围内的内资企业的总部设立,是不存在竞争关系的,但是对于跨国公司设立区域总部中心、研发中心以及后台管理服务中心,两个城市之间又各有优势,存在着竞争关系。因此,在中国城市发展的现阶段,除了北京、上海这两个绝对重量级的城市之外,类似南京的区域总部经济城市,为强化对跨国公司的吸引力,除了以城市的硬件建设和创新型城市的制度建设为前提外,自身的区域总部经济城市的形象定位与资源整合是至关重要的。从目前来看,南京发展总部经济最大的优势是主城空间与新市区、开发区的园区空间的联动,大有助于提升南京的区域集聚力和辐射力,但在现行的按区考核政绩和经济指标的体制下,几乎每个区都打总部经济牌,在企业引入政策上争相降低门槛,在载体规划建设上争相仿效,反而容易造成资源的浪费。"笼"腾出来了不一定能招来鸟,"巢"筑好也不一定能引来凤,毕竟CBD、总部经济不仅仅是一个概念、一种标签,更是实在的经济形态,是能给企业带来巨大价值的城市空间、产业空间、创新空间。因此,南京在现阶段发展总部经济,打造"区域总部经济之城",必须树立形象提升、资源整合的城市战略,有一个相对统一的空间规划,在这

---

① 钱丽萍等:《江宁开发区力争上游:吸纳总部经济与培育创新源头共存》,《新华日报》2008年6月10日。

个战略框架之下实施合理分区、科学分工，活而不乱。

　　那么，南京如何制定和实施总部经济战略呢？笔者认为可以尝试从以下几个层级入手：第一层级，以创新型城市的空间布局优化与功能提升为突破，构建一个以江为轴、以现代服务业为主导的"区域总部经济名城"形象，突出"五大中心"的优势，充分展现并强力传播南京在新一轮科学发展中的核心优势。第二层级，对新街口—大行宫、河西新城CBD的定位进一步明晰，以高定位、大投入来提升其电子商务、现代金融、高端商务等功能，使其成为长三角区域空间的高级商务平台、与国际对接的载体，与上海浦东陆家嘴CBD形成梯次分工。第三层级，根据南京作为区域中心城市的产业功能、商务功能特点，以及目前的总部经济结构，整合分散的总部经济空间资源，重点培育和发展三大类核心功能区：在传统的主城区如鼓楼、玄武、白下以及下关外滩，以优越的区位和优势的城市资源打造"总部—商务板块"；在新城的产业空间、生态型科技园区以及创意产业园区，打造以研发基地、技术交易平台以及实验工厂为主导的"总部—研发板块"；在江北的南京高新技术开发区、江宁开发区、雨花经济技术开发区等跨国公司、大企业制造基地的集中区，打造"总部—制造板块"，加速先进制造业和生产型服务业的双轮驱动力。第四层级，参照南京主要产业链的空间布局以及现代服务业的总体规划，培育一批在空间上相对分散但自身功能比较齐全的"总部基地"或"总部经济园"，如主城的晨光1865创意园区、创意东八区、颐和路公馆区，江北的化工园区、台商产业园区，江南的滨江经济开发区、江宁科学城园区、江苏软件园吉山基地、禄口空港临空产业基地等，都具备发展成主题型的现代服务业集聚区、微型CBD的条件。此外，南京发展总部经济，如能在这四个层级上落实到位，就能达到城市形象与资源要素整合的目的，朝着"区域总部经济名城"的目标迈进。

　　不过，从现阶段南京城市经济实力增强和竞争力提升角度来看，发展总部经济的落脚点是现代服务业，特别是通过生产型服务业的发展来提升制造业的水平、促进"二产三产化"，以培育出一批支柱性的新产业，优化产业结构。因此，南京发展总部经济，不能一味地强调吸引跨国公司、大集团的办公总部、市场总部、管理总部，还要同步发展与其一体的研发中心、制造中心。对于跨国公司而言，国际产业转移是动态的、持续的，区域发展重心也是阶段性变动的，这就决定了其"区域总部"不可能是永久的。近两年来，珠三角的大企业，也纷纷将总部和研发基地迁往长三角以及天津、武汉等中心城市，以获得更大的发展空间。因此树立"服务城市"的理念，通过发展总部经济来促进现代服务业发展，给入驻或将要入驻的企业提供优良的政策服务环境，造就创新型城市服务体系，培育出创新型城市文化，促进城市的持续繁荣，强化持续的竞争优势，才是发展总部经济的要旨所在。可见，一个城市发展总部经济，最根本的不是靠便宜的土地和优惠的政策来留住"总部"，应是不断提升服务总部经济的各种软硬件水平，以化解已经引入的企业总部"再迁"的风险。

处于新一轮发展起步期的南京，已经进一步明确了大力发展现代服务业和总部经济的新目标，那就是要向国际先进城市看齐，优化产业结构，在未来一个时期内，大力提升服务业的结构比重。为加快科教资源的转化，吸引更多的国际国内资本、技术以及专业人才向南京集聚，南京已着手深化行政体制改革，深入推进服务业型政府建设，建立健全统一、高效的政务环境，开放透明的政策发展环境以及快捷、系统的配套服务体系，以此来优化投资环境，培育创新型城市的综合服务体系。针对国际产业转移的新趋势以及南京城市经济发展的阶段性特点，南京以比较完备的制造业体系、知识资本和创新资源的优势，正吸引着一批国际金融机构、投资银行、风险投资公司前来拓展业务、发展事业。南京针对资本市场不太活跃的软肋，新近提出了打造"创投之都"的新目标，一方面使得本土企业获得新机遇，另一方面利用南京的地理优势，把创投业务链连接到中部地区，带动整个长江流域的经济发展和产业空间结构的优化。① 国际著名专业创业投资机构——赛伯乐（中国）创业投资管理公司，将投资 90 亿元在河西新城建设

---

① 翁海华：《百鸟朝凤：南京欲打造"创投之都"》，《21 世纪经济报道》2008 年 8 月 4 日。

总部基地，拉开了南京总部经济高端化、国际化的序幕。① 可以预见，随着南京总部经济战略的深入推进，总部经济空间布局的不断优化，城市综合服务体系的不断完善，以现代服务业为主导的"区域总部经济名城"，未来必将在长三角地区、长江中下游区域以及中国东部沿海地区奋力崛起！

---

① 该基地将借鉴美国斯坦福国际研究院的成功模式，在政府搭建的产业载体上，吸引海归等国际顶级创新、创业人才进入高科技孵化器，集聚国际一流高科技企业的研发和产业机构，从而吸引大量国际资金流入，成为靠社会资本运作的高科技企业孵化基地，在 3 ~ 5 年内吸引高科技总部型企业约 300 家。见《赛伯乐 90 亿元建南京总部基地》，《南京日报》2008 年 6 月 19 日。

第四章
城市空间重组与商业现代化

　　中国改革开放 30 年，城市的巨型化与都市圈化，从理论上讲是空间结构的有机扩展，城市形态由封闭到开放，空间的规模化价值得到实现。但是，对于空间的主体——城市人来说，最直接的感受是日常生活半径、消费半径的几何级扩大。城市中心城区升级提档的改造，使大型商场、购物中心快速崛起，而一个个副中心的出现，组合式的商业中心、大卖场的集群化成为城市副中心的载体。在新开发的大型小区里，社区商业以完备的服务功能造就了社区的商业中心、生活服务中心。这一切都表明了城市空间的扩展与改造，带动了商业的现代化以及人们消费半径的分层化，而从西方发达国家引入的多元的现代商业业态，经过中国城市空间的"本土化"改造后，成为体现城市现代化的重要元素。全新的现代商业业态，在展现商业消费功能的同时，其所占据的黄金空间节点，又促进了城市空间的有机化，提升了城市空间的品质，使城市的居住空间、商业空间以及公共空间和谐一体。进入 21 世纪，中国城市的现代化特征，在很大程度上体现为商业设施、商业服务的现代化，而城市空间的重组，特别是城市的空间结构从单中心进入多中心阶段，从"摊大饼"式走向多组团式，现代商业不仅发挥着引领作用，而且起到推动升级、完善城市服务体系的功能。在当前国内城市的新一轮发展中，商业已经被作为现代服务业的重要载体之一，同教育、文化、交通配套设施一样，被纳入到城市一体化的空间体系之中，并被布局在小区、社区、城区、市区以及大区域等不同层级的空间节点上，这既是完善城市综合功能的需要，也是加快商业现代化的科学的路径选择。城市在空间扩展或重组的过程中，如果缺少了现代化商业的力量，就不可能实现有机的、均衡的发展目标。城市，因商业而改变；商业，因城市而升华。现代商业，在城市的新空间战略的价值取向中，发挥出多元的无可替代的新功能。

第一节
城市空间扩展与商业空间变革

一、城市空间扩张的商业"动力因"

城市本身就是基于商业而诞生、成长的。城市的立身之本是自身具有的市场功能，"市场本身也就是城市生活安定性和规律性的产物"。① 是市场的功能集聚人气、财富等各种生产要素，让整个城市社会达到一体性，人与人之间的依赖关系通过对货币的依赖关系而表现出来。市场的交换、价值实现、供给、反馈、调节等功能，带动了城市机体的可持续运行，因此，市场功能发挥的过程，在一定程度上影响着城市空间重组的进程。

工业革命带来的规模大生产，放大了一批原来的中心城市，造就了很多新型的城市，一方面是丰富的商品需要新的销售方式，另一方面是城市的工人群体迅速扩大带来城市生活方式的转型。城市发展的转型、集聚能力的强化，为城市大规模销售机构的诞生创造了土壤，在这种情况下应运而生的现代商业业态的百货商店（Department Store），注定要在城市的大扩张中承担起前所未有的系统的功能。人们只要进入这个大空间里，就可以买到多种新式商品，并产生一种体面购物的感觉，"大城市是 19 世纪成长起来的重要市场，它为创造发明提供了巨大的刺激力，而这些创造发明，又为发展产业提供了广阔的

---

① ［美］刘易斯·芒福德著，倪文谚等译：《城市发展史》，中国建筑工业出版社 1989 年版，第 55 页。

市场……现代百货商店与现代城市是在一个摇篮中成长起来的双胞胎"。① 这种大型百货商场，以规模大、辐射范围广、购物环境好迅速占据城市的中心位置，从而将西方的城市引入"以商业为中心"的时代。大百货商场重新调整了城市的空间结构布局，产生了强大的集聚效应，也满足了城市人消费的新需求，欧洲的城市在这个新业态建设上的示范效应，立即为刚刚起步发展的美国城市所仿效。因此，在美国的各大城市，基本都是多个大型百货商场构成的商业中心，成为城市的核心所在，城市办公区、居住区、产业区都是围绕商业中心展开。②

商业中心区在城市空间的重要作用，在一定程度上表明，没有现代百货商店的诞生和普及发展，就不可能有现在城市的空间的合理布局。尽管这种空间布局随着汽车社会的到来，城市中心的商业功能和交通功能发生了矛盾，大型商业设施逐步外迁，但它在现代城市发展过程中起到的历史作用却是不容怀疑的，因为城市发展的历史已经证明，"当城市的组织结构一旦形成之后，城市的理想形式或原型形式，十分令人吃惊地很少再有变化。"③

20 世纪二三十年代，在城市中心区高度集聚的弊端显现后，西方城市出现了郊区化倾向。伴随着城市居民的大规模外迁，为满足郊迁居民生活和购物的需要，地处城郊结合部、以中低收入阶层为服务对象的超级市场（Super Market）诞生了。④ 这种新型的商业零售业态的出现，虽然一开始只是作为风头正劲的百货商店的补充，但由于到达便利、经营成本和零售价格较低，特别是能体现效率和"自由"的开架自选方式，便迅速赢得了大众的喜爱，并演化为很有生命力的商业零售模式。超级市场的繁荣，表明了西方的城市形态开始进入了郊区化时代，中心商业区的功能向郊区或社区转移。

第二次世界大战结束后的几十年时间里，西方社会进入后工业化

---

① ［日］佐藤肇、高丘季昭：《日本现代百货店》，中国商业出版社 1996 年版，第 5 页。
② ［美］帕克等著，宋俊岭等译：《城市社会学》，华夏出版社 1987 年版。
③ ［美］刘易斯·芒福德著，倪文谚等译：《城市发展史》，中国建筑工业出版社 1989 年版，第 72 页。
④ 1930 年，在美国纽约长岛由米切尔·卡伦创办的金卡伦食品店，是世界上首家比较完备的超级市场（超市）。

和信息社会时代，经济的快速发展，收入的大幅提高，汽车社会的到来，卫星城的崛起，庞大中产阶级的形成，"消费社会"的完全成型，城市功能自我完善和人们消费需求的提升，不断催生新型的商业业态。在超级市场经营模式上的大型仓储式商店，[①]经营品种既有超市必备的食品和生鲜，也有大商场里的各种百货，构成"大卖场"业态的主体表现形式，使城市中心的百货商场遇到严峻挑战。与此同时，标准化、规范化、专业化构成的连锁经营组织形式，在超市和便利店上得到体现，[②]并在城市的郊区和社区快速布点。

　　进入 20 世纪 80 年代以后，信息技术提高了社会生产效率，人们在收入继续增长的前提下，闲暇时间增多，中产阶层追求"休闲型消费"成为一种社会风尚，与此相对应的是，西方的城市和郊区已经形成和谐发展，城市郊区化和郊区城市化进入了成熟时期，密如蛛网的高速公路、轻轨等快速通道让城市中心区和郊区之间，中心城市和周边城市之间几乎没有了空间距离，城市发展进入"都市圈"和"大都市带"新阶段，[③]原来单一的仓储商店、超级市场似乎很难辐射到更远的新的城市空间范围。这样，集购物、休闲、娱乐（体验）为一体、融合多种商业业态的"销品茂"（Shopping Mall）应运而生了。"销品茂"多建在郊区或几个城市之间，具有庞大的体量，无所不包的功能，商圈范围通常为 100 公里左右，最大可达数百公里。在其内在空间里，大卖场、超市、专业名品店、百货公司、娱乐中心应有尽有。从商业竞争的角度看，对单体的百货公司、单体的仓储卖场的冲击最大。事实上，西方城市百货商店的衰微，就是几乎所有功能都被"销品茂"取代的结果。"都市圈"和"大都市带"与"销品茂"的互动发展，也进一步验证了商业、消费活动对城市扩张和财富聚集的神奇作用，"经济活动、交换是城市社会最普遍的互动形式，城市规

---

① 世界第一家仓储商店（大卖场之一种）是 1964 年在德国开设的麦德龙。
② 1946 年，美国南地公司打出的"7—ELEVEN"店牌，被认为是世界上最早的便利店，但便利店真正发展起来，是 60 年代后靠其子公司日本的"7—11"的推动。
③ "大都市带"概念是法国地理学家戈特曼在研究了美国东部大西洋沿岸的城市群后，于 1957 年率先提出来的。它必须具备内部城市密集、有交通走廊连接、人口总规模不少于 2500 万人等条件。详见 Gottmann, J. ,. Megalopolis, or the urbanization of the northeastern seaboard, *Economic Geography*, 33（3），1957. pp. 189—200。

模越大，城市互动频率越高，由此而产生的经济与社会效益也越高"。①

如果说西方的商业业态的发展和城市形态变化、城市社会结构变迁的互动关系，我们是从历史的经验性成果，特别是城市发展史的规律性中分析、提炼出来的，那么，当代中国自改革开放30年以来，由计划经济向市场经济转变，由经济转型带动社会转型，由社会转型带动城市转型，由城市转型带动商业业态转型，带来了商业设施的现代化与高度人性化，促进了城市空间的宜居、宜商与宜消费，提升了城市空间有机化的程度。20世纪80年代前期，商品流通转向市场调节，零售业态开始重组生产资源，全国各地为解决"短缺经济"下的急需生活用品，大力建设日用工业品和农副产品贸易中心，由此拉开大中城市向郊区扩展的序幕。与此同时，城市内部的菜市场和中小型百货店建设启动，城市的内部服务功能逐步得到体现。到了80年代后期和90年代前期，中国的城市迎来了百货商店的大发展期，就像当初西方城市一样，城市中心的标志性建筑是大型百货商店或百货商店群，百货业树立起零售业的主体地位，优质商业资源和消费重新向城市中心集聚，由此带来中国城市形态的"向内转"。90年代中后期，商品经济带来了城市扩张的活力，中国的大中城市开始有计划地建新城区、新居住区，城市内部产业布局调整，实施"退二进三"，城市中心商业零售资源过剩，大百货商店建设热潮退去，百货业内部开始大分化，而以连锁为特征的超市、仓储商店（大卖场）开始了起步发展期，多业态并举的城市商业零售格局显现。到了90年代末，中国城市住房制度的改革、住宅商品化刺激了房地产业的发展，城市扩张全面跨入"郊区化"。因为人口外迁、地价以及交通网络逐步完备等原因，商业零售业态的发展重心转向了社区和郊区，大卖场、超市成为发展重点，城市居民感受到了住在城市新区或郊区的种种便利和实惠。特别是跨国零售巨头在国内大城市的抢滩，门店几乎都开在郊区，既起到了城市发展"市场基"的作用，又让人们认识到了新型的生活方式，激发

---

① 张鸿雁：《侵入与接替》，东南大学出版社2000年版。

很多城市居民主动"外迁"。① 跨入新世纪的这三年多的时间里，国内的零售业逐步走向全面开放，跨国零售巨头沃尔玛、麦德龙、家乐福等商业运营模式带来的"财富效应"，拉动了以仓储商店为原形的"大卖场"建设热。

城市空间发展和市场、商业、零售业态的关系密切，双方的互动程度高。无论是城市空间形态的"制约"作用还是城市社会结构的"控制"作用，都在商业形态、零售业态的展现过程中烙上了深深的印记，而商业活力的释放、零售业态的升级又无时不在促进城市形态的优化发展。以美国为例，20 世纪进行的四大郊区化浪潮，第一次是人口郊区化，第二次是制造业的郊区化，紧接着就是第三次的零售业郊区化，因为只有零售业郊区化了，才能让人们在郊区的住宅里安居，才能吸引外来的就业人员，使郊区产生新的集聚区，从而又引发了第四次的办公郊区化。② 不断提升的商业业态是城市发展的最重要的"动力因"，③ 而不断合理扩张的城市空间又为商业业态发展提供了最好的"平台"，从早期的集贸市场辐射范围只有数百米，到今天的"销品茂"商圈范围可达百公里以上，可以说在消费与消费空间的互动性上作了最好的注解。事实上，在当今中国的城市形态和城市空间结构的变迁中，新的大型商业业态如仓储大卖场发挥的功能作用，在四个方面表现得尤为突出：一是拉动了城市整体空间的郊区化，因为只有大型商业的郊区化，郊区的城市功能才会真正体现出来。二是分化了城市的原有空间，促进了城市的多中心化。以南京进入 21 世纪为例，社区大卖场、社区超市发挥的集聚顾客的能力，快速造就了城市内部空间的一个个新的中心。三是促进了城市的社区化。过去，在旧有商业体制下，市民购物缺乏定向性，无谓地耗费了大量的时间和精力，新的商业设施的社区化，在发挥商业服务功能的同时，还具有直接的社区公共服务的功能，使人们在社区的中心达到日常消费及生活的"一站式"，凸显了社区相对独立的生活服务体系，由此促进了城

---

① "外迁"的被动性和主动性，区别在于前者是强制"安置型"的居住，后者是自己主动花钱买的住宅。

② 张鸿雁：《侵入与接替》，东南大学出版社 2000 年版。

③ 关于城市发展的"动力因"，不同学科的城市研究者认识不同，但商业零售业的扩张被公认是其中之一。

市空间的社区化；四是以强大的集聚性和整合功能，造就了一个个新的城市功能区，带动了城市空间的可持续的扩张。

二、城市空间扩展与商业"中心地化"

自 1992 年 7 月中国允许外国资本进入商业零售和批发业以来，①中国商业的现代化进程就和整个国家的城市化进程基本实现了"步调一致"。在当代中国城市化的进程中，跨国连锁商业巨头沃尔玛、麦德龙、家乐福等所带来的商业新业态，如大卖场、社区超市、MALL、"邻里中心"等，与传统的百货商店、大市场相比，商业新业态中的商家和消费者都在遵循高效率、理性的"标准化"流程，对城市空间结构的重新整合，显示了超强的机制拉动力量。

21 世纪初期的中国，正处在城市化的加速期，城市形态和城市结构正迎来一个急剧的变革时期，这种不稳定性加剧城市人生活圈的变动性。特别是随着汽车社会的到来、城市地铁轨道交通体系的形成以及多业态组合的"销品茂"的崛起，城市人、城市家庭的生活理念、消费理念已逐步与国际接轨后，消费出行的等级结构体系将发生大的变革，将进一步趋向"中心地化"。

"中心地"理论是经济地理学的概念。② 城市的"中心地"主要发挥商品供给的职能，在城市中不多，一般是在消费者容易达到的交通便利的少数地点，决定中心地商品和服务供给大小范围的重要因子是"经济距离"，所谓的"经济距离"是用货币价值换算后的地理距离，是主要由费用、时间、劳动力三要素所决定的距离。③ 我们以此为前提，基于城市宝贵的商业资源得到最大化的利用，来前瞻商业业态的发展走向，预测城市家庭未来一个时期的消费出行方式的变化，对城市规划决策机构以及家庭居住地的调整当会有一定的参考作用。首先，

---

① 1992 年 7 月，国务院发布《关于商业零售领域利用外资问题的批复》，允许在北京、上海、天津、广州、大连、青岛 6 个城市和深圳、珠海、汕头、厦门、海南五个经济特区，各试办 1—2 个中外合资或合作经营的零售企业。

② "中心地理论"最早由德国学者克里斯塔勒（W. Christaller）在 1933 年提出，他从商品交换中心的概念出发，研究了商业市场分布规律。其理论的核心是：假设市场是均态分布的，每个中心都有一定的影响范围，那么由低级的中心地系统相联系组成了更高级的系统。

③ 李小健：《经济地理学》，高等教育出版社 2001 年版，第 87 页。

城市总体的商业结构布局与城市空间结构的扩张规律是一致的，而城市空间结构演化的历史，实际上就是在不同等级的区域空间里分散—集中—再分散—再集中的历史，商业设施的布局也是如此，先向城市中心地集聚，接着向郊区、社区分散，又进一步在社区和郊区再集聚，从而形成商业资源的分层次的"中心地效应"。美国城市郊区化的扩散，就是商业设施构成大都市区的基本要素①。其次，在现代城市规划和发展中，城市人更注重交往空间的扩大，社区化的概念越来越强化，社区与邻里的界限在淡化，邻里社区化，社区邻里化，以让公共服务资源和商业资源兼具规模性和便利性。

当前的中国城市新区建设，为了发挥商业设施和公共设施的规模效应，也告别了20世纪的"邻里小区"时代，住宅建设进入"大盘时代"，崇尚的是"新造社区"的开发理念。邻里与社区空间界限的模糊，必然带来各自中心地商业资源的新整合，明晰的邻里消费圈和社区消费圈的概念也将淡化。但随着城市空间的外向扩散和内部集聚，中国城市家庭在未来的消费出行结构上将出现双重中心地的趋势，受私人交通工具和公共交通工具的限制，在未来很长的一个时期内，"内向"的社区中心地化趋势将占主导地位，"外向"的郊区中心地化趋势要真正形成群体行为，还会有一个漫长的过程。这种内向的社区中心地化消费趋势，就是把原来分隔的邻里消费圈和社区消费圈集合在一个大的消费体系内，既可满足家庭日常消费和公共产品服务需求的"一站式"满足，又能构建一个具有多层次社区成员共享的交往空间，强化社区的自组织能力。作为城市与建筑中间的中间层，邻里化的社区，社区化的邻里，规模不能太大，也不能太小，大了缺乏社区的归属感，小了则不具备互动的交往空间。在城市社区的规划建设上，如何把握规模确实比较棘手，不同城市的空间环境要求差别很大，但是，如果用社区商业的辐射范围来界定，把围绕在社区商业和公共服务中心的多个邻里视为一个动态的"市场化"的社区系统，就会解决社区居民的归属感问题。比如，在商业新业态主宰城市人日常消费的背景下，同样是城市的一个局部空间，规模不大的社区超市辐射的范围如果在800米以内，这个动态社区系统的规模就是以社区超市为中

① 王旭：《美国城市史》，中国社会科学出版社2000年版，第175页。

心、半径大约在800米的空间范围；规模较大的社区大卖场辐射的范围如果在1.5公里左右，以其为中心的动态社区半径则在1.5公里的空间范围。但考虑到社区商业规模的局限以及目前社区大卖场的间距3公里最为合适，目前中国城市的"市场化"的社区系统，最大半径控制在1.5公里内比较合适。这样一个规模的空间范围内，居民日常购物、寻求公共产品服务，步行和骑车都能接受，在基本没有心理压力的环境下，对消费和交往空间的归属感都比较强。

　　基于以上的分析，再来审视当前中国城市的"社区化"运动，特别是城市新区规划建设的"邻里中心热"，就可以认识到，以人为本、以生活为本、以便利为本、以消费为本、以互动为本的城市生活理念，已经开始真正回归，并由此强化家庭消费的"中心地化"效应。

　　不过，在当前中国城市社区商业"集聚型"发展的过程中，也必须注意先进的现代零售业态与城市空间等级结构的错位问题，行政主导下的商业规划常常会出于眼前利益的考虑，违背城市空间发展的基本规律，人为加剧城市空间系统局部区域的失衡，使消费出行的价值获取难以最大化。在南京，城中大卖场遍地开花，表面看是让家庭消费获得了实惠和便利，但却常常阻塞了城市的交通，带来的是更多市民出行的不便。最典型的是沃尔玛在南京开的大卖场，设在了新街口的中央商务区。新街口本来就因交通拥挤，商业资源正在加快外迁，以腾出空间发展办公、金融等高效益产业。但是，由于新街口地区属于鼓楼、玄武、白下三个行政区分隔管理，各区在城市空间疏导上都是互不通气的，造成了只要能在招商引资上显示出政绩，就不再考虑城市产业布局的大问题，因此才会出现每天数万人去沃尔玛买菜，加剧新街口交通堵塞的怪现象。从城市功能的发挥、居民生活方式的提升以及城市品牌形象的传播等方面看，南京确实需要沃尔玛，但这个沃尔玛应该是深入交通便利的大社区或郊区的沃尔玛，而不是设在中央商务区核心地带的沃尔玛。在城市商业资源朝社区和郊区分散集聚的大背景下，以经营生鲜食品为主的大卖场开设在市中心，尽管会有旺盛的人气，但必然带来消费者购物交通成本的增长，商家因此必须加大补偿功能，从而大大提升商务经营成本。而随着消费社会、汽车社会的到来，城市家庭的便利生活观念和行动都将发生新的变化，商业资源向外扩散重新集聚的速度进一步加快，从城市空间布局的合理化来看，大卖场开设在市中心会让整个城市中心区的功能优化付出新的代价，拖延城市的现代化步伐。

　　城市人的消费出行空间的变化，一方面受到城市空间结构变迁规律的制约，另一方面受到交通工具和交通系统的制约，因此，在城市商业资源朝社区中心集聚、家庭消费出行范围将呈现高度"社区化"的同时，随着城市形态和城市空间结构的外向大扩展以及便利的公共交通和私人交通体系的形成，中国城市家庭未来消费行动的另一种"中心地化"现象将是"郊区化"和"都市圈"化。① 西方发达国家城市化的道路表明，制造业的郊区化和居住的郊区化尚不能称城市的郊区化，只有大型商业设施郊区化、郊区的大型商业中心和城市中心商业区的商业设施形成抗衡之势，家庭在郊区可以享受到原本只能在市中心可以享受到的综合商业服务后，城市才真正进入郊区化时代。城市的郊区化，是城市空间不断外向扩展的结果，城市作为现代文明的创造者和承载者，工业技术、交通技术和信息技术的发展，在不断改变城市内部的组织程度和联系方式，城市空间形态也必然由紧凑型向松散型演化。也就是说，当城市的空间集聚到一定阶段的时候，必然会借助交通、技术条件外向扩散，以保持整体空间系统的均衡运转。（见图 4－1）汽车普及和轻轨时代的城市，其需要的空间要比靠步行和马车交通时代的城市放大几十倍。城市空间的外向扩展、郊区化首先需要交通支持，交通线的重要性，在芝加哥城市生态学派的城市扩张的"扇形"模式里得到了深入的阐述。因此，在进入汽车社会后，美国的郊区零售业以仓储大卖场、销品茂大展风头，首要因素就是交通快捷便利，并且提供足够数量的停车场。开车抵达商业设施的时间不同，就构成了郊区商业中心地等级的差别。伴随城市的郊区化，商业零售业的郊区化是不可阻挡的趋势，在美国，20 世纪 50 年代郊区销售仅占城市区的 40%，60 年代中期占 50%，70 年代后期超过75%。② 以亚特兰大市为例，其零售业在 1963 年占大都市区的 66%，

---

① 李程骅：《新业态与南京都市圈消费的"中心地化"》，《南京社会科学》2005 年第 11 期。

② 张鸿雁：《侵入与接替》，东南大学出版社 2000 年版，第 469 页。

到 1977 年下降为 28%，即郊区占了 72%。① 典型的美国人除了家和工作地点外，逗留时间最长的地方就是郊区的销品茂，销品茂与郊区化成为美国 20 世纪社会生活中最有代表性的现象。② 1972 年，美国《财富》杂志一篇文章的标题就是"市中心的商业区'飞'向了郊区"。③ 到 1984 年，设在郊区的全美 2 万家销品茂的零售总额占到了全美零售总额的三分之二。④

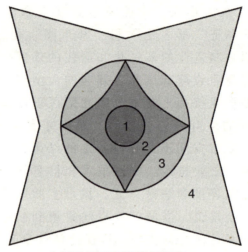

1. 步行和马车时代(紧凑的心圆形态)
2. 通勤电车火车时代(定向指状扩展形态)
3. 游憩型汽车时代(郊区化蔓延形态)
4. 高速公路时代(更松散的城市化区域形态)

图 4-1 基于交通发展的城市空间变化趋势图⑤

在美国，城市向郊区扩展，零售商业中心的郊区化，都是和便捷的交通工具的汽车的普及分不开的，仓储大卖场、销品茂与中心商业区的最大区别就是一切为开车购物的家庭服务，城市中心商业区通常只有数百个停车位，而大型销品茂的停车位则高达 8000 个。此外，郊区的土地价格低，为大型零售业的投资减少了风险，郊区的居住者基

---

① 王旭：《美国城市史》，中国社会科学出版社 2000 年版，第 200 页。

② 王旭：《美国城市史》，中国社会科学出版社 2000 年版，第 196 页。

③ Gurney Greckenfeld, "Downtown Has Fled to the Suburbs," *Fortune*, October 1972.

④ John C. Van Nostrand, "The Queen Elizabeth Way: Public Utility Versus Public Space," *Urban History Review*, October 1983.

⑤ 柴彦威：《城市空间》，科学出版社 2000 年版，第 144 页。

本上是中产阶级，他们喜欢周末、晚间购物，消费能力强等，也促进了郊区零售业的竞争力。在英国，自 20 世纪 80 年代始，城市购物中心的规模在缩减，而且其发展速度也明显慢于城市以外地区的发展。1986 年市购物中心的面积范围是 11600～13200 平方米，而市区以外的购物中心的面积是 22500～40700 平方米之间。① 汽车社会带来的郊区化消费已成为主流，并且在未来相当长的时间内将继续维持这一态势。

　　从中国目前城市化的进程来看，尽管未来的城市形态不可能向美国那样无节制地高度郊区化，市民的交通工具仍将以公共汽车、地铁为主，但城市郊区化和汽车社会的到来是不以人的意志为转移的，大中城市的商业资源向社区、郊区扩散正成为新的浪潮，特别是私人汽车的拥有量从 2000 年开始以每年翻番的速度增长，在郊区购买"第二居所"的观念成为中产阶层的新的置业倾向，再加上众多的仓储大卖场、家居超市等在郊区的交通干道旁落户，造就城市的一个个新功能区，在未来的几年内，中国城市家庭开车去郊区大卖场、销品茂购物消费，将会演化为群体的社会性运动。在南京，举家开车去郊区的麦德龙卖场购物，是现阶段许多中产阶层崇尚的生活方式。从交通出行方式来说，中国城市在小汽车普及率不高的情况下，还有一个重要的参考指标，那就是市民出行的"机动化"程度。"机动化"就是市民出行不再步行、骑自行车，而是自己开车、打车，乘公交车和地铁、骑摩托车等。近年来，东部发达地区大中城市的人均 GDP 超过 3000 美元后，市民的"自行车情结"开始淡化，到 90 年代后期，市民出行呈现明显的"机动化"趋势。上海市民自行车出行比例，1995 年为 40%，1998 年降为 30%。南京市民 1999 年的自行车出行比例比 1997 年下降了 13.8 个百分点，总的机动化率由 16.64% 上升到 35.48%。② 市民出行"机动化"程度提高后，去郊区大卖场购物的能动性也相应增加。另外，南京的人均 GDP 在 2003 年超过了 3000 美元，按照许多国家汽车普及的规律，南京也处在私人汽车普及率的提

---

① 〔英〕保罗·贝尔琴等：《全球视角下的城市经济》，吉林人民出版社 2003 年版，第 204 页。
② 杨涛：《城市交通——新世纪的挑战与对策》，东南大学出版社 2001 年版。

升期。到 2003 年，南京城区的私人汽车的保有量达到 9 万辆，同比上升了 55%。① 如果按照南京城区的固定人口加外来常住人口以 300 万计算，每千人的私人汽车拥有量 30 辆，相当于日本 20 世纪 60 年代后期的情况。因此，按照这个增长速度，南京将很快迎来"汽车社会"，在未来的一个时期内，市民消费出行的"郊区化"倾向会越来越明显。另一方面，目前在南京郊外的商业设施还是以零散、单体的仓储大卖场为主，不具备商业中心的特征，而一旦江宁新区与河西新城的一批超大型销品茂在未来两三年内建成开业，新的商业中心所产生的强大集聚力，当是住在郊区和主城区的家庭所无法抗拒的。因此，如何早做准备，应对市民特别是正在崛起的中产阶层的"郊区化"消费趋向，不仅是新街口中心商业区的大百货店，也是目前在城区内生意红火的大卖场要考虑的事情。否则，将来不仅会给商家带来重大损失，也将影响城市空间布局的合理化进程。

"随着交通工具的不断发展和交通系统的不断完善，人们的生活系统不断扩大。全球将成为一个日常生活系统。"② 现代城市的郊区化，城市之间高速公路和轨道交通的对接，中心城市与邻近城镇和地域在空间上的一体化，还带来了城市化的高级形式——都市圈。"都市圈"是以若干个大城市或超大城市为核心，与邻近的中小城市构成富有特色的人口和产业密集的城市群体。其突出的特征是圈内各城市间存在高依存度，核心城市与外围城市共同组成有机的城市复合体。在郊区化的浪潮之下，城市居民并不一定住在城市所属的范围内，有小汽车、坐轻轨能够密切参与到城市生活中的人就是城市人，就可以享受到都市圈中心城市的商业服务。随着中国城市化进程的加快、"都市圈"的概念已经深入人心，发展大城市、自觉构建都市圈，正成为经济发达地区提升竞争力的大战略。中国的三大都市圈——珠江三角洲都市圈、长江三角洲都市圈以及京津（或称大北京）都市圈，近年来已得到国际社会的公认。跨国零售巨头沃尔玛、麦德龙、家乐福等，多以这三个都市圈的中心城市为基点进行大规模布点，以达到在中国站稳脚跟、长期推进的目标。

---

① 李程骅：《新业态与南京都市圈消费的"中心地化"》，《南京社会科学》2005 年第 7 期。
② 吴良镛：《人居环境科学导论》，中国建筑工业出版社 2001 年版，第 300 页。

在美国城市规划大师道萨迪亚斯的眼中，大都市圈城市之间在功能上互相重叠，造就了一个"日常城市系统"的概念——享受城市生活的普通居民在城市内部的全程交通时间不超过一小时。[①] 按照国际经验，都市圈内部空间的一体化，主要靠高速便捷的交通网维系，通勤模式则分为"高速公路＋私人汽车"和快速轨道交通两种，交通形成不超过一小时的区域空间关联度最高。江苏省规划的南京都市圈，以一小时车程为基本半径，又称南京一小时都市圈，不仅有省内的镇江、扬州，还有安徽的马鞍山、芜湖和滁州。这些城市借助沪宁、宁合、宁马、宁通等高速公路，在一小时内可到达。高速交通网的形成，市场资源配置观念的深入人心，周边五市的人流、商流、物流、信息流明显朝南京集聚。宁马高速公路通车后，马鞍山到南京的车程不到半个小时，从商品流通、经济发展的规律来看，这都是在优化资源配置，显现了"南京都市圈"的正效应。其中，消费及商贸的互动性在这个一小时都市圈内体现得最强，从 2000 年起，每逢节假日，在南京新街口商圈的购物人流中，外地顾客占到 60%，[②] 这些外地顾客多数是来自南京都市圈的。南京市民去周边城市休闲、购物、娱乐也加大频率，仅在 2000 年，马鞍山就有 2000 套新建住房被南京人买走。"新业态"的交通、停车、"平价"、"一站式"服务等综合优势，其功能在一小时都市圈内发挥的作用也将超过南京的中央商务区。苏果超市的门店密布周边城市的重要社区，物流配送和服务系统实现了南京都市圈内一体化。地处南京绕城公路边的麦德龙雨花店，作为都市圈内最早的"洋卖场"，已成了都市圈内有车族双休日购物的时尚选择，店前停车场上的购物轿车有 1/3 左右挂的是周边城市车牌，每天预计有 30% 的顾客来自都市圈内的城市，到了双休日、节假日，这个比例还会更高些。2002 年，南京实现的零售额占到"一小时都市圈"零售总额的42%。[③] 南京中央商场旗下的中商金润发超市，在南京开设的社区大卖场总数达到 7 个最终目标后，拉开了向南京都市圈内和苏南、苏北

---

① C. A. Doxiadis. Ecumenopolis: *the Inevitable City of the Future.* Athens Publishing Cebter，1975，pp. 346.

② 《南京一小时都市圈初显集聚功能》，《新华日报》2001 年 5 月 30 日。

③ 陆峰：《南京商贸流通业应该在长三角经济一体化建设中发挥更大作用》，《南京第三产业研究》2003 年。

大中城市推进的新动作。未来南京零售企业实施的连锁发展战略，外来商业资本在南京河西新城、江宁新区开设的大卖场、销品茂的集聚能力，将进一步强化南京在一小时都市圈内的消费中心城市的地位。特别是南京河西新城的十大建筑，几乎每座的建筑面积都超过 20 万平方米，半数的裙楼都是销品茂、大卖场，硬件建设一流，购物休闲一体化，快速交通便利，还将率先通上地铁。可以断定，这个超大规模的新型商业中心，将会成为南京都市圈内家庭新的消费中心、游乐中心和非正式的社交场所。

　　现代城市空间布局结构的有机化主要取决于交通的网络化，都市人的消费行动选择也主要取决于交通系统的便利性，因此，都市圈与消费圈的互动程度，最重要的是交通系统的支持条件。[1] 实际上，任何都市圈的空间雏形，都是和其中成员商业消费一天可以往返的空间范围基本一致的，因此，在都市圈内，交通系统形成后，首先带来的将是商业消费空间的"一体化"。在"一体化"的大空间内，具有"理性化"、"计算性格"的都市人，自由的选择度更大，商业及消费行动中的"现代性"会进一步提升。同时，中心城市的家庭消费的区域化的消费方式，潜在地加速消解区域内消费等级的落差，融合都市圈内各城市的通勤圈、生活圈、物流圈、休闲娱乐圈等，促进整个区域空间的均衡协调发展。[2]

---

[1]　李程骅：《公共空间与私有空间》，《江海学刊》2003 年第 1 期。
[2]　李程骅：《论商业新业态对家庭消费出行空间的影响》，《江苏社会科学》2006 年第 3 期。

第二节
城市空间优化与商业现代化

一、城市商业空间变化的基本规律

中外城市在空间扩展的进程中，无不遵循"集中—扩散—集中"的基本规律，只不过新的集中是更高平台上的集中，是在更大范围内的要素配置；其空间的载体则体现为"城市—郊区—城市"，只不过新的城市不仅仅是传统的中心城区，而更多表现为城市的副中心或卫星城。城市商业布局的变化，是不断适应城市人生活、消费、交往的新需求的过程，是不断发现和提升城市空间价值的过程。在如此的高度上来把握城市商业空间变化的基本规律，有助于科学地制定城市空间发展战略，促进城市商业资源与消费资源的优化配置。

从上述对商业业态变革的描述中，可以看出，现代城市的真正郊区化，不是工业的郊区化，而是商业的郊区化，而郊区商业的不断集聚以及目标客群的稳定，又促进了商业中心由中心城区向郊区的迁移。而随着迁移数量的增多，新的商业中心逐渐崛起，又倒逼城市中心商业区的提档升级，使大城市空间逐步呈现出一个主中心和多个副中心的商业格局。实际上，商业的现代化一方面体现在高端商业设施的集中性，也体现在商业主中心、副中心乃至社区商业的协调发展、功能错位上。因为商业现代化在不同的历史阶段、不同发展水平的国家和地区中，评价的标准是有差别的，而功能最佳、效益最大、成本最低是评判商业现代化最根本的标准。

西方发达国家在经历了上百年的市场经济的洗礼之后，商业发展、商业布局规划已经有了比较完善的法律法规体系。各国政府制定相关的法律法规，从宏观上对商业布局进行调控，限制大型商业设施的建设，保护中小零售商的利益。法国政府的《罗耶法》，日本政府的《百货店法》、《大店法》、《大店立地法》正是基于这个目的而产生的。在美国、英国，商业规划均由地方政府负责，强调规划的先导性。日本则重在审批，商业项目审批由地方政府负责，从申请到批准通常历时一年，需经五个环节，大型商业项目需促进周边区域的协调，同时评估其带来的人流、交通、环保等生活环境的影响。

在我国，商业布局长时间由商业系统主导，因此，过去强调的是商业网点建设，要么是建大商场，要么建农贸易市场或批发大市场，缺少从城市空间一体化、流通一体化的高度来进行商业布局规划。到了21世纪，随着城市化进程的加速，商业地产开发兴起热潮，一些大城市才率先从城市空间的功能区界定、商业空间与居住空间的有机结合等方面进行商业布局规划。以上海为例，根据国际大都市商业布局发展的普遍规律，结合"十一五"的上海城市总体规划，城市规划面积将由原来的600平方公里扩大至6000平方公里的广大区域。在2010~2020年间，上海城市人口的30%将留在在市区，40%分布于市区边缘，30%分布在郊区城镇。这种人口迁移的趋势将对商业布局规划、商业中心区域的建设产生重大的影响。因此，上海当前的"太阳系"式的"大中心商业布局模式"，必须转变为"银河系"式的"多点城市商业中心区结构布局模式"。否则，商业布局与城市空间的功能区就无法一致，必然带来资源的浪费以及生活消费的不便。在"银河系"商业布局模式中，将不再按照市级商业中心、区域商业中心、社区商业等概念划分商业等级，而是完全根据各个商业中心的规模、集聚和辐射的能力来划分为恒星级商业中心、行星级商业中心。多个恒星级商业中心分布在整个上海区域（包括中心市区和城郊城镇），恒星级商业中心将对行星级商业中心产生辐射和集聚的作用。恒星级商业中心和行星级商业中心互相作用、相辅相成，形成"银河系"的布局模式。这样的商业布局设计，在上海整个市域空间中进行要素配置，打破了原来的内部行政区隔，是适合上海未来商业发展的理想布局模式。①

---

① 徐星：《上海商业布局模式研究》，科特勒咨询集团，www. kotler. com. cn，2006 年 12 月 21 日。

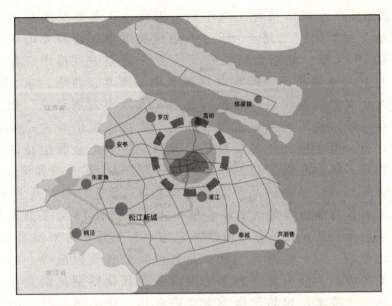

图4-2　上海"太阳系"商业布局模式示意图（2004年）①

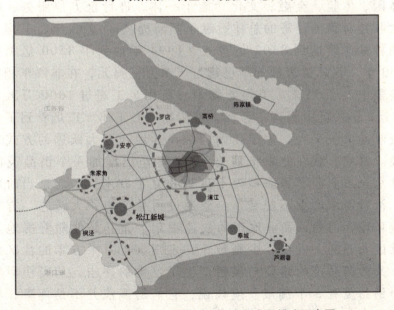

图4-3　未来的上海"银河系"商业布局模式示意图

---

① 图4-2、图4-3资料来源：徐星：《上海商业布局模式研究》，www. kotler. com. cn，2006年12月
21日。

　　北京的城市空间结构与上海不同，因此，其商业空间布局一开始走的就是"巨型化"之路——通过大建销品茂来加速商业的现代化步伐。早在1999年，北京市商委在"十五"规划中就提出，在四环沿线建设四个大型销品茂，即在北京的东南、西北、西南、东北城乡结合部建四个大型购物中心，满足因北京私人汽车发展迅速，把人们过去经常性、日常购买行为变成周末休闲、购物、娱乐等为一体的一次性消费行为。但经过几年的发展，只有西北的世纪金源销品茂人气财气越来越旺，辐射商圈达到300公里，每天有10万人的客流量，2万辆汽车进入。世纪金源销品茂总建筑面积87万平方米，商业面积68万平方米，是目前世界最大的商业单体建筑，拥有18万平方米的金源新燕莎销品茂、5.6万平方米的居然之家、1.9万平方米的易初莲花、汽车展卖中心、7个电影院、桑拿及各种大型餐饮设施等。由此，金源销品茂的成功，成为北京乃至中国商业现代化特别是商业业态与国际接轨的一个范本。销品茂作为大型商业体，在美国风行一时，集购物、休闲、体验、金融、文化功能于一体，进行全方位服务，所产生的巨大收益对美国经济的总体贡献率不断提高。1993年，美国销品茂的总销售额业绩达到8302亿美元，1994年达到了8500亿美元。到了2000年，其总销售额业绩已超过了1万亿美元，在非汽车相关商品的销售额中占了55%。美国购物中心所用员工超过1000万人，几乎每11个工作人口中就有一名在大型购物中心工作。正是看到了销品茂的投资收益又快又大，才促使国内的商业地产以大跃进的方式来建设销品茂。其实，就在北京市商委1999年作出增加4个销品茂的规划时，北京全市商业零售面积尚不足200万平方米，与北京当时的经济发展、消费需求严重不配套，希望通过销品茂的"大跃进"方式来改善商业环境。但是，商业地产的快速崛起，尤其是伴随着房地产开发热的社区商业的大发展，少则数千，多则数十万平方米的社区商业的问世，又对销品茂的建设与经营产生了巨大的冲击，从而使原先规划的4个销品茂有3个搁浅。应该说，它们的搁浅并不是坏事，毕竟销品茂不适合日常消费，在家庭轿车普及率远远低于美国的中国城市，便利、物品齐全的社区商业肯定是首选。因此，北京逐步将社区商业作为发展的重点，当是一种比较理性的选择了。①

南京是长江中下游商贸中心城市，其商品零售总额在长三角地区一直仅次于上海，名列第二。进入新世纪，南京在实施跨江发展、全面推进"一城三区"建设，城市的空间格局实现了历史的跨越，其商业空间布局的规划也同时拉开新的帷幕。原来局促在明城墙的老南京，只有一个商业中心——新街口，同时有湖南路—山西路、夫子庙、中央门—建宁路等商业副中心。而在此前颁布的《南京市商业网点规划》（2004—2010），明确提出将南京建设为长三角商业中心，对南京主城和三个新市区的商业网点进行规划布局，规划提出将南京建设成为长三角地区最具活力的、有着较强凝聚和辐射功能的现代化商业中心以及南京都市圈的商贸流通核心城市。要将商业作为南京市重要的支柱性产业，空间布局上向多中心、集中和分散相结合、总体均衡的方向引导，尤其要引导大型商业网点向新市区、新城区发展。一方面，作为南京都市圈的中心城市，交通、商业、消费的高度首位性，决定了南京的高端、大型商业设施必须面向整个都市圈，以达到强化辐射力、提升规模效应的目的；另一方面，南京的城市空间近几年快速拉开，在高新产业园区、住宅区大规模开发的同时，商业配套的滞后性，严重影响了新城区的入住率，不利于新城空间的功能提升。在这个规划中，三大新城区的商圈规划提上日程，规划了主城外的商业副中心包括江宁东山新市区中心、浦口新市区中心、仙林新市区中心，强调以住宅开发及配套商业发展为带动，构建基本的商圈服务体系。可以预见，该规划具有的先导性，伴随着地铁一号线的南延到江宁、地铁二号线到仙林大学城，以及过江通道的贯通，南京"一城三区"的商业布局将趋于合理化，并且和主城的商业设施形成互动，共同推进南京商业空间与城市空间的有机化融合，明显提升城市的品质，优化城市的功能。

二、城市空间扩张中的社区商业功能

城市商业空间是一个有机的动态的网状空间，由不同等级的商业设施构成的点，连接起来才形成了功能多元的商业服务体系。从现代

---

① 李程骅：《"反沃尔玛化"与商业业态的理性选择》，《商业时代》2006 年第 5 期。

商业业态变革的规律出发，中国正在迎来一个结构升级的消费社会，消费理念和消费结构以及生活方式都将实现大的飞跃，城市提供的商业空间、经营的商业业态，必须超前考虑自身的"定位"。尤其是伴随着城市空间布局的社区化，社区商业的功能在城市商业空间、整体空间的变革和优化中，将发挥重要的作用。

　　城市空间结构的组合是分层次的，由此带来的"商圈"和"消费圈"也是分等级的。从商业业态的"适应性"来看，按当前中国城市家庭的消费半径来测算，基本可以分为"邻里消费圈"、"社区消费圈"以及"城市区域型"三种，与其对应的商业设施分别是便利店、社区超市以及大卖场或销品茂。很明显，前两者的单次购买量不大但购买频次多，且消费额是稳定的，经营的风险不大，但第三种商业设施虽然单次购买量大，但客户的不确定性也最大，一旦失去了开业初期的新鲜感和"特价效应"，很有可能进入萎缩状态，近几年来，倒闭或经营不善的大卖场、销品茂多属后者。实际上，属于社区商业范畴的"邻里消费圈"和"社区消费圈"，将是下一步中国城市商业发展的重点，因为只有社区商业繁荣了，城市的功能才真正体现出来。2005年5月，国家商务部专门拟定了《关于加快我国社区商业发展的指导意见》，提出"争取利用3—5年时间，在全国人口过百万的166个城市中，初步完成社区商业建设和改造工作，基本实现社区居民购物、餐饮、维修、美容美发、洗衣、家庭服务和再生资源回收等基本生活需求，在社区内都得到基本满足，并形成商业布局合理、服务功能齐备、服务质量和管理水平较高的社区商业综合服务体系。"将在国内人口过百万的地级市确定50个全国级商业示范社区，在地方建立300个左右的省级示范社区。并在2006～2007年进行推广，逐步扩大示范社区的范围。无疑，社区商业在未来几年将会进入高速发展期和完善期，社区商业地产的开发和建设也将进入一个新高潮，相关的开发商们如果能选择好社区商业的业态，也将迎来更大的商机。

　　社区商业提供的"产品"最大的特性是其定制性，开普通超市的与大卖场的空间分割要求是不一样的，开便利店的与MALL的空间配套差别更大。而近几年在美国新军突起，专门满足中产阶级消费需求的"生活方式中心"（Lifesyle Center）在建筑的结构与布局上又有所创新，那就是有效解决了非周末消费带来的经营冷清问题。开发商在规划建设自身的商业设施时，就已经提前选择好了商业业态，而大型商业设施从规划到完工再到商家开业，起码需要两年的周期，在这个建设周期中，人们的消费指向和商业环境有可能发生大的变化，这就要求开发商必须以超前的战略眼光选择商业业态，提前锁定大社区消费圈。实际上，在现代城市的空间中，"社区商业"是一个动态的不确定的概念，几百人居住的小区、几万人居住的大社区都可称为社区，因此在商业业态的界定上，我们不能照搬西方，而是要进行适当的"选择"，进行合理的"归并"。比如，我国在1998年发布的国家零售业态，将零售业划分为百货店、仓储式商场、购物中心、超市、大型综合超市、专业店、专卖点和便利店八种。这八种业态，除了百货店是传统的业态，其他的都是现代的业态。近几年来，新业态的投资商在布点时，鉴于家庭消费的升级以及日常销售的稳定性，重点进驻社区，逐步形成了大卖场、社区超市以及便利店三大"社区商业业态"。

商业消费以人为中心、以家庭消费为中心的理念，在快速推进现代商业业态的社区化。近年的美国，MALL的业态的变形——"生活方式中心"的新军突起，就很有代表性，也在一定程度上表明新的零售商业革命——"便利+休闲"时代的到来。[1] "生活方式中心"，讲究商业空间的平面化和高度的娱乐休闲特色，更像是商业街区的微缩版，主要针对具有一定消费能力的成人，而不是那些在商场只淘便宜货的青少年或低收入者。购物者可以将车停在每家店铺旁边圈出的空地上，而不必费事将车开进几层深的水泥地下停车库。这一新型业态营造出一种轻松随意的购物氛围。对于中产阶级来说，更讲究生活的品位，随着生活节奏的加快，购物已越来越成为一种功能性活动，而"生活方式中心"针对的就是那种只为购物而购物的群体。目前，美国主要零售商都正迅速向"生活方式中心"业态转变。这种方式能给他们带来更高的销售额，以及更少的运营成本。"生活方式中心"2003年起步，两年就发展到约100家。据国际购物中心协会预测，这一数字在今后几年内还将翻一番。可见，当前中国城市的商业地产的开发商们，对于所建的商业设施，无论是MALL，还是商业街，或者是大型的邻里中心，都应以战略的眼光，提前考虑到主流消费者的基本需求，既

---

① 李程骅：《"反沃尔玛化"与商业业态的理性选择》，《商业时代》2006年第5期。

要便利，也要休闲，也就是说在停车和出入的方便性，在购物环境的轻松氛围营造上，已经是要首先考虑到位的了。

按照世界贸易组织协议，我国的商业零售业自 2004 年 12 月 11 日全方位对外开放，高成长性的中国商业市场和由消费结构升级带来的庞大消费份额，正在吸引越来越多国际商家的关注，寻找适合商家发展的商业地产项目已成为众多国内外商家扩张规模、占领市场的基础。因此，商业地产只要位置适中、定位准确，就不会像很多住宅、办公楼那样空置。但是，在当今中国的城市空间结构已经发生了新的组合，家庭轿车、地铁轻轨成为主导的交通工具后，新的商业业态在非中心商业地域产生的聚客能力越来越强时，商业地产的开发商就应该抛弃传统的"商圈"的概念，而应着力购建围绕主流消费群特别是中高收入者居住地的"消费圈"，也就是说，开发商必须从规划建设以及经营等整体的商业地产产业链上来谋划自身的事业。然而，从目前国内商业地产的现状来看，由于资金的压力，很多开发商通常是先开发项目，后招商引资，而不是像万达地产那样专为沃尔玛"定制"卖场。"先开发后招商"模式，很容易导致开发与经营相脱节，这也是导致目前许多大城市商业地产空置率居高不下的一个重要原因。一条商业街或一个大卖场的铺位出售或出租后，一旦出现因经营或管理不善导致大量商户撤场的情况时，将会在相当长的时间里影响商誉，开发商就会连带受损失。值得关注的是，近年来大中城市的社区商业，其发展也受到了开发商一相情愿的无限扩大商业面积的影响。由于商铺的价格比住宅高一倍左右，一些中型小区配套的商业裙楼动辄上万平方米，既不适合社区商铺的经营要求，也难以支撑起社区服务的综合功能，造成空置严重，并影响社区的可持续发展。

现代商业的发展，是以商业地产的规划布局为前提的，商业地产的开发商如果只按房地产开发的套路，按没有考虑商业的要素来运营相关项目，必然要走弯路。自 2003 年始，中国大中城市的商业地产开发趋热，但"商业"与"地产"的有机融合问题却一直找不到好的答案。一般认为，"商业地产"发展历史主要分为三个阶段：第一阶段是"商业、地产分离阶段"；第二阶段是"商业、地产叠加阶段"；第三阶段是"商业与地产真正融合阶段"。只有进入第三阶段，商业地产模式才会发生质的飞跃，才会实现商业和地产价值有机融合并相互提升的崭新模式。商家追求商业运营价值带来的长期稳定的收益，完全不同于住宅开发模式，现代商业项目也不仅仅是商业加地产的简单叠加。前些年，在商业地产产品短缺之时，"买到就是赚到"，开发商的商铺还没造好可能就售光了，几乎没有经营压力。但现在不同了，面对空置的压力、经营不善的压力，开发商们已经认识到，商业地产不仅仅是商业加地产就是商业地产，商业地产是一个价值链，此后的商业经营如何直接决定地产的价值，这个地产不仅指自身的设施，还包括相邻的商业地产。以南京的现代商业项目为例，沃尔玛在新街口，麦德龙在卡子门引来扎堆效应，新城市广场给河西居民带来生活方式上的变化，都说明了商业品牌与运行模式的重要性。南京河西新城的商业项目，也因地产在前商业在后，其经营前景受到高度关注。紧邻奥体中心的中央商务区 13 大标志性建筑的 16 幢塔楼，总投资 118 个亿，仅"底商"面积就达 58 万平方米。在与纵轴江东路垂直的商业轴线上，更聚集了总量达 120 万平方米的零售商业，包括 30 万平方米的新城国际购物广场、8 万平方米的中央广场及地铁购物中心等。如此大体量的商业地产，短时间内仅凭一两个商业巨头进场是无法拉动整体繁荣的，只有从未来 5 ~ 10 年商业业态、消费方式的走向去考虑经营方略，才会有大的回报。①

其实，城市商业的现代化，城市商业功能的综合发挥，不仅仅表现在核心商业区的大型购物中心的规模和数量上，更表现在以居住者为本的社区商业的发展水平上，社区商业的业态、业种以及服务水平更能体现出城市的内在品质。也正是看到了当前我国社区商业的发展明显滞后于城市中心购物中心、销品茂的发展水平，国家商务部从 2005 年起呼吁加快发展社区商业，并要求从相关政策入手来扶持社区商业。社区商业的发展，主要表现在两个方面：一是在老城区的居住区尽可能开辟新的社区商业集中地，或将原来的农贸市场、老厂房进行升级改造；二是在新城区、新居住区，将原先规划并已建成的社区商业设施运行起来，在为入住者提供日常服务的同时，也加快居住区入住率的提升。以南京市为例，按照《南京市商业网点规划》（2004—2010）的规划布局，南京未来以主城区为核心，将形成两个

---

① 李程骅：《商业业态的"升级"与商业地产的选择》，《南京日报》2005 年 9 月 2 日。

市级商业中心、六个市级商业副中心以及 27 个地区级商业中心、主城区的四大核心商圈——新街口、山西路—湖南路、夫子庙、鼓楼—中央路等，将以翻新和扩建为主来提升区域性的商业辐射能力，并使河西新城、江北、东山等新区商圈与其形成联动发展的态势，以提升新城区的入住率，带动社区商业项目整体发展。为此，2006 年 11 月，南京市商贸局发布了《南京市加快社区商业发展实施意见》，表示要用 5 年时间确立市级社区商业示范区 50 个，新建和改建一批社区菜市场、超市、便利店、餐饮店、洗染店、修理店、大众浴室和废旧物资回收店等网点配套设施。到 2010 年年底，社区居民日常基本生活消费不出社区，绝大多数社区居民购物的距离原则上不超过 600 米，步行 5 分钟左右基本满足购物、餐饮、维修和家政服务的日常生活需求。在这种务实的社区商业发展观念的引领下，南京的社区商业不断推进业态创新，其中"社区生活街"与"优时生活中心"最受关注，并且受到居民的欢迎。"社区生活街"是指把介于新居住区与老居民区的社区商铺，以"微型商业街"的方式来聚集人气，引进品牌服务商家前来经营，其单体铺面面积不大，一般在 30 平方米~50 平方米，可经营便利店、快餐店、蛋糕店、洗染店、美容美发店等，投资不大，没有暴利，但客户都是周围小区熟客，收入稳定。与原来开发商热衷于建设的综合会所楼相比，"社区生活街"具有业态多元性、铺面产权化、运营成本低、便利性等特点，可基本满足居家的日常消费需求。但是，"社区生活街"也有明显的弊端，那就是由于小商铺的产权属于不同的业主，在整体的经营定位与业态组合上，很难做到配置的科学化与服务标准的一致性，难以满足居民对品质生活的要求。① 而统一品牌、整体运营的"优时生活中心"应运而生就是必然的了。"优时生活中心"采取的是整体进入新城区、新楼盘的商铺，提供提档升级的社区连锁服务："叁餐厅"解决一日三餐；"全家食品中心"供应蔬菜水果等生鲜货品；"优时之窗"包揽邮寄、存取款、家电维修、联合票务和旅游等各项服务；苏果便利店满足居民的日常购物需求，还有美容店、亲子馆、干洗店、糕饼屋等各种店家等。进入其中，可以享受到你能想到的社区配套服务：小区住户买菜不用跑菜场、交电费不用跑

① 《社区商业或成投资热点》，《新华日报》2007 年 1 月 10 日。

银行、没时间做饭也不用开伙等等，只凭一张"优时卡"就可以全部搞定。由于"优时"真正解决了中高端社区的配套服务需求，提供的各项服务都是日常化程度高并且需求量大的，很快发展为一个全新的社区商业服务连锁品牌，在南京的万科光明城市、云河湾、银城东苑、奥体新城、拉德芳斯、金马郦城、紫金万达等小区受到欢迎。"优时"采用"自营、联营、分租"三种经营模式来统领、管理各门店，每一个店铺都建立在居民的消费需求之上，尽量体现总体多功能的特点，商铺规模不大但种类较多，与社区居民消费需求的特点相吻合，同时不断根据小区业主要求补充服务业态、提升服务水平，为居民提供更加完整的配套服务，以培育更大的发展空间。[1]

当前中国城市商业的"社区化"运动，新城区的"邻里中心热"也颇有代表性。"社区生活街"、"生活中心"等新的社区商业组合形式，实际上都是基于"邻里中心"商业模式的创新。起初，美国建筑学者 C．A．佩里在 1929 年提出的"邻里单位"概念，是指以城市干道所包围的区域构成的基本单位，邻里单位内配备商店、教堂、图书馆和公共中心，商业中心一般设在邻里单位外围交通方便的地方。邻里单位强调步行通达，限制外部车辆穿越，以保证居住区的安全和宁静。第二次世界大战之后，英国等西方国家广泛利用邻里单位的概念来规划建设新城。[2]（见图 4－4）后来，新加坡将"邻里中心"的社区建设成综合服务中心。从 1991 年开始，新加坡建屋发展局集多年实践之经验，推行邻里中心模式，不但对邻里中心的建设进行规划，而且对邻里中心与屋的比例、邻里中心的商店组合、经营商品的档次、邻里中心的必备功能等都作出周密计划。这种"邻里中心"与原来西方城市规划的"邻里单位"的不同之处，是空间的开放性和服务社区化，围绕单个"邻里中心"能形成一个小社区，多个邻里中心连接成网状，就构成了一个大社区。1994 年，中国和新加坡两国政府合作兴建苏州工业园，园区规划面积 70 平方公里，双方参照国际城市的建设经验，共同编制了园区总体规划。这些规划融合了国际上城市的先进

① 《全新社区商业服务连锁品牌——优时在宁悄然诞生》，《江苏商报》2008 年 3 月 26 日。
② 《中国大百科全书·建筑园林、城市规划卷》，中国大百科全书出版社 1988 年版，第 301 页。

经验，注重环境的质量，对相应的商住和公益设施建设的探索，就是借鉴了新加坡"邻里中心"的商业开发和社区服务模式，把所有与居民日常生活需要贴近的商业和生活服务设施都集中于邻里中心。园区70平方公里规划区内，根据居民住宅发展将建设23个邻里中心。在邻里中心，凡是涉及居民日常生活所需的服务项目，门类齐全，集商业、文化、社区服务、公益服务于一体，内设超市、便利店、银行、邮政、诊疗所、书店、图书阅览室、棋牌室、歌舞厅、影剧院、儿童乐园、咖啡馆、茶室、美容美发厅、浴室、洗衣房、彩扩中心、修理铺、健身房、保龄球馆、旱冰场、桌球房、各类商品专卖厅、饭店、快餐、风味特色小吃等。[1]

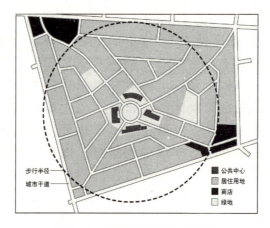

图4－4 邻里单位规划示意图[2]

　　苏州工业园区的"邻里中心"模式，把所有商用产业和服务设施集于其中，并对邻里中心的服务范围、服务设施、服务对象事先测算，精确定位，既缩短了商业服务设施与社区居民的距离，体现了"便利性"，又充分满足人们多层次的需求，提高社区居民的生活质量。从城市空间结构集聚与扩散的规律以及"新业态"的潜在整合功能来看，这种规划在明显引导社区家庭的消费行动的"内向"极化。在2003年发布的苏州工业园区第二、三期区总体规划图（见图4－5）

---

① 苏州工业园区社会事业局：《借鉴新加坡邻里中心理念　积极探索园区商业开发的新思路》，《商业文化》1999年第6期。

② 《中国大百科全书·建筑园林、城市规划卷》，中国大百科全书出版社1988年版，第301页。

上，我们可以看出，在第二和第三期区两个大空间里，以"镇商业中心"为核心，构成各自的社区服务体系网络。两个"镇商业中心"都有自己的直接"领地"范围，同时又分别统领 8~9 个小社区。每个邻里中心的辐射半径是 400 米服务范围，整体的社区大邻里空间范围半径在 1 公里~1.5 公里，开放的邻里中心和镇商业中心构成了一个有机的整体的社区商业服务网络系统。在这样的空间里，邻里中心和社区中心是一体化的，家庭的生活性活动在邻里中心完成，而日常购物行动则会在社区（镇）商业中心中"一站式"完成。不去城市中心的大商场，日常生活也不会受到影响。苏州工业园社区建设"邻里中心"模式的成功，让城市的管理者看到了社区建设以商业功能为中心、商业中心、社区政务中心与社会公益性设施融为一体的可能性。商业设施、社区政务设施和公共设施"集合"一体后，给居民提供了"一站式"服务，也优化了本来散乱的社区公共资源。因此，现阶段我国城市从提高社区生活质量和服务水准考虑，纷纷在城市新区规划以及旧城区的改造中，兴建大型邻里社区服务中心，提升城市社区的综合服务功能。①

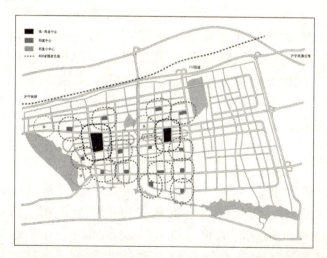

图 4-5　苏州工业园区第二、三期区总体规划图②

---

① 相关分析引用了李程骅的《商业新业态：城市消费大变革》第五章"新业态对消费出行空间的影响"中的内容，东南大学出版社 2005 年版。

② 该规划图来自苏州新加坡工业园管理委员会网站，2003 年。

　　无疑，社区商业的新业态、邻里中心等对于提升城市功能、优化城市空间的作用是显而易见的。发展社区商业对于政府来说是"面子工程"，但对于居民和商家来说是"里子工程"，而政府的政策引导、开发和商家的规划以及商业模式的可行性又是成功的关键，居民对于便利性、服务的品质性需求所形成的稳定消费，是社区商业可持续发展的根本。特别是一个地区的人均 GDP 达到 5000 美元之后，社区商业的品质化成为必然的选择，"社区消费圈"的锁定与挖掘，就成为开发商与投资者的重要行动。以地处长三角地区中心位置的常州为例，尽管目前人均拥有的商业面积低于上海、南京、苏州，但按照现在的商业地产开发态势，预计到 2010 年就可赶上南京、苏州。为此，常州市政府部门制订的商业发展规划，明确提出未来的人均商业面积的增加，将主要体现在社区商业上：市区按每千人 700 平方米～910 平方米配置，其中 80% 的网点集中在规划的社区商业中心内。社区商业以生鲜食品超市为中心，以发展连锁便利店为主流进行合理布局，鼓励设置：邻里中心（集购物、餐饮、休闲、娱乐为一体，能满足居民多样化消费需求的综合性社区商业服务中心）、社区小型折扣店、便利店、超市、餐饮店、生鲜超市、生活服务设施。品牌开发商应有的责任是，引领社区商业高起点发展。富有实力的品牌开发商在商业地产的开发方面，也应主动调整商业开发战略，先行进入城市新中心，服务大型新社区，培育日常"大社区消费圈"。常州在市中心建设大型购物中心的同时，在主城区、新城区开发的楼盘，无不以合理的规划布局、先进的业态，来打造社区商铺集中区，一方面提升楼盘的配套水平和入住率，另一方面又以构建的社区商业服务中心来完善社区服务功能。

　　城市空间的发展，大型的商业中心与副中心，通过交通线构建起城市商业的大框架，而社区商业则是将商业框架均衡支撑的网点，重点发挥对城市社区肌理的优化、修补功能。同时，在快速的城市空间变化中，处于中心、副中心结点的大型商业设施，与社区商业呈现出分工而又竞争的态势。特别是在当前的中国，城市化步伐之快，商业消费的需求之旺盛，使城市商业的空间布局与城市大空间的扩展形成了联动关系，使传统商业中心的优势被快速分解，而新的商业业态在环境提升、商业模式超前以及人性化的服务理念条件下，又很容易建立起新的集聚优势。那些建立在老城区边缘或新城区的现代商业设施，在放大区域辐射力的同时，也不忘把日常消费圈锁定，以保证正常的人流、现金流。因此，新的商业设施，只要不在交通拥挤的市中心区，其业态定位莫不是"泛卖场"、大社区店的概念。沃尔玛、家乐福、麦德龙等跨国商业巨头在这方面起到了引领作用，而国内的开发商则在此基础上进一步创新，规划打造更大更完备的商业综合体、城市综合体，这类综合体与美国的"MALL"的最大区别是地理位置不选远郊区，主要介于老城区、新城区结合部，在提供大社区商业服务功能的同时，本身就是一个城市的新中心、商业消费的制高点。像北京的金源 MALL、上海的正大广场、南京的龙江新城市广场等，就是这种商业理念的成功实践者。以南京为例，河西新城区缺的就是商业，龙江新城市广场开业后，商业消费的便利程度超过新街口，而万达在河西中部的江东门万达商业中心，成为南京最大的城市商业综合体。万达江东商业中心，地处南京老城区和河西新城区的奥体新城区的连接地带，这里本是商业洼地，本来南京市规划的也是一个三级的商业副中心。但是，随着地铁二号线的开建以及南京过江通道的规划，这里成为了一个新的交通枢纽。为此，2007 年，万达经过土地竞标，获得了开发权，所规划建设的商业中心总面积达 50 万平方米，内设大卖场、品牌时尚店群、美食广场、五星级酒店、高档写字楼等，要把所有的微型的商业业态一网打尽，包括建材、家居、超市、百货、电影、游泳馆、健身中心、电玩城、量贩式的卡拉 OK、运动服装城、数码广场等。这种新型的商业中心，实际上是商业消费的综合体，几乎浓缩了一个大城市的所有商业功能，同时具有体验消费、时尚消费以及家庭日常消费的商业空间，它的建成，本身就是城市的重要功能体，尽管地处大社区的空间位置，但业态本身的集聚力与辐射力已经超越社区，服务的是整个城市以及更大的区域。新商业改变区域的地位，提升城市的能级，将在万达商业中心得到更好的验证。①

---

① 《万达 14.8 亿拿地河西造城》，http://www.house365.com，2008 年 4 月 11 日。

图4-6　南京河西新城商业空间布局（局部）①

　　改革开放30年，中国城市化进程最突出的表现是新城区的开发扩张明显超过对老城区的改造更新。在当下的"造城运动"中，基础设施建设已经基本完成，但新的城市空间的功能提升远未完成，其中商业设施的合理布局成为最复杂的难题。在这样的背景下，商业地产的规划理念与开发模式，往往直接决定了城市商业的未来，决定了城市商业空间的品质。从中国城市社会发展的态势来看，由经济全球化以及经济持续高增长带来的城市生活成本的不断提高，如房价的高涨、教育费用普涨、行业收入差距的拉大等，已经制约、压迫了我们原来期望的"橄榄型"社会的生长——造就数量巨大的城市中产阶层，形成稳定的社会结构，而由于收入造成的社会两极化的"M型社会"日益显现。② 实际上，在当前中国城市居民的消费行动中，在选择购物场所方面，在日常消费方面，已经明显体现出了"奢侈型"（高端化）与"实惠型"（低端化）的分化倾向，与此应对的商业地产开发，也以超前的眼光来进行商业业态的战略创新。当前，城市新兴区的超级商业综合体、商业中心的高级品牌门店的建设，以及社区商业设施的大规模建设，一方面提升了城市的服务功能，另一方面也有助于通过商业消费的"空间一体"化来消除潜在的"M型社会"的心理影响：

----

① 图4-7引自http：//img1. house365. com/main/live/2008-04-11-22-37-01-1207924621. jpg。

② ［日］大前研一著，刘锦秀、江裕真译：《M型社会来了——中间阶层消失的危机与商机》，中信出版社，2007年版。

无论你属于高收入阶层还是中低收入阶层，在超级商业综合体和社区商业中都能找到自身的空间价值。

因此，面对中国城市进入功能提升的新的历史发展阶段，商业的现代化直接呼唤着商业地产的转型，要从喧闹向理性"转型"，这种"转型"具体体现在商业业态规划的层次化、经营理念的变革以及追求住宅开发与商业地产的和谐运行等多个方面。

首先，要主动迎接体验式商业消费时代的到来。我国东部沿海城市这两年的 GDP 年增长率都在 15% 以上，人均 GDP 达到了 5000 美元以上，上海、深圳等城市的人均 GDP 接近了 10000 美元。这些数据和商业休闲的商机、商业地产的定位开发则有着直接的对应关系。按国际惯例，当一个地区的人均 GDP 达到 3000 美元时，预示着商业休闲消费商机的启动，而人均 GDP 达到 5000 美元时，以体验为主的休闲消费进入活跃期。但是，由于国内的商业地产开发商首先考虑的是多圈地、多占地，要么建大卖场，要么造 MALL，结果造成恶性竞争、资源浪费，短命现象严重。实际上，体验消费需要的商业环境、商业空间更强调人性化、便捷性，这就需要开发商、运营商联手调研，选择最受欢迎、最有生命力的业态。从当前国内城市商业业态转型升级的趋势来看，商业现代化的进程仍处在初期阶段，尽管硬件设施一流，但在信息管理系统、采购系统以及服务追踪系统等方面，与国际商业巨头们仍有较大的差距，短期内仍不具备其核心竞争力。

其次，要以商业新业态来引领社区商业的发展。从商业业态的"适应性"来看，按当前城市家庭的消费半径来测算，基本可以分为"邻里消费圈"、"社区消费圈"以及"城市区域型"三种，与其对应的商业设施分别是便利店、社区超市以及大卖场或销品茂。[①] 很明显，前两者的单次购买量不大但购买频次多，且消费额是稳定的，经营的风险不大。因此，属于社区商业范畴的"邻里消费圈"和"社区消费圈"将是下一步中国城市商业发展的重点，因为只有社区商业繁荣了，城市的功能才真正体现出来。现代化的城市，社区商业要以满足居民高品质便利的消费为主，要有购物、娱乐、餐饮、服务、回收和

---

① 李程骅：《论商业新业态对家庭消费出行空间的影响》，《江苏社会科学》2006 年第 3 期。

家政几大功能，在不能在马路旁边开店、追求最佳人居环境的大目标下，社区商业将承担未来商业的重任，这也就是欧美社区商业已经占到居民商业消费60%比例的原因所在。

再次，注重区域性商业中心培育，推动城市商业资源的优化配置。商业地产与住宅开发的最大区别就是要树立长远的经营眼光。因为大型商业设施的开发建设一旦定型，往往几十年都不会改变。商业地产是一个开发和经营的生态链，有自身的发展规律。按国际惯例，商业地产的发展需要3年左右的培育期，为了统一经营和管理，开发企业对商业物业一般拥有95%的持有率，只租不售是商业地产的主流经营模式。此外，由于商业业态存在多样性，不同业态在选址和物业结构等方面有不同的要求，所以一般采取先招商，再根据商家对物业结构的不同要求进行建设，即"订单式开发"。这样，在商业地产的开发中，开发商、投资者、经营者、物业管理者形成一个友好型的利益链。商业地产的开发商们，应该抛弃传统的"商圈"概念，着力构建围绕主流消费群特别是中高收入者居住地的"消费圈"，从规划建设以及经营等整体的商业地产产业链上来谋划自身的事业。只有从商业现代化的规律和城市现代化的规律出发，认清国内城市商业发展水平与国际先进城市的差别，以先进的商业模式和商业服务大力推进商业新业态尤其是社区商业的发展，城市商业空间才能进入良性循环，以商业消费构成主导的生活型服务业才能提高附加值，从而使城市的综合服务功能得到提升，城市空间重组进入优化的轨道。

第五章
城市空间复兴与创意产业的功能

　　世界城市发展在进入 20 世纪 80 年代之后，伴随着制造业大规模的外迁，许多大城市出现了"空心化"的现象。如何使废弃的旧厂房、旧居住区所占据的城市空间重展功能、快速"复兴"，成为政府关注的现实问题。而在经济全球化、信息网络化、社会知识化的新背景下，以创造性、创新性为主导来整合产业资源、文化资源以及国家精神的创意产业的迅猛发展，又在城市中造就了一个个创意产业园区。从英国、美国、日本、韩国以及我国北京、上海的创意产业崛起的历程来看，创意产业的高度集聚性，决定了其必须立足于产业资源、文化资源以及科教高度发达的大城市空间，并依托大城市的辐射功能来构建产业链和产业带。因此，大伦敦地区、东京地区、纽约地区、大洛杉矶地区等，在成为世界创意产业的前沿区域和制高点的同时，老城空间中的老厂房、老街区也同步得到"复兴"。同样，近几年来，中国创意产业的发展，也是在北京、上海等地率先起步并造成声势的，创意产业在引领城市产业结构的升级的同时，创意产业集群的空间——大多在老城区旧厂房改造而成的创意产业园，也成为复兴传统城市空间、优化主城功能以及提升城市品质的新载体。因此，从创意产业的功能、创意产业园的空间布局形态以及创意人才群体的集聚性，来考察城市产业空间的嬗变以及城市空间的机理再造获得"复兴"的过程，当具有重要的现实意义。

第一节
创意产业的地位和先导作用

一、创意产业及其时代特征

创意产业（Creative Industry）或译"创造性产业"，是在现代网络传输等高新技术基础上发展起来的新兴产业，是一种在全球化的消费社会背景下发展起来的推崇创新、个人创造力，强调文化艺术对经济的支持与推动的新兴理念、思潮和经济实践。

当前，自主创新能力已成为国家竞争力的核心要素，而自主创新能力主要体现在核心技术体系与具有知识产权的产品体系两大方面，如果说前者主要体现的是"国家意志"，取得的成果来自于国家的大投入，那么后者则主要表现为"个体意志"。更为重要的是，在信息社会进入纵深发展阶段，伴随着精神产品和物质消费产品的界限淡化以及"体验经济"时代的到来，源于"个体意志"的创造力已渗透到经济与社会生活的方方面面。因此，超越传统经济部门分类，以提升全民创造力的"创意产业"浮出水面。20 世纪 90 年代，英国最早将"创造性"概念引入文化政策文件，并在 1998 年出台的《英国创意产业路径文件》中对创意产业进行界定：创意产业是指那些从个体的创造力、技能和天分中获取发展动力的企业，以及那些通过对知识产权的开发可创造潜在财富和就业机会的活动。① 英国创意产业小组不仅给出了创意产业的定义，而且划分了创意产业的门类，把 13 个部类确定为创意产业，即创意产业主要包括广告、建筑艺术、艺术和古董市场、

---

① 佟贺丰：《英国文化创意产业发展概况及其启示》，《科技与管理》2005 年第 1 期。

手工艺品、时尚设计、电影与录像、交互式互动软件、音乐、表演艺术、出版业、软件及计算机服务、电视和广播等等。

创意产业是在全球产业结构调整和升级的背景下发展起来的，是工业化和消费水平日益提高，生产和消费模式向小批量、个性化发展的结果，是衡量一个国家或地区产业水平、经济活力和消费水平的重要标志之一。大力发展创意产业不仅有利于增强城市魅力，提高产品多样性，引领消费潮流和以人为本的发展模式，而且对转变经济增长方式，引领产业高端发展，实现产业结构升级具有重要的推动作用。

创意产业发展的先驱是著名奥地利经济学家熊比特，早在1912年，他就明确指出，现代经济发展的根本动力不是资本和劳动力，而是创新。所谓创新就是将原始生产要素重新排列组合为新的生产方式，以求提高效率、降低成本的一个经济过程。在熊彼得看来，能够成功"创新"的人便能够摆脱利润递减的困境而生存下来，那些不能成功地重新组合生产要素的人会先被市场淘汰。创新的关键就是知识和信息的生产、传播和使用。经济学家罗默在1986年也曾指出，新创意能够衍生出无穷的新产品、新市场，能够提供创造财富的新机会，因此新创意才是推动国家经济增长的原动力。

哈佛大学的凯夫斯（Caves）认为，创意产业是生产包含大量艺术或创意努力成分在内的产品或服务的产业。[1] 包括书籍、杂志印刷业，视觉艺术（油画与雕刻），表演艺术（戏剧、歌剧、演唱会、舞蹈），有声唱片，电影和电视节目，以及时装、玩具和游戏等。

霍金斯（Howkins）将创意产业界定为其产品都在知识产权法的保护范围内的经济部门。知识产权包括版权、专利、设计和商标四大类，知识产权具有唯一的、新颖的和不明显的本质特征，企业的产出只要符合知识产权的特征就可以归入创意产业。[2] 霍金斯认为，知识产权的每一形式都有庞大的产业与之对应，四类产业加在一起就形成了创意产业和创意经济。霍金斯的定义对于判定一种经济活动是否属于创意产业提供了一种行之有效的方法。

---

[1] Caves, Richard E. 2000, *Creative Industries: Contracts Between Art and Commerce*, Harvard University Press, Cambridge.

[2] Howkins, *The Creative Economy*, Allen Lane, 1991.

　　约翰·哈特里认为，创意产业是创意艺术（个人才能）与文化产业（质量因数）的结合，是近年来在新知识经济范围内的新媒体技术（信息通讯技术）语境下，在概念上和实践中供交互式城市消费者运用的概念。① 创意产业不是工业的产物，而是特定历史语境的产物。信息通讯技术的高度发展，尤其是 20 世纪 90 年代互动媒体的广泛出现，孕育了创意产业。而且鉴于其促进就业和 GDP 增长的强劲功效，日益受到政府机构的重视。

　　尽管不同学者从不同的视角阐述了自己对创意产业的理解，但不同定义的共同基点是创意，也就是源自个人的创造力，把不可能的事情变得可能。从这个方面我们可以归纳出创意产业的下述特征：

　　（1）创意产品的独特性使得消费者对其评价的不确定性很大。由于评价的不确定性，创意产品的生产者和消费者之间的沟通就显得非常重要，迫切需要代理商和发行商等有经验的媒介穿插其中，形成消费偏好。另一方面，评价的不确定性也意味着创意产品不被市场认可的可能性很大，投资风险很大，需要建立适当的风险共担机制。电影行业常见的生产商、发行商和电影所有者之间的共同所有权和联盟充分说明了这一点。这样的垂直一体化既增加了控制电影内容的市场势力，也有助于形成内部规模经济——减少生产成本，分散投资风险。

　　（2）创意产品常常涉及个人技能、才华。创意生产者十分关注其产品的特征——原创、纯洁、内涵、美学、完整和专业技能，但这些特征大多数消费者并不注意或者看重。由于这一原因就在文化和商业目标之间产生冲突，尤其是高端的或可替代文化，流行的则相对容易处理一些。这样，创意产业和那些个人评价、文化评价、政治评价作用不很突出的产业相比，营利和生存更加困难。

　　（3）一些创意产品如电影和电视剧，需要多方面的专业技能和知识共同完成。这样就增加了组织的复杂程度，对新的生产商构成了进入壁垒。公众对电影、电视和流行音乐歌星的认可非常个性化，致使名人对创意产品生产的时间、地点会产生一定影响。

　　（4）创意产品在规模和特征方面常常是不一致的、无规律的，这就产生了生产的不灵活和低效的不连续。灵活的组织和劳动力市场有

---

① John Hartley, *Creative Industries*, Blackwell Publishing Ltd. 2005, 5.

助于创意生产过程。个人和相关机构的社会网络也有利于想法和信息的交换，减少零散生产带来的协调困难。

从本质上来看，创意产业是不同行业、不同领域随着信息技术的发展而相互融合的结果。简而言之，融合是数字化导致的服务业重构。显然，融合是由技术引起，技术使得融合成为现实，也对融合产生了限制。但融合产生的真正驱动力量是商业，而不是技术。融合的最终结果取决于供需复杂的相互作用。创意产业之所以为当今各国政府所看重，是因为其凭借数字技术发展和对服务业的细分，寻找到了第二产业和第三产业新的融合点，能够实现二产的三产化、创意化、高端化和增值服务化，进而促进产业结构的优化升级。正如英国学者奥康纳所言，全球地方和区域战略后十年的任务是找到一种可以把文化产业与更广泛的制造业部门联系起来的方式，其中创造性、风险、信息、知识和文化将具有核心作用。

概念界定的不统一性，实际上也说明创意产业本身的创新性，要求我们不能用传统的产业概念来看待它。其实，创意产业作为一个大的产业门类，英国、美国的相关统计的宽泛性，也说明了这一点。英国、美国对创意产业的统计，涉及了10多个门类。到2004年，英国相关从业人员超过180万，相关企业达113300家，本身的增加值占到国民增加值的7.8%。（详见表5-1）

表5-1 2003～2004年英国创意产业规模

英国创意产业	增加值/ 占 GVA 的比例	出口额 （亿英镑）	从业人数 （万人）	公司数 （家）
广告	50 亿英镑(0.7%)	11.3	20	9,800
建筑	40 亿英镑(0.5%)	5.8	10.26	4,100
电影与录像	22 亿英镑(0.3%)	8	5.39	8,000
音乐\表演艺术\视觉艺术	37 亿英镑(0.5%)	2.4	24.39	30,100
出版	86 亿英镑(1.2%)	11.8	27.43	6,500
软件\计算机游戏\电子出版	207 亿英镑(2.8%)	39	59.39	49,100
电视与广播	62 亿英镑(0.9%)	10	11.06	4,200
艺术与古玩	5 亿英镑(0.07%)	22	59.39	1,700
时尚设计	3.3 亿英镑(0.04%)	n/a	11.04	1,400
设计	53 亿英镑(0.7%)	6.3		n/a

续表

英国创意产业	增加值/ 占 GVA 的比例	出口额 （亿英镑）	从业人数 （万人）	公司数 （家）
工艺品	n/a	n/a	2.25	n/a
总计	565 亿英镑（7.8%）	116	182.5	113,300

说明：1、GVA（Gross Value Added）：国民增加值。

2、2003 年英国的标准产业分类体系发生了变化，因此，有些数字没有与前几年的相连贯。

3、就业人数和公司数均为 2004 年的数据。

资料来源：Creative Industries Economic Estimates Statistical Bulletin October 2005 Revised Version，DCMS。

"艺术美国人"（Americans for the Arts）2005 年公布的美国创意产业报告表明，2005 年全美的创意产业企业上升到了 57.8 万家，占全国企业总数的 4.4%；创意产业的就业人口为 296 万人，占总就业人数的 2.2%。（参见表 5-2）

表5-2 2005 年美国创意产业概况

创意产业六大部门	创意企业（家）	就业人数（人）
博物馆与收藏	12,679	138,121
表演艺术	101,828	482,489
视觉艺术与摄影	203,809	711,480
电影、广播与电视	92,716	762,811
设计与出版	147,005	781,787
艺术学校与艺术服务	20,450	89,205
总计	578,487	2,965,893

资料来源：Creative Industries 2005：The Congressional Report，2005 年 3 月。以上数据来源于 Dun & Bradstreet 公司登记在案。

2004 年，在美国 20 个最大的标准大都市统计区中，有 11 个大都市区的创意企业、机构与组织（盈利与非盈利的）超过 1 万家，[①] 它们多聚集在西雅图、旧金山、洛杉矶与丹佛大都市统计区。全国的创

———————————

① http：//www. chinainfo. gov. cn/data/ 中国科技信息网。

意企业有 54.8 万家（占全国企业总数的 4.3%），就业人数达 299 万（占总就业人数的 2.2%）。

表 5 - 3　2004 年美国 20 个最大标准大都市统计区中的创意企业数统计

排名	标准大都市统计区	创意企业(家)
1	纽约 New York - Northern New Jersey - Long Island,NY - NJ - CT - PA	54,895
2	洛杉矶 Los Angeles - Riverside - Orange County,CA	48,862
3	旧金山 San Francisco - Oakland - San Jose,CA	21,232
4	华盛顿特区 Washington - Baltimore,DC - MD - VA - WV	16,360
5	芝加哥 Chicago - Gary - Kenosha,IL - IN - WI	16,261
6	达拉斯 Dallas - Fort Worth,TX	14,202
7	波士顿 Boston - Worcester - Lawrence,MA - NH - ME - CT	13,060
8	西雅图 Seattle - Tacoma - Bremerton,WA	12,138
9	宾夕法尼亚 Philadelphia - Wilmington - Atlantic City,PA - NJ - DE - MD	11,328
10	休斯敦 Houston - Galveston - Brazoria,TX	10,834
11	亚特兰大 Atlanta	10,567
12	底特律 Detroit - Ann Arbor - Flint,MI	9,209
13	迈阿密 Miami - Fort Lauderdale,FL	9,166
14	丹佛 Denver - Boulder - Greeley,CO	7,221
15	圣迭哥 San Diego	6,886
16	明尼阿波利斯 Minneapolis - St. Paul,MN - WI	6,791
17	凤凰城 Phoenix - Mesa,AZ	6,007
18	克里夫兰 Cleveland - Akron,OH	4,870
19	Tampa - St. Petersburg - Clearwater,FL	4,406
20	圣路易斯 St. Louis,MO - IL	4,294

资料来源：《艺术美国人》（Americans for the Arts），2004 年。

可见，创意产业作为超门类的范畴经济或产业形态，其主要构成元素已经不再是资源、资本，而是个人的智慧、个体的创造能力和创新精神，美国纳斯达克的很多新经济企业叙写的财富神话，已经证明了这一点。因此，培育富有创意的"大脑"、培养富有国际竞争力的中国创意企业群体，就成为创意经济可持续发展的关键。

二、创意产业承载的多元使命

当前的中国，正在大力转变经济增长方式，优化产业结构，而从"中国制造"到"中国创造"再到"中国创意"的重要支撑点，就是要大力促进创意产业的蓬勃发展，并以此为统领来改变经济增长方式，像百度、盛大网络、阿里巴巴、分众媒体等公司的成功，充分表明了我国创意产业的巨大增长空间。而从目前看来，无论在发达国家还是在中国，创意产业都不再只是一个崭新的概念，对于整个社会它意味着能够带来确确实实的社会和经济效益。

首先，创意产业能推动国民经济的发展，是经济利润新的增长点。在当今世界，创意产业已经成为有着巨大经济效益的直接现实。据有关资料显示，全世界创意经济每天创造220亿美元，并以5%的速度递增。根据英国文化媒体体育部2001年发表的《创意产业专题报告》，当年英国创意产业的产值约为1,125亿英镑，占GDP的5%，已超过任何制造业对GDP的贡献；2001年的出口值高达103亿英镑，且在1997~2001年间每年约有15%的高成长率，而同期英国所有产业的出口成长率平均只有4%。

美国国际知识产权联盟（IIPA）在《美国经济中的版权产业：1999年报告》中指出，1997年美国版权产业净产值为3484亿美元，占美国国内生产总值的4.3%。1997年美国版权产业从国外销售和出口中创利668.5亿美元，超过了包括农业、汽车、汽车配件和飞机制造在内的所有主要产业。据统计，到2001年，美国的核心版权产业为国民经济贡献了5,351亿美元左右，约占国内总产值的5.24%。因此，美国人写出了"资本的时代已经过去，创意的时代已经来临"的格言。

其他国家和地区，如在澳大利亚，1999年创意产业已占GDP的3.3%，就业人数34.5万人，占就业人口总数的3.7%。中国香港半官方机构香港贸易发展局于2002年9月5日公布了首份题为《香港的创意产业》的研究报告显示，直至2002年3月为止，香港创意产业聘用了9万多人，占香港总就业人口的3.7%；创意产业在2000年的出口总值达100亿港元，占香港服务出口总额的3.1%；同年，创意产业产值为250亿港元，约占香港本地产值的2%。

纵观全球，发达国家的众多创意产品、营销、服务，吸引了全世界的眼球，形成了一股巨大的创意经济浪潮，席卷世界。各发达国家的创意产业以各自独特的取向、领域和方式迅速发展，展现了一幅创意产业全球蜂起的热烈景象。我国的创意产业虽然刚刚起步，但在促进经济快速增长方面也发挥着越来越重要的作用。如数字化的创意文化产业正在以前所未有的速度迅速崛起，据国际数据公司（IDC）数据显示，2003年，中国网游市场突破20亿元，2006年创纪录达80亿元。网络游戏更是一个"引擎产业"，据IDC统计，2002年中国网络游戏仅对电信业务的直接贡献就达68.3亿元。

上海和北京等地区作为我国创意产业发展的前沿地带，其创意产业的经济增加值已经崭露头角，据统计，到2005年，上海市文化创意产业产值已经超过全市GDP的7.5%。2005年，北京创意产业产值超过960亿元，其增加值约占北京生产总值的14%以上。

此外，创意产业对经济发展还会起联动效应。创意产业在创造自身价值的同时必然带动相关产业的发展，如广播影视产业将带动音像、影像、游戏软件、家电、通讯设备、广告展览等产品及服务市场；文化娱乐业将推动旅游、宾馆、餐饮、交通、演艺市场；文化产业的公共参与性及其善于制造大众流行的特点，将推动服装业、美容业及各类延伸产品市场等。以《达·芬奇密码》为例，这是一本"科学加宗教"的悬疑小说，在全世界获得了前所未有的成功。当世界进入创意经济时代后，《达·芬奇密码》的能量辐射到电影、手表、汽车，甚至食用油上。GOOGLE甚至推出了《达·芬奇密码》的游戏网站，设置了许多解谜游戏。此外，还有人生产相关的玩具等。《达·芬奇密码》对于旅游的促进更是不可忽视。据媒体报道，这部电影借巴黎近郊的维蕾特城堡拍摄，已让这座城堡成为著名旅游景点。同样是小说中提及的苏格兰罗斯林教堂，自2003年《达·芬奇密码》一书出版后，也成为了一个全球热门旅游景点，仅2005年前10个月游客人数就超过10万。此外，电影《达·芬奇密码》的中国香港地区发行商则别具匠心，投资200万港元，以电影中男女主角"走遍各地破解密码"的情节为蓝本，在香港开动了"达·芬奇解码之旅"游戏活动。获奖者将追随电影中男女主角的足迹，畅游巴黎、伦敦、爱丁堡等地。小说的作者丹·布朗本人曾经说过，《达·芬奇密码》所衍生出的相关产业，至今已创造出大约 10 亿美元的营业额。但如今看来，实际上远远不止这个数字。

其次，创意产业是产业升级、结构调整和提高国家竞争力的驱动力。创意产业已形成了全球性的浪潮，许多发达国家不仅重视创意观念，而且创意产业已经越来越成为重要的支柱产业，因为国家经济的发展必须以高附加值的制造业和现代服务业为主要方向，创意产业以知识性、创新性和低耗能为特点，是智能化、知识化的高附加值产业，它以几十倍、几百倍的增幅升值其产品价值。进入 21 世纪以来，我国老工业城市（如东北的沈阳等）衰落趋势已十分明显，失业问题严重，经济结构转型势在必行。随着经济发展，人们对物质产品的需求获得了极大的满足，以物质产品为中心的产业结构逐步向以精神文化产品、服务业为中心的现代产业结构转变。随着都市经济的发展，商务成本提高，都市产业结构不断调整，导致一些传统工业的衰退和外移（如上海的传统工业），客观条件限制了低端制造业的发展。城市发展必须以高附加值的制造业和现代服务业为主要方向，而制造业的高附加值是由文化创意或科技创新来实现的，现代服务业更与创意产业密切相关。创意产业的兴起无疑是一个新的经济增长点。可以说，加快发展创意产业，推动我国制造业的升级换代是大势所趋，而且迫在眉睫，这将极大地改善制造业普遍存在的缺乏创意设计、品牌认知度和技术工艺水平低、效益差的问题。加快发展创意产业，既有利于追赶世界潮流，使我国在国际分工中处于高端的有利地位，同时，也有利于实现新兴文化产业与传统制造业的融合，推动我国制造业的升级换代，促进我国制造业向高附加值的研发和品牌这一产业链高端进军，由中国制造转变成中国创造，从根本上提高国家的竞争力。

从 2002 年起，杭州、上海、南京、无锡等地仿照纽约、伦敦在旧工厂空间中建起"都市经济园"、"创意产业园"，表明了中国文化创意产业的发轫，到 2004 年创意产业在中国真正成为热门产业。在当前的文化创意产业热中，我国的很多城市都在创办创意产业园，并加大政策支持力度，尽量提供资源保障，有的干脆把未来的目标定位为"创意之都"、"创意之城"或"创意产业基地"。

在我国的"十一五"规划中，虽然突出了"自主创新和建设创新型国家"，但"创意产业"的概念还不明晰。有的城市将创意产业纳入文化产业，有的地方统称为文化产业，管理部门多头，并没有把创意产业作为独立的经济形态来看待。我们认为，现代信息社会的创意产业必须以文化为根基，而文化只有与创意产业结合才能走向市场，才能发扬光大。从目前来看，我国整体的创意产业的概念和范畴还有待进一步明晰，否则就难以形成集聚优势和国际竞争力。

在"十一五"期间，随着我国加入世界贸易组织过渡期的结束，全方位、宽领域的对外开放格局形成，我国创意产业的国际化程度将大幅度提高，管理体制将进一步和国际接轨，创意产业与国际资本市场结合度更高。而在创意产业开放的过程中，必然面临着知识产权和民族文化遗产的"国家安全"问题，如果在短时间内培育不出一批具有国际竞争力的创意企业，中国就会沦为外来精神产品的殖民地。以创意产业中发展较快的动漫行业为例，美国和日本的制作技术和市场推广能力都是世界领先的，但在游戏的内容上，前者是"编造未来"，后者是"篡改历史"，而后者的"篡改历史"，近期则瞄准了中国古典文学名著。国家工商总局商标局2006年1月4日发表的公告说，日本巨摩株式会社申请注册"水浒传"和"西游记"的商标，用于电脑游戏，并且已通过了初审。此举的影响力和潜在危害，决不仅仅是商业层面上的，因为如果这些外国企业编制的游戏对我国的古典名著内容进行歪曲、亵渎，而且又能使用合法的商标进入中国市场，对青少年的精神世界所产生的不良影响将难以估量。① 在这样的认识高度下，动漫类创意企业的使命就不仅仅是制造游戏产品，而是如何保护民族的文化遗产了，创造的才能就会得到充分的释放。

第三，创意产业是城市与国家可持续发展的助推器。在工业经济时代，人类对许多基本资源的利用和许多种污染物的排放已经超出了环境可持续发展的速率。如果不大量降低物质与能源消耗，数十年后，人均食物产量、能源以及工业生产等方面的产出下降将不可避免。正是基于这一认识，实施可持续发展战略已经成为世人的共识。

创意产业具有低投入高回报、消耗物质能源少，取得效益大的特点。如一套软件的物质成本才几元人民币，但其价值可达几千至几十万元之高。在人类无计划的疯狂掠夺地球能源，使地球资源日益面临

---

① 参见《日企抢注水浒传、西游记》，新华网·新华视点，2006年5月8日。

枯竭的今天，创意产业显然是最有利于实施可持续发展战略的产业。毫无疑问，经济发展到一定阶段以后，其重心必然要转移到服务、知识、信息等第三产业方面。

目前，世界许多国家正面临着产业结构的升级换代，产业结构的调整必然会造成急待分流的富余人员，而创意产业的发展将开辟新的就业空间，缓解经济结构调整的压力。据有关资料统计，20世纪30年代以来，日本第三产业就业者占总人数的百分比逐年上升；1930年为30%，1965年为43%，1970年为46.5%，1975年为52%，80~90年代这一比率又大大提高。从1987年到1993年，美国的以文化产业为核心的版权产业就业人数年增长率达2.7%，三倍于同期其他产业0.9%的增长率；从1994年到1997年，纽约电影业的从业人员上升了47.5%；而由城市文化产业作为参与主体的各类艺术节，则为成千上万的居民提供了临时性或永久性的工作。仅在1998年一年内，新经济就为美国的1540万"知识工人"创造了就业机会。在中国，1996年，上海的文化娱乐业为社会创造了4万个就业岗位；1999年，香港特区政府斥巨资224.5亿港元与迪斯尼公司联手兴建香港迪斯尼乐园，很大程度上缓解了香港的失业矛盾。

进入21世纪，北京、上海、深圳、广州、杭州、南京等城市，都把创意产业作为新兴的大门类产业作为发展重点，引领产业结构升级，并带动文化产业、软件设计以及国际服务外包等相关产业的发展，创意产业的比重在经济总量中的比重不断加大。2008年4月20日，在阿克拉举办的联合国贸发会议第十二届大会上，联合国贸易和发展会议（简称贸发会议）创意经济和产业项目主任埃德娜·杜伊森伯格认为，中国正在从"中国制造"向"中国创造"转变，创意产业已经是中国优先发展的领域，中国在出版业、包括软件和电脑游戏在内的新产品、视听以及设计等领域表现突出。在会议开幕日发布的《2008创意经济报告》，是联合国第一份关于这一新兴领域的研究报告，该报告中提到的创意产业涉及的领域包括文化遗产、视觉和表演艺术、出版业、纸质媒体、新媒体、设计等，报告对中国设立创意园区，使创意业者能够聚集在一起分享技术、设备和经验的做法表示肯定，并称从1996年到2005年，中国内地创意产品出口表现引人注目，已经从

184 亿美元上升到 613 亿美元，在发展创意经济方面取得显著的成就。[①] 可见，创意产业在中国取得的成绩以及在产业升级中的引领作用，已经得到了世界的认可。

第二节
创意产业园与城市空间复兴

一、创意产业园与城市空间复兴

基于人的创造、创新资本的创意产业，与传统产业最大的区别是其高度的集群性，这种集群不是以产品设计、制造、配套等产业链维系下的产业集聚，而是以创新的氛围、共同的追求以及思想的交流、创意的碰撞等为代表的新的价值体系主导下的群体有机融合，形成了一个相对稳定的"创意社会结构"，并会聚在一个相对区隔的城市空间里，从而造就出城市中的创意产业园。进入后工业化社会之后，美国的每个大都市都有众多创意企业集聚区，如纽约的创意集群区，有多样化艺术展示廊的苏活区、格林尼治村的柏立克街，继苏活区和格林尼治村之后的纽约第三个新兴艺术区——威廉斯堡，以及集中了众多专业广告人士的麦迪逊大道等。这些集群体，在纽约的城市空间里，实际上就是形成了不同特色的创意产业园，使许多老厂房、废弃的街区重展活力。此外，创意产业园区的高集聚性以及在产业链中的引领功能，已被新加坡、韩国等国家发展创意产业所借鉴。韩国发展创意产业的总体战略，是到 2010 年共建 10 多个产业园区，实施产学研联

---

① 欧飒、邱俊：《联合国贸会议官员说中国创意经济成就显著》，新华网 2008 年 4 月 25 日。

姻,搭建研发、技术训练、信息交流以及生产制作的"集合体"。韩国"软实力"在世界的快速提升,与其实施的创意产业集群发展战略是分不开的。

当前中国大城市的创意产业园,在起步发展之时,因考虑到地租以及交通、交往的方便性,多是在老城区的旧厂房、厂区,如北京的798,南京的创意东八区、晨光1865等。因此,创意产业园的定义,一般认为是以城区保护性开发的古旧建筑院落或存量土地为载体,重点布局在主城区工业企业的存量土地和现有厂房以及历史性意义的区域或中心,以聚集从事研发设计创意、数字技术应用创意、建筑设计创意、文化传媒创意、广告设计创意、咨询策划创意、艺术设计创意和时尚消费创意等经营体,并具有信息咨询、产业集群、"孵化"机制、管理投资、产权交易等系统服务功能的都市型现代产业园区。就目前来看,创意产业园的服务类型主要有:科技创意研发、科技创意博览、建筑创意设计、工艺美术设计、时尚休闲、传媒信息服务业、动漫游戏服务业、文化娱乐服务业、表演艺术服务业、艺术文物市场、酒店会展服务业、旅游休闲服务业、特色商贸服务业等。园区可为入园企业构建信息交流、产业支持和人才交流三大平台,具体包括网络信息平台、投资咨询平台、知识产权平台、教育培训平台、展示交易平台、研发设计平台、国际交流平台、营销物流平台等。当然,这些完备的功能并不是对所有创意产业园的要求,特别是那些刚起步、规模不大、在旧厂房上"包装"成的园区,重点发挥的是创意人才、创意产业的集聚作用。

北京创意产业与创意产业园区,在全国一直处于领先发展的地位。北京朝阳区的CBD及周边地区,已经形成了以国际金融产业为龙头,文化传媒产业聚集发展,现代服务产业占主导地位的产业发展格局。创意类企业种类齐全,基本形成相互补充、相互支撑的产业链条和市场体系,并不断聚集发展,创造了良好发展环境。其中,文化传媒产业发展区域优势明显,已经进入中国的167家国际新闻传媒机构聚集于此,新闻传播、影视传媒和广告业发展空间巨大。围绕这些机构的成千上万家上下游企业纷纷迁往CBD或其周边地带,带动了从节目制作、大型活动策划、广告传媒、教育培训到影视经纪人、金融投资服务等行业的庞大的文化传媒产业集体转移,形成规模效应,实现资源

图 5 - 1　老厂房改造而成的创意产业园区——北京 798

图 5 - 2　老大楼改造而成的北京工业设计创意产业园区

共享，发展为庞大的文化传媒产业链。同时，CBD 已经形成了以国际金融为龙头现代服务业聚集发展的态势，为文化传媒产业发展提供了雄厚的资本支持和完善的保障体系，基本形成了跨国公司、世界 500 强企业聚集的态势和以金融保险证券、咨询中介、IT 通讯等现代服务

业为主导的产业格局，使该区域的文化创意产业具备了国际化竞争和服务的水平。（参见图 5 - 3）

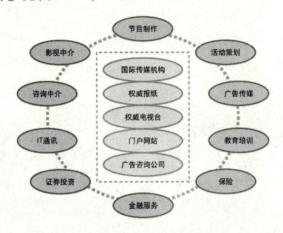

图 5-3 北京朝阳区 CBD 创意产业集群①

创意产业与文化产业本身就是相互依托相互交叉的，从内容和形式上都可归为"文化创意产业"。在《北京市国民经济和社会发展第十一个五年规划纲要》中，北京明确提出要推动文化创意产业加快发展，使之成为首都经济的支柱产业，文化创意产业保持年均 15% 的增长速度，到 2010 年，预计全市文化创意产业实现增加值占全市 GDP 比重超过 10%。重点发展的六大文化创意产业，分别是文化演出、出版发行和版权贸易、影视节目制作和交易、动漫和网络游戏研发制作、文化会展以及古玩艺术品交易。2006 年 12 月，认定中关村创意产业先导基地、北京数字娱乐产业示范基地、国家新媒体产业基地、中关村科技园区雍和园、中国（怀柔）影视基地、北京 798 艺术区、北京 DRC 工业设计创意产业基地、北京潘家园古玩艺术品交易园区、宋庄原创艺术与卡通产业集聚区和中关村软件园等 10 家园区为文化创意产业集聚区。② 与此同时，出台了《北京市促进文化创意产业发展的若干政策》、《北京市文化创意产业投资指导目录》，编制了《北京市文化创意产业集聚区基础设施专项资金管理办法（试行）》，发布了《北

---

① 解小娟：《北京 CBD 与文化创意产业发展研究》，《首都经济贸易大学学报》2006 年第 3 期。
② 徐飞鹏：《北京市认定首批 10 个文化创意产业集聚区》，《北京日报》2006 年 12 月 5 日。

京市文化创意产业集聚区认定和管理办法（试行）》，为文化创意产业
的快速发展，提供了有效的政策支持和制度保障。① 经过近几年的快速
推进，北京的文化创意园区已呈现出"网点式"的布局，在文化创意
产业集聚区或邻近的空间健康生长。目前，文化创意园区与文化艺术
场馆，已经形成了空间上的互动和影响作用，使文化产业与文化事业
实现了资源同享，为文化创意产业的可持续发展提供了一定的保障。
（参见图 5 - 4）

图 5 - 4　北京主要文化创意区的空间示意图②

文化产业园

1. 海淀图书城

2. 北京大学科技园

3. 清华大学科技园

4. 人民大学文化产业园

5. 北太平庄动漫画设计中心

6. 甘家口地区建筑创意设计园

7. 琉璃厂文化产业园区

---

① 《2007 年北京市国民经济和社会发展报告》，详见北京市发改委网站 www. bjpc. gov.
cn。

② 本图系参考《北京创意地图》绘制，《建筑与艺术》2007 年第 8 期。

8．中关村科技园区雍和园

9．北京航空园科技发展中心

10．德胜科技园

11．北京丰台科学城

12．北京数字娱乐产业示范基地

13．北京 DRC（设计资源协作）工业设计创意产业基地

14．北京潘家园古玩艺术品交易园区

艺术区

1．北京 798 艺术区

2．草场地艺术区

3．宋庄原创艺术与卡通产业聚集区

4．索家村国际艺术营

5．费家村香格里拉公社

6．观音堂画廊街

艺术展览区

1．今日美术馆

2．中国美术馆

3．北京展览馆

4．炎黄艺术馆

5．北京国际艺苑美术馆

6．中华世纪坛世界艺术馆

艺术院校及其他创意地

1．北京电影学院

2．中央戏剧学院

3．中央美术学院

4．中央电视台新址

5．SOHO 尚都

6．SOHO 现代城

7．新光天地

与北京创意产业园区的规模大、主题相对集中不同，上海创意产业园区具有布局密集、体量不大的特点，有的甚至就"蜗居"在里弄中，更具"LOFT"的特点。上海发展创意产业园的良好条件在于，本身有比较好的产业发展基础，先进制造业水平不断提升，现代服务业

规模不断扩大。此外，上海作为中国近代工业的发源地，拥有大量的老厂房、老仓库等优秀历史建筑资源。更重要的是，上海是东西方文化交汇的地方，海派文化、现代文化、传统文化等交织在一起，形成独特的上海文化，十分有利于创意产业的集聚和开发。加上上海汇聚了来自全国及世界各地的优秀人才，国际开放程度高，人力资源丰富等，使上海的各类创意园区具有比较高的投入产出比。上海市经济委员会曾经对老厂房情况进行统计，发现在内环线以内，老厂房用地7.3平方公里，建筑面积600万平方米；内外环之间18.7平方公里，建筑面积1400万平方米；外环线以内，约有2000万平方米的建筑面积。因此，上海创意产业在发展伊始，便努力将老厂房、老仓库等国有资产盘活，促使产业形成集聚效应，迅速建立起密布老城空间的创意产业聚集区。到2006年年底，上海授牌的由老厂房改造的创意产业园区达到75家，建筑面积达到221万平方米。（参见图5-6）这些园区不仅盘活了已经失去生命力的厂房物业，增加了政府的财政收入，而且由于工业用地性质未变，这些位于中心城区的园区租金很便宜，使进驻企业获得良好的收益。目前，有来自美国、日本、比利时、法国、新加坡、意大利等30余个国家和地区的创意设计企业3500多家，产业门类涉及工业设计、室内设计、建筑设计、广告设计、服装设计、环境艺术、游戏软件、动漫艺术、网络媒体、时尚艺术、影视制作、品牌发布、工艺品制作等，涉及创意产业的主要领域，解决劳动就业人口2.7万人，人均产出率达到60万元/人。一批具有重要影响力的创意产业园区，如8号桥、田子坊、M50、时尚产业园等，已成为上海国际化交流的新的城市名片。[①]

---

① 何增强：《推动上海创意产业发展的几点思考》，《建筑与文化》2007年第8期。

图 5 - 5　由老仓库改造而成的上海创意仓库①

图 5 - 6　上海主要创意文化产业园区的空间分布图②

---

① 本章未注出处的均系资料图片,由南京文化创意协会(www. nccia. com. cn)提供。

② 资料来源:http://www. shec. gov. cn/shec/jsp/gssj/shsy_ sub. jsp? num = 20 - 9 - 7&name。

1. 时尚园 2. 周家桥 3. 天山软件园 4. 创邑河 5. 创邑园

6. 湖丝栈 7. 新十钢 8. 华联创意园 9. 时尚品牌会所 10. 聚为园

11. 原弓艺术仓库 12. 德邻公寓 13. 空间 188 14. 智慧桥 15. 通利园

16. 1933 老工厂 17. 绿地阳光园 18. 优族 173 19. 物华园 20. 建桥 69

21. 新兴港 22. 彩虹雨 23. 旅游纪念品设计园 24. 旅游纪念品设计大厦 25. 外马路仓库

26. 南苏河 27. 传媒园 28. 现代产业大厦 29. 同乐坊 30. 98 创意园

31. 3 乐空间 32. 静安创意空间 33. 田子坊 34. 八号桥 35. 卓维 700

36. 智造局 37. SOHO 丽园 38. 张江文化科技创意产业基地 39. 车博汇 40. 逸飞创意街

41. M50 42. 宜仓 43. 天地软件园 44. 金沙谷 45. 长寿苏河

46. 设计工厂 47. 乐山软件园 48. 虹桥软件园 49. X2 数码徐汇 50. 2577 创意大院

51. 尚街 52. 尚建园 53. 数娱大厦 54. 汇丰 55. 文定生活

56. SVA 越界 57. 西岸园 58. 昂立设计创意园 59. 海上海 60. 创意联盟

61. 建筑设计工厂 62. 东纺谷 63. 梅迪亚 1895 64. 中环滨江 128 65. 创意仓库

66. 工业设计园 67. 合金工厂 68. 71 号仓库 69. 老四行仓库 70. 新慧谷

71. 名仕街 72. 孔雀园 73. 临港国际传媒产业园 74. 第一视觉创意广场 75. 古北鑫桥

　　当下中国城市化的高速发展，经济的无限扩张，城市中心区的改造、城市工业厂房的外迁、城市原有工业设施的废弃等行为导致了诸如破坏城市历史文化遗产、推倒历史街区、驱逐街区文化之类的城市拆迁与改造的客观结果。在这些城市建设的遗憾之中催生出对于少量还未被破坏与拆迁的"老旧建筑"的价值重估。杭州创意产业园区的起步，就是以具有时尚符号"LOFT49"为代表的。LOFT 原意是建筑中的楼阁，后来西方艺术家们把旧厂房或仓库改建为工作室称为 LOFT。"LOFT49"地处杭州市拱墅区杭印路 49 号，原为杭州蓝孔雀化纤厂的旧厂房，周围集中了杭一棉、杭州第一毛纺厂等 10 多家国有工厂。该区域距离古运河仅 500 米，保留了大量清代末年以来的民居街巷，是杭州市现存具有一定规模的历史街区之一，目前已成为集广告设计、产品设计、时装设计为主体的创意产业集聚区。2002 年 9 月，美国 DI 设计公司首先入驻该区，在以后的几年里，大批的设计公司纷纷进入，迅速形成摄影、绘画等多个创意领域，短短两年就迎来 20 家左右创意企业入驻。仅 2004 年一年，LOFT49 创意园区就实现营业收入 2.4 亿元。LOFT 创业者中大多来自中国美术学院、浙江大学艺术学院、浙江工商大学艺术设计学院、浙江传媒学院等高校，这些高校自然就成为创意企业发展的人才输出基地。随着杭州在国际国内地位的日渐提高城市品牌的影响力不断增强，更吸引着越来越多的人才来杭州，为杭州的创意产业的繁荣提供了源源不断的生命力。英国创意产业之父、著名经济学家约翰·霍金斯对杭州未来文化产业的发展给出了一个新的理念——打造生态的"创意产业圈"：创意产业的人和机构对老百姓的教育和宣传更能有所作为。[1] 通过宣传进社区、请民众进园区等互动方式，一来可以让民众乐于参与"产业圈"的建设，提升他们的创意意识和审美能力；二来也可以让他们在其中发现商机，各尽所能地创业，完善"产业圈"配套服务的建设，从而使创意产业得到生态化发展。

在长三角和整个华东地区，南京的创意产业园区建设具有很强的示范效用。南京在 2006 年集中推出了一批文化产业园、创意产业园的建设规划，包括"创意东八区"（世界之窗文化创意产业园）、垠坤·幕府智慧产业园、江苏文化产业园、石头城文化创意产业带、金城科技创意产业园、南京晨光文化创意产业园（南京 1865）、幕府山国际休闲创意产业园、南京广告文化科技产业园等十大创意产业园。2007 年 1 月 28 日，国内大城市中的第一家文化创意产业行业协会组织"南京文化创意产业协会"正式亮相。这些举措表明，南京已通过政府的产业导向和政策调节，来推进主题性的创意产业园的建设，从而达到集聚优秀的创意企业、做大做长产业链、做出品牌的目的。[2] 在这些创意产业园中，创意东八区、垠坤·西祠数字网络文化产业园等，在主题定位、运作模式等方面具有创新的特色，已在国内产生了较犬的影响。[3]

"创意东八区"是南京创意产业园的开篇之作，系南京市发展都市型产业园区十大重点推进项目之一。该园区位于白下区光华东路，东临月牙湖与明城墙，周边风景秀丽，原为南京蓝普电子股份有限公司、南京汽车制造厂仪表厂及南京电子陶瓷厂，因产业结构调整，工厂效

---

[1] 沈萌萌：《瞩目南京三大创意产业园》，见《创意与传媒》，复旦大学出版社 2007 年版。

[2] 南京市文化局、南京文化创意产业协会：《南京文化产业发展报告》，《2008 年南京文化发展蓝皮书》，江苏文艺出版社 2008 年版。

[3] 樊小林：《2007 年南京文化创意产业发展报告》（二），见：http://www.ccmedu.com/bbs54_56402.html。

益下滑，厂房资源多有闲置。前些年，政府职能部门通过市场化运作机制对园区进行统一的规划、设计、改造、招商及运营管理，"包装"成了建筑面积达6万平方米的创意产业园，聚集了200多家创意企业入驻。该园区按照"三厂区、六分区、环形商业街区"的规划布局，依托三厂区原有厂房，遵循最大限度保留与再利用原则，将各区域规划为建筑规划设计区、广告设计区、工业设计区、工艺设计区、咨询策划区、动漫网游区等六大功能区域，并以"上场下店"的模式打造创意行为艺术街区。厂区内留有数十栋保存完好、内部空间宽广、形态丰富的老厂房，并且留存了工业历史的特色痕迹，通过优化设计与建筑改造，形成感怀昔日工业之美的独特艺术魅力。

图5-7　南京"创意东八区"鸟瞰图（效果图）

垠坤·西祠数字网络产业园，则是运营商着力打造的创意产业园的"高级业态"——以"网络虚拟世界"与"线下真实体验"互动接应，建设集虚拟网络社区线下产业、数码产品研发设计、数字娱乐体验、新网络经济旅游、中小学生数字化教育、时尚消费等于一体的南京首家数字网络创意产业园。该园区地处南京最大的居民区南湖社区的腹地，是企业老办公院落的再造，其整体定位为数字网络文化产业示范园区，并与全球最大华人网络社区——西祠胡同联动，形成全国首家虚拟网络线下体验社区，同时以产业、研发、旅游、教育、娱乐为功能方向建设五大基地。园区开张一年多来，由于区位优势明显，加上嫁接了西祠网络社区的人气，形成了强势集聚效应，逐步成为融数字化高科技特征与网络社区文化标签于一体的南京城市时尚新地标。

图5-8 南京"西祠数字网络产业园"街区效果图

"幕府三〇工园"（原名垠坤·幕府智慧产业园），地处南京跨江发展战略构建下新的城市大空间的中心区域，规划的地铁三号线在这里建有中转中心，系原南京长安汽车厂的旧厂房改建而成，占地约183亩，总建筑面积约10万平方米。园区所在地历经南京微型汽车厂、南京东风汽车工业（集团）公司以及南京长安汽车有限公司，时跨30年，故名"幕府三〇工园"。园区规划集景观、生态、循环、创意、设计、研发、制造于一体，依托原有的工业厂房资源，以保护工业遗产为主旨，以发掘工业文化为主题，以"保留—创造—再利用"为思想，融入现代都市时尚生活元素，目的是成为南京第一个具有工业时代地域特征与历史文化积淀的时尚地标，并填补南京都市工业旅游的空白。园区在策划运营的过程中，大胆引入了"创意市集"（Fashion Market）的理念，① 即将最有趣—最时尚—最生猛的创意生活带给城市市民，用"创意武装生活"，强化公众参与意识，共同发现生活的缤纷色彩，使创意人才不断被市场发现。在伦敦、巴黎、纽约

---

① "创意市集"概念由王怡颖在《创意市集》一书中提出，书中引介东伦敦区 Spitalfield′s Market 和邻近的 UP Market，置身老街区、旧建筑的市集像是传统市场加跳蚤市场的综合体。新兴设计师与年轻艺术家的进驻，使当地成为追求个人风格与鲜活气息的另类时尚流行场所，形成独特的城市街角文化。

等西方大城市，市集通常是新设计师和艺术家铺展事业的起点，他们从市集小铺开始，渐渐拥有自己的店和品牌，进而被大型百货公司或著名品牌相中，然后一举成名。从这个层面上来说，市集不仅给城市带来了物质繁荣，也是一个都市的新鲜创意和年轻活力的象征。为此，园区着力构建服务于产业领域的中介、展示和交易平台，并通过营造良好的办公环境、衍生创意产品交易、提供个性化服务等手段，集聚各领域创意产业的龙头精英企业，以及国内外知名企业、原创商业和服务机构、个性品牌专营、创意交流机构，尤其为中小企业发展提供重点项目的申报、企业成果转化与推广、产业扶持资金的申报、政府一站式服务的对接以及在企业发展过程中规模扩大的相关支持服务，以强化园区对创意项目的"孵化"功能，以及对创意人才的集聚和培育功能。

图5-9　"幕府三〇工园"的大门（保留原"三面红旗"的造型）

　　通过对当前中国大城市中的创意产业园区在主题定位、运营模式以及在城市空间上的布局的描述与分析，我们不难发现，这些园区在培育新的经济生长点的同时，还在城市旧厂房、街区的改造与复兴上发挥了新的功能。新"包装"或改造的园区，一方面对原来城市的空间环境进行了最大限度的保留和再利用，同时又通过大胆的创意，把原来的旧厂区、院落、车间"出新"为城市的新的文化载体，使其成为全新的创意功能空间。从而优化了城市的传统产业空间，完善了城

图 5－10 "幕府三〇工园"内旧厂房改造成的新派美术馆

市在提供就业、服务创新、文化传承等方面的功能，提升了城市的品质。可以说，当代中国城市的空间重组，尤其是"退二进三"后带来的城区产业发展滞后等遗留问题，通过创意产业园区的建设，寻求到了一条比较可行的路径，并且推进了城市产业空间价值的重新发现，促进了整个城市空间发展的有机化、和谐化、人性化。

二、创意产业园呼唤创新机制

创意产业的崛起，为城市空间价值的重新评判提出了新的指标体系，而创意产业园载体的建设，又直接提升了城市的空间价值。首先，创意产业的大发展，促进了城市产业升级，使生产性服务业与生活型服务业进入了新的发展阶段，促进了城市高端服务业的繁荣，有助于推进"创意城市"的核心竞争优势的培育。其次，创意产业催生出大量城市就业机会，大大促进了城市旅游与休闲业的发展。大城市在进入后工业化社会之后，制造业基地的外迁，造成了城市空心化现象，减少了大规模化的就业岗位，而创意产业园支撑的"创意产业群体"，需要大量服务人员，正好承接了原来工厂的劳动力的转移问题，并且使他们迅速成为适应现代服务业的人才。再者，城市创意产业承载了文化功能，创意产业园的不同定位，既是产业园区，又是文化休闲街区，其所具备的要素集聚能力，提升了城市的文化品格和软实力，加速了城市传统空间的复兴。

　　不过，由于中国城市化进程太快，城市空间的快速扩展带来的制造业空间外移以及新的建成区的迅速扩展，使城市的功能发挥受到影响，给人们的消费、就业也带来了一些问题。这样，在城市内部兴办各类都市经济园，就成了一种无可奈何的选择，不管这类产业园的投入产出效能如何，是不是做到了与周边空间的和谐一致。另一方面，城市空间变革中的主导力量除了市场的力量之外，还有政府行政的力量。政府的职能部门、街道办事处等为了税收以及面子工程，也奋力推进各类产业园的建设。所有这些，就不难理解为什么创意产业园的概念一经引进就在各大城市风行的原因了。毋庸置疑，近几年来，在中国创意产业的热潮中，一批定位准确、运营科学的创意产业园区应运而生，迅速成为城市的新的文化名片。但也应看到，也有不少服务型园区为了获取政策和资金上的支持，以及为了招商的需要，纷纷披上创意产业园区的外衣，降低了创意产业行业的门槛，不利于创意产业园区的可持续发展。目前，这种情况主要表现为创意产业园区名不副实；一些园区的泛地产化现象严重，重载体建设轻主体培育；一些园区规划起点低，开放度不够，无法与区域性、国际性的创意产业链对接等等。

　　那么，面对创意产业园建设热中的这些问题，我们应该采取什么样的对策呢？首先，应当以宽容的心态去看待这些泛创意产业园，给它们一定的时间，看其是否能在低门槛的基础上尽快调整定位，已经具有核心竞争优势的企业，提升园区产业空间的含金量。其次，运用市场的力量，创新的机制，来加快低水平企业的退出机制，用置换出的园区空间来吸引高水平企业的入驻。毕竟，创意产业是新兴的产业门类，作为其主体的创意企业的成长需要一定的时间过程，形成品牌和行业影响力更需要比较长的时间的培育。近两年，我们通过对南京主要软件园和创意产业园的进驻企业调研，结合南京创意产品在国内和国际市场的份额及影响力，就会发现南京的创意企业直面市场竞争，还存在以下几个不利因素：一是多数企业属于事业的起步阶段，尽管有一些在国内影响较大的企业前来设立研发中心、生产中心，但大多数新兴的企业存在规模较小，分工的协作性不够，整体产业的组织化、集约化程度低的问题。二是企业相比核心竞争力需要加强，在自主创新能力方面与同类龙头企业相比差距较大，南京目前的创意企业主要做产业链的中下游，做上游的企业不多。与北京、上海、深圳的创意企业相比，南京的创意企业明显存在市场运作能力不强的问题，"依附型"的企业较多。三是市场开发和推广能力有待加强，发达国家和地区，国内的上海、深圳等城市，在每一类新的文化创意产品问世前，都要进行充分的市场调查和以消费者为核心的促销工作，而目前南京的创意企业由于规模、品牌等方面的制约，在如何以顾客为中心、如何以市场为目标方面考虑的不多，还不善于运用国际化的手段制成适合当代消费者的文化创意产品。四是企业经营模式创新不够，资源整合能力有待加强。文化创意企业的大发展、规模化，必然要应对知识经济的全球化以及数字空间的国际化的挑战，信息产品因反复使用变得更有价值，个体的创新思想通过互联网得到广泛的传播，每个城市、每个国家都需要拥有自身丰富的多媒体产业以及思想文化的原创性，政府的职责就是要通过各个层面的政策引导，刺激艺术、科学各个领域的创新，将原创的思想整合到信息社会、网络世界。南京具有丰厚的文化底蕴，专业技术人才云集，是国家打造的软件名城，但至今还没有能在国内叫响的创意产品品牌，与北京、上海、深圳等一线城市的创意产业的发展水准差距较大。

如何通过对创意产业园的科学治理，来强化自身的集聚力，激励企业创新，确实是一个很难的问题。创意产业是基于人的知识资本的创意产业，创意产业园区的创新很难像工业化产品那样去预测、管理，但没有一定的激励机制，创意产业就很难形成高水平的突破以及市场效益。为此，我们认为，用"模块化理论"来治理创意产业园，也许会收到较好的效果。模块化是在信息技术革命的背景下，在产业的发展过程中逐步呈现出来的用于解决复杂系统问题的新方法。具体而言是指半自律性的子系统，按照一定的规则与其他同样的子系统相互联系而构成的更加复杂的系统或过程。作为处理复杂系统新方法的模块系统必须处理两类信息。一类称之为"系统信息"，是关于系统环境的信息，其决定子系统之间的联系规则和界面的状态。具体而言，系统信息由结构、界面和标准组成，其中结构确定系统由哪些模块构成，它们是怎样发挥作用的；界面规定模块如何相互作用，模块之间的位置如何安排、如何联系、如何相互进行信息交换；标准用来检验模块是否符合设计规则、在系统里是否能发挥作用，以及用来测定模块的性能。另一类信息称之为"个别信息"，是关于各模块活动（设计、工序等）的固有环境的信息，可以相互保密。系统信息的处理者称之为系统集成商，个别信息的处理者称之为模块商。模块化的最成功运用是在硅谷。其中风险投资商充当系统集成商，一个项目有多个模块商"背对背"竞争。项目开始时，风险投资商对众多的模块商给予种子资金。模块商在遵守共同界面标准的前提下"背对背"竞争——模块商观察不到竞争对手的行为，相互独立地完成各自的研发。"背对背"竞争比"面对面"竞争更加激烈，只有比例很少的模块商能够胜出——公开上市或者被现有企业收购，获得全部的模块价值。模块化的最大优势就是能够很好应对不确定性，激励创新。南京都市圈的创意产业园完全可以采用模块系统的运作方法。创意产业的重要领域之一是研发设计，模块化最擅长处理的是设计问题。创意产业园不仅仅是为创意产业提供场所、提供优惠政策、引进风险投资商，园区自身就可以充当系统集成商——对于较大的创意项目，制定共同的界面标准，然后对众多的模块商进行风险投资，模块商"背对背"竞争，根据竞争结果，园区只对最后胜出的少数模块商二次投资，形成优化选择机制。同一项目的重复模块投入完全可以由模块系统最后的期权价值得到补偿。此举将有助于促进产业园内部的优胜劣汰，并培育出具有高度竞争力的企业主体。

尽管创意产业园区与高科技产业园区的生成机制有区别，但充分发挥人的创造性，并把这种创造性转化为市场化的成果，是共同的价值趋向。具有创新资源的园区，不等于能培育出富有竞争力的创意企业。世界科技园区的典型代表是美国的硅谷，自斯坦福大学在美国西部一条长约48公里、宽约14公里的峡长山谷中创办出科技园区"硅谷"之后，许多国家和地区争相效仿，一座座科技园区在世界各地崛起，日本有筑波科学城、九州硅岛，英国有剑桥科学园、苏格兰硅谷等，以色列有"硅溪"，台湾有新竹科技工业园。但是，在美国硅谷创造了20世纪高科技园区奇迹的同时，同样位于世界一流大学——英国剑桥大学旁边的剑桥高科技园区，则未取得相应的业绩，很多中小公司成立不久就倒闭了。可见，创建一个富有活力的高科技园区并不能仅仅将各种必需要素简单相加，更需要合理的机制，而产业体系的灵活性更是高科技园区成败的关键。硅谷的产业体系基于地区网络，活跃的地区文化及广泛的社会关系网络，各专业公司之间竞争激烈，同时又互相学习以适应不断变化的市场，进行技术革新，其密集的社会网络和开放的人才市场也激励着创业者们不断进行新的试验和创业。企业内各部门的边界是互相渗透的，企业之间以及企业与当地机构如商贸协会和大学之间同样有着密切关联。① 对于硅谷成功的因素，斯坦福大学的亨利罗温教授归之于它形成了特殊优势，这种优势的形成，是因为它拥有以下八个方面的内容：有利的游戏规则，如健全的法律法规和创新的制度；很高的知识密集度；员工的高素质和高流动性；鼓励冒险和宽容失败的氛围；开放的经营环境；与工业界密切结合的研究型大学；高质量的生活；专业化的商品基础设施。特别是硅谷鼓励创新并允许失败的文化氛围，创新型企业把组织目标转化为其成员的个人追求，所建立起社会无差别的共同体的模式，都是别的国家、地区的高科技产业园区所不具备的。

　创意产业园区所处的空间位置与一般的高科技产业园区有所不同，但作为承载创意企业、创意人才群体的载体，也必须具有适于创新的各种机制、充足的人力资源和有利于企业生存与发展的良好环境。创意产业园区的高端化，必须有引领行业的创意产业龙头企业以及产业集群，因此，在同样具有空间优势的前提下，机制的创新与可持续性就成为园区胜出的关键所在。创意产业的发展与传统产业最大的不同，就在于其爆发性和高成长性。到2007年，北京、上海、广州、深圳的人均 GDP 达到了7000美元以上，有的甚至接近万元，进入了现代化的发展阶段，创意产业的集聚优势显现出来，园区的发展更强调高端化、生态化。2007年，南京市的人均 GDP 已经超过6000美元，从经济发展的规律来看，已经进入了创意产业发展的起步阶段。在目前的态势下，南京创意产业的规划，应该立足南京这个空间和产业的制高点，充分借助创意产业的"总部经济"效应，在都市圈的区域空间里

----

① 张洁、李志勇：《硅谷和剑桥两大高科技园区成败探因》，《外国经济与管理》2002年第4期。

积极构建"创意产业链"，走出一条资源优化、资本优化、品牌立身的创意产业互动发展的新模式。

从目前的产业空间布局和城市之间的互动性来看，南京发展创意产业应立足于都市圈的大空间。在南京都市圈内，可以在近期着力构建以数字信息技术为纽带的"宁扬创意产业带"和"宁镇创意产业带"。提出这样的假设，是因为其产业集聚的空间优势极为明显。从南京到扬州一线，以宁通高速公路为交通纽带，车程控制在一小时之内。而从软件企业巨头云集的南京高新区到扬州西部的创意产业园只有五六十公里，已经具备了日常通勤的空间条件，南京和扬州两市只要连起手来，就能迅速打造一个创意产业带。从南京到镇江一线，有沪宁高速公路、312国道连接，相距只有四五十公里，中间还有一个面积相当于中等城市的仙林大学城承接，特别是仙林大学城未来集聚的国际一流的智力资源、科教资源，将为创意产业的发展打造一个新的制高点，因此，早早规划"宁镇创意产业"，将有助于促进南京都市圈内创意产业资源的优化组合。

在南京都市圈的6个城市中，除马鞍山之外，南京、芜湖、扬州、滁州、镇江的汽车制造和相关配套产业，过去都形成了一定的规模，但由于以往厂家的产品线较短，加上行政区隔的影响以及交通物流条件的制约，各整车厂家基本是单打独斗，很难达到竞争成本的最优化。但在跨国集团纷纷进入中国长三角地区兴建研发中心和大型制造基地时，在地理空间位置上具有产业聚集和消费辐射优势的南京都市圈，持续被汽车巨头和相关的配套厂商看好，伴随着福特多个基地落户南京，南汽建设罗孚汽车基地，使南京作为都市圈内汽车产业中心的龙头地位得以确立。与此同时，西距南京江宁汽车城只有七八十公里的芜湖开发区，被称为中国轿车业中"黑马"的奇瑞汽车公司已经达到了年产30万辆轿车的能力，并上马了中型的汽车发动机制造基地。有了这样的前提，倡导和建立共同的"汽车业价值链"的时机就比较成熟了。"价值链"的概念最早是由美国学者迈克尔·波特（Michael Porter）提出的，即将一个企业分解为战略相关的许多活动，企业通过这些分解了的活动的实施来赢得成本竞争优势。可见"价值链"的概念和现在通常讲的"共赢"还是有区别的，前者的行为实施是在每个环节、时段中，后者更侧重于一种结果。企业一旦树立了"价值链"

的观念，就会去追求持久的成本优势，所制定的竞争战略就会更科学，更强调可持续性。而对于汽车业来说，在制造成本差别不大的新的竞争形势下，车型的设计、文化内涵的赋予就成为能否提升附加值的关键所在，也就是说，汽车的设计创意决定了自身的竞争力。因此，在南京都市圈内，利用从江宁区到芜湖的空间优势和汽车产业优势，完全可以构建一个"汽车设计创意产业带"。可以想象，总面积只有3万多平方公里的南京都市圈，已经拥有了福特、罗孚、上汽、菲亚特等四大轿车基地，如何实行资源整合、错位竞争以达到各自利益的最大化，无疑是一个重要的战略课题。到了2007年，上汽与南汽的全面合作，更为这种整合提供了可能。实际上，产业竞争是园区发展的动力源，在同一种产业结构下进行产品融合是不现实的，但如果都市圈内的汽车制造厂商、配套厂商和服务商能树立"都市圈汽车业价值链"的整体观念，并且能组建一个汽车设计创意产业联盟，相信在产品开发、整车制造，以及品牌扩张、连锁服务、产业延伸等方面，都能寻找到自身的利益点，实现各自利益的最大化，并造就一个有世界影响力的中国汽车设计创意中心地。

第三节
创意产业的人才培养战略

创意人才是推动创意产业发展的根本动力，大批量创意人才的教育与培养是我国未来创意产业获得大发展的前提，制约我国创意产业发展的瓶颈是创意人才的极端匮乏。

从根本上看，文化创意产业的高速发展依靠文化创意人力资本的投入产出和文化创意阶层的崛起。美国的弗罗里达在其《创意阶层的崛起》一书中指出，创意在当代经济中的异军突起表明了一个职业阶层的崛起。今天的创意产业越来越多地被用来表述国民经济中从事于利用人们的"智力资本"进行的文化服务和文化产品的生产与流通的新兴产业。智力资本、创新和新的信息技术之间已经建立了复杂而深刻的联系。从近10年的经验来看，各国创意产业的发展无不得力于各国创意人才的教育与培养。仅以游戏产业为例，到2003年，美国设有游戏专业的大学（学院）有540所，日本有200所大学设有游戏（开发、设计、管理、运营）专业，韩国有288所大学或学院设有相关专业，其中政府指定赞助的大学及研究院游戏专业就有106个。韩国在1999～2000年遇到第二次经济危机时，正是文化创意产业的高速发展拯救了韩国经济，而其游戏业在短短几年中之所以获得高速发展，与其丰富的人力资源的强大支持分不开。

全球性创意经济的迅速崛起带来了创意人才的普遍短缺，中国的创意产业发展应该走"超越型"的发展路径，在创意人才的培育上树立"国家战略"，把握创意人才和创意阶层的成长规律与集聚特性，借鉴发达国家的经验，打造吸引国际创意人才事业发展的新平台，尽快构建起中国创意人才高地，迎接创意经济的"中国时代"。

在创意经济的范畴里，投资的主体已经不再是货币化的金融资本及其代表，而是人力资本的高级形态创意资本，创意者的精神理想和投资者的物质理想达到了全面的融合，而这正是中国经济与社会可持续发展的"理想过程"。因此，考察发达国家的创意人才培养手段和成长规律，结合当前中国创意产业的发展状况，制定切实可行的国家创意人才战略，将大大有助于推动整个社会的自主创新体系的建设。

由于"创意经济"提出了一个建立在新的全球经济、技术与文化背景下，把握新的核心要素并构建了新的产业通道的"范畴经济"的概念，很快得到了整个世界的响应。"创意经济"与"创意产业"作为超门类的范畴经济或产业形态，其主要构成元素已经不再是资源、资本，而是个人的智慧、个体的创造能力和创新精神，美国纳斯达克的很多新经济企业叙写的财富神话，已经证明了这一点。因此，培育富有创意的"大脑"、培养高端的创意人才，就成为创意经济可持续发展的关键，也是发达国家所面临的共同问题。

由于创意经济、创意产业具有高成长性，而创意人才的培养是一个系统的过程，知识观念和思维方式的裂变不可能短时间内完成，各个国家都不同程度地出现了"创意人才荒"。以我国为例，首先是因为创意产业导入的时间只有几年，而真正开始形成独立形态不过二三年，这个行业及产业的从业人员才刚刚开始集成，人才的群体效应还没有体现出来；其次是创意人才是以自主知识产权为核心，以"头脑"服务为特征、以专业或特殊技能（如设计）为手段的"专精人才"，这些人才是难以嫁接或替代的；其三是国内的许多大中城市被创意产业展示的前景和发展空间所吸引，北京以及地处"珠三角"、"长三角"等一些经济发达区域的前沿城市，都争相聚焦和选择创意产业，致使总量本来就不多的创意产业人才供需矛盾加剧。问题的症结在于，习惯于以资源和资本的充分占有来论英雄的国人，对创意人才的充分认同还有一个过程，一旦创意经济热兴起，才发现具有国际水准的创意人才少之又少，与国际接轨的创意人才的培养机制更是严重缺位。故而，解决中国创意经济发展的瓶颈，必须尽快培养一批具有国际视野和创新能力的创意人才，因为这不仅是大力发展创意产业的时代要求，也是在未来数年间中国经济能否由传统产业向新经济转型的关键，中国经济增长方式由粗放型向精细型转变，必须靠一大批高端创意人才的引领。

一、发达国家创意人才培养的启示

创意产业是建立在教育的高度发展基础之上的。创意产业的发展依托于国民素质的普遍提高和国民创造力的激励发扬。创造性的教育与开发是创意产业可持续发展的深厚基础。以韩国为例，为了自身更好地理解设计，韩国政府咨询了许多设计专业人士，举办了许多听证会力争上游。目前，韩国平均每个设计公司拥有3.79个设计师，任职于设计公司的专业设计师在韩国共有8 500人。2005年，韩国就业人口有2，285万人，设计人才占全体就业人口的4.89％。[①] 每年的设计相关专业毕业生达到37，000人，比中国多了几倍。国外在创意人才的培养方式上已经远远超过我国，汲取国外先进的人才培养方式对我国创意产业的发展大有裨益。

---

① 参见李程骅、赵曙明：《发达国家创意人才的培养战略及启示》，《南京社会科学》2005年第11期。

　　首先，应倡导并落实全民性的"创造性教育"与创业教育政策和措施，夯实创意经济的人才发展基础。

　　英国是世界创意经济的发源地，目前也是创意经济最大的受惠国，2005 年，英国创意产业从业人数接近 200 万，创意产业对 GDP 的贡献已经超过了制造业。但英国对创意人才的培养并不强调速成，认为必须有高度发展的教育基础，才能有创意经济的健康运行，因为创意经济的发展必须依托于国民素质的整体提升和群体创造力的激励发挥，所以创造性的教育与开发被看作是创意产业可持续发展的深厚基础，这也是英国大学的创意学人才培养体系从本科到研究生都非常完备的原因所在。

　　从发展的规模来看，美国始终是世界创意经济的龙头，其在人才聚集上的天然优势吸引了众多的世界各地的创意人才。权威的统计数字表明，到 1999 年，美国的专业性创意类人才总数已经超过 500 万人。在人才的培养机制方面，美国更注重以创意产品、产业为导向的创意经济人才链的构建，重点培养"创意核心群"，同时聚集"创意专业群"，前者的工作完全与创意融为一体，如电脑软件设计、图书出版、媒介经营、娱乐产品等；后者的工作则需创意的支持、支撑，如技术管理、金融操作、法律服务等。弗罗里达在《创意阶层的崛起》一书中就已经指出，现今美国创意阶层的人数达到 3850 万人，占到全美劳动力总数的 30% 左右。

　　澳大利亚政府自从 1994 年发布第一个国家文化发展战略以来，就将创意产业发展作为一项国家战略加以实施，并且成立了布里斯班大学创意产业研究中心，作为澳大利亚联邦政府直接支持的国家级创意产业振兴机构。新加坡在 1998 年将创意产业定为 21 世纪的战略产业，出台了《创意新加坡》计划，又在 2002 年 9 月全面规划了创意产业的发展战略和人才战略。2000 年～2005 年，韩国共投入 2000 多亿韩元，培养文化创意产业复合型人才，重点抓住电影、卡通、游戏、广播、影像等产业高级人才的培养。① 这些国家的全民创意教育和对应的人才战略，都是通过政府的措施来落实的，因此效果也比较明显。

---

① 参见金元浦：《当代文化创意产业的崛起》，2005 年 7 月 6 日，见 http://www. culst-
　　dies. com。

其次，应着力打造"创意城市"，建立起不同主题的"创意生活圈"和创意产品市场链，强化创意人才的集聚效应。

创意经济是在后工业时代的物质经济高度发达的基础上衍生和整合出来的，是在高度集聚城市空间里才能得以发展的，因此，文化经济学家们提出的通过打造不同主题的"创意生活圈"从而建立起"创意城市"，并以营造适宜创意产业发展硬件环境和宏观政策环境来集聚创意人才，成为发达国家的共识。"创意生活圈"是最能体现城市生机的处所，它可以是几幢建筑物，也可以是有相对区隔的某一社区，关键是新的创意观念和产品设计能够从中源源不断地创造出来，同时，投资者、知识分子、艺术家、管理者、政府决策者、中介人士等在这里形成互动，可以面对面地碰撞出新的创意思路、事物、产品以及规则。伦敦、纽约利用旧厂房建立起来的"LOFT"，都是比较典型的"创意生活圈"。在这样的主题空间里，人们很容易找到知己与合作伙伴，而人力资源、技术产品、创意点子，迅速得到"交流"、"试验"和有效推广。如新加坡近年就实施了"创意社区"计划，通过将艺术、文化、设计、商业、技术等整合进社区的发展计划，来激发居民的创造力和激情，如设立媒体城，将高增值的媒体制作公司和有关的科研行业集中在一起，以发挥产业集群和创意人才高地的作用。从创意经济自身的系统运行来看，只有适应市场需求的创意产品得到大规模或高价值的推广，才能有创意产业的可持续发展。创意产品与一般物质产品的最大区别是知识产权问题，对产品的原创性的认同和保护，是对创意人才的价值承认，而这种示范效应，又能吸引更多创意人才的汇聚，促进更多创意产品的诞生。此外，美国、英国等国家都把保护知识产权上升到战略高度，并通过各种法律法规加大对知识产权的保护力度，从而吸引世界各地的高端创意人才前来一展身手。

再者，企业主体注重把握创意人才的成长机制和特殊规律，创造创意人才价值体现的和谐环境和事业平台。

在新经济时代，创意是产业之魂，产业是创意之根，核心技术、工业设计以及市场推广都需要各个领域的创意人才。而高端创意人才最大的成就，在于自身的价值的体现。因此，有眼光、有实力的大集团都不惜代价争夺高端创意人才。作为全球最大的创意企业美国微软公司，每年接到来自世界各地的求职申请达 12 万份。即使面对如此众多的求职者，比尔·盖茨还时刻感到人才的危机，不论发现在世界上哪个角落有他满意的人才，他都会不惜任何代价邀其加盟微软。例如，加州"硅谷"的两位计算机奇才——吉姆·格雷和戈登·贝尔，在微软千方百计的说服下终于同意为微软工作了，但他俩不喜欢微软总部所在地雷德蒙冬季霏霏阴雨的糟糕天气，比尔·盖茨立即决定，就在"硅谷"专门为他们建立一个研究院。

目前在新经济领域对微软最具挑战性的 Google，其总部空间五彩斑斓，人们看到的不是大型计算机设备，而是玩具、宠物和堆积如山的免费冰激凌，员工的办公室里有可以安置小狗的位子；员工可以在公司总部玩轮滑曲棍球；若要往来于办公室之间，员工可骑乘电动滑板车，或者儿童用的玩具车，甚至还有专门的按摩室。Google 在管理知识工作者方面有 10 条黄金法则。其中最主要的是鼓励创新，工程师们最多可以把 20% 的工作时间花在自选项目上。Google 这种智力乐园式的办公场所，又有充分的时间，让员工享有更多冥想的空间，让工作变成了一种乐趣，也为公司带来了一个又一个新鲜的创意。①

再次，尊重创意产业的财富积聚规律，创新并完善对创意人才的利益激励机制，以贡献论收益。

在新经济的领域中，那些高成长性的公司，对创意人才和高级管理人才，多采用福利沉淀制度的方式，来增强薪酬制度的激励功能。普遍的做法是采取高浮动的薪酬结构，通过管理入股、科技入股等方式加强对人才的激励。据调查，"美国 500 强"中 90% 的企业实行员工持股。微软是第一家用股票期权来奖励普通员工的企业。微软公司职员的主要经济来源并非薪水，股票升值是主要的收益补偿。这种将员工的收益与其对企业的股权投资相联系，从而将员工个人利益同企业的效益、管理和员工自身的努力等因素结合起来的做法，具有明显的激励功效，使数以千计的微软员工成了百万富翁、千万富翁，也使微软获得了前所未有的巨大成功。与此同时，在这些企业内，个人能力和贡献不同将直接导致收益的不同，"谁的效率高谁就分得多"已成为基本的理念。

---

① 《Google 如何管理"知识工作者"》，《参考消息》2006 年 1 月 9 日。原文来自于美国《新闻周刊》《2006 年知识革命》特刊文章《Google 公司的 10 条黄金法则》。

综合以上的介绍和分析，我们不难发现发达国家在培养和造就创意人才或创新型人才上的启示：其一，一个国家的政府对创意产业和创意人才资源开发的态度，是创意经济能否快速成长的关键，主动扶持和自由发展的结果是有很大差别的；其二，创意人才的培育和开发，不仅需要大战略，更需要对传统的人才体制与机制进行创新，应该特别注意通过建立健全法律法规及政策，为创意产品的知识产权和创意人才的收益提供相应的制度保障；其三，要站在国际化的高度重视创意人才的环境建设，创造适合国际化创意人才的生态环境，如制度环境、生活环境、交往空间、社会氛围等。政府、社会、企业等诸多方面应该同心协力，共同为国际化创意人才的吸引、培养和激励而做贡献。只有培养出大批国际水准的创意人才，增强创意产业高端人才与团队集聚性，才能保持创意经济的可持续发展。

二、中国培养创意人才的战略对策[①]

伴随着全球化知识经济浪潮的奔涌，创意产业的发展水准已经在很大程度上体现了一个国家的"软实力"，而且昭示着一个国家的创新能力。[②] 因此，中国经济和社会要实现可持续发展，尤其是在物质产品和文化产品的知识产权体系上树立起大国的表率，在培育创意经济、发展创意产业方面别无选择，其中的关键是要培养一大批具有国际视野并具有产业发展前瞻性的高端创意人才群体，通过这个群体的示范效应，营造一个全民创新的社会氛围，夯实"创意大国"的产业发展基础。

首先，要尽快明晰中国的创意产业在国家知识产权战略中以及在构建整个国家创新体系中的重要地位，制定创意产业的国家发展战略，构筑中国的创意人才高地。

知识产权是创意产业的灵魂。创意产业要以知识产权为源头构筑

---

① 该部分内容参见赵曙明、李程骅：《创意人才培养战略研究》，《南京大学学报》2006年第6期。
② "软实力"术语由美国哈佛大学教授约瑟夫·奈2004年在其著作《软实力：世界政治中的成功之道》中提出。他认为，一个国家的综合国力，既包括由经济、科技、军事实力等所体现出来的"硬实力"，也包括以文化和价值观念、社会制度、发展模式、生活方式、意识形态等的吸引力所体现出来的"软实力"。

产业链和产业的延伸，而在产业链上流动的最值钱的就是知识产权。由于目前技术创新或创意构想存在很多不确定性，而且创新成果又非常容易被侵权或流失，这样使创意人才的劳动成果被蚕食，大大降低了创意人员应该取得的报酬。毫无疑问，如果不切实加强知识产权保护，保护创意人才的利益，很难培养起来大量的创意人才，也很难激励他们发挥创意才能。让我们欣慰的是，我国在加强知识产权保护制度上已经取得了巨大进步，创意产业的健康发展更需要加强知识产权的保护。

在当前的创意产业热中，我国很多城市都在大办创意产业园，政策支持力度比较大，资源保障体系比较健全，有的干脆就把未来的目标定位为"创意之都"、"创意之城"或"创意产业基地"。但在我国的"十一五"规划中，虽然突出了"自主创新和建设创新型国家"，但"创意产业"的概念还不明晰。有的城市将创意产业纳入文化产业，有的地方称为文化创意产业，管理部门多头，并没有把创意产业作为独立的经济形态来看待。因此，我国整体的创意产业的概念和范畴还有待进一步明晰，否则就难以形成创意产业的集聚优势。

在"十一五"期间，随着我国加入世界贸易组织过渡期的结束，全方位、宽领域的对外开放格局形成，我国创意产业的国际化程度将大幅度提高，创意产业市场将进一步开放，管理体制将进一步和国际接轨，创意产业与国际资本市场结合度更高。而在文化与创意产业开放的过程中，必然面临着知识产权和民族文化遗产的"国家安全"问题，如果没有一批这方面的高端人才来应对，就会沦为外来精神产品的殖民地。以创意产业中发展较快的动漫行业为例，美国和日本的制作技术和市场推广能力都是世界领先的，但在游戏的内容上，前者是"编造未来"，后者是"篡改历史"，而后者的"篡改历史"，近期则瞄准了中国古典文学名著。此举的影响力和潜在危害，决不仅仅是商业层面上的，因为如果这些外国企业编制的游戏对我国的古典名著内容进行歪曲、亵渎，而且又能使用合法的商标进入中国市场，对青少年的精神世界所产生的不良影响将难以估量。[①]

在这样的认识高度上，动漫类创意人才的使命就不仅仅是制造游

---

① 参见《日企抢注水浒传、西游记》，新华网·新华视点，2006年5月8日。

戏产品，而是如何保护民族的文化遗产了。可见，培育和开发高端创意人才群体，也是更好地扩展国家文化影响力的重要举措。但是，即使在信息社会，一个产业要形成国家竞争优势起码需要十年甚至更长的时间，在这段时间内，政府一定要对创意产业的发展尤其是创意人才的培养给予持续的支持。

其次，要建立全新的创意人才培养机制，打破行业界限，整合优势资源，着力培育具有国际竞争力的"创意阶层"。

英国、美国的创意产业发展证明，只有突破传统的行业门类，造就"复合型"的创意人才群体，才能保持创意经济的领先优势。对于当前的中国来说，提升创意产业的国际竞争力，不只是单纯培养、引进创意人才问题，首先要解决的是创意人才的培育机制，即必须摈弃传统的分行业人才培育模式。以往，人们总是按照行业和部门来划分产业门类，但当创意已成为新经济的主要推动力之后，创意人才和人力资本就具有了新的统领意义。尽管各个行业都应有自己的创意机能、创意人才和创意组织，但只有把创意产业从所有行业中剥离出来，形成一个独立的产业形态，才能发挥对新经济的统领作用。美国创意经济学家理查德·弗罗里达指出，从职业的分类来分析和定位创意产业，创意不是简单的部门或行业分类，创意在当代经济中的异军突起表明了一个职业阶层的崛起，现代社会完全可以分化成四个主要的职业群体：农业阶层、工业阶层、服务业阶层和创意阶层。基于这样的认识，我国目前亟须对创意人才的培养模式进行创新，要通过对分散在各个行业中的优势资源的整合，来推动一个"创意阶层"的形成，让这个阶层直接体现国家和城市的不竭的创新能力。值得欣慰的是，我国上海、深圳等城市已经在复合型创意人才的培养上进行了富有创新的探索。上海市从2005年起，已经将广告业、数码媒体业、工艺品产业、文化产业和设计业等方面的创意型人才定位为"创意设计人才"进行培养。

其三，要构建具有中国特色的"创意学"，为创意经济的发展提供系统性的理论支撑，并提升对创意人才的研究层次。

当前我国创意产业的理论研究是一个薄弱环节，对于有关创意产业的研究只限于对创意产业概念、特征的介绍，以及国外创意产业发展状况的经验介绍，但这与飞速发展的现实特别是对其发展战略的研究还很不够，对国外创意产业发展的理论基础、政策制定、产业布局、人才战略的研究还十分肤浅。对美国、英国及欧盟其他国家、日本、韩国、澳大利亚创意产业的各自特色与取向还缺乏深入细致的探讨。我国创意产业的发展仍然需要更加富有开拓性的理论先导。

从世界范围来看，创意产业的大发展，主要得力于新经济的崛起，具有实践领先、理论滞后的特点，因此，作为创意产业理论基础的"创意学"，至今尚未建立起自身的理论体系。

从 20 世纪 80 年代开始，研究创新型企业内在发展机制的文章开始出现，但绝大部分研究是针对美国的企业、转型经济的企业，且以个案研究为主。我们现在为创意经济、创意产业找理论依据，也主要是借鉴霍金斯的《创意经济》一书。但正如中国的创意产业有自身的总体定位一样，处在中国经济与社会转型期的"创意学"，必须具有同步国际的水准。不过，从中国高校和研究机构的现状来看，创意学的研究理论仍处在引进阶段，从事创意学研究的人员比较缺乏，更缺少创意学研究的平台，特别是对总体发展战略的研究还很不够，对国外创意产业发展的理论基础、政策制定、产业布局、人才战略的研究还仅限于简单的介绍，对美国、英国、日本、韩国、澳大利亚等国家的创意产业的各自特色与取向还缺乏深入细致的探讨。多数成果的研究方法比较单一，定性的比较多，定量的比较少。尚未建立创意产业统计评估体系，重复性的课题研究比较多，难以为创意产业发展提供科学的决策服务。

值得欣喜的是，受创意产业热潮的推动，2006 年起，中国高校对"创意学"学科建设的力度明显加大，上海戏剧学院在成立了创意学院的基础上，还构建了涵盖工程学、市场营销学、产业经济学、城市经济学、系统论以及艺术学"创意学"学科体系，创意学已被列入上海市重点学科，并请来世界"创意产业之父"霍金斯进行指导。霍金斯在华唯一工作机构——"霍金斯创意产业研究中心"也将落户上海。上戏创意学院还打算在华山路 600 号建设一个创意产业产学研基地，期待着霍金斯引入更多的国际专家，让创意学院成为国际大师的聚集地。① 这些举措，将大大促进中国创意学的国际性、前沿性，并吸引更

---

① 参见《创意产业之父霍金斯受聘上戏》，《解放日报》2006 年 3 月 6 日。

多的专家研究创意学、创意人才学。但也应清楚地看到，大多数高校目前对创意经济、创意学的研究，尚分散在艺术、传媒、设计、社会学、管理学等传统学科中，没有形成研究的合力，如果都能像上海那样，整合优势资源，在知名大学内建立起创意学院、创意学科，就像"创意产业"在经济发展中成为独立的形态一样，相信会迅速提升中国创意学在整个世界的影响力。

其四，要充分发挥城市中"创意产业园"的集聚功能，搭建创意人才直接面向市场竞争的"实验场"。

发达国家的创意产业在起步的过程中，有一个引人注目的现象，那就是创意企业的主体空间不是郊外的大工厂和研发基地，而是城市的老城区，并且多是在旧的工厂大楼、院落里生长起来的，它在引领产业升级、带来就业机会的同时，还使本来废弃的城市空间焕发了生机。旧有的城市空间装上了"创意芯"之后，逐步形成"创意社区"、"创意产业园"，又成了是城市传统产业迈向新经济的实验场，伦敦、纽约、东京能成为"国际创意之都"，明显得力于遍布老城区的"创意产业园"。当前中国城市的"退二进三"浪潮进入了深化期，那些不适合商业开发的老厂房、老厂区，在自身空间上恰好满足了"创意产业园"所需的综合条件：疏朗的大空间、动静皆宜的工作场所，便利的交通和生活条件，多重交往场所，直接面向市场、充满不确定性的人才内生机制，并且在运转后起到了更新城市社区机能的作用。在现代大都市中，创意产业园实际上就是"创意社区"，是城市最富有创新能力的空间之一。因此，在这样的空间里造就出来的创意人才是最具有市场竞争力的。

由于地处市场前沿和研发核心，进入创意产业园的各类人才，也和企业一样具有了高成长性。从上海、北京、深圳的主要创意产业园的发展态势来看，它们对人才构成要求很高：一类是大量的复合型人才，起码受过三个学科以上复合教育，如文化艺术的理论与创作，网络设计或相关专业技术，工商管理或金融经贸教育；再一类是在企业内、行业内、创意产业园区内配置不同的专业人才，形成多种创意人才的互补聚合优势，因为创意产业园区既需要优秀的科学家、设计家、工程师、建筑师、投资人、金融家，也因创意产品的一个重要特征是无形化、文化化和艺术化，需要"波希米亚人"，即富于灵感的艺术家（包括先锋艺术家）、民间艺人、自由撰稿人、文化学者，甚至哲学家，还有一类就是管理人、广告人、媒介工作者等，他们在创造的境界上是可以相通的，使文化与经济、艺术与技术、人文与科学、形而上与形而下发生冲突、较量、碰撞与融合，从而快速提升各自的创意能力和创意产品的层次。[①] 可见，创意产业园的高度集聚功能，是培养适合市场竞争力人才的最好实验场。问题的关键是，政府要通过政策的引导和得力的扶持措施，使各个创意产业园区的人才资源的开发效益最大化。

其五，要倡导创意人才的"柔性流动"，尤其是创造开放的、人性化的创新创业"软环境"，吸引国际高端创意人才前来大展身手。

中国创意产业虽属于起步期，但未来巨大的发展空间、无限的创意产品消费市场又确实对国际高端创意人才产生莫大的吸引力，全球创意产业的"中国机会"更是被投资机构、创意大师们所看好，如"创意经济之父"霍金斯日前到上海创意产业研究中心，并承诺每年有一个月在上海就是最好的证明。但中国目前众多的创意企业在引进人才的过程中，仍面临旧的人事制度的挑战，强调"为我所有"，阻滞了不少创意人才流动的脚步。在知识经济时代，国际间人才流动的主要方式是"柔性流动"——不改变国籍、不入户口、来去自由。因此，政府主管部门要根据国际人才柔性流动的特征，加快相关人事制度的改革，以解除国际高端创意人才流动的后顾之忧。同时，建立起国家对创意产业、产品的知识产权保护体系，用制度保障创意大师们的作品不受侵权，这是创意产业"软环境"建设的关键。

创意经济发端于英国，但迅速形成产业规模并引领全球走势的却是美国。弗罗里达经过充分考察后认为，这是因为美国有强大的制度结构做支撑，这种制度结构可称之为"创意社会结构"，其主要由三个层面构成：一是有适合创意企业生长的新体系，如热衷于创意产业风险投资的金融体系、持续增长的研究费用等；二是有不断创新的、高效的货品与服务生产模型，如能让员工发挥创意的工作环境、弹性的生产方式等；三是有利于创意产生的社会、文化与地理氛围，如吸引创意人才的生活方式与鼓励前卫艺术的文化制度，能宽容失败。他

---

① 参见《上海创意产业需五大领域人才》，《人才市场报》2006年1月17日。

尤其强调，创意经济发达的地区，一定是创意人群与高科技产业集中的地区，更是表现容忍失败与个性张扬的地方，这样才能在人才吸引、行业创新和经济增长上形成良性循环。①

　　中国的经济与社会的制度结构不同于美国，但在支持全民自主创新和发展创意经济的理念方面是有着共同认识的，一个鼓励自主创新、鼓励全民创造的社会氛围正在中国形成。在全球性的创意经济发展的热潮中，中国经济与社会面临新的转型，由于政府与投资主体的大力推动，使中国的创意产业、创意经济迎来了前所未有的历史机遇和发展契机，而中国城市空间资源的重新整合、产业结构的升级所涌现出来的创意产业园区，则造就了"创意社区"、"创意城市"，促进了与国际接轨的创意产业链的形成，从而为实现"中国创造"、"中国创意"的国家战略目标奠定了深厚的基础。2005 年年底，霍金斯来上海考察时就断言："对中国的创意产业事业，我很有信心，虽然说起步晚了，但是发展起来，速度一定会惊人。"②

　　当然，要实现"中国创造"、"中国创意"的目标，最关键的是要尽快培育出一批具有国际竞争力的高端创意人才，逐步打造出价值观和行动力比较一致的"创意阶层"。在创意产业正在成为国家支柱产业、自主创新成为整个民族的共同目标的大背景下，我们坚信，在未来的 5～10 年内，中国也一定能逐步形成"创意社会结构"，并建构起国际创意产业的人才高地，从而造就全球创意经济的"中国时代"！

---

① Florida R. *The Rise of Creative Class*. New York：Basic，2002.
② 参见《在知识产权与公共领域之间寻找平衡》，《第一财经日报》2005 年 12 月 6 日。

第六章
城市空间优化与发展模式的选择

中国改革开放30年，创造了令全球瞩目的经济奇迹，2006年成为仅次于美国、日本、德国的世界第四大经济体。与此同时，城市化水平快速提升，培育出了一批带动区域经济发展、引领中国经济国际化的大中城市和城市群。1978年，中国的城市化水平只有17.92%，到2006年提高到了43.9%。2006年，中国地级以上城市的地区生产总值达到132272亿元，占当年中国GDP的63.2%。① 特别是进入被称为"城市世纪"的21世纪，中国的沿海城市和内陆区域中心城市，越来越明显地起到了经济发展"增长极"的作用，长三角、珠三角和环渤海三大城市群（都市圈）以占全国土地面积的3%、人口的12%，创造了占全国40%左右的地区生产总值和地方财政收入。② 但是，由于发展的基础薄弱和城市化的阶段性特点，在过去30年的大部分时间里，我国采取的粗放型的城市发展模式，已经产生了严重的资源、环境、交通、居住、产业发展以及城市管理等方面的负效应。特别是以"土地城市化"政策驱动的城市增长方式，造成了土地资源的极大浪费。2005年，我国人均建设用地为130多平方米，但同期的发达国家为人均82.4平方米，发展中国家为人均83.3平方米。③ 按照我国国民经济发展的战略目标，到2020年，我国人均国内生产总值要在2000年的基础上实现翻两番。④ 如果不转变经济增长方式，仍坚持

---

① 周英峰：《上海成为我国城市化水平最高的城市》，新华网2007年10月5日。
② 程开明：《我国城市化阶段性演进特征及省际差异》，《改革》2008年第3期。
③ 鲁志强：《关于建设节约型社会的几点意见》，《中国发展观察》2007年第8期。
④ 赵晓辉：《中共党代会报告首次提出2020年人均GDP比2000年翻两番》，新华网2007年10月16日。

高投入低产出、高能耗低收益、高污染低环保的粗放型发展方式，不仅我国的能源条件、世界的能源供给无法支持，由此带来的排放、污染，将引发诸多生态灾难。与此同时，我国的城市正处于高速工业化和后工业化阶段，这一阶段是城市化发展的战略机遇期，在很大程度上决定整个国家的现代化进程，经济发展的速度和增长指标必须保持一个合理的高位水准。这就要求我们必须以科学发展观为指导，通过学习世界先进城市以及同类城市的做法，结合当前中国处在城市化加速期的阶段性特点，转变城市增长方式，提高城市化的质量，以集约发展、清洁发展的理念来优化城市的产业空间布局和经济发展模式，从而达到区域协调发展、城乡一体发展、经济社会协同发展的目的。基于这种新认识，比较中国城市与世界先进城市在发展阶段上的差距，审视中国主要城市经济发展模式的不同选择，无疑可以使我们在新的发展起点上，更加科学地认识到城市产业空间布局的战略意义，认识到中国城市在中国现代化进程中承担的多重使命，从而探索一条顺应世界城市发展规律和适合中国国情的城市经济发展的新路径。

第一节
全球视野下的国内城市经济发展水平认知

一、国际城市经济发展水平与产业结构特征

在经济全球化的浪潮中，中国的城市化进程和经济发展一样，始终在不断地融入世界的城市体系和经济体系之中，从 20 世纪 80 年代后期主动参与国际大循环，到 90 年代中后期的全面对外开放，直至 21 世纪加入 WTO，国内的大城市尤其是东部沿海城市，在承接国际产业转移、大力推进工业化的进程中，在城市的空间拓展、产业布局的优化以及产业结构的升级等方面，始终以国际先进城市为标杆，不断探索城市发展的"赶超"路径，由此培育出了与国际产业体系、城市发展体系对接的珠三角、长三角以及环渤海三大城市群（都市圈），使上海、北京、深圳、广州、天津、大连、南京、苏州、杭州、青岛等一批城市，或者成为开放度高的国际性城市，或者成为跨国公司在中国战略布局中的重要城市，它们代表着国家参与国际产业分工、参与世界的经济竞争。与此同时，经过 30 年改革开放和城市化的洗礼，我国实施的区域协调发展战略，使中西部的区域中心城市在承接产业转移中显现出了后发优势，也在加大城市产业体系的外向度，强化与东部沿海城市的产业、市场以及区域经济空间的一体化。面对新一轮科学发展，几乎所有大城市都提出了产业调轻、调高、调优的目标，通过先进制造业和现代服务业的双轮驱动，来提升城市的核心竞争优势，打造出向国际城市看齐的产业结构、产业空间布局以及经济增长方式。那么，目前的国际先进城市、具有经济发展特色的城市，处于怎样的经济发展水平？我国的主要城市和它们的差距有多大？只有对

这两个问题有了基本的认识，才能使国内的城市找准定位，树立切实可行的发展目标，从而将"国际化"、"国际性"的发展指标落到实处。

世界上任何一个国家的城市化进程，无不是以工业化为推进的。从农业社会到工业社会再到后工业社会，是世界所有国家和地区所经历的共同历程，并分别形成了发展速度比较慢的城市化初期阶段、城市化快速推进的中期阶段、增长趋缓甚至停滞的后期阶段。按照诺瑟姆的"S型曲线"理论，城市化率小于30%为初期阶段，城市化率30% ~70%为中期阶段，城市化率超过70%则进入后期阶段。[1] 但是，当城市化率超过50%，城市人口的绝对数超过农村人口，则意味着一个国家或地区城市社会的到来。就我国来说，整个国家的城市化率在2006年已达到43.9%，在未来的几年内将进入城市社会。在这期间，整个国家处于高速工业化时期，重化工业和装备制造业是发展的重点。但是，中国东部沿海地区，尤其是三大都市圈中的各大城市，如上海、北京、深圳、杭州、南京等，城市化率已经超过70%，有的甚至达到了85%以上。这些城市基本上实现了城乡空间一体化发展，深圳、上海等城市已经消灭了"农村"和"农民"。按照国际城市的发展规律，这些城市进入了追求质量的内涵深化阶段，重点发展现代服务业，产业结构变轻、变高、变优，城市的空间价值更高。不过，由于中国整个国家的人均GDP才刚超过2000美元，沿海发达城市的人均GDP也在5000美元~10000美元之间，与发达国家的人均GDP差别较大，国内城市的经济总量、三次产业结构的比重，与发达国家和地区的国际性城市相比，仍然是处于发展的中期阶段。有关专家曾进行过中外城市在经济规模方面的基本比较，让国内一线城市认识到自身与国际性的城市存在巨大的差距：纽约的GDP占美国GDP总量的24%，相当于上海GDP总量的44倍、北京GDP总量的79倍、广州GDP总量的87倍；东京的GDP占日本GDP总量的26%，相当于上海GDP总量的20倍、北京GDP总量的33倍、广州GDP总量的37倍；伦敦的GDP总量占英国GDP总量的22%、相当于上海GDP总量的5.5倍、北京GDP总量的9.5倍、广州GDP总量的10.5倍；巴黎的

---

[1] 沈镭、程静：《矿业城市可持续发展的机理初探》，《资源科学》1999年第21期。

GDP 总量占法国 GDP 总量的 18%，相当于上海 GDP 总量的 4 倍、北京 GDP 总量的 7.2 倍、广州 GDP 总量的 7.9 倍。[①] 可见，国内城市要提升国际化程度，增强对全球经济的控制力，必须进一步扩大经济规模，优化产业结构。

为了清晰界定世界不同国家和地区的经济发展水平，世界银行在 2006 年制定了一个分类标准：人均国民收入少于 875 美元为低收入国家和地区，人均国民收入在 876～3465 美元区间为下中等收入国家和地区，人均国民收入在 3466～10725 美元区间为上中等收入国家和地区，人均国民收入大于 10726 美元为高收入国家和地区。[②] 在低收入国家和中等收入国家中，又分别划分为最不发达国家、重债穷国和下中等收入国家、上中等收入国家。不同收入水平的国家在三次产业结构上呈现明显的差别。（见表 6－1）2007 年，中国的三次产业结构比例为 11.7:49.2:39.1，[③] 尽管第一产业、第二产业的比重指标属于中等收入国家序列，但第三产业的比重指标尚属于低收入国家的序列。

表 6－1　世界不同收入水平国家的 GDP 三次产业构成情况

国家类型	第一产业		第二产业		第三产业	
	2000 年	2006 年	2000 年	2006 年	2000 年	2006 年
低收入国家	26.4	20.4	26.3	28.4	47.2	51.1
最不发达国家	33.0	27.4	23.6	26.2	43.4	46.2
重债穷国	32.0	28.4	23.1	26.1	44.8	45.5
中等收入国家	9.7	8.7	36.3	36.1	54.0	55.3
下中等收入国家	14.1	11.9	42.5	42.7	43.3	45.5
上中等收入国家	6.2	6.1	31.4	30.7	62.4	63.2
高收入国家	1.9	1.7*	28.0	25.9*	70.1	72.4*
世界平均	3.7	3.4*	29.2	27.6*	67.1	69.0*

资料来源：《国际统计年鉴》（2008）。表中带 * 者为 2004 年数据。

[①] 牛文元：《中国城市化与区域可持续发展研究》，新华出版社 2005 年版。
[②] 朱启贵：《"人均国民总收入"步入中等收入国家有何意义》，《解放日报》2008 年 2 月 11 日。
[③] 国家统计局：《长三角产业结构逐步优化　第三产业比重提高》，中国统计信息网，2008 年 3 月 13 日。

根据克拉克法则，经济发展带来人均收入的增加，生产与劳动的构成的比重将发生变化，第一产业向第二、三产业转移将成为一种规律。在一个国家和地区，经济增长、经济发展与产业结构的变化也形成了互动的关系。作为第三产业的服务业，在一个地区的经济发展中扮演着重要的角色，服务业比重的增加不仅代表着一个城市产业结构的合理化程度，而且对第一和第二产业发展、城市集聚和辐射力的增强以及综合竞争力的提高等都具有重要的影响。在全球经济普遍呈现服务经济特点的状况下，世界整体服务业增加值比重不断升高。2004年，发展中国家服务业的平均发展水平都已达到了52%。西方发达国家服务业就业比重普遍达到70%左右，少数发达国家达到80%以上。表6-2是不同收入国家从1980~2000年的服务业就业变化情况表，从表中可以看出，全世界服务业的就业比重从1980年的56%上升到2000年的63%，上升了7个百分点。其中，高收入国家从60%增加到71%，上升了11个百分点；中等收入国家服务业就业比重增长最为迅速，由46%上升到61%，增加了15个百分点；低收入国家也增加了13个百分点。

表6-2　1980-2000年不同收入国家服务业劳动力比重情况表

国家范围	服务业劳动力比重		
	1980 年	1998 年	2000 年
全世界	56	61	63
低收入国家	30	38	43
中等收入国家	46	56	61
高收入国家	60	68	71

一个国家或地区的经济发展水平，直接取决于科学技术的系统支持。科学技术是社会生产力中最活跃和最具决定性的力量。科学技术的进步可以提高产出水平和劳动生产率、降低物耗，节约成本，提高边际产出率。一些经济学家根据他们的分析方法，对世界经济增长以及一些地区全要素生产率（技术进步）变化情况进行了考察，研究结果表明，在工业化的不同阶段，各经济要素对经济增长的贡献率以及全要素生产率的增长率情况有较大的变化。主要表现为，在工业化的初期阶段，劳动和资本对经济增长的贡献率较大，全要素生产率的年

增长率也相对较低，但是，随着经济的不断发展和工业化进程的深入，劳动和资本对经济增长的贡献率会逐渐降低，全要素生产率对经济增长的贡献率不断升高，同时其年增长率也会提高。

表6-3 各收入水平上的经济增长因素[1]

人均收入	年增长率		对产出的贡献			
（1964年价）	产出	全要素生产率	TFP	资本	劳动力	土地
小于100美元	3.81	0.44	11	48	36	5
100-200	4.80	0.72	15	49	34	2
200-400	5.67	1.40	25	47	27	1
400-800	6.30	2.28	36	43	21	
800-1500	6.58	2.95	44	39	15	
1500-2400	6.21	3.11	50	35	15	
2400-3600	5.60	2.80	50	32	18	

钱纳里、赛尔奎因等人根据多国数据得出了在不同的人均收入水平下，经济增长因素的变化情况。（见表11）从表中可以看出，在工业化初期阶段（200美元以下），资本的贡献份额接近50%，劳动力的贡献份额也占三分之一左右，而全要素生产率（TFP）的贡献份额只有15%。进入工业化中期阶段后，TFP的贡献份额出现较快增长，到800～1500美元阶段时，TFP的贡献份额就超过了资本或劳动的贡献份额；在1500美元以上时，TFP的贡献份额占到了50%。在此之后就基本上处于稳定的状态。这说明，在工业化的中期阶段，技术进步是促进经济增长的最主要的因素，而技术进步的快慢也成为决定一个国家和地区经济增长快慢的主要原因。这是由于在工业化的中期阶段，制造业的发展较快，而在制造业中又存在着由分工引致的人力资本专门化及物质资本专门化和大型化的趋势。这样，规模效应、结构效应和学习效应的存在使得生产率的增长较之经济的增长来得更快，因而TFP贡献率得以提高。但是，在经济发展进入工业化的后期阶段，TFP的贡献率会出现徘徊甚至一定程度的下降，这主要是因为在这一时期，消费需求的种类日益复杂，对差异产品的需求不断增加，同时

---

[1] 钱纳里等：《工业化和经济增长的比较研究》，上海三联书店1989年版。

服务业的比重也在不断上升，这些因素都在某种程度上抑制了生产率的较快增长，从而导致 TFP 贡献率出现徘徊甚至下降的局面。

在从人均国民收入、三次产业结构比重以及全要素生产率（TFP）等相关指标体系入手，充分认知了工业化进程与国家和地区经济发展水平的基本对应关系之后，我们不妨选择国际上一些重要城市，审视其经济发展水平以及所处的发展阶段，以比较明晰地认识中国城市与它们的差距。其中在经济发展水平和产业结构比较上，我们选择了美国纽约、硅谷、费城、圣路易斯，法国巴黎，英国伦敦，德国鲁尔，意大利都灵，新加坡，日本名古屋，韩国首尔、大田，印度班加罗尔等具有多元代表性的城市，以强化可比性。

首先在经济发展水平方面，发达国家的国际城市人均 GDP 大多超过了 2 万美元，高的达到 6 万美元左右，服务业的比重在 GDP 中占有绝对的优势。（见表 6 - 4）相比较而言，国内主要城市的 GDP 总量和服务业在 GDP 中的比重，与它们都有较大的差距。（见表 6 - 5）就人均 GDP 而言，大城市中只有上海、深圳目前在 10000 美元左右，北京是 8000 美元。以南京为例，目前的人均 GDP 仅相当于以上城市人均中的硅谷城市群的 4.98%。与韩国的大田相比，虽然南京的 GDP 总量是大田的 2 倍多，但南京的人均 GDP 仅为大田的 42.4%。印度的班加罗尔，作为一个发展中国家的科技中心城市，它与南京有着较强的可比性，目前班加罗尔的人均 GDP 是南京的 1.4 倍。在产业结构上，日本名古屋的服务业增加值比重已经达到了 84.7%，纽约的服务业增加值比重早在 2000 年就已经达到了 84% 以上，伦敦、巴黎和德国鲁尔的服务业比重也高达 70% 以上，新加坡和韩国首尔的服务业增加值比重也达到和接近了 60%。国内的城市，到 2007 年，只有北京、上海、广州等城市的服务业比重刚刚超过 50%。这种差距表明，我国仍处于现代化发展的起步期，即使是一线大城市，工业化和城市化的进程仍未完成，未来仍有巨大的上升空间，但经济的增长方式和城市化的路径，必须打破原来的粗放式、低效率的模式，否则产业结构的优化、向国际城市产业看齐的目标就难以实现。

表 6 – 4　世界部分城市经济指标

城市	GDP(10 亿美元)	人均 GDP(美元)	服务业比重(%)
New York(纽约)	1133.0	61000	84.0
London(伦敦)	452.0	59400	75.0
Paris(巴黎)	460.0	46000	76.5
St. Louis(圣路易斯)	160.0	40400	
Philadelphia(费城)	312.0	60000	
Silicon valley(硅谷)	276.0	120000	
Singapore(新加坡)	129.0	32000	64.0
Nagoya(名古屋)	106.0	84.7	
Turin(都灵)	58.0	20000	
Ruhr(鲁尔)	174.0	32890	70.7
Seoul(首尔)	218.0	23000	56.3
Daejeon(大田)	20.6	14100	
Bangalore(班加罗尔)	45.0	8520	49.0

表 6 – 5　中国主要城市 2007 年 GDP 总量及产业结构情况①

城市	GDP(亿元)	人均 GDP(元)	服务业比重(%)
北京	9006.2	57431	70.91
上海	12001.16	66367	51.90
广州	7050.78	71219	57.76
深圳	6765.41	79221	47.42
天津	5140.00	47972	40.33
杭州	4103.89	51878	45.10
南京	3275.00	44197	48.37
成都	3324.40	27255	47.67
武汉	3141.50	35925	50.05
沈阳	3073.93	43499	47.35
苏州	5700.85	91911	34.60

其次是全要素生产率对城市经济增长的贡献率偏低。经济增长的

---

① 根据各城市《2007 年统计年鉴》整理。

可持续性不能过分依赖资源、劳动力成本的比较优势，更主要的是科技的进步。国际经验表明，对于后起工业化国家和地区来说，重视科技进步，加快本国技术创新，使科技成为推动经济进步的主要动力，是它们实现跨越式发展的一个最有效途径。同时，科技进步贡献率是衡量一个地区经济增长集约化程度的重要指标。但是，国内城市经济增长的过程中，全要素生产率明显偏低。笔者用 C—D 函数，采用 2006 年统计数据，对国内部分城市的全要素生产率情况进行简单的测算。其中，用全社会固定资产投资增长率代表资本投入增长率，用全社会从业人员增长率代表劳动投入增长率，劳动力和资金投入弹性系数分别附以 0.5 和 0.5，测算结果表明，只有上海接近 50%，广州、深圳、南京、杭州都比较低。（见表 6 - 6）

表 6 - 6 2006 年国内部分城市各要素贡献率图[①]

城市	GDP增长率	要素投入增长率		要素对 GDP 贡献率		
		资本投入增长	劳动力投入增长	资本投入贡献率(%)	劳动力投入贡献率(%)	全要素生产率(%)
南京	15.1	15.0	7.1	49.7	23.5	26.8
上海	13.3	10.8	2.6	40.6	9.8	49.6
广州	14.7	11.7	6.1	39.8	20.7	39.5
深圳	16.6	7.8	12.4	23.5	37.3	39.2
杭州	14.3	10.1	8.3	35.3	29.2	35.5

我们对比日本、韩国和中国台湾在 1955～1970 年现代化发展的起步期，从全要素生产率的增长率和贡献份额看，这三个国家和地区当时处在重化工业快速发展的工业化中期阶段，它们的全要素生产率增长率和贡献份额均高于同期发展中国家的平均水平，并且全要素生产率增长率也全部高于同期发达国家平均水平，TFP 贡献份额除日本略低外，韩国和中国台湾均超过了发达国家的平均水平。（见表 6 - 7）由此可见，国内城市在产业发展的结构升级过程中，如何提升科学技术的贡献率，是一个重要的时代命题。

---

① 根据 2006 年《中国城市统计年鉴》整理。

表 6 – 7　1955~1970 年日本、韩国、中国台湾地区
全要素生产率的国际比较（单位:%）①

国家或地区	TFP 增长率（年均）	TFP 在产出增长中所占的份额
日本	4.5	41.3
韩国	5.0	56
中国台湾	4.3	54
19 个发展中国家(或地区)平均	2.0	31
12 个发达国家(或地区)平均	2.7	49

　　再者是在国际化程度上，尽管国内很多城市都提出了建设"国际大都市"、"国际化都市"、"国际性城市"的口号，但按照国际产业界以世界 500 强总部、外资银行数和国际航空航线数三个主要指标对城市开放程度评价的惯例，国内城市能带上"国际化"、"国际性"色彩的只有北京、上海等极少数城市。我们在表 6 – 8 中看出，纽约、伦敦、东京和巴黎是国际化程度最高的城市，这四座城市中集聚了众多的世界 500 强总部、外资银行，开通了通往世界各地的国际航线，它们的国际化程度远远高出了城市。新加坡和首尔的国际化程度也相对较高，新加坡的外资银行和国际航线数量均很多，首尔的外资银行数量虽然较少，但是集中了不少的世界 500 强总部，同时也开通了众多的国际航线。班加罗尔也拥有 39 家外资银行，开通了 18 条国际航线。目前，中国城市的世界 500 强总部、外资银行集中的城市、可以直达国际城市航线的城市主要是北京、上海、广州。到 2007 年年底，北京的世界 500 强的总部有 15 家，在世界上排名第五；上海、广州的世界 500 强企业主要是地区总部。外资银行中国区域总部中，北京有 5 家，上海有 10 家，据了解，目前还有十几家正在为进入北京作准备。在国际航线方面，上海和广州都拥有 85 条国际航空线，北京有 45 条。总体来看，国内的一线城市尚属于国际性初期的城市。

---

① 根据《世界银行发展报告》（1985 年）整理；钱纳里等：《工业化与经济增长的比较研究》，上海三联书店 1989 年版。

表6-8　世界部分城市国际化指标

城市	世界500强总部	外资银行数(2007)	国际航空线数量
New York(纽约)	24	217	
London(伦敦)	23	189	180
Paris(巴黎)	27	161	172
Philadelphia(费城)	3		39
Singapore(新加坡)	1	106	177
Nagoya(名古屋)	1		24
Turin(意大利都灵)	3		27
Seoul(首尔)	9	19	189
Bangalore(班加罗尔)	0	39	18

资料来源：南京社科院课题组相关课题

　　从区域经济的国际化角度来看，大陆的发达城市与中国香港、中国台北的经济发展水平相比也有较大的差距。2006年，香港的GDP为14595.86亿元人民币，人均GDP 212857.9人民币，折合30000多美元；台北6300.00亿元，人均GDP 210945.0元，和香港的水平接近。[①] 在三次产业结构方面，由于对台北市资料掌握有限，我们以台湾省的产业发展情况进行分析，同时也对香港的各产业增加值比重和第三产业内部情况进行比较分析。表6-9的数据显示，香港和台湾都已经进入了"服务经济"时代，香港的第三产业比重高达90.73%，台湾省的第三产业比重也达到了71.65%。现在，国际上一般将服务业增加值占经济总量的60%作为"服务经济时代"的标志，香港和台湾的情况表明，这两个地区的产业结构已达到一定的高度。服务业的蓬勃发展可以使城市不再成为第二产业的集聚地，不仅生产可以通过服务业的强大组织能力在周边地区开展，而且服务业自身就完全可以成为引领当地经济的强大动力。在第三产业内部结构上，香港的批发、零售、餐饮与酒店业比重最大，其次是金融、保险、房地产及商用服务业，社区、社会及个人服务业为第三，运输、仓储及通讯业的增加值比最低，且近些年来服务业内部结构变化不大。由此可见，在香港

---

① 香港统计处：《香港统计年刊》（2006年、2007年）；《台湾统计年鉴》（2007年）。

的服务业中，批发、零售等传统服务业仍占据着主要的地位，但运输、仓储、通讯、金融、保险等生产性服务业所占比重也较大，而楼宇业权（租赁）等新兴产业也已经占到了服务业中的较大比重。国际经验表明，只有服务业能够有效克服产业集聚所引起的低效率问题，并且更容易形成向外的扩散和辐射。因此，以服务业为主的城市，其中心地位将逐渐提高，对外的辐射力和集聚力也将随之增强，而资本密集型和劳动密集型制造业只能被挤出城区或挤到都市的边缘地带。大陆的大多数城市的产业发展，目前还处于第二产业为主的阶段，第三产业发展明显滞后，这些城市要想成为国际性的城市，就必须把加快发展第三产业作为最重要的战略目标来实施。

表6-9　中国香港和台湾省的三次产业构成情况
及人均第三产业增加值情况表

	各产业增加值(亿元)			各产业占GDP比重(%)			人均第三产业增加
	第一产业	第二产业	第三产业	第一产业	第二产业	第三产业	值(万元/人)
香港*	8.39	1228.68	11961.95	0.64	9.31	90.63	172464.28
台湾	403.26	7057.13	18857.83	1.53	26.81	71.65	82746.07

　*：香港为2005年数据，新台币兑换人民币按2007年年底汇率(4.506∶1)测算。

通过以上几个层面的比较和分析，不难发现，在全球的城市体系中，在国际化的经济空间中，即使是国内发达的大城市，经济发展仍处在初期阶段，三次产业结构中的服务业比重明显偏低，主要指标离国际性城市的要求太远。可见，尽管中国在2007年已经成为世界上仅次于美国、日本和德国的第四大经济体，但人均GDP、产业结构等方面的差距，在短时间内是难以追赶上的。特别是在新的国际产业体系分工中，价值链各环节的非均衡分布，使现阶段国内城市的经济增长要达到国际城市的同期水平，所付出的资源、人力等综合成本大大增加，并在很大程度上销蚀了所谓的"后发优势"。在产业结构调整的过程中，多数城市的工业化进程尚未完成，在经济实力和竞争力还不是太强的情况下，就必须把发展的重心放在现代服务业上，忍受"转型"发展的新挑战和阵痛。因此，国内城市在把发展目标瞄准国际性城市之时，一定要充分认清自身经济发展的阶段性特点，树立长期的高超战略，并以国际化的产业培育、嫁接为突破，通过产业的体系、市场的体系以及核心的城市创新体系，逐步在全球城市体系中找到位置，强化影响力，从而形成经济发展和城市发展的良性循环。

二、中国城市间经济发展水平比较及思考
——以副省级城市为对象

自上个世纪 80 年代起，我国在告别计划经济的发展模式之后，市场经济体制的逐步确立，城市的能级水平逐渐显现分层性，一批城市具有了区域性、国际性城市以及国际化城市的基本定位，并以特有的功能参与国际产业链的构建。在这些城市中，"副省级城市"作为重要的群体，由于在发展中承载了直辖市和外向型程度较高的沿海地级市的双重挤压，在现行的政绩考核体系之下，争先进位的动力更大，在新一轮发展中的竞争意识更强。[①] 从区域发展的带动性来看，"副省级"城市多为省会城市、区域中心城市，在享有的政策和资源方面仍具有较多的优势，对内的要素集聚的经济性和规模化效益更强，它们的经济发展模式的选择，对省域内和同一个都市圈内的城市具有示范性。因此，面对科学发展观统领下的中国城市的新一轮大发展，对"副省级城市"群体目前经济发展水平有一个基本的认知，建立起一个适用性较强的评价指标体系，对中国城市经济发展路径的选择，提升总体的核心竞争力，培育区域增长极，当具有重要的意义。

近年来，关于城市的综合竞争力、综合实力等多方面的研究吸引了众多学者的注目，[②] 这些研究成果从不同侧面分析了全国副省级城市的经济发展状况，如城市的竞争力、经济增长、产业发展以及城市化等。但是，城市的经济发展水平是城市多方面经济发展状况的综合反

---

① 副省级城市为中国大陆地区城市的行政地位之称，源自改革开放 1980 年代，当时由于其特有的经济地位而被称为"计划单列市"，和省会等较大城市一样，具有宪法授予的部分立法权。按照中国大陆行政区划来划分，"副省级城市"属于省辖市之列的地级市。重庆是第一个副省级城市。根据 1994 年 2 月 25 日，中央机构编制委员会文件（中编〔1994〕1 号）经中共中央、国务院同意成为"副省级城市"，包括重庆共计有副省级城市 16 个，因重庆于 1997 年划分为直辖市减少为 15 个。具体为：哈尔滨、长春、沈阳、大连、济南、青岛、南京、杭州、宁波、厦门、广州、深圳、武汉、成都、西安。

② 倪鹏飞等（2002~2008 年）；李娟文等（2001 年）；孙松涛等（2002 年）；刘艳军等（2005 年）；马力等（2006 年）；刘定一等（2007 年）。

映，相比较而言，对城市经济结构以及经济社会协调性的分析和考察的成果还较少。为此，笔者在借鉴以往研究成果的基础上，选择了主成分分析法来考察和分析各城市的经济发展水平，以求得出比较中肯的结论。

经济发展不同于经济增长，经济增长侧重于经济总量的数量性增长，但经济发展，不仅包括了经济增长的内容，同时更加强调经济增长过程中的协调性、可持续性和增长成果的共享性。具体来讲，也就是说，在经济的发展过程中要注重内部各要素和各系统之间的相互平衡和和谐，注重经济增长与环境承载能力之间的协调，并使全体人民都能够充分分享经济发展所产生的物质和文化成果等。因此，对城市经济发展水平的考察要涉及城市经济发展中的诸多内容，应该对以上各方面进行综合考察和衡量。

由于城市经济发展水平涉及面比较广泛，在指标体系的构建和指标的选择上务必要注意以下几个方面的问题：第一，"量"与"质"相统一的问题。经济的发展不仅包含了经济增长所带来的量的增加，同时还包括了经济结构的变化、经济效益的提高、人们物质生活质量的改善以及城市经济的可持续发展等"质"的改变。第二，以人为本的问题。经济的发展最终目的是为了提高人们的生活水平和生活质量，不断满足广大人民群众日益增长的物质需求和文化需求，促进人的全面发展，是科学发展观的实质与核心。衡量城市的经济发展水平也必须遵循以人为本的原则，将"民生指标"作为衡量的重要内容。第三，协调发展的问题。经济在发展的过程中要注重内部各要素及各系统之间的协调性，经济的协调发展可以减低发展的成本，提高经济发展投入要素的产出，进而促进城市经济可持续发展能力的增强。

鉴于以上的认识，我们从经济规模、经济结构、经济效益、城市经济发展水平的评价应包括以下几方面的内容：（1）规模指标，包括GDP、社会消费品零售总额、工业增加值、出口总额等。（2）结构与效益指标，其中结构指标主要考察对经济发展影响最大的产业结构和所有制结构，选取的指标分别为第三产业增加值占GDP比重和非国有经济在工业总产值中的比重。效益指标包括人均GDP、全员劳动生产率、投资产出率等。（3）民生指标，包括城镇居民人均可支配收入、恩格尔系数、城乡消费差距比等。（4）可持续性指标，包括能源投入

弹性系数、人均公共绿地面积等。（城市经济发展水平衡量指标体系见图 6 - 1 所示）

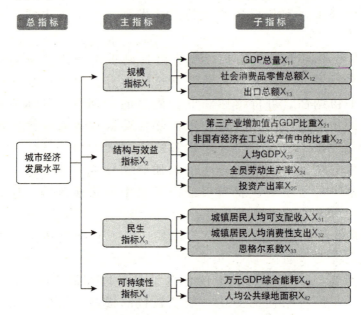

图 6 - 1 城市经济发展水平衡量指标体系

基于以上的指标体系，我们根据 15 个副省级城市 2007 年统计年鉴公布的数据，运用因子分析方法对它们的经济发展水平进行综合评价和排名。因子分析法是从研究相关矩阵内部的依赖性关系出发，把一些具有错综复杂关系的变量归结为少数几个综合因子，从而使研究便于开展的一种多变量统计分析方法。

首先，我们对 15 个样本和所有因子进行巴特利特球度检验和 KMO 检验，从表 6 - 10 的检验结果可以看出，巴特利特球度检验统计量的观测值为 212.042，显著性水平为 0.000 < 0.05，则其拒绝原假设，即测试样本各指标之间的相关系数矩阵不为单位矩阵，存在较强的相关关系。KMO 值为 0.617，大于 0.5，同样说明了适合进行因子分析。

表6-10 球度检验 KMO and Bartlett

Kaiser - Meyer - Olkin Measure of Sampling Adequacy.		0.617
Bartlett's Test of Sphericity	Approx. Chi - Square	212.042
	Df	91
	Sig.	0.000

随后，我们对以上变量进行主要因子的提取（见表6-11所示），从表6-12中方差解释反映出的情况看，前3个主成分特征根大于1，从第4个主成分开始，其特征根小于1。前3个主因子累积贡献率达到82.606%。说明前3个公共因子反映了原始数据提供的足够信息。与此同时，由这3个公共因子的协方差矩阵可知，3个因子之间不存在相关性，模型达到设计要求。同时从各个变量的共同度上可以看出，除第12变量外，其余变量都能够很好地被3个因子所解释，其因子共同度均在0.7以上。由此可以确定前3个公共因子就可以概括所有变量的绝大部分信息。

表6-11 因子变量解释方差总和表

变量	初始特征值			提取平方载荷的总和			旋转平方载荷的总和		
	Total	% of Variance	Cumulative %	Total	% of Variance	Cumulative %	Total	% of Variance	Cumulative %
1	7.437	57.210	57.210	7.437	57.210	57.210	6.585	50.653	50.653
2	2.131	16.391	73.601	2.131	16.391	73.601	2.928	22.522	73.175
3	1.171	9.004	82.606	1.171	9.004	82.606	1.226	9.431	82.606

在确定了公共因子之后，对所有变量进行初始因子载荷矩阵分析，以便了解各因子的含义。从分析结果看，3个因子在原变量上的载荷值相差不大，不容易解释它们的含义，因此需要进行因子旋转来更好地了解其含义。旋转后的因子载荷矩阵已经明显向两极分化，使各个因子有了更加明确的含义。

其中，与F1因子相关系数绝对值较大的变量主要有人均GDP、城镇居民人均可支配收入、城镇居民人均消费性支出、非国有经济在工业总产值中的比重、全员劳动生产率、人均公共绿地面积、出口总额、万元GDP综合能耗这八项指标。这几项指标集中反映了城市经济的发展程度，更代表了城市发展能力的高低。其中生产效率、市场化程度以及国际化程度是城市经济发展的动力，是城市竞争力提升的关键，而城市居民的生活水平状况一方面反映了城市竞争力的强弱，另一方面也影响了城市对外的吸引力，万元 GDP 综合能耗反映了城市经济的可持续发展能力。因此，综合来看，F1 可以解释为城市经济发展动能因子。与 F2 因子相关系数较大的变量包括社会消费品零售总额、第三产业增加值占 GDP 比重、GDP 总量、投资产出率四项指标，这四项指标反映了城市经济发展的总规模与内部协调程度，其中社会消费品零售总额和第三产业增加值占 GDP 比重系数较高，它们是反映一座城市首位度的重要指标，因此，可将 F2 解释为城市经济发展首位度与协调度因子。F3 因子主要依赖于恩格尔系数，由于恩格尔系数反映的是城市居民的生活质量，因此该因子可以解释为城市经济发展的生活质量因子。

表 6-12 旋转后的因子载荷矩阵及因子得分系数矩阵

	旋转后的因子载荷矩阵			旋转后的因子得分系数矩阵		
	1	2	3	1	2	3
GDP 总量	0.582	0.759	0.044	0.018	0.251	-0.032
社会消费品零售总额	0.290	0.893	-0.035	-0.050	0.347	-0.096
出口总额	0.748	0.335	0.261	0.091	0.038	0.171
第三产业增加值占 GDP 比重	-0.285	0.844	-0.078	-0.151	0.397	-0.107
非国有经济在工业总产值中的比重	0.836	-0.063	-0.088	0.169	-0.120	-0.103
人均 GDP	0.952	0.255	-0.022	0.150	-0.003	-0.072
全员劳动生产率	0.884	0.124	-0.132	0.157	-0.044	-0.154
投资产出率	0.503	0.692	0.363	-0.001	0.212	0.245
城镇居民人均可支配收入	0.926	0.170	0.169	0.148	-0.048	0.096
城镇居民人均消费性支出	0.899	0.270	0.190	0.130	-0.003	0.109
恩格尔系数	-0.046	-0.014	0.958	-0.044	-0.060	0.812
万元 GDP 综合能耗	0.668	0.254	-0.091	0.100	0.034	-0.118
人均公共绿地面积	0.877	-0.034	0.018	0.169	-0.119	-0.017

Extraction Method：Principal Component Analysis 提取方法：主成份分析法；Rotation Method：Varimax with Kaiser Normalization 旋转方法：凯塞的方差最大旋转法；a Rotation converged in 5 iterations 经过 5 次迭代收敛。

　　根据各因子得分以及相应的因子得分函数，计算各城市经济发展水平的主因子得分情况，并进行排序，具体情况见表6－13所示。分析结果说明：（1）在城市经济发展动能方面，深圳、厦门、宁波、广州、杭州、南京等城市经济效益较高，市场化程度、国际化水平以及居民的生活水平等均较高，反映出整个城市良好的发展潜力。而西安、哈尔滨、长春等城市的经济效益、国际化程度和市场化程度不高，经济发展中能源消耗较大，经济发展潜力较低。（2）在城市经济发展首位度和协调度方面，广州、深圳、武汉、西安、成都、哈尔滨等城市排在前列，这些城市中除广州和深圳外，其他几座城市均为经济较不发达城市，但是这几座城市在区域内的经济首位度较高，这也是由于区域内其他城市经济发展程度总体偏低，城市群发展程度相对滞后所导致的。相反南京、宁波、大连、青岛等东部沿海城市经济发展水平较高，但在区域内的城市首位度相对较低，而且经济发展中的不协调性表现得也较为明显。（3）在城市居民生活质量因子排名中，深圳、济南、杭州、哈尔滨、长春等城市居民生活质量较高，恩格尔系数较低。但是，由于广州的恩格尔系数较高，导致广州的居民生活质量因子排名较后，不过这与广州市民的生活习惯等有着密切的关系。（4）从各城市的综合得分及排名情况看，深圳和广州两市的综合得分远远高于其他同类城市，在城市发展中处于领先行列。排在3~7位的城市分别为杭州、厦门、南京、宁波和青岛，这几座城市综合得分相对较高，表明城市经济发展综合水平也相对较高。排在倒数后4位的城市分别为西安、长春、哈尔滨和武汉，尤其是西安、长春和哈尔滨三座城市，得分与其他城市相比有很大的差距，说明这三座城市的经济发展综合水平还较低。

表 6 – 13 副省级城市经济发展水平综合得分排名情况表

城市	F1		F2		F3		综合	
	得分	排名	得分	排名	得分	排名	得分	排名
深圳	1.90004	1	1.25166	2	1.49864	1	1.677	1
广州	0.72162	4	2.59325	1	-0.95864	12	1.040	2
杭州	0.58000	5	-0.11033	7	0.86229	3	0.424	3
厦门	1.20952	2	-1.52202	15	-0.29101	10	0.293	4
南京	0.52253	6	-0.70294	12	0.40771	7	0.175	5
宁波	0.81609	3	-1.02094	14	-0.51982	11	0.163	6
青岛	0.27065	8	-0.40085	10	-0.25709	9	0.027	7
济南	-0.43108	10	-0.23445	9	1.40157	2	-0.168	8
大连	0.27551	7	-0.49462	11	-1.78418	15	-0.170	9
成都	-0.82865	11	0.33048	5	0.44074	6	-0.368	10
沈阳	-0.32572	9	-0.12904	8	-1.16323	13	-0.368	11
武汉	-0.84802	12	0.61233	3	-1.31605	14	-0.503	12
哈尔滨	-1.24530	14	0.20092	6	0.83391	4	-0.614	13
长春	-0.91600	13	-0.80803	13	0.53383	5	-0.721	14
西安	-1.70118	15	0.43459	4	0.31132	8	-0.889	15

在以上结果的基础上通过聚类分析,可将 15 个城市依据其经济发展水平划分为四个等级(见表 6 – 14 所示),其中第一等级为深圳和广州,这两座城市是 15 个城市中经济发展水平最高的城市,并远远超过了其他城市;第二等级是杭州、南京、宁波、厦门、青岛,这些城市综合实力和竞争力较强,城市发展潜力较大,不过在促进城市内部协调发展,提高城市首位度方面还需要继续努力;第三等级为沈阳、成都、武汉、大连、济南,这些城市首位度较高,经济发展内部的协调性较好,但总体发展水平还较低;第四等级为哈尔滨、长春和西安,这三座城市与其他城市相比,经济发展水平差距明显,经济发展动力不足。[①]

---

① 黄南、李程骅:《副省级城市经济发展水平比较与实证分析》,《珠江经济》2008 年第 9 期。

表6-14　15个副省级城市经济发展水平等级表

类别	城市
Ⅰ（高经济发展水平）	深圳、广州
Ⅱ（中上经济发展水平）	杭州、南京、宁波、厦门、青岛
Ⅲ（中下经济发展水平）	沈阳、成都、武汉、大连、济南
Ⅳ（低经济发展水平）	哈尔滨、长春、西安

　　2007年，在15个副省级城市中，深圳和广州两市的经济规模远远地超过了其他城市，这两个城市应当属于第一梯队的城市；在其余的城市中，杭州、青岛、宁波、成都、武汉、南京、大连以及沈阳等城市的发展状况较为接近，均为第二梯队的城市；此外，西安、济南、厦门、长春、哈尔滨这五座城市属于第三梯队。（见表6-15）

表6-15　2007年副省级城市的经济规模情况表　　　（单位：亿元）

城市	GDP总量	财政收入	实际外商（美元）	出口总额	社会消费品零售总额	固定资产投资	得分	排名
深圳	6765.41	658.06	36.62	1684.93	1915.03	1345.00	1.22	1
广州	7050.78	523.79	32.86	379.02	2595.00	1863.34	1.15	2
沈阳	3073.93	230.6	50.45	33.19	1231.85	2361.87	0.86	3
杭州	4103.89	391.62	28.02	299.70	1296.31	1684.13	0.73	4
大连	3131.00	267.80	31.60	214.53	983.30	1930.80	0.65	5
南京	3275.00	330.19	19.63	206.46	1380.46	1867.96	0.63	6
成都	3324.40	286.58	11.38	57.13	1357.20	2394.70	0.62	7
宁波	3433.08	329.12	25.05	382.55	1035.46	1597.91	0.61	8
武汉	3141.50	221.68	22.50	47.53	1518.30	1732.79	0.56	9
青岛	3786.52	292.58	38.07	283.10	1199.18	1635.40	0.54	10
西安	1737.10	112.92	11.16	34.71	921.58	1435.33	0.23	11
济南	2554.30	157.02	5.61	34.35	1103.10	1151.70	0.22	12
哈尔滨	2436.80	132.00	4.44	18.66	1036.00	1030.60	0.16	13
长春	2089.00	93.30	5.30	15.10	778.30	1350.10	0.16	14
厦门	1375.26	186.53	12.72	255.55	362.05	927.70	0.14	15

　　资料来源：相关城市《统计公报》、《政府工作报告》、《统计快报》等。

　　综合以上15个副省级城市经济发展的各项指标，与国际城市相比，与北京、上海相比，我们可以看出比较大的差距。首先，大部分城市的经济发展水平总体偏低，不少城市的指数值低于0.5，一半左右的城市指数值为负值，虽然这是一个相对值，但亦能表明除少数城市外，我国大部分副省级城市的经济发展综合水平还非常落后，存在经济效益低下、内部结构不合理、城市首位度及持续发展能力不强等问题。其次，城市经济发展水平呈现明显的地域差距。从15个城市的经济发展综合得分以及聚类分析结果看，我国的南方及东部沿海城市经济发展综合水平最高，北方及中西部城市经济发展综合水平相对较低，表明了我国城市发展中存在着明显的地域差距。这种地域发展差距主要是由于经济发展动能上的差距而导致，从评价指标上看，以下几个方面是形成经济发展动能差距的主要因素：第一，城市国际化程度上的差距。从指标上看，南方及东部沿海城市对外开放程度明显高于中西部地区，其中外商直接投资对我国东中西部经济增长贡献率有较大差别，是引起东中西部经济增长差异的最重要因素。第二，经济效益的差距。先进的科学技术和管理经验使南方及东部沿海城市的经济效益普遍提高，相比较而言，北方及中西部地区的城市经济效益较低，致使经济发展动力相对不足。第三，城市对外吸引力的差距。较快的经济发展速度，使南方及东部沿海城市的居民生活水平相对较高，这有利于吸引和留住优秀人才，而根据内生增长理论，人力资本对经济增长有着显著的贡献，从而使这些城市的发展动力更加强劲。第四，城市首位度与城市经济发展水平之间存在明显的逆向关系。从研究结果看，东部沿海经济发展水平较高的城市，其城市首位度反倒较低，二者之间存在着明显的逆向关系，这实际上从一个方面说明了我国不同区域城市群发展程度的不同。东部沿海地区副省级城市首位度较低是由于城市发展到一定阶段以后，产生了推动人口和产业空间扩散和转移的离心力，离心力逐渐加大并大于集聚力时，资源从一点集聚向多点集聚演进，并使城市发展从单一发展转变为群体发展的必然结果。而我国中西部地区副省级城市首位度较高与城市群发展程度较低是有密切关系的。不过，同为副省级城市的广州和深圳，它们的城市首位度却很高，这说明在城市群发展程度较高的地区，中心城市仍可以通过内部结构的优化和调整等增强对外集聚力，达到提高城市首位度的目的。

　　与北京、上海、天津等直辖市相比，作为特殊行政管理体制下的"副省级"城市，除了深圳、广州等少数城市之外，它们参与国际产业分工和融入全球产业价值链都遇到了一定的挑战。在新一轮发展中，它们要树立自身的特色竞争优势、发展优势，必须对内对外同时加大开放力度，展现区域中心的增长极作用，一方面主动地承接国际产业转移，另一方面强化区域经济的聚集力和带动作用。具体而言，即要树立新的城市发展战略理念。

　　首先是要尽快提升城市的国际化程度。全球化进程的不断深入使城市竞争日趋激烈，扩大对外开放的力度，加快城市的国际化进程是副省级城市争取更大发展空间的战略选择。对于不同发展阶段的城市，国际化的侧重点也应有所区别。在中西部地区，由于经济发展水平相对较低，城市的国际化发展应主要以加快引进国外先进企业（包括先进的技术和管理经验等）为重点，长三角、珠三角的经济增长和产业结构变化已经证明，FDI（外商直接投资）是现阶段我国经济增长的主要动力，国内生产总值与FDI之间存在着相互影响相互促进的互动关系。中西部地区城市要加快发展就必须进一步增强对国外先进企业的引进力度，通过营造良好的投资环境吸引更多的国外资本，促进和带动本地经济的快速发展。经济较发达地区的城市，在继续加大引进外资的同时，更要扶持和鼓励本地有条件的企业的"走出去"，在全球范围内进行资源的有效配置，同时要注重通过建立海外研发中心，或收购海外拥有核心技术的企业以及合作研发等多种途径，提高企业获取产业核心能力的效率，提高本国企业的核心竞争能力。当然，在引进外资的过程中，一定要注意对引进产业的选择，尽管FDI促进了我国产业结构的优化和升级，带动了我国高加工度产业和技术密集型产业的发展，但是FDI也加大了我国三次产业之间的结构失衡状况，导致第二产业，尤其是消费品工业的过度增长，自主创新能力较低以及品牌建设较为滞后。① 因此，在引进的过程中要提高引进外资的质量，注重产业结构的合理性，加强政策引导，鼓励FDI更多地流向本地的薄弱环节，要加大对现代服务业、高新技术产业尤其是信息技术产业、新材料和生物技术产业等产业的投资，促进本地经济的优化和

① 刘建民：《FDI对我国产业结构影响分析与对策》，《集团经济研究》2006年第3期。

升级。① 改革开放至今，FDI 在给中国相关企业带来效率提高的同时，对我国企业科技研发的替代效应也十分明显，但 FDI 对我国国内研发投入的净作用是负的。② 对此，要鼓励外商投资附加值更高的生产环节，同时通过引进更高技术含量的外资，对重要行业科技研发的政府投入的增加，以及鼓励外资公司在中国设立研发机构等，放大行业层面 FDI 的技术溢出效应，促进中国产业自主创新能力的提高。同时，还要注意 FDI 对我国的资源环境造成了一定的负面影响，因为外商投资在很大程度上集中于污染密集产业尤其是高度污染密集产业，③ 因此，在加强产业引导的基础上，要制定外商投资企业环境标准，加大对环境制度的改革和创新。

其次是要以经济发展取代经济增长，促进城市经济结构的协调发展。城市的经济发展不仅仅是经济总量的增加，更重要的是实现经济内部结构的不断优化，使经济运行系统更加协调、高效。从前面的研究结果看，我国 15 个副省级城市，尤其是东部沿海城市的经济结构存在一定的不协调性，主要表现在第三产业在 GDP 中的比重还较低，产业结构的调整滞后于相应的经济增长阶段。因此，副省级城市应将加快第三产业发展作为今后的重要战略目标，重点发展以生产性服务业为主的现代服务业。生产性服务业是产品价值的重要构成部分和产品差异化的主要来源。④ 它们与制造业之间具有相互作用、相互依赖、共同发展的互补性关系，可以提高制造业企业的生产率，进而提高其竞争力，发展以生产性服务业为主的现代服务业是促进城市经济快速进步的重要途径。同时，现代服务业的发展可以提升城市的首位度。国内外先进城市发展的经验证明，区域性中心城市也都是服务业集聚的城市，在国际化大城市的就业结构中，大多数服务业劳动力所占比重都在 70% 以上。服务业的繁荣发展一方面促进了本地经济的发展，另一方面通过提高本地企业的综合竞争力，间接地为其他地区服务，使

① 魏作磊：《FDI 对我国三次产业结构演变的影响——兼论我国服务业增加值比重偏低现象》，《经济学家》2006 年第 3 期。
② 范承泽、胡一帆、郑红亮：《FDI 对国内企业技术创新影响的理论与实证研究》，《经济研究》2008 年第 1 期。
③ 张梅：《外商投资与我国环境保护问题初探》，《生态经济》2006 年第 3 期。
④ 迈克尔·波特：《国家竞争优势》，华夏出版社 2002 年版。

城市的中心功能不断增强。基于这样的认识,我国的副省级城市要充分利用国际服务业产业转移的机遇,引进高质量的服务业企业,带动当地服务业的升级,同时加大对服务业发展的政策引导,鼓励更多的资本进入服务业领域,以促进产业向高轻优净的目标迈进,提升城市的综合发展优势。

第二节
"转型"城市经济发展模式的选择①

一、国内主要城市发展模式的认知与评价

城市的特色发展模式是其特定的空间位置、资源禀赋、经济形态、文化积习等多种发展要素的有机组合方式,其核心是经济发展方式。近30年来,国内的城市在对外开放、带动区域经济社会发展方面具有很强的能级力量,并且经过不断探索和持续创新基本形成了各自的特色发展模式。中共十七大报告确定的科学发展观,为城市和区域的经济与社会协调发展,提出了新的要求。因此,从经济社会发展的综合水平比较入手,审视多元性、多向性的城市特色发展模式,对于进一步优化国内城市的特色发展模式,构建更加合理的经济形态和产业空间布局,有着重要的现实意义。

改革开放以来,由于经济体制改革的渐进性、城市化和工业化进程的阶段性,使我国城市的定位长期摇摆不定,对自身的核心竞争优势和特色发展优势认识不足,城市间的发展模式具有很强的相似性、

① 本节内容是 2008 年南京市社会科学院重大社科咨询课题《我国主要城市经济发展模式比较研究》(课题编号 SKZX2008004,课题负责人:李程骅)的阶段性成果。

雷同性。但是，由于城市的规模、能级以及行政地位的差别，各城市在相同的发展阶段，城市的空间拓展与产业发展依然有很大的不同，已经或正在形成基于空间、区位和资源优势的城市经济发展模式。笔者在综合大量研究成果的基础上，对改革开放以来特别是自 20 世纪 90 年代以来国内主要城市的经济发展模式进行一个基本的描述和勾勒，一些概念表述可能有不甚准确之处，但目的在于找出它们的特色性的核心发展优势，在新一轮发展中找准定位，提升效率，扩展自身的影响力。

2008 年 8 月，北京举办了历史上规模最为宏大和成功的奥运会。为了给北京奥运会提供空气质量较高的环境，北京在申奥成功之时，一方面按国际大都市标准进行道路、场馆等设施建设，另一方面实施了大规模的工业外迁，初步形成了低能耗、低排放的经济增长方式。从 2002 年到 2006 年期间，北京市 6% 左右的能源消耗增长支撑了 12.1% 的经济增长。万元 GDP 能耗从 2001 年的 1.14 吨标准煤下降到 2005 年的 0.8 吨标准煤，万元 GDP 水耗从 2001 年的 104.9 立方米下降到 2006 年的 44.4 立方米；化学需氧气量和二氧化硫排放量分别比 2001 年下降 35.4% 和 12.6%。[1] 在经济总量和发展水平显著提升的同时，经济增长方式发生了重要转变。奥运之所以能促成北京经济发展模式的转变，主要是得益于首都北京所具备的国家创新和区域创新的超凡功能，在很多层面上是原始创新的源头，知识与技术的"溢出效应"与辐射功能显著，是国内新兴产业技术的供给基地，是全国科技与管理人才的培养基地以及高素质人才聚集地，[2] 是跨国公司的区域总部基地和国内大企业的总部所在地，是国际经济机构进入中国的"门户"。鉴于北京作为首都所具备的超强要素集聚能力和辐射力，又借助举办奥运会的难得机遇，实施了产业结构的优化调整，我们可以把北京的经济发展模式归结为"城市功能拉动与原始创新驱动"的"北京模式"。

---

[1] 此数据来源于北京市发展和改革委员会副主任卢映川 2007 年 5 月 15 日在北京奥运新闻中心举行的新闻发布会上所报的相关数字，见《成功申办奥运会促成北京经济发展模式重要转变》，新华网 2007 年 5 月 15 日。

[2] 涂成林：《关于国内区域创新体系不同模式的比较与借鉴》，《中国科技论坛》2007 年第 1 期。

　　上海一直被视为中国的经济中心。改革开放初期，尽管深圳等特区城市曾对上海的经济发展形成巨大的挑战，但雄厚的产业基础和开放的城市商业精神，使上海依然保持产业体系的优势。1986 年，经国务院批准的上海城市规划，就把自身定位为"太平洋西岸重要的国际航运、商贸和金融中心，中国最主要的经济中心城市"。自 20 世纪 90年代以来，上海以浦东开发开放为契机，不失时机地进行体制创新，营造良好的投资环境，吸引外资，整合优势的国际资源，吸引跨国公司设立总部经济基地和研发基地，强化全国"经济中心"和"产业龙头"功能，从而使上海很快成为我国与世界进行经济交流的重要基地，国际航运中心、国际金融中心、先进制造业中心等托起的国际化都市的形象已经得到世界公认，经济发展形成了以外向型为依托、国际资源整合为主导的"上海模式"。"上海模式"的主要特点是：高起点、超越型、跨越式的发展模式；强有力的政府指导和规划功能；建立高度规范、高度开放的市场体系，协调改革、开放、发展等各个层面。但这一模式也存在着强势政府主导、自主创新体系建立滞后、本土企业家不够活跃，城市社会各阶层整体认同感不强等问题。"上海模式"只适用于上海，国内城市很难仿效。

　　深圳一直是国内创新型城市的代表，自国家 1979 年批准设立深圳特区以来，"速度深圳"一直是主导发展模式。但是，伴随着城市规模的快速扩大，城市发展与产业发展受到了空间挑战，可用地面积接近枯竭。到了 2005 年，深圳宣布向全国贡献在科学发展观统领下的"效益深圳"的发展模式，通过单位产出占用土地、单位产出的能耗、初级劳务工的比例、经济增长对生态环境的污染程度要有显著下降的"四个下降"和科技、教育、人力资本、绿色 GDP 及循环经济对经济增长的贡献率要有显著提高的"三个增加"，把深圳建设成一座环保生态型城市、知识文化型城市、最适合人居城市、最适合创业城市。为此，深圳市政府制定了《深圳市落实科学发展观调控指标体系》，提出了一整套涵盖 41 项考核指标的指标体系，以把"效益深圳"具体化。[①] 41 项考核指标以"效益深圳"为核心，分为"宏观效益"15

[①]　中共深圳市委办公厅、深圳市人民政府办公厅：《深圳市落实科学发展观经济社会调控指标体系》，深圳政府在线，2005 年 8 月 26 日。

项、"生态环境" 16 项、"创新动力" 10 项。它的核心意义在于，不再以经济发展速度论英雄，不单以 GDP 评优劣，而以经济效益、社会效益和生态环境效益的综合效益指标为追求目标。该模式实施后，深圳告别"国际化大都市"的目标，作为高科技产业城市主导的创新型城市功能将更为完善。

与深圳同处于改革开放前沿地区的广州，与深圳在珠三角形成了错位竞争之势，走出了一条"集约规模化推动"的经济发展之路。广州是南中国的大都会，被称为中国最具活力的城市。自 1992 年以来，广州的 GDP 总量一直仅次于北京、上海，在全国城市中位居第三。广州本身是资源、能源以及高技术人才匮乏的城市，但广州通过开放的胸怀，尤其是以思想解放带动的制度性创新，走出了一条要素集约化、产业规模化、城市空间扩展组团化的城市经济社会协调发展之路。进入 21 世纪，广州通过大项目带动，电子、石化、汽车、造船等规模企业的产值占到了工业产值的一半，成为跨国公司在南中国的最重要的制造基地和总部经济基地。到 2004 年，广州的三产比重已达到2.81：44.16：53.03 的比例，形成了外源型经济和内源型经济全面发展、多种经济成分共同发展的高端化经济形态。2005 年，广州宣布基本实现现代化，并提出以国家服务业开放为契机，大力发展金融、信息、会展、物流、旅游、保险、咨询等现代服务产业，实现经济社会发展的全面转型，把广州建设成为带动广东、辐射华南、影响东南亚的现代化都市。

自 20 世纪 90 年代以来，大连、厦门以整合城市的环境优势、区位优势和资源优势为突破口，把城市作为资产加以经营，将城市作为最大的产品来规划、设计、建设与经营，营造城市的最佳投资环境和最宜人的居住环境，以城市的知名度和品牌吸引国内外商家来此投资，吸引国内外人群来观光、游玩、购物，从而为城市争取投资、增加收益，带动经济与社会全面发展，发挥了"明星城市"的综合效应。环境经济模式一般是按照"搞好城市规划、建设与管理，经营城市—改善、优化城市环境—推动产业发展"的思路运作。大连经过 10 多年的城市经营和环境革命，从一个重化工城市迅速转变为国内外知名的花园城市，城市"绿起来，美起来，洋起来"，并以会展业、旅游业为先导，全面带动城市经济社会发展。厦门坚持"发展与保护并重、经济与环境双赢"的原则，以建设科技创新型生态城市、全面提升和改善全市生态环境质量为目标，把环境保护与区划调整、产业布局调整、经济结构优化等工作结合起来，城市环境竞争力不断提升，环境优势变成城市发展的资本继而成为经济发展的优势。2007年年底，为了消除重化工业带来的环境压力，厦门决定放弃可以每年带来800亿元GDP增量的PX项目，更彰显了这种发展特色。青岛与大连、厦门都属于改革开放后快速崛起的明星城市，但青岛的经济发展走的是"品牌经济"带动型模式。工业化时代的城市，多走产品经济模式，产品知名度往往大于城市知名度。但青岛近10多年来所走的产品品牌经济带动型发展模式，追求的是产业、产品品牌推动下的城市总体创新、城市环境的优化，以给整个城市带来高附加值，如海尔、海信等已成为青岛的城市名片。其运作特点是政府十分重视对企业改革、发展的引导，但不包办企业事务，造就了众多的名牌企业；通过大力实施名牌战略，促进城市经济结构的调整、优化和升级；确立企业科技创新的主体地位，提高产品附加值和企业竞争力。青岛模式简言之即"树立品牌，发展产业—推动城市规划、建设和管理—改善、优化城市环境"。

在国内的城市中，苏州城市规模不大，行政级别不高，也不具备区域中心的优势，但由于紧依上海，在接受上海和国际产业转移方面具有地缘的便利，创新型城市体系完备，是国内城市中的"经济巨人"，GDP总量多年来位列上海、北京、广州、深圳之后的第五名。高新技术产业发展水平一直位居国内城市前列。苏州经济发展，属于典型的"赶超型外资发展模式"。自20世纪90年代以来，苏州借助乡镇企业发展积累的资本、经验技术、人力资源等优势，抓住国际产业资本转移的机遇，大力发展以高新技术产品为主的现代制造业，建设中新工业园区，通过制度创新打造优良的"安商、亲商、富商"的投资软硬环境，形成产业聚集优势，吸引高质量资本的进入，走外向型经济发展道路。以中新工业园区为载体的产业集聚之路是这一模式的成功之举。这一模式遵循的路径选择为：准确定位—抓住机遇—制度创新—打造软硬环境—产业聚集吸引外资。这一模式主要特点有两个：一是外资利用的集中化和专业化，即集中引进外资发展制造业和制造业中的某几个行业；二是高端化，即全力引进高端产业和这些产业中的高端企业，从而形成一个完整的高端产业链。该模式的精髓是通过外资的"空降"，迅速提升本地区产业结构高度，实现对先进地区的赶超。其缺点是难以达到用先进的外资来促进国内企业发展的根本目的，经济增长和高端产业对外资的依赖性严重，易受国内和国际经济环境变化的影响，持续的经济增长和结构优化有很大的潜在威胁。无锡和苏州都是长三角地区经济发展水平很高的城市，但无锡的经济发展除了打外向牌之外，重点坚持的是不分所有制、着力培育产业小巨人的"新苏南模式"。这一模式是在原有的充满活力的集体经济的"苏南模式"基础上，经过创新演进所形成的新型区域经济发展模式。其内涵是以开放为基础的外资、民资和股份制经济充满活力的所有者结构，以先进制造业和现代服务业并举的产业结构，以规模企业为主体的企业结构，以市场管经济发展、政府管社会发展的调节结构，由此形成经济又好又快的发展模式。在新的发展模式下，无锡及所属的江阴有效地突破了行政区隔对地方经济发展的严重制约，并获得了巨大成功。以制度创新来推动经济发展，是"新苏南模式"的重要贡献。

在长三角城市的经济发展中，与苏州不同，杭州、温州走的是"创业"主导型发展之路。和谐创业模式是以政府为主导、市场为依托、企业为主体，利用独特的区位和环境资源优势，吐故纳新，兼容并蓄，和谐创新，实现城市化、工业化、信息化良性互动的区域经济社会发展模式。和谐创业表现为政府高起点经营城市，着力营造和谐的发展环境，企业依托良好的软硬环境，努力创造财富，市民凭借较高的经济收入和一流的人居环境，享受高品质的生活。杭州的和谐创业模式，通过民营经济与外资经济、内源性经济与外源性经济"两轮驱动"，促进对外开放与内生创新的和谐，实现政府、企业和社会的多赢。"温州模式"也属于和谐创业模式，温州模式是一种典型的利用民营化和市场化来推进工业化和城市化的区域经济发展模式，即"两化推两化"。[①] 温州创业模式与杭州的政府主导与市场解决和谐统一模式不同之处，是典型的"市场主导型"民营经济创业发展模式，内生性动力弱于外溢性动力，劳动密集型企业多，技术密集型企业少，

---

① 史晋川、朱康对：《温州模式研究：回顾与展望》，《浙江社会科学》2002 年第 3 期。

易形成产业套牢，易陷入"代际锁定"的困局。在 2008 年上半年，受人民币和美元汇率变动及国家货币紧缩政策的影响，温州的很多中小企业陷入困境，甚至出现了倒闭风潮，已验证了这种担忧。[①]

南京与杭州同属长三角的副中心城市，经济发展与城市发展的区位优势明显。但南京作为省会城市，自 20 世纪 90 年代以来的经济总量、经济发展速度，在省内一直落后于苏州、无锡；南京作为长江下游的中心城市，紧邻安徽，辐射功能被行政区划严重制约，承东启西作用被弱化；作为长三角次中心城市，不仅经济总量被杭州赶超，而且也被苏州、无锡、宁波所挑战。"九五"、"十五"期间，在经历了探索苏南、浙江、广东等地的发展模式，甚至进行了局部尝试之后，最终还是选择了依托科教资源、产业体系、文化资本、高端人才群体的"自主创新型"的经济发展模式。南京"自主创新"发展模式的形成，除了得力于国家自主创新政策的引导，与南京城市的资源禀赋直接相关。南京的科教实力举足轻重，是重要的工业基地，人文环境优越，不仅具备了开展自主创新的良好条件，也蕴藏着十分强大的自主创新潜力。该模式的路径是：依托全国科教中心优势，在市场机制、政府强力推进机制的共同作用下，通过政府、高校和科研机构、企业等自主创新大军的协同努力，借助国家重点实验室、各类高新技术企业孵化器、各类科学园科学城，以及各类国家级开发区等重大载体，把高等院校和科研机构的知识创新资源，通过有效的技术转移机制，集中地配置到电子信息产业、汽车工业、石化工业、新型的高科技产业和现代服务业为主的城市支柱产业上，探索出自主创新驱动城市经济社会等各个方面又好又快发展的新格局。[②]

与东部沿海城市经济的快速发展相比，中西部城市在承接国际产业转移、提升产业的国际竞争力方面，处于相对滞后阶段，但武汉、成都等城市在区域经济发展中的绝对首位效应，使它们的后发优势明显，并探索出了"空间要素集聚型"经济发展模式。武汉、成都、西安等城市，不仅仅是省会，还是大区域中心，与沿海大城市相比，在

---

① 杨亚军：《温州企业陷入困境留给我们的思考》，www. shangjie. biz，2008 年 6 月 21 日。
② 洪银兴、罗志军：《基于科教资源优势建设创新型城市的南京模式》，经济科学出版社 2007 年版。

国际化对接、外向型经济发展等方面曾不具备优势，但自身在大区域的能级作用决定了其在要素集聚发展方面具备的优势，是区域经济的增长中心、控制中心和文明辐射中心，形成了速度相对慢但整体化发展、规模化提升的特色路径。武汉是中国的经济地理中心和全国最大的综合交通枢纽之一，拥有雄厚的工业基础，优越的区位交通，辐射广阔的市场和雄厚的科教实力，同时拥有突出的水资源优势，是中国内陆最大的商贸中心和外商进军中西部地区的桥头堡，目前已成为国家"中部崛起"的领头羊。成都在四川省域具有"极化效应"，成都平原乃至更大区域范围内的经济社会活动已被逐渐纳入到成都城市发展的轨道，实施大城市带动大农村的城乡一体化发展战略，并成为国家综合改革实验区，整体发展后劲已经显现。西安是西北地区最大的中心城市和区域性科教、金融、商贸和国际旅游中心，又是我国中部和西部两大经济区域的结合部，在全国区域经济空间结构中是承东启西、东联西进的桥头堡和依托地区，也是新亚欧大陆桥经济带上最大的中心城市，目前已处于启动发展期，后发优势日益显现。东北的沈阳、哈尔滨、长春，过去积聚的产业、科技、人才等方面的优势，在国家振兴东北老工业基地战略实施后，发展潜能迅速得到释放，各城市近年逐步解决了长期困扰这一区域的体制性、政策性束缚，增强了发展活力和市场竞争力，形成了新型的政策扶持下的赶超型发展模式，显现了发展的比较优势。沈阳是东北地区区域人才、技术、科研、设备以及科研交流集约化程度最高的城市，明确提出了加快东北地区中心城市建设的奋斗目标。哈尔滨在东北处于北部经济核心地位，近年实施了从大城市模式转向都市区模式的城市空间发展战略，经济发展方式转变快，经济增长率大幅提升。长春则牢牢把握国际产业转移和国内南资北上等重大战略机遇，利用经济建设形成的比较优势，吸引那些在东部沿海和南方一些城市发展遇到土地紧张、电力紧张等发展瓶颈的大集团和大企业前来设立产业制造基地，促进产业升级，提升城市创新功能。

　　从以上对国内主要城市经济发展模式的描述和分析中，可以看出追求经济快速增长，强化要素集聚的规模效益和产业结构的优化，是它们的共同选择。但由于受中国经济发展和城市化进程的阶段性因素制约的影响，经济增长的粗放性特征明显。在长期以 GDP 增量作为城市实力和政府官员政绩考核依据的背景下，经济增长成为压倒一切的头等大事，不问产业发展的后果，以投资和出口作为拉动 GDP 增长的重要手段，由此造成重复建设严重、产业园区遍地开花、资源浪费惊人，这也是多数城市产业结构偏重、万元 GDP 能耗大大高于国际城市同类指标的重要原因。粗放型的经济增长方式，追求眼前的速度和规模，必然影响企业自主创新的动力和激情，使大多数城市在经济总量快速增加的同时，企业的技术创新水平未能同步提高。在产业的空间布局方面，粗放型的经济增长方式，必然带来土地资源的浪费，产业园区的效益不高，区域的产业同构现象严重，城市和区域的生态环境受到破坏。但我们也欣喜地看到，进入 21 世纪后，不少城市认清了经济发展的要义，主动调整产业结构、强化自主创新能力，以创新型城市服务体系的建设培育核心竞争优势，逐步走向科学发展的轨道。北京以"绿色奥运"为抓手，快速转变经济增长方式，所取得的突出业绩为国内大城市树立了标杆，深圳、苏州以高新技术产业统领城市经济发展，南京坚持的"自主创新"为主导的经济发展模式，大连、厦门的"环境经济"模式，都显现出城市产业科学发展、可持续发展的战略思路和成功路径。2005 年，我国政府在对"十一五"经济社会发展作出的规划中，明确提出了经济发展模式的"七个明显转变"：粗放型增长方式向集约型增长方式转变，资源消耗型向资源节约型、环境友好型转变，技术引进型向技术创新型转变，外需拉动型向内需主导型转变，投资拉动型向居民消费拉动型转变，倾斜型发展战略向均衡型发展战略转变。① 对于大城市来说，这种转变的代价更大，因为"转型"必须承受增长速度放缓、产业成本提升的挑战，把增强自主创新能力作为科学技术发展的战略基点和调整产业结构、转变增长方式的中心环节，提高企业原始创新、集成创新和引进消化吸收再创新的能力。惟其如此，城市的经济发展模式方能具有可持续性，方能培育出城市的核心竞争优势，实现经济与社会的协调发展。

二、国内主要城市经济发展目标分析

改革开放以来，和中国经济的崛起一样，国内城市的经济发展目

---

① 《中国经济发展模式将面临七大转变》，《瞭望》2006 年第 9 期。

标是不断调高调优的。从 1978 年到 1991 年，城市经济发展是"生存型"的，发展成为压倒一切的大事。1984 年，我国城市经济体制改革全面起步，企业改革风潮涌起，促进了国企、民企与"三资"（中外合资经营企业、中外合作经营企业、外资独资企业等三类外商投资企业的简称）形成三分天下的经济格局，这一时期国内城市的经济发展重在突破观念的误区，尚未有针对城市定位制定发展模式的意识。从 1992 年到 2000 年，市场竞争的体制确立后，大干快上、做大做强，经济发展追求外向型、国际化、规模化，成为诸多城市的共同选择，有数十个城市提出了建立国际化大都市的口号。从 2001 年起，伴随着中国加入世界贸易组织，中国的市场体系进入全球化的市场体系，城市的经济发展开始注重量的扩张与质的深化并重阶段，一方面通过产业园、高新技术开发区大力发展制造业，参与国际产业分工，融入国际产业链；另一方面开始明确城市的发展定位，注重以房地产业、商贸业的发展来提升城市的功能，部分沿海城市已经有了从外延增长向内涵增长、转变经济增长方式的可持续发展理念。2003 年 10 月，中国共产党十六届三中全会召开，会上首次提出了科学发展观，并把它的基本内涵概括为"坚持以人为本，树立全面、协调、可持续的发展观，促进经济社会和人的全面发展"，坚持"统筹城乡发展、统筹区域发展、统筹经济社会发展、统筹人与自然和谐发展、统筹国内发展和对外开放的要求"。[1] 2007 年 10 月 21 日，中国共产党第十七次全国代表大会通过了关于《中国共产党章程（修正案）》的决议，大会一致同意将科学发展观写入党章。[2] 科学发展观理论是立足于中国社会主义初级阶段的基本国情，总结我国发展实践特别是改革开放 29 年的孜孜探索，借鉴国外发展经验，适应新的发展要求提出来的。它的第一要义是发展，核心是以人为本，基本要求是协调可持续，根本方法是统筹兼顾。对于在新的发展起点上的国内城市，也必须从"发展"、"以人为本"、"全面协调可持续"、"统筹兼顾"这四个方面来强塑经济发展的新理念，落实各项措施。在十七大的报告中，"发展"的概

---

[1]　李兵等：《中国改革面临挑战：用科学发展观打破利益之争》，《瞭望东方周刊》2004 年第 3 期。

[2]　十七大关于《中国共产党章程（修正案）》的决议，新华社 2007 年 10 月 21 日。

念被赋予了多重的新的内涵，经济发展的提法代替了传统的经济增长的提法，这在强调以经济建设为中心的社会主义初级阶段，表明我党已经充分认识到发展经济的目的不是为了单纯追求表面经济指标的增长，而是强调改善结构，提高经济领域的自主创新能力、产业引领作用，从而带动整个社会的发展。在发展经济学、发展社会学的研究领域中，经济增长与经济发展是有区别的，经济社会的发展固然离不开经济的增长，但在一定的阶段和一定的条件下，高增长也可能造成低发展甚至不发展、发展倒退，像有些城市的 GDP 增长是以高能源消耗、污染环境为代价的，就应该摒弃这种增长方式。用科学发展观来指导经济发展，就可以从根本上改变一些城市、区域的经济有增长无发展的现象。对于城市的经济增长来说，市场经济体制下的主导产业，国际竞争的国内化，国内竞争的国际化，已经成为一种不可抗拒的趋势，一个国家、一个城市的经济可持续发展，都必须不断创新经济发展方式，持续推动产业结构优化升级，如果仅仅依靠低廉的劳动力成本、单纯的物质资源消耗，是不可能有持续性的。因此，通过科技进步、劳动者素质的提高、管理创新转变，来大力发展循环经济，建设生态文明，才能达到经济与社会又好又快的"永续发展"，这也是"又好又快"发展经济的最根本的要求。此外，在经济全球化时代，面对发达国家经济、科技上占优势，可以预见和难以预见的风险加大，因此，国内大城市的经济发展，要统筹协调"自我创新"和大胆引进，发展有知识产权的现代产业体系，使先进制造业、现代服务业以及物质形态与非物质形态的文化产业得到统筹发展，以达到经济增长指标与经济发展水平的同步协调上升。

在这样的时代背景下，国内城市制定的"十一五"发展规划，都围绕科学发展观、经济发展方式的转变作了战略调整，确定的战略发展目标视野更宽、起点更高、思路更新，并突出强化了国际性、现代化、枢纽性、特色品牌、生态环境。城市间的竞争格局出现了新趋势新特点，展现了科学发展、特色发展的新气象。（具体内容可参见表 6－16）

表6-16　国内主要城市"十一五"发展定位与战略目标概览表

城市	发展定位与战略目标
北京	实现"新北京、新奥运"战略构想，着力构建社会主义和谐社会首善之区；坚持国家首都、国际城市、文化名城、宜居城市的功能定位，努力建设成为经济发达、文化繁荣、社会和谐、生态良好的宜居城市和现代化国际城市
上海	形成国际经济、金融、贸易、航运中心基本框架，办好成功、精彩、难忘的2010年世博会，实现经济社会又好又快发展
广州	强化经济中心、国际都会、创业之都、文化名城、生态城市、和谐社会六大功能，以现代化大都市的新姿态迎接第十六届亚运会；到2020年，成为带动全省、辐射华南、影响东南亚的现代化大都市
深圳	围绕建设亚太地区有重要影响的国际高科技城市、国际物流枢纽城市、国际金融贸易和会展中心、国际文化信息交流中心和国际旅游城市，用15年左右时间，建成重要的区域性国际化城市
杭州	打响经济强市、文化名城、旅游胜地、天堂硅谷"四张金名片"，全面建成小康社会，加快率先基本实现现代化步伐
宁波	扎实推进现代化国际港口城市建设，加快全面建成小康社会，率先基本实现现代化步伐
济南	深入实践"发挥省城优势，发展省会经济"总体思路，加快建设具有深厚历史文化底蕴、独特自然风貌、浓郁现代气息的省会城市和区域中心城市
青岛	建设全国重点中心城市、世界知名特色城市，基本形成中国北方极具影响力的国际航运中心和区域性物流中心、服务中心、金融中心、高新技术产业中心的框架
武汉	建设成为全国重要的科技教育基地、交通通信枢纽，中部地区的先进制造业、现代服务业中心，具有滨江滨湖特色的现代化城市，真正成为促进中部地区崛起的重要战略支点，进而为建设国际性城市奠定坚实基础
成都	努力建设成为中西部创业环境最优、人居环境最佳、综合竞争力最强的现代特大中心城市
西安	努力建设世界历史文化名城、世界一流的旅游目的地城市、中国创新型城市和教育名城，向着建设具有历史文化特色的国际性现代化大城市目标迈进
沈阳	成为全国先进装备制造中心、区域性商贸物流和金融中心，加快建设东北地区中心城市，成为带动辽宁乃至东北振兴的重要增长极

续表

城市	发展定位与战略目标
长春	逐步建设成为产业特色比较鲜明、经济结构比较合理、服务功能比较完善、现代化程度比较高的区域性中心城市
哈尔滨	建设国家重要的机械制造业、高新技术产业、绿色食品、医药工业和对俄经贸科技合作基地，东北亚重要的经贸中心和世界冰雪旅游名城，成为适宜创业、适宜人居的全面发展的现代文明城市
苏州	建设长江三角洲地区最重要的副中心城市、国际先进制造业基地和国际新型科技城市、适宜人居和创业的城市、世界著名的历史文化名城和风景旅游胜地
无锡	建设国际先进制造技术中心和区域性商贸物流中心、创意设计中心、职业教育中心、旅游度假中心，努力打造最适宜投资创业的工商名城、最适宜创新创造的设计名城、最适宜生活居住的山水名城、最适宜旅游度假的休闲名城和最富有人文特质的文化名城
南京	加快自主创新步伐，完善创新型城市功能；抓好长三角先进制造业中心、全省现代服务业中心、长江国际航运物流中心、全国重要科教中心、东部城市绿色中心等五个中心建设，使南京成为经济发展更具活力、文化特色更加鲜明、人居环境更加优美、社会更加和谐安定的现代化国际性人文绿都；建成国内领先、国际知名的创新型城市

注：相关表述来自于各城市"十一五"规划和政府工作报告。

但是，我们也应清醒地认识到，经济发展水平是城市竞争力的重要体现，科学发展的理念有一个落实的过程，各城市因为产业发展的阶段性不同，在转变经济增长方式上的认识还是有差异的。面向"十一五"，多数城市围绕发展主题是"又快又好"，还是"又好又快"，在态度上尚未明晰，在强调协调发展的前提下保持较快经济速度，仍然是共同的追求。从主要城市制定的经济增长指标以及增长速度来看，就会发现它们在"十一五"期间，在发展水平、竞争态势以及结构等方面都将发生新的变化。（参见表 6-17 各城市"十一五"经济增长预期一览表）多数城市"十一五"末人均 GDP 预期达到 5000 美元以上，其中部分城市有望接近或超过 1 万美元，达到世界银行划分的中高收入国家和地区水平线。除北京、上海之外，多数城市的经济增长速度预期都在 13% 以上，其中厦门、长春、南京等都明确提出了总量翻番的目标，城市经济总量的位次竞争进入短兵相接期。就国际经验来看，人均GDP普遍达到5000美元，进入工业化后期阶段后，各城市产业结构将发生重大变化，服务业比重逐步提高是一个总的态势，特别是广州、杭州、南京等城市服务业比重将接近或超过50%，以服务经济为主体的产业结构将在这些城市率先形成。这样，加速产业结构转型，加快转换发展的动力机制，将是"十一五"期间我国城市发展的主要趋势和特点。而创新城市功能、节约资源、环保为本将成为经济增长动力机制转换最重要的突破口和驱动力，也将成为国内城市推动经济社会运行落实科学发展观的直接载体和重要抓手。

表6-17　各城市"十一五"经济增长预期一览表

城市	"十五"末GDP(亿元)	"十五"增速(%)	"十五"末人均GDP	"十一五"GDP增长预期	"十一五"末人均GDP预期
北京	6814.5	11.9	5457美元*	年均增长9%，三产占72%	比2000年翻一番
上海	9125	11.5	5万元人民币*	年均增长9%，三产比重50%	约8万元人民币
广州	5115.75	13.8	8393美元 6520美元*	年均增长12%，三产比重59%	1万美元
深圳	4926.9			年均增长13%	1.2万美元左右
杭州	2918.61	13.6	44487元人民币	年均增长11%，三产比重47%	68500元人民币
宁波	2446.4	13.8	44103元人民币	年均增长11%，达到4300亿元	超过6万元人民币
厦门	1029.6		46000元人民币	年均增长15%，总量翻番	76000元人民币
济南	1876.5	14.2	3916美元	年均增长13%，达到3500亿元	6800美元
青岛	2695.5	15.6	33000元人民币	年均增长13%左右	6800美元
武汉	2238	13	26238元人民币	年均增长13%，达到4200亿元	42000元人民币

城市	"十五"末GDP(亿元)	"十五"增速(%)	"十五"末人均GDP	"十一五"GDP增长预期	"十一五"末人均GDP预期
成都	2371	13.2	2502 美元	年均增长 12%	4200 美元
西安	1270.14	13.3	2165 美元	年均增长 13%	3600 美元
沈阳	2240	13.8	约 30000 元人民币	年均增长 13%，力争达到 15%	比"十五"末翻一番
长春	1675	12.5	2805 美元	年均增长 13%，总量翻番	5000 美元
哈尔滨	1830.4	13	2342 美元	年均增长 12%	4000 美元
苏州	4026.52	15	8000 美元	年均增长 12%	96000 元人民币
无锡	2805	14.5	7560 美元	总量翻番	10320 美元 *
南京	2413	14.2	40700 元人民币	年均增长 13%，总量翻番	10000 美元左右

注：人均 GDP 带 * 号的为按常住人口计算。根据各城市"十一五规划"及政府工作报告的内容整理。

在介绍和分析了国内主要城市的经济发展模式（或亚模式）和制定的战略发展目标之后，我们不难发现，尽管因区位、资源禀赋、经济实力、发展阶段上的不同，发展模式具有多元性、多向性和各自的侧重性，但在追求特色发展、协调发展、可持续发展、科学发展方面是一致的，而制度性的创新是推动发展模式优化的主导力量。改革开放30年，中国城市引领下的经济社会变革，最深层的力量还是思想解放、观念创新，没有特区建设，就不可能有深圳、上海、广州、厦门、宁波、青岛、大连等城市的发展奇迹；没有国家振兴东北的政策，沈阳、哈尔滨等城市的发展能量就无法释放。没有新一轮的城乡改革配套试点政策，就不可能有成都、重庆、武汉等城市的新发展机遇。当然，一个城市核心竞争力的形成和发展模式的优化，关键在于内生机制与外部发展环境的融合程度，取决于创新型城市功能的完善程度。

在这样的前提下来比较相关城市已经形成或正在形成的经济社会发展的特色模式，就可以得出一些新的认识与思考。

首先，城市选择经济发展模式，同一阶段具有相同的战略方向和共同追求。开放性、国际性、现代化是我国大部分大中型城市在探索城市经济社会发展模式时共同的追求。北京、上海以及大部分副省级城市已经处于或正在进入工业化中后期阶段，此时经济社会进入优化发展阶段，及时转换经济社会发展模式是保持经济社会可持续发展的关键。因此，加快经济增长方式由粗放型向集约型转变，大幅提高各种发展资源（包括土地、能源、资金、人力，以及水资源、自然环境资源等）的利用效益，生产资源利用模式由线型经济向循环经济转变，城市发展动力由投资驱动型向投资与创新双驱动型转变，产业结构由低附加值产业链向高附加值产业链转变，城市建设由外延扩张为主向外延扩张与内涵提升相结合转变，社会经济结构由二元经济结构型向全面协调型转变，政府管理模式向公共服务型模式转变等，是各自特色发展模式的主导内容和战略追求。此外，产业间的梯度转移是我国经济发展过程中的一种必然现象，这种空间的扩散与转移是不可逆的历史过程，不同区域的城市要树立产业转移与承接的战略眼光，及早在产业空间布局上作好准备。

其次，各城市要认清资源禀赋和比较优势，培育并创新特色经济发展模式。城市是有差别的，都有自身的资源禀赋和基于资源禀赋形成的比较发展优势。城市的核心竞争力的形成，就是要充分发挥自身的资源优势、比较优势。城市的资源既包括有形资源，也包括无形资源。制度、改革创新、地缘、人力、管理及文化等是比有形资源更为重要的无形资源。无形资源对于城市经济增长的贡献率日益提高，呈现出乘数乃至幂数效应。从主要依靠有形资源，到无限开发无形资源，当是我国城市未来发展的必然选择。如大连、厦门等城市的环境经济主导型发展模式实现了经济发展和环境优化的双赢。深圳最大的优势就在于特区城市、先锋城市、创新型城市的无形资源发达，并作为改革开放的前沿阵地形成了相对完善的市场体系、相对成熟的市场机制、先进的管理经验、管理制度，以及崇尚竞争、宽容失败的创业氛围，由此也成就了城市发展的"深圳模式"。南京的科教资源禀赋优势非常突出，在城市发展模式的选择上，以自主创新来提升和完善创新型城市功能，就是在探索走出一条具有中国特色的自主创新驱动的城市可持续发展道路。中西部的大部分省会城市，如郑州、南昌、贵阳、昆明、长沙、太原等城市，虽然行政级别上不属于副省级城市，在省域范围内首位度最高，要素集聚力强，在以区位优势主动承接国际产业转移、东部产业转移的同时，进一步提升在省内的集聚力，探索基于省域范围的又好又快的城市经济与区域经济发展模式。

第三，国家层面的政策制度优势，在很大程度上影响着城市经济发展模式的选择。实践已经证明，改革开放、思想解放、观念突破等来自国家政策层面的影响力，对国内城市和区域发展模式的形成和创新起到了关键性的作用，而主动还是被动地运用政策的力量，往往直接影响经济社会发展模式的开放性、创新性和可持续性。比如珠三角地区是最早实施中央优惠政策的经济特区试验田，因此深圳、广州等城市在制度创新优势上首先突破，获得了经济增长新动力和发展优势。长三角地区是我国综合实力最强的经济中心、亚太地区重要的国际门户、全球重要的先进制造业基地、我国率先跻身世界级城市群的地区，在20世纪90年代的国家开放战略中，上海、苏州等率先形成了以外生动力为主的体制外拉动发展模式。东北主要城市利用中央振兴东北老工业基地的政策优势，解决了长期困扰它们的体制性、政策性束缚，及时调整城市经济结构，引导和鼓励老工业基地产业分工和转移，树立城市间"共赢"和"协同"的发展观，走上了区域经济协调发展之路。国家中部崛起战略，使武汉利用其区位优势以及中心城市的集聚和辐射能力，成为"中部崛起"的领跑人。科学发展观指导下的经济增长方式的转变，使沿海城市率先"转型"，面向全球价值链确立新的定位和发展模式，进一步强化了原来的发展优势。

此外，创新型的城市经济发展模式，具有较强的普适性和引导功能。我国城市因为开放的阶段性不同、区域发展水平的差别以及自身的动力机制的问题，经济发展水平呈现明显的阶梯型，使发达地区城市的发展模式具有较强的引领性、一定的普适性。那些发展条件和发展阶段相近的城市，率先探索的城市已形成的城市经济社会发展模式，就具有一定的借鉴意义。当然，模式虽然是相对定型的事物，特色城市发展模式是一定历史条件下对特定时空的经济社会发展特点的总体概括，不可能有完全相同的历史条件和能级力量，也就不可能完全照搬模式。科学的、可持续的、具有竞争优势的城市经济发展模式，应真正体现在创新型城市功能的完善和优化上。比如深圳和南京，都是通过自主创新引领城市发展，但二者优势和条件不同，深圳缺少自主创新的资源，必须以其体制和企业竞争力优势吸引科教资源，而南京基于科教资源优势，则主要注重官产学研互动的平台和载体建设，以科教资源优势吸引外资研发中心和科技企业的进入。可以说，自主创新的企业在深圳模式里起关键作用，而政府在南京创建创新型城市过程中起到了关键作用。相比较而言，"南京模式"更具有普适性，国内一些大中型城市如西安、重庆、武汉、沈阳等都拥有较为丰富的科教资源，南京模式对它们的经济发展更具有借鉴意义。

第三节
探寻城市产业发展的优化之略

一、转变经济增长方式的战略选择

改革开放以来的中国工业化与城市化进程，基本上是在"赶超型"心态下推进的，经济发展水平被视为城市最重要的指标，政府的主导任务就是发展经济，不断提升 GDP 增长速度。粗放式的增长方式虽然创造了辉煌的经济总量，但收获的经济发展成果与原来的预期相差太大，工业化与城市化、城市现代化未能形成正相关的关系。从国际经验来看，经济发展水平越高，产业结构就越合理，城市的产业空间布局就越优化。亚洲的新兴工业化国家和地区，如日本、韩国、新加坡、中国台湾等，经济腾飞的过程中也都有过 20 余年的高速增长期。它们在创造"经济奇迹"的过程中，都实现了以工业化为内容的现代化，同时在发展空间上实现了城市化。从这个角度来看，一方面表明了中国的工业化进程尚未完成，未来的经济增长空间仍然很大，但另一方面也表明转变经济增长方式，促进经济与社会的协调发展已到了刻不容缓的地步。党的十七大报告提出，在优化结构、提高效益、降低消耗、保护环境的基础上，我国实现的人均GDP到2020年要比2000年翻两番。如果不转变经济增长方式，优化产业结构，依然是高能耗、低收益的粗放发展方式，这个目标是难以实现的。因此，在新一轮的发展中，国内城市的经济发展必须坚持"好"字优先，在"好"的基础上再追求速度，产业结构的升级要从工业经济向服务经济转变，在产业政策方面以提高生产效率为导向，促使企业经营合理化、投资合理化。在政绩考核方面，要以科学发展观为指导，经济指标和可持续发展指标不仅仅有GDP、财政收入，还要包括人均收入、政府负债率、企业破产率、资源产出率、城市单位面积GDP产出等。

转变经济增长方式是一个系统的工程，也是一个漫长的过程，需要超前的战略与可行的措施。对于当前我国的发达城市来说，转变经济增长方式，首先表现为产业结构的调整和产业转移。目前，沿海发达城市，已经发挥了重要的引领作用。深圳、广州、上海等城市在经济总量领先全国、产业的国际化程度较高的情况下，纷纷以壮士断腕的举动"腾笼换鸟"，实施产业升级，转变经济增长方式。从2007年年底起，率先在广东展开的新一轮解放思想运动，实际上是一场传播和落实科学发展观的思想教育活动。深圳、广州在发展定位上，确立了向世界先进城市看齐的目标。2008年3月，深圳正式出台了《中共深圳市委深圳市人民政府关于进一步解放思想学习追赶世界先进城市的决定》，明确提出要以新加坡、香港、首尔为学习追赶的目标，力争用10年左右的时间，在"优势领域"取得向亚太地区先进城市看齐的历史性突破，在经济发展、自主创新、城市管理、法制水平、文化软实力、生态建设、民生福利等方面积极学习追赶世界先进城市，着力推动深圳在全球城市体系中跨越式提升，尽快从国际化城市的初级阶段、低端水平，跨越发展到国际化城市的初中级阶段、中端水平。实现这一目标的关键所在是要把增强经济实力放在首位，转变经济增长方式，向高质量经济模式转型，构建起资源耗费少、环境污染低、可仿制性差、附加值高且营利能力强的市场适应型经济体系。到2007年，深圳的建成区面积已占到总面积的37%，而香港的建成区面积占总面积的 24%，新加坡的建成区面积占土地面积也只有 25%。① 如不转变经济增长方式，向区域性、国际性的"服务城市"转型，深圳的产业空间已经难以承载城市的功能运行，只有通过"腾笼换鸟"，才能给高附加值产业的发展腾出空间，才能更好吸收欠发达地区优势劳动力，带来更高产值和劳动力单位产出。该市宝安区 2007 年 1～10 月，外迁企业 108 家，当时这 108 家企业的产值只有 24 亿元，通过淘汰落后产业引入先进制造，目前同样的土地产值已经达 300 亿元。② 2008 年 4 月，广州市社科院发表的《中国广州经济发展报告》指出：广州目前的常住和流动人口接近 1200 万人，已突破理论上适度的人口容量，支撑广州城市可持续发展三大基本要素的人口规模、资源承载力和环境容量基本都已接近峰值，城市发展面临着有史以来的最大压力，而且资源支撑经济社会发展的能力在弱化，转变经济增长方式到了刻不容缓的地步。为此，2008 年 6 月，广州出台了关于加快推进产业转移和劳动力转移的实施意见，提出广州要通过"双转移"，转变发展方式，腾出新的发展空间，大力发展现代服务业、高新技术产业和先进制造业，提升产业层次，优化产业布局，全面提高全市经济综合实力。③

转变经济增长方式，必须把握产业发展的顺序和规律，调优产业结构，只有产业结构趋于合理，才能告别粗放的经营方式。在现阶段，产业结构的优化，首先表现为产业布局的优化。生活性服务业、生产性服务业以及制造业，必须依据城市空间的价值梯度进行合理的布局，空间布局的成功是产业健康、持续发展的前提条件。因此，在新一轮科学发展的起步期，国内的发达城市在制定转变经济增长方式的具体策略时，无不以"退二进三"、"腾笼换鸟"的产业空间优化为突破口，以现代城市的多中心空间结构来建立现代产业体系，加大产业外迁的力度，防止重蹈过去二次搬迁的覆辙。更值得关注的是，我国珠三角的深圳、广州的产业空间调整，已经打破了地域本位的界限，在

---

① 樊克宁：《对话深圳市长：学习新加坡以人为本管理城市》，《羊城晚报》2008 年 2 月 20 日。

② 谢思嘉、邓红辉：《双转移——破解科学发展难题的突破口》，《南方日报》2008 年 5 月 28 日。

③ 《广州将人均 GDP 增长列入政府考评》，《南方都市报》2008 年 6 月 11 日。

广东省域甚至泛珠三角的范围内建设新产业园区、产业基地，一方面把劳动密集型、能耗大、附加值低的企业转移出去，腾出原来的空间发展现代服务业，另一方面是把大企业的管理总部、研发机构留下来，将其制造基地转移到周边地区。其实，产业空间的优化，关键是以产业政策来置换、拓展城市产业空间。空间布局的成功，决定产业发展的成功。在现代产业体系中，只有跳出自身的小空间，在更大空间里优化布局，才能实现以环节增值来提升产业附加值的目的。在我国改革开放的进程中，香港和珠三角之间的合理的产业分工，已经提供了很好的参照。20世纪80年代，香港就成功地将城市的加工制造功能转移到内地，但制造业的"中枢"仍留在香港，为后来的城市服务功能的提升和服务业的发展打下了坚实的基础。从这一经验来看广州、深圳正在推进的"双转移"，就不难体会它们是从战略上来实施产业空间优化、转变经济增长方式的。

现代城市的经济发展，已经超越了或"内生增长"，或"外力促进"，或"区域带动"，或"项目带动"等单一的动力模式，而是综合借取以上几种模式的优势，形成产业创新体系、城市创新体系。当前国内的城市转变经济增长方式，优化产业空间布局，关键是要构建一个符合自身发展的产业创新体系。而经济全球化带来的国际产业转移、区域产业转移，使城市的产业创新体系必须是国际化的、外向型的。也就是说，转变经济增长方式固然需要内驱动力，更要以开放的眼光，在新的国际产业分工体系中进行价值环节的对接，使城市的产业转移与产业承接、产业创新同步实施，以避免城市产业的"空心化"。国内的发达城市，大多都在工业化未完成之前，因为全球新的产业分工体系的建立，不得不把发展的重心落在现代服务业上。但以金融、物流、咨询、会展等构成的现代服务业，其高度的集聚性，少数国际城市的集中控制力，使国内的城市即使承接服务业的转移，也很难获取其高附加值的环节。这就给国内城市实施产业转移提出了新的挑战：原有的中低端产业转移出去后，高端产业引进、培育不到位怎么办？从根本上看，在构建一个创新的产业体系的过程中，要避免产业的"空心化"或产业结构体系的"断裂"，在现有的国际产业分工体系中，仍要主动承接国际产业转移，只不过承接的是以人力、知识资本主导的新产业、服务业。国际产业转移的意义，在于发达国家以资本流动（主要是外商直接投资）为内在机制，促进自身产业结构升级，实现全球战略目标。发展中国家通过承接产业转移来优化产业结构，加快产业结构升级和技术进步，加速工业化步伐，提升经济发展水平。但伴随着知识经济的快速发展，国际产业转移结构高度化、知识化、服务化有进一步加强的态势。发达国家在继续向发展中国家转移劳动密集型产业的同时，开始向发展中国家转移某些资本、技术密集产品的生产，甚至开始向少数发展中国家转移高技术产品生产过程中的某个工序。国际产业转移已进入技术密集型、资本密集型、劳动密集型产业转移并存的阶段，金融、保险、旅游和咨询等服务业和资本技术密集型产业逐步成为当前国际产业转移的重点领域。因此，国内沿海城市既应是产业转出地，也应是国际新产业的承接地，特别应该充分发挥人力资本的成本优势、集中优势，大力承接生产性服务业的转移，打造多主题的服务外包基地，尽快构建起"服务型城市"的产业体系，有效对接国际发达城市的产业链。

对于处在奋力发展阶段的国内城市来说，尽管已在科学发展观的统领之下，转变经济增长方式、优化产业结构成为共识，但现有的政绩考核体系使其知易行难。毕竟，调整产业结构，优化产业布局，会使相当一部分企业迁移出去。在新的产业体系未建立起来之前，城市的经济增速会放缓、财政收益会减少，甚至会出现阶段性的失业增加现象。发达国家的城市在实施产业升级的过程中，都一度出现过类似的问题。美国的洛杉矶、芝加哥、巴尔的摩，德国的鲁尔等城市，从制造型城市向服务型城市转移的过程中，都曾出现过产业空心化、大面积失业以及工业污染区治理等问题，在经过了 10 年、20 年甚至更长时间的阵痛之后才完成转型。我国仍处在经济高速增长阶段，城市经济的发展方向是由政府主导的，在产业政策引导上和产业空间的规划上可以发挥更大的调控作用，产业转型的阵痛可能会轻些，转型的过程可能不需要这么长的时间，但如果政府不制定出系统、完备的与科学发展观对接的经济发展考核体系，转变经济增长方式就很难落到具体的行动上。也正是认识到了这个关键的问题，实际上，我国在制定"十一五"发展规划时，就对 960 万平方公里的国土区域划分为优化开发、重点开发、限制开发和禁止开发四大主体功能区，对各功能区的经济发展指标实施差异化的标准。在十七大的报告中，四大主体功能区被确定为我国区域发展的新方针。国内的主要城市，多数属于优化开发和重点开发区域，对应的绩效评价和政绩考核体系的具体要求是有区别的。对长三角地区、珠三角、京津冀等经济较发达、人口较密集、开发强度较高的优化开发区的城市，由于资源环境承载能力开始减弱，要强化经济结构、资源消耗、自主创新等评价，弱化经济增长的评价。对成渝地区、长江中游城市群地区、东北工业区等重点开发区域的城市，鉴于资源环境承载能力较强、经济和人口集聚条件较好、发展潜力较大，要综合评价经济增长、质量效益、工业化和城镇化水平等。进入 2008 年，为全面系统地落实科学发展观，我国经济发达的沿海省市，相继推出了差异化的区域考核指标体系。广东将 21 个地级以上市划分为都市发展区、优化发展区、重点发展区和生态发展区四个区域类型。都市发展区包括广州、深圳两座城市，是全省经济和社会发展的龙头，要求以国际先进城市为标准，突出自主创新在经济发展中的主体地位，重点评价对全省经济的辐射带动作用，强化对现代服务业、社会管理、公共服务、科技创新、社会公平、人居环境以及人的全面发展的评价；优化发展区包括珠海、佛山、东莞、中山四市，经济比较发达，人口比较密集，开发强度较大，资源环境要求高。重点评价其优化经济结构和转变发展方式的状况，强化对经济结构、资源消耗、环境保护、自主创新以及基本公共服务覆盖面等的评价。汕头等 12 个市为重点发展区，其资源环境承载能力较强，发展潜力较大，集聚经济和人口条件较好，主要实行工业化和城镇化优先的绩效评价，综合评价其经济增长率、吸纳人口、质量效益、产业结构、资源消耗和环境保护以及外来人口公共服务水平等。韶关、河源、梅州三市为生态发展区，对其实行生态保护优先绩效评价，重点评价水质、水土流失治理、森林覆盖率等生态环境状况。这四大区域的共同考核指标为 GDP 发展速度；人均 GDP 发展速度与 GDP 发展速度之比；人均税收收入发展速度；万元工业增加值能耗降低率；行政运行成本占财政一般预算支出的比重；民营经济增加值发展速度。不同的考核指标各有侧重：都市发展区考评现代服务业增加值占第三产业增加值的比重、R&D（科学研究与实验发展）经费占 GDP 比重、进出口总额发展速度等；优化发展区考评第三产业增加值占 GDP 比重；R&D 经费占 GDP 比重；外商直接投资中 3000 万美元以上项目金额所占比重等；重点发展区考评产业转移园工业增加值占全市工业增加值比例，高技术制造业增加值占工业增加值的比重，实际利用外商直接投资发展速度等；生态发展区考评产业转移园工业增加值占全市工业增加值比例；高技术制造业增加值占工业增加值的比重；旅游业收入发展速度等。① 江苏是学习实践科学发展观的试点地区，新建立的科学发展评价考核体系，为更好地体现江苏发展的阶段特征，强调科技创新对江苏转变经济发展方式的重要性，把指标体系分为经济发展、科技创新、社会进步、生态文明和民生改善五大类 36 个具体指标。经济发展类指标选择了人均 GDP 增长、高效农业比重增幅、服务业增加值占 GDP 比重、高新技术产业产值占工业产值比重、经济国际化水平综合指数、消费需要对经济增长贡献率、品牌经济占 GDP 比重等 7 个指标；科技创新类指标选择了 R&D 经费支出占 GDP 比重、科技进步贡献率增幅、发明专利授权数增长、万人科技活动人员数 4 项指标。② 广东、江苏两地制定的全面落实科学发展观的评价考核体系，为优化发展区城市的产业转移和升级起到了"保驾护航"的作用。实际上，我国东部沿海地区的发达城市，在人均 GDP 达到 6000～10000 美元的发展阶段后，城市的空间价值呈现梯度性，空间的价值规律也促使产业结构不断升级，让单位价值更高的高新技术产业、现代服务业占据主导空间，从而实现城市空间价值的最大化。

　　在新一轮发展中，转变经济增长方式，固然可以通过最大程度的承接国际新产业转移来解决眼前的问题，但建立现代产业体系，在国际产业价值链上奋力占据高端位置，必须走自主创新之路。新兴工业化国家的经验已经表明，一个国家的经济发展的希望不能完全寄托在发达国家的产业转移上，只有技术引进与创新并重，在提高产业转移的承接能力的同时，增强产业升级的主动性，才能把握产业发展的主动权。在当前知识经济时代，在以知识和技术为中心的分工体系中，拥有创新能力和先进技术的国家才能成为国际分工体系中的领导者，

---

① 汪令来：《广东经济发展指标权重只占三成》，《羊城晚报》2008 年 6 月 2 日。
② 该调研课题由江苏省省长罗志军主持，江苏省发改委、江苏省政府研究室、江苏省统计局、江苏省社会科学院合作完成，2008 年 4 月起向全省征求意见。研究报告全文见江苏省发改委网站。

才能处于价值链和产业链的高端。国内的发达城市是我国参与国际产业竞争的重要节点，是培育企业竞争主体的重要空间载体，如何通过城市、区域创新体系的构建，提升国家自主创新的能力，成为新的时代命题。当然，城市的自主创新不是封闭起来自我建设产业体系，而是应该在参与全球产业分工的过程中，树立吸收、转化、提升、创新的理念，形成具有知识产权的技术、品牌和服务体系。实际上，在国际产业转移过程中，大量相关、相同性质的企业往往选择同一地区或相邻区域集中，形成特色的"产业群"，以降低信息成本、交易成本，增加区域产业配套能力并形成产业链体系。国内城市要充分利用这一过程中所产生的"集群效应"及其"溢出"，尤其要进一步把握住新一轮知识服务业、创意产业国际转移的战略机遇，迅速提高"自主创新能力"，形成国家竞争优势的"群体性突破态势"，彻底改变过去被动引进的局面，实现由投资驱动向创新驱动的转变，以真正实现经济增长方式的转变。现代产业体系的建立过程，也是城市或区域创新型服务体系建立的过程，只有自主创新成为调整经济结构、转变经济增长方式的第一推动力量，国内城市才能在国际产业价值链上占据高端位置，才能完成向服务型城市的转变。

二、城市产业空间优化的战略思考

在城市化和城市现代化的进程中，如何实现城市经济结构的转型和经济增长方式的转变，欧美发达国家以及亚洲的日本、韩国等，已经探索出了比较成功的路径，那就是通过空间的扩展与整合，在都市圈、城市群的范围内，实施产业的集中和功能分工，从而实现产业布局优化和城市、区域空间价值的最大化。我国在经历了近30年的高速城市化之后，所面临的经济转型，实际上是城市产业空间布局优化的问题。城市在不同的发展阶段，各种资源要素的空间流动呈现出不同的特点：在集聚发展阶段，往往是工业化的起步期，资本、人才、技术等向中心城区集中；在扩散发展阶段，城市的产业、居住以及职能部门大规模外迁，城市的经济重心向郊区转移，新城区、新市区的建设成为重点，城市的产业空间与城市功能区都呈快速发展的势头，但尚未形成融合发展之势；在一体化发展阶段，中心城区、新城区、郊区、郊县的界限基本消除，资源要素完全按照市场的规律，不仅在同一个城市的不同功能区流动和配置,而且在同一区域的城市群、都市圈(带)选择流动方向和整合对象,并以创新的形态、创新的空间、创新的机制,提升区域空间价值。国内沿海地区的发达大城市,多数正处在从集聚向扩散发展的关键阶段,上海、深圳等已在市域范围内迈入一体化的发展阶段,新的城市空间结构的构建必须是开放式的、网络化的,而产业的空间布局合理与否,则决定了城市整体空间的生命力和可持续发展问题。从这个角度来看,站在改革开放30年发展新的起点上的国内城市,必须从战略上认识到产业空间布局的重要性,一方面把转变经济增长方式、优化产业结构作为长期的任务,并在新的城市空间结构的变动中寻求经济增长的空间载体;另一方面,强化产业空间优化发展,要树立开放的大区域空间协同观念,在产业升级、产业转移的过程中突破本位意识,按照产业发展的规律,该转型的转型,该转移的转移,该淘汰的就淘汰,以实现产业空间布局的最优化,打造具有核心竞争优势的新型产业体系。

回望改革开放30年的城市化与经济发展的历程,国内城市在大部分的时段内是被动地进行产业空间置换和拓展的,由于缺乏战略眼光,没有预料到国内的城市化和城市现代化进程如此之快,也没有预料到城市的空间结构和产业空间布局会发生如此大的变革,以致造成一些城市从20世纪80年代早早开始的"退二进三"到如今难以完成。在主城区,重复的产业空间升级、城市功能提升,造成企业的二次、三次搬迁。就连从90年代规划建设的新城区、开发区,也因为和不断扩大的城市空间规划相矛盾,也不得不加入"退二进三"、"腾笼换鸟"的热潮,造成了资源的巨大浪费和环境的破坏。只是到了制订"十一五"规划时,因为有了科学发展观的政策引导,国内主要城市方开始主动地推进产业空间布局优化工作,把制造业基地、服务业集聚区、高新技术产业园区、高端研发基地等纳入到城市的功能区,使产业空间与城市空间实现有效的融合。具体来看,改革开放以来国内城市的产业空间布局的演进路径大致可分为四个阶段:第一个阶段是20世纪80年代的城市主城产业的自发性外迁,老的工业厂区迁入地为老城的边缘地带,由于当时的城市都是单中心的空间结构,加上企业的搬迁都是在不同的行业主管局办领导下进行的,搬迁的企业沿城市主要交通线,在城市周边的地区分散布局,未能形成相对集中的工业集聚区,这也是后来很快必须二次搬迁的重要原因。第二个阶段是 90 年代，国内城市的郊区化进程启动，工业郊区化成为共识，特别是城市土地有偿使用制度的实行，使企业通过转让原址可获得资金补偿，主动搬迁带来的是政府的规划引导意识的觉醒，按产业门类规划的产业园区纷纷涌现，开发区、产业园区集群化布局，集中性的产业空间在城市外围空间出现。进入 21 世纪，国家的新型工业化战略与大城市战略的实施，新城建设热潮带来了许多城市空间结构从原来单中心向多中心的变化，使国内城市的产业空间布局进入了"分散式集中"的新阶段，以服务业为主导的城市中心区、新城区和制造业为主导的处在郊区的高新技术开发区、主题性的产业园区，形成了相对独立的集约化的产业空间。① 近两年来，伴随着"十一五"发展规划的落实，在城乡空间一体化、区域空间一体化进行产业空间的重新分工，核心的产业空间逐步变成城市的功能区，产业园区逐步城市社区化，生态城的概念出现，产业布局呈现区域型集聚特征，这预示着国内城市的产业空间进入了优化发展的新阶段。一方面，由于产业结构由重变轻，服务业成为主导产业，产业空间与城市空间开始有效融合，另一方面，基于新产业价值链的现代产业体系，可以在超越城市自身空间的大区域、都市圈或城市群的空间内进行要素整合和资源配置，为经济的可持续发展、清洁发展提供了空间基础和要素整合条件。当然，在经济全球化、信息网络技术带来的新的国际产业分工体系下，城市的产业空间的生长与发育，不仅仅是基于地缘因素，由于大部分高新技术产业的各个环节，可实现全球城市空间的价值化分工，就出现了"虚拟产业空间"布局问题，比如服务外包、软件设计、数据处理等，这类新型服务业的空间载体，可以分散在城市的不同功能区。在服务外包成为全球服务的经济新生长点的背景下，发达国家的跨国公司作为主要发包方，国内城市利用人力资本的比较优势，已经成为国际产业价值链上的某个环节，实际上就是打造国际化的"虚拟产业空间"的过程，使城市在不消耗能源、不进行大规模的产业转移的前提下，就能实现经济增长方式的转变和产业结构的优化。

　　基于上述分析，我们不难认识到，新的国际产业分工体系已经使

---

① 李程骅：《城市空间重组的产业动力机制》，《南京师范大学学报》2008 年第 4 期。

城市的产业空间从封闭走向开放，从平面化走向立体化，从实体化走向实体化和虚拟化并存。国内沿海发达城市是参与全球城市发展体系的竞争主体，其所构建的产业体系体现的是国家产业发展水平和经济实力，其所培育的产业空间的价值具有重要的引导作用。面对科学发展观的新要求，面对国际产业价值链的新挑战，国内城市的产业结构调整除了以科技创新来统领产业升级之外，更要注重通过产业空间的优化布局，以空间功能的提升和重组来培育新型的产业体系。从战略层面上看，国内城市优化产业布局，应把握以下几个着力点：一是把握好城市经济发展的战略转型点，主动调整产业结构和产业布局，既要加快产业升级，又要防止城市产业的"空心化"，在城市空间规划和产业政策上，为新一轮经济增长作好准备。国际大都市纽约、伦敦以及新加坡、香港等城市的产业升级的成功路径，已经表明把握战略"拐点"、实施产业更新战略和发展高附加值产业的重要性。二是充分认识到国际产业转移、国家实施功能区发展战略下的城市空间资源的潜在价值。作为国家优化发展地区的东部沿海城市，可利用的空间资源越来越少，"经济密度"越来越高，环境对经济的承载力相当脆弱，新一轮的发展必须告别高能耗、污染重的粗放经营方式，把高新技术产业和现代服务业作为发展的重点。同时要树立城郊一体化、城乡一体化的空间规划战略，尤其是在产业空间布局上，要最大限度地打破原来产业空间拓展先城区次郊区再郊县的老路子；要在一体化的行政空间里，按照不同的功能定位、产业特征和产业集群、产业链的特点，实施合理的分工定位，根据生态承载能力、资源保障能力来界定优化开发、重点开发、限制开发和禁止开发的区域，以此为前提来制定产业发展的战略目标。三是真正打破本位的产业体系价值观，遵照经济要素的流动规律，借助地缘、文化认同、产业集群等方面的优势，着力推进区域经济发展中城市与城市之间、城市与区域之间的战略合作。对优势产业的发展，不求所有，但求所在，不求所在，但求所"链"、所"流"，突破行政区划的隔离，实现发展要素的规模化、低成本的集聚与整合。国际大都市纽约、伦敦、东京、巴黎等服务型产业优势的培育，无不依托以自身为中心的广大的都市圈、城市群腹地的制造业基础，形成了有机的区域性的产业分工体系。近年来，我国大力推进"统筹区域经济的协调发展"战略，同一区域的产业恶性竞争减少，以产业梯度性、要素互补性的协作型发展成为共识，如探索新的城市发展模式的天津滨海新区，成都、重庆申请的"统筹城乡综合配套改革试验区"，围绕"两型社会"寻求内生发展动力机制的"武汉城市群"、"长株潭城市群"一体化综合配套改革试验区等，都体现了国家的区域经济协调发展的新战略。四是要把握好城市产业空间优化与区域创新体系建设的互动关系。现代产业集群理论认为，城市或区域空间的增长固然靠主导产业的拉动，但制度的力量和制度创新的力量更为重要。深圳近年来依靠创新型的城市服务体系，将高新技术产业由加工装配向自主研发转变，实现了"深圳制造"向"深圳创造"的跨越，就是比较成功的范例。深圳作为新兴的特区城市，不具备北京、上海、南京等城市的科教资源优势，所以从一开始就把着力点放在构建以企业为主体的自主创新体系上，政府的角色集中在完善创新环境方面，重点为自主创新提供良好的支撑条件和后勤服务，通过制定产业政策和建立完善各种创新激励机制，引导和鼓励企业进行符合经济社会发展需要、符合产业发展方向的创新，走出了一条独特的"四个90%"创新之路：90%以上研发机构设立在企业，90%以上研发人员集中在企业，90%以上研发资金来源于企业，90%以上职务发明专利出自于企业。[1] 以企业为主体的深圳自主创新体系的形成，不仅快速推动了产业升级、产业空间的优化，还带动了珠三角地区区域创新能力的提升。

　　现代城市的功能，更主要体现为市场中心、信息中心、服务业中心。在现代经济发展中，城市是现代化的中心，是先进生产力和现代市场的载体。同时，城市作为科学技术和文化思想的策源地，在区域经济和社会发展的主导地位越来越明显，不仅推进城市现代化，还推进社会经济现代化和城市文明的地域扩散。[2] 从这个角度来看，城市的空间价值不仅体现在自身的要素集聚度上，还体现在区域辐射能力上。现代城市的产业空间布局，只有跳出原来狭小的城市空间，在区域的大空间里实施差异化的功能分工，让现代服务业、先进制造业及其配套的产业集群、供应链找到最佳的空间节点，才能实现要素配置的经

---

① 冯晓芳、彭勇：《深圳如何做到"四个90%"》，《解放日报》2006年3月20日。
② 洪银兴：《突出城市功能意义的城市化及其产业支持》，《经济学家》2003年第2期。

济性和空间价值的最大化。我国东部沿海经济发达地区，已经从城市化进入到了城市现代化、区域现代化的新阶段。长三角、珠三角以及京津环渤海地区，城市与城市之间的合作、城乡空间的一体化，整体的空间规划和产业空间优化，已经上升到了国家战略。在我国目前国际化、现代化程度最高的长三角地区，城市之间的产业同构现象尽管很明显，但资源共享、产业互动、协同发展的意识已经非常明晰，以促进有机的区域现代产业体系和国家层面的区域创新体系的形成。2008 年 8 月 4 日，国务院常务会议审议并通过了《进一步推进长江三角洲地区改革开放和经济社会发展的指导意见》。[①] 2008 年 9 月 16 日，中国政府网全文发布的《国务院关于进一步推进长江三角洲地区改革开放和经济社会发展的指导意见》提出，要把长江三角洲地区建设成为亚太地区重要的国际门户和全球重要的先进制造业基地，具有较强国际竞争力的世界级城市群。[②] 这份 1.1 万字的文件提出了 42 条促进长江三角洲地区经济、社会、文化等方面发展的重要意见，要求长江三角洲地区进一步深化改革、扩大开放，着力推进经济结构战略性调整，着力增强自主创新能力，着力促进城乡区域协调发展，着力提高资源节约和环境保护水平，着力促进社会和谐与精神文明建设，实现科学发展、和谐发展、率先发展、一体化发展。到 2020 年，长江三角洲地区将形成以服务业为主的产业结构，三次产业协调发展；在重要领域科技创新接近或达到世界先进水平，对经济发展的引领和支撑作用明显增强；主要污染物排放总量得到有效控制，单位地区生产总值能耗接近或达到世界先进水平。这表明长三角发展上升到"国家战略"后，区域一体化面临新的突破，新一轮的城市群空间结构调整和优化时代的到来，主要城市之间由原来的竞争关系进入更高的"竞合"层面，将更多体现在城市之间的功能错位、优势互补和政策对接，以实现长三角区域利益、国家利益最大化的共同目标。作为世界第六大城市群的长三角，将逐步建成以上海一级中心城市为核心，以南京、杭州副中心城市为支撑的世界级城市群和城镇体系。在新一轮

---

① 国务院审议并原则通过《进一步推进长江三角洲地区改革开放和经济社会发展的指导意见》，新华社 2008 年 8 月 6 日。
② 中央政府门户网站 www. gov. cn，2008 年 9 月 16 日。

的空间结构布局中，南京的交通中心地位与区域辐射力得到大幅提升。未来几年将新建京沪高速铁路、沪宁城际铁路、宁杭城际铁路、宁安城际铁路、沪汉蓉铁路和高等级铁路大型客运枢纽站南京南站。其中，沪宁城际铁路 2010 年上海世博会前通车。届时，南京的路网辐射能力将超过上海，居长三角之首。高速化的城际轨道交通，缩短城市之间的"经济距离"，加速城市之间经济要素的流动，推动区域经济联动发展，使南京、上海、杭州、苏州之间进入了"一体化"的大都市系统之中，形成"1 小时交通圈"、"1 小时都市圈"。作为两个重要的区域性中心城市，南京和上海之间的"经济距离"缩短，根据经济要素可跳越传播原理，南京与上海之间互动成本降低，有利于优化资源配置。上海是长三角的龙头城市、经济扩散中心和产业布局重心，在产业上的聚集效应和中心职能作用远超其他城市。例如苏州是距离上海最近、接受上海辐射最强的城市，外商不仅能方便地享受上海的金融和贸易服务，同时还能利用苏州商务成本低等优势。但随着"1 小时交通圈"的形成，绝对的空间距离已经不足以成为上海产业扩散和外来投资的决定因素。时空距离的缩短以及南京自身的资源禀赋，使南京能够在一些方面越过苏锡常，无障碍地接受上海的辐射，与上海在经济、科技、社会等多方位的联系得到加强。

南京不仅是长三角的区域中心城市，还以特有的区位优势引领着突破省际界限的"南京都市圈"以及长江流域中下游经济区的发展。南京在新一轮发展战略中，只有处理好与长三角和长江流域经济区的双重关系，才能强化空间的位势，并培育出新的资源整合功能。首先是全面推进"城市—区域"合作战略，增强南京在长三角和长江中下游经济区的影响力。要通过交通体系、流通体系的完善，充分发挥南京的区域中心地位、长江流域四大中心城市之一的能级力量，强化与南京都市圈及"泛长三角"经济腹地的服务结构和协调合作发展战略，增强南京要素市场对经济带的辐射，进一步发挥扩散效应，把各种生产要素扩散到南京都市圈、长江三角洲和整个长江流域，加快形成各具功能、分工合理、协作关系紧密、经济融合程度较高的大中小城市有机结合的"城市—区域"经济整体，从而有效降低南京发展的交易成本、行政成本、制度成本，增强在整个区域市场的综合竞争力。借助长江中下游流域经济带的纽带作用，南京完全可以与合肥、南昌联手，构建"长江流域经济一体化先行区"，使南京都市圈和以合肥、芜湖等构成的江淮城市群，以及以南昌、九江等构成的环鄱阳湖城市群形成大区域的经济合作体，构建一个连接长三角地区和中西部地区的长江流域新经济走廊。其次，依托以上海为中心的长江三角洲城市群，城市空间布局调整实现从行政区域范围向大都市经济圈的跳跃式转变。上海独有的发展条件，决定了其在长江三角洲社会经济发展中的领先地位，并具备区域中心城市的核心带动作用和发展中的示范效应。主动接轨上海，借助上海的领头和带动作用，寻找和抓住自身的发展机遇，是南京市发展战略的重要选择。但是，在实施接轨上海的发展战略时，要避免对上海过强的依附关系。采取这一策略有技术上的支撑，因为在信息时代背景下，长江三角洲已经和正在建立发达的信息网和高速交通体系，空间距离因素在区域发展中的影响力弱化，特别是在长江三角洲这样紧密联系的区域存在发展的"同时化"效应，地区间平等发展的可能性增大。为了对自己的发展更为有利，南京应扬长避短争取有利的分工地位，争取发展机会，实施不同产业层次的不同形式分工，如在高层次的高新技术产业、主导产业上可选择水平分工为主的形式，通过建立大型集团企业、龙头企业等方式，实行区域联合等。第三，要善用国际战略眼光谋篇布局，与上海协同打造全球城市网络，努力使南京成为全球城市网络中的重要节点城市。南京在新一轮发展中，要善用上海的力量，以国际战略眼光谋篇布局，做到城市定位力求与上海匹配，发展思路力求与上海吻合，主导产业力求与上海"链接"，市场体系主动与上海同构，功能辐射与上海传导交叉，城市特色确保与上海相映，改革机制力求与上海互动，开放观念力求与上海"并轨"，在与上海共同打造全球城市网络的过程中，奋力成为全球城市新产业体系中的重要节点城市，以充分发挥应有的区域经济引领功能和产业升级的推动作用。

现代城市的产业空间优化与经济发展模式的变化，是一个长期的、持续的互动过程。产业空间布局，直接影响着城市的经济结构和经济发展模式的选择；而经济发展模式的选择，则又决定了城市和区域产业空间布局的形态、产业发展方向的选择。在国家和区域经济发展的进程中，城市空间功能的提升路径，基本上是从集聚人流、物流、资金流、信息流的市场中心，向基于现代产业体系的制造中心、服务中心迈进，继而通过战略性的机遇向以科教、文化中心为依托的区域现代化中心转型。产业升级的过程，就是城市产业空间布局和城市、区域大空间优化的过程，就是城市能级提升的过程。在世界范围内，产业体系的价值链化、产业布局的开放化、城市功能的服务化已成为不可逆转的规律。城市的现代服务业发展水平，决定了自身在全球经济体系中的控制力和影响力，决定了城市产业体系的国际化水平和先进性程度。国内的城市，目前站在改革开放 30 年的新起点上，以科学发展观来统领空间结构规划、产业布局以及区域协同发展战略，在城乡空间一体化、区域协调发展的新背景下，着力转变经济增长方式，优化产业结构，奋力向国际先进城市的经济发展水平看齐。正如中国在世界经济版图中崛起是不可阻挡的一样，具有国际影响力和竞争优势的一批国内大城市、城市群的崛起，已经成为不可阻挡的城市"新势力"。可以断定，把握了产业升级、经济发展转型战略节点的国内城市，以创新型城市体系和区域创新体系为依托，将会在世界城市的经济发展中，探寻出一条具有中国特色的城市空间与产业科学布局的"优化之道"！

参考文献

[1] Albert, L. Redefining the Metropolitan Area [J], National Municipal Review, 1993, (25): 417 – 422.

[2] Altman, M. When green isn't mean: economic theory and the heuristics of the impact of environmental regulations on competitiveness and opportunity cost [J], Ecological Economics, 2001, (36): 31 – 34.

[3] Asian Development Bank. Partnerships for Better Municipal Management – Asia Cities in the 21st Century. Asian Development Bank, 2000.

[4] Atack, J. & R. A. Margo. "Location, Location, Location!" The Price Gradient for Vacant Urban Land: New York: 1835 to1900. Journal of Real Estate Finance and Economics [J], 1998, 16 (2): 151.

[5] Breheny, M. Centrists and Compromisers: Views on the future of urban form, in: Jenks [M], Met al (eds), The Compact City: A sustainable, Spon, London, 1996.

[6] Buckley, P. J., & Ghauri, P. N. Globalization, economic geography and the strategy of multinational enterprises [J], Journal of International Business Studies, 2004, 35 (2): 81 – 99.

[7] Colwell, P. F., & H. J. Munneke. Land Prices and Land Assembly in the CBD [J], The Journal of Real Estate Finance and Economics, 1999, 18 (2): 163 – 180.

[8] Dasgupta, S. Confronting the Environmental Kuznets Curve [J], Jour-

nal of Economic Perspective, 2001, 16: 147 – 168.

[9] David, T. H. , & Colin, J. T. Urban Geography [M], John Wiley & Sons, 1982.

[10] Edger, M. H. , & Ronald, R. B. Studies of the Central Business District and Urban Freeway Development [M], University of Washington Press, 1959.

[11] Edquist, C. , & Rees, G. Learning Regions and Cities: Learning in Regional Innovation Systems – A Conceptual Framework, Paper Present at the International Workshop on Knowledge [J], Complexity and Innovation Systems, Vienna, 2000, 7: 1 – 3.

[12] Fainstein, S. The City Builders [M], Oxford: Blackwell, 1994.

[13] Friedman, J. Intercity Network in the Asian – Pacific Region, Research Proposal, 1995.

[14] Friedman, J. & Wolff, G. World City Formation: An Agenda for Research and Action [J], International Journal of Urban and Regional Research, 1982, 6 (3): 309 – 344.

[15] Gans, H. The Levittown [M], New York: Pantheon, 1967.

[16] Gordon, I. Internationalization and urban competition [J], Urban Studies, 1999, 243 (2): 109 – 113.

[17] Goudie, D. Zonal Method for Urban Travel Surveys: Sustainability and Sample Distance from the CBD [J], Journal of Transport Geography, 2002, 10: 287 – 301.

[18] Graham, T. Building Democracy: A Casebook of Community Architecture [M], London: UCL Press, 1995.

[19] Grossman, G. M. , & Krueger, A. B. Economic Growth and the Environment [J], National Bureau of Economic Research, Working Paper No. 4634, 1994.

[20] H. V. Savitch. Post – industrial Cities [M], Princeton University Press, 1988.

[21] Hensher, D. A. , & J. King. Parking Demand and Responsiveness to Supply, Pricing and Location in the Sydney Central Business District [J], Transportation Research Part A , 2001, 35: 177 – 196.

［22］ Heskin, A. The History of Tenant Organizing in the U. S. ［M］, In W. van Vliet, ed. , The Encyclopedia of Housing, Thousand Oaks, CA Sage Publications, 1998.

［23］ Ho, K. C. Competing to be regional centers: a multi－agency, multi－locational perspective ［J］, Urban studies, 2000, 37 （12）: 2337－2357.

［24］ Howe, D. Housing Code ［M］, In W. van Vliet, ed. , The Encyclopedia of Housing, Thousand Oaks, CA Sage Publications, 1998.

［25］ Huttman, E. , & Van, V. W. eds: Handbook of Housing and Built Environment in the United States ［M］, New York: Greenwood Press, 1988.

［26］ Jan, S. , & Peter, K. Cargo Cap: Underground Transportation System in the Model Test Track, ISUFT2005, Shanghai, 2005 （10）: 20－21.

［27］ Jenkins, R. Social Identity ［M］, London: Rutledge, 1996.

［28］ John, F. eds: Urban and Regional Governance in the Asia Pacific ［M］, Vancouver: The University of British Columbia Press, 1999.

［29］ John, F. World City Futures: The Role of Urban and Regional Policies in the Asia－Pacific Region ［M］, Hong Kong: The Chinese University of Hong Kong, Hong Kong Institute of Asia－Pacific Studies, 1996.

［30］ John, H. Decision factors influencing the regional headquarters location of multinationals in the Asia Pacific, Working paper, 2000.

［31］ Kemeny, J. The Abolition of the National Swedish Institute for Building Research ［J］, Scandinavian Housing and Planning Research, 1997, 14: 133－147.

［32］ Kozol, J. Savage Inequalities: Children in America's Schools ［M］, New York: Crown Publishers, 1991.

［33］ Kresl, P. The determinants of urban competitiveness ［M］, In: Kresl P, Gappert G. North America Cities and the Global Economy: Challenge and Opportunities. London: Sage Publication, 1995, 45－68.

［34］ Kresl, P. The crisis of America cities ［J］, Urban Studies, 1999,

33: 787 – 789.

[35] Krugman, P. R. Increasing Return and Economic Geography [J],
Journal of Political Economy, 1991, 99: 483 – 499.

[36] Lambert Van Der Lana. Changing Urban System: An Empirical Anal-
ysis at Two Spatial Levels [J], Regional Studies, 1997 (3).

[37] Lang, J. Understanding Normative Theories of Architecture [J], En-
vironment and Behavior, 1988, 20: 601 – 632.

[38] Lea, J. P. , & John, M. C. Cities in Conflict – Studies in Planning
and Management of Asian Cities, Washington: The World
Bank, 1995.

[39] Lever, W. F. , & Turok, I. Competitive cities: Introduction to the
review [J], Urban Studies, 1999, 36: 791 – 792.

[40] Logan, J. R. , & Molotch, H. Urban Fortunes [M], Berkeley: U-
niversity of California Press, 1987.

[41] Manor, James. The Political] Economy of Democratic Decentraliza-
tion, Washington: The World Bank, 1999.

[42] Manuel, P. Jr. , Peter, D. , & Eugene, J. G. et al: Regional That
Work – How Cities and Suburbs Can Grow Together [M], Minneapo-
lis: University of Minnesota Press, 2000.

[43] Marcuse, P. Is Australia Different Globalization and the New Urban
Poverty [M], Melbourne: Australia Hosing & Urban Research Institu-
te, 1996.

[44] Marina, S. Social Culture and Regional Governance – Comparison of
the European Union and Post – Soviet Experiences [M], Commack:
Nova Science Publisher Inc. , 1999.

[45] Martin, D. Geographic Information Systems: Social – economic Ap-
plications [M], New York: Routedge, 1996: 163 – 182.

[46] Massey, D. , & Denton, N. American Apartheid: Segregation and
the Making of the Underclass [M], Cambridge: Harvard University
Press, 1993.

[47] Matsuka, S. , Matsumoto, R. , & Kochi, I. Economic growth and
Environmental Quality in Developing Countries: A Verification of

'Environmental Kuznets Curve [M], In: Revision of the book of Environmental Science Published by the Society of Environmental Science, Japan, 2000.

[48] Mingione, E. ed: Urban Poverty and the Underclass [M], Oxford: Blackwell, 1996.

[49] N, Wates., & C. Kbevit. Community Architecture: How people are creating their own environment, London, 1987.

[50] Nagai, K., Y. Kondo., M. Ohta. A Hedonic Analysis of the Rental Office Market in the Tokyo Central Business District: 1985 – 1994 Fiscal Years [J], The Japanese Economic Review, 2000, 52 (1): 130 – 154.

[51] Newman, O. Defensible Space [M], New York: Macmillan, 1972.

[52] Qian, Qihu., & Guo, Dongjun. The Motivation and Prospect of Developing Underground Logisti – as System in China's Metropolis [J], ISUFT2005, Shanghai, 2005, 10: 20 – 21.

[53] Rapten, K. L. Best Practice in Environment at Planning: The case of Bhutan, South Asia Urban and City Management course, 2000.

[54] Sassen, S. Cities in a world economy [M], London: Pine Forge Press, 1994.

[55] Sassen, S. The World City Hypothesis, Development and Change [J], International Journal of Urban and Regional Research, 1986, 11: 17.

[56] Smith, D., & Timberlake, M. Hierarchies of Dominance among World Cities: a Network Approach [M], In: Sassen S. Global networks, Linked cities: New York: Rout ledge, 2002.

[57] Snickars, F. The Role of the Randstad Region in the European Urban System [M], In: Andersson, A. E., Andersson, D. (eds): Gateways to the Global Economy: 296 – 310.

[58] Storper, M. The Regional World: Territorial Development in a Global Economy [M], New York: Guiford press, 1997.

[59] Voith, R. Parking, Transit, and Employment in a Central Business District [J], Journal of Urban Economics, 1998, 44: 43 – 58.

［60］ Wheeler, J. O：Centers for Urban Geography Research in the United States and Canada, 1980－2001 ［J］, Urban Geography, Vol. 23：597－600.

［61］ Wong, T. C. The changing role of the central business district in the digital era：the future of Singapore's new financial district ［J］, Land Use Policy, 2004, 21：33－44.

［62］ ［德］马克思、恩格斯：《马克思恩格斯全集》（第四卷），人民出版社 1960 年版。

［63］ ［德］马克斯·韦伯著，林荣远译：《经济与社会》，商务印书馆 1997 年版。

［64］ ［美］刘易斯·芒福德著，倪文彦等译：《城市发展史：起源、演变与前景》，中国建筑工业出版社 1989 年版。

［65］ ［美］ B. 约瑟夫·派恩、詹姆斯·H. 吉尔摩著，夏业良等译：《体验经济》，机械工业出版社 2002 年版。

［66］ ［美］ R. E. 帕克等著，宋俊岭译：《城市社会学》，华夏出版社 1987 年版。

［67］ ［美］ Sassen Saskia 著，周振华等译：《全球城市——纽约、伦敦、东京》，上海社会科学院出版社 2005 年版。

［68］ ［美］阿尔温·托夫勒著，朱志焱、潘琪、张焱译：《第三次浪潮》，生活·读书·新知三联书店 1984 年版。

［69］ ［美］阿瑟·奥沙利文著，苏晓燕、常荆莎、朱雅丽译：《城市经济学》（第四版），中信出版社 2003 年版。

［70］ ［美］彼得·尼茨坎普著，安虎森等译：《区域和城市经济学手册》，经济科学出版社 2001 年版。

［71］ ［美］丹尼尔·贝尔著，王宏周等译：《后工业社会的来临》，商务印书馆 1984 年版。

［72］ ［美］丹尼尔·贝尔著，赵一凡、蒲隆、任晓晋译：《资本主义文化矛盾》，生活·读书·新知三联书店 1989 年版。

［73］ ［美］丹尼尔·布尔斯廷著：《美国人：民主历程》，生活·读书·新知三联书店 1993 年版。

［74］ ［美］德内拉·梅多斯、乔根·兰德斯、丹尼斯·梅多斯：《增长的极限》，机械工业出版社 2006 年版。

［75］［美］凡勃伦著，蔡受百译：《有闲阶级论——关于制度的经济研究》，商务印书馆 1964 年版。

［76］［美］霍金斯·贝斯特·科尼著，符国群等译：《消费者行为学》，机械工业出版社 2000 年版。

［77］［美］简·雅各布斯著，金洁译：《城市与国家财富》，中信出版社 2008 年版。

［78］［美］杰弗里·亚历山大著，贾春增、董天民等译：《社会学二十讲：二战以来的理论发展》，华夏出版社 2000 年版。

［79］［美］凯文·林奇著，林庆怡等译：《城市形态》，华夏出版社 2001 年版。

［80］［美］凯文·林奇著，方益萍等译：《城市意象》，华夏出版社 2001 年版。

［81］［美］理查德·瑞杰斯特著，沈清基、沈贻译：《生态城市伯克利：为一个健康的未来建设城市》，中国建筑工业出版社 2005 年版。

［82］［美］罗伯特·默顿著，林聚任等译：《社会研究与社会政策》，生活·读书·新知三联书店 2001 年版。

［83］［美］罗兰·罗伯森著，梁光严译：《全球化：社会理论和全球文化》，上海人民出版社 2000 年版。

［84］［美］马里奥·盖德桑纳斯：《X-城市主义——建筑与美国城市》，中国建筑工业出版社 2006 年版。

［85］［美］迈克·费瑟斯通著，刘精明译：《消费文化与后现代主义》，译林出版社 2000 年版。

［86］［美］迈克尔·波特著，陈小悦译：《竞争优势》，华夏出版社 1997 年版。

［87］［美］曼纽尔·卡斯泰尔著，崔保国等译：《信息化城市》，江苏人民出版社 2001 年版。

［88］［美］曼纽尔·卡斯特著，夏铸久等译：《千年终结》，社会科学文献出版社 2003 年版。

［89］［美］曼纽尔·卡斯特著，夏铸久等译：《认同的力量》，社会科学文献出版社 2003 年版。

［90］［美］曼纽尔·卡斯特著，夏铸久等译：《网络社会的崛起》，

社会科学文献出版社 2001 年版。

[91] ［美］莫什·萨夫迪著，吴越译：《后汽车时代的城市》，人民文学出版社 2001 年版。

[92] ［美］帕克等著，宋俊岭等译：《城市社会学》，华夏出版社 1987 年版。

[93] ［美］乔治·里茨尔著，顾建光译：《社会的麦当劳化——对变化中的当代社会生活特征的研究》，上海译文出版社 1999 年版。

[94] ［美］塞缪尔·亨廷顿等著，罗荣渠主编：《现代化：理论与历史经验的现探讨》，上海译文出版社 1993 年版。

[95] ［美］斯皮罗·科斯托夫著，单皓译：《城市的形成——历史进程中的城市模式和城市意义》，中国建筑工业出版社 2005 年版。

[96] ［美］塔尔科特·帕森斯著，张明德、夏翼南、彭刚译：《社会行动的结构》，译林出版社 2003 年版。

[97] ［美］托马斯·K. 麦格劳著，赵文书、肖锁章译：《现代资本主义三次工业革命中的成功者》，江苏人民出版社 1999 年版。

[98] ［美］文森特·帕里罗等著，周兵等译：《当代社会问题》，华夏出版社 2002 年版。

[99] ［美］西蒙·库兹涅茨著，戴睿译：《现代经济增长》，北京经济学院出版社 1999 年版。

[100] ［美］希夫曼·卡纽克著，俞文钊译：《消费者行为学》（第七版），华东师范大学出版社 2002 年版。

[101] ［美］约翰·M. 利维著，张景秋等译：《现代城市规划》（第五版），中国人民大学出版社 2003 年版。

[102] ［美］詹姆斯·特拉菲尔著，赖慈芸译：《未来城》，中国社会科学出版社 2000 年版。

[103] ［日］服部圭二郎：《大都市地域论》，古今书院 1969 年版。

[104] ［日］山田浩之著，魏浩光、蔡纪良译：《城市经济学》，东北财经大学出版社 1991 年版。

[105] ［日］野口雄一郎、奥田义雄、西川大二郎：《日本列岛巨大都市的现实》，劲草书房 1972 年版。

336

［106］［日］正井泰夫：《日美都市的比较研究》，古今书院 1977
年版。

［107］［英］阿弗里德·马歇尔著，朱志泰译：《经济学原理》，陕西
人民出版社 2006 年版。

［108］［英］埃比尼泽·霍华德著，金经元译：《明日的田园城市》，
商务印书馆 2002 年版。

［109］［英］彼·霍尔著，邹德慈、金经元译：《城市和区域规划》，
中国建筑工业出版社 1995 年版。

［110］［英］迈克·詹克斯著，周玉鹏等译：《紧缩城市——一种可持
续发展的城市形态》，中国建筑工业出版社 2004 年版。

［111］［英］詹姆斯·E. 米德：《效率、公平与产权》，北京经济学
院出版社 1992 年版。

［112］Vellinga P, Herb N 著，赵景柱等译：《产业转型研究》，经济
出版社 2000 年版。

［113］李思本小组著，张世鹏译：《竞争的极限》，中央编译出版社
2000 年版。

［114］瑞典斯德哥尔摩国际环境研究院与联合国开发计划署驻华代表
处共同合作：《中国人类发展报告》，中国财政经济出版社
2002 年版。

［115］安虎森、郝寿义：《区域经济学》，北京经济科学出版社 1999
年版。

［116］包宗华：《中国城市化道路和城市建设》，中国城市出版社
1995 年版。

［117］蔡来兴：《上海——创建新的国际经济中心城市》，上海人民出
版社 1995 年版。

［118］陈秀山，张可云：《区域经济理论》，商务印书馆 2004 年版。

［119］成德宁：《城市化与经济发展——理论、模式与政策》，科学出
版社 2005 年版。

［120］仇保兴：《中国城镇化——机遇与挑战》，中国建筑工业出版社
2004 年版。

［121］戴伯勋、沈宏达：《现代产业经济学》，经济管理出版社 2000
年版。

[122] 当代上海研究所：《长江三角洲发展报告 2006：城市间功能关系的演进》，上海人民出版社 2006 年版。

[123] 樊杰、陆大道等：《中国沿海发达地区现代化带动战略研究》，中国友谊出版公司 2002 年版。

[124] 方甲：《产业结构问题研究》，中国人民大学出版社 1997 年版。

[125] 费洪平：《中国区域经济发展》，科学出版社 1998 年版。

[126] 付晓东：《中国城市化与可持续发展》，新华出版社 2005 年版。

[127] 傅崇兰、陈光庭、董黎明等：《中国城市发展问题报告》，中国社会科学出版社 2003 年版。

[128] 傅崇兰、周明俊主编：《中国特色城市发展理论与实践》，中国社会科学出版社 2003 年版。

[129] 傅兰妮：《全球化世界中的城市——治理、绩效与可持续发展》，清华大学出版社 2006 年版。

[130] 高洪深：《区域经济学》，中国人民大学出版社 2006 年版。

[131] 高佩义：《中外城市化比较研究》，南开大学出版社 1991 年版。

[132] 高汝熹、罗守贵：《2006 中国都市圈评价报告》，上海三联书店 2007 年版。

[133] 高汝熹、吴晓隽：《上海大都市圈结构与功能体系研究》，生活·读书·新知三联书店 2007 年版。

[134] 顾朝林、甄峰、张京祥：《集聚与扩散》，东南大学出版社 2000 年版。

[135] 顾朝林等：《中国城市地理》，商务印书馆 1999 年版。

[136] 顾颖：《制度与发展——基于国家和企业维度的研究》，科学出版社 2004 年版。

[137] 郭冬乐、宋则：《中国商业理论前沿Ⅱ》，社会科学文献出版社 2001 年版。

[138] 郭鸿懋：《城市宏观经济学》，南开大学出版社 1995 年版。

[139] 郭利平：《产业群落的空间演化模式研究》，经济管理出版社 2006 年版。

［140］洪银兴：《经济运行的均衡与非均衡分析》，上海三联书店1988 年版。

［141］洪银兴：《经济增长方式转变研究》，南京大学出版社 2000年版。

［142］洪银兴：《市场经济条件下的经济发展》，高等教育出版社1994 年版。

［143］黄繁华：《经济全球化与现代服务业》，南京出版社 2002年版。

［144］黄文忠：《上海卫星城与中国城市化道路》，上海人民出版社2003 年版。

［145］纪晓岚：《论城市本质》，中国社会科学出版社 2002 年版。

［146］江曼琦：《城市空间结构优化的经济分析》，人民出版社 2001年版。

［147］康晓光、马庆斌：《城市竞争力与城市生态环境》，化学工业出版社 2007 年版。

［148］李泊溪、钱志琛：《产业政策与各国经济》，上海科学技术文献出版社 1990 年版。

［149］李程骅：《WTO 与城市热点》，江苏文艺出版社 2003 年版。

［150］李程骅：《商业新业态：城市消费大变革》，东南大学出版社2005 年版。

［151］李东贤：《日本现代流通产业》，清华大学出版社 2001 年版。

［152］李丽萍：《国际城市的理论与实践》，新华出版社 2005 年版。

［153］李廉水、Roger. R. Stough：《都市圈发展——理论演化·国际经验·中国特色》，科学出版社 2006 年版。

［154］李荣林：《动态国际贸易理论研究——均衡与非均衡分析》，中国经济出版社 2000 年版。

［155］李小建：《经济地理学》，高等教育出版社 1999 年版。

［156］李悦：《产业经济学》，中国人民大学出版社 2000 年版。

［157］李芸：《都市计划与都市发展——中外都市计划比较》，东南大学出版社 2001 年版。

［158］李志平：《现代西方经济学》，中国科学技术大学出版社 2002年版。

[159] 林广、张鸿雁：《成功与代价——中外城市化比较新论》，东南大学出版社 2000 年版。

[160] 林毅夫、蔡昉、李周：《中国的奇迹：发展战略与经济改革》，上海人民出版社 1994 年版。

[161] 凌志军：《变化：1990 年—2002 年中国实录》，中国社会科学出版社 2003 年版。

[162] 刘厚俊等：《南京城市综合竞争力研究》，东南大学出版社 2002 年版。

[163] 刘君德：《中国行政区划的理论与实践》，华东师范大学出版社 1996 年版。

[164] 刘力刚、罗元文：《资源型城市可持续发展战略》，经济管理出版社 2006 年版。

[165] 刘明信：《现代城市管理学》，中国财政经济出版社 1989 年版。

[166] 刘耀威：《竞争优势新要素》，中国经济出版社 1997 年版。

[167] 陆大道：《区域发展及其空间结构》，科学出版社 1998 年版。

[168] 陆军：《城市外部空间运动与区域经济》，中国城市出版社 2001 年版。

[169] 吕玉印：《城市发展的经济学分析》，上海三联书店 2000 年版。

[170] 罗荣渠：《现代化新论——世界与中国的现代化进程》，北京大学出版社 1993 年版。

[171] 马野等：《中心城市的经济理论与实践》，中国展望出版社 1996 年版。

[172] 倪鹏飞：《中国城市竞争力理论研究与实证分析》，中国经济出版社 2001 年版。

[173] 倪鹏飞：《中国城市竞争力报告 NO1 推销：让中国城市沸腾》，社会科学文献出版社 2003 年版。

[174] 倪鹏飞：《中国城市竞争力报告 NO2 定位：让中国城市共赢》，社会科学文献出版社 2004 年版。

[175] 聂华林、高新才：《区域发展战略学》，中国社会科学出版社 2006 年版。

［176］聂华林、王成勇：《区域经济学通论》，中国社会科学出版社2006年版。

［177］牛凤端、盛广耀：《三大都市密集区：中国现代化的引擎》，社会科学文献出版社2006年版。

［178］饶会林：《城市经济学》，东北财经大学出版社1999年版。

［179］上海证大研究所：《长江边的中国——大上海为国际都市圈建设与国家发展战略》，学林出版社2003年版。

［180］深圳市人民政府城市管理办公室：《城市管理探索》，海天出版社1993年版。

［181］史占中、罗守贵：《都市圈经济一体化中的产业集聚与整合》，上海三联书店2007年版。

［182］史忠良：《产业经济学》，经济管理出版社1998年版。

［183］苏东水：《产业经济学》，高等教育出版社2000年版。

［184］孙群郎：《美国城市郊区化研究》，商务印书馆2005年版。

［185］孙施文：《城市规划哲学》，中国建筑工业出版社1997年版。

［186］童大林、于光远：《中国城市发展战略》，安徽人民出版社1984年版。

［187］汪和建：《迈向中国的新经济社会学：交易秩序的结构研究》，中央编译出版社1999年版。

［188］王方华、陈宏民：《都市圈发展与管理概论》，上海三联书店2007年版。

［189］王方华、曾赛星、宛天巍：《长三角都市圈制造业企业国际化战略研究》，上海三联书店2007年版。

［190］王放：《中国城市化与可持续发展》，科学出版社2000年版。

［191］王海忠：《消费者民族中心主义——中国实证与营销诠释》，经济管理出版社2002年版。

［192］王建民：《城市管理学》，上海人民出版社1987年版。

［193］王宁：《消费社会学——一个分析的视角》，中国科学出版社2001年版。

［194］王受之：《世界现代建筑史》，中国建筑工业出版社1999年版。

［195］王兴平：《中国城市新产业空间——发展机制与空间组织》，科

学出版社 2005 年版。

[196] 王兴中等：《中国城市社会空间结构研究》，科学出版社 2000 年版。

[197] 王旭、黄柯可：《城市社会的变迁》，中国社会科学出版社 1998 年版。

[198] 王旭：《美国城市化的历史解读》，岳麓书社 2003 年版。

[199] 王旭：《美国城市史》，中国社会科学出版社 2000 年版。

[200] 魏后凯：《中国地区发展：经济增长、制度变迁与地区差异》，经济管理出版社 1997 年版。

[201] 吴良镛：《人居环境科学导论》，中国建筑工业出版社 2001 年版。

[202] 吴忠民：《渐进模式与有效发展——中国现代化研究》，东方出版社 1999 年版。

[203] 谢芳：《回眸纽约》，中国城市出版社 2002 年版。

[204] 谢文蕙、邓卫：《城市经济学》，清华大学出版社 1996 年版。

[205] 谢永琴：《城市外部空间结构理论与实践》，经济科学出版社 2006 年版。

[206] 熊国平：《当代中国城市形态演变》，中国建筑工业出版社 2006 年版。

[207] 修文群、池天河：《城市地理信息系统》，北京希望电子出版社 1999 年版。

[208] 徐康宁：《文明与繁荣——中外城市发展环境比较研究》，东南大学出版社 2002 年版。

[209] 薛晓源、曹荣湘：《全球化与文化资本》，社会科学文献出版社 2005 年版。

[210] 严正主：《中国城市发展问题报告》，中国发展出版社 2004 年版。

[211] 杨贵庆：《城市社会心理学》，同济大学出版社 2000 年版。

[212] 杨国枢：《中国人的心理与行为：本土化研究》，中国人民大学出版社 2004 年版。

[213] 杨全发：《中国对外贸易与经济增长》，中国经济出版社 1999 年版。

［214］杨汝万：《全球化背景下的亚太城市》，科学出版社 2004年版。

［215］杨士弘：《城市生态学》，科学出版社 2001 年版。

［216］杨重光、梁本凡：《中国城市经济创新透视》，中国社会科学出版社 2002 年版。

［217］姚士谋、陈振光：《中国的城市群》，中国科学技术大学出版社 2001 年版。

［218］姚士谋：《中国大都市的空间扩展》，中国科学技术大学出版社 1998 年版。

［219］姚为群：《全球城市的经济成因》，上海人民出版社 2003年版。

［220］姚为群：《全球城市的经济成因》，上海人民出版社 2003年版。

［221］叶南客、李芸：《战略与目标》，东南大学出版社 2000 年版。

［222］叶南客：《都市社会的微观再造》，东南大学出版社 2003年版。

［223］尹继佐：《世界城市与创新城市》，上海社会科学院出版社2003 年版。

［224］尹继佐：《现代化国际大都市建设——2003 年上海经济发展蓝皮书》，上海社会科学出版社 2002 年版。

［225］袁方：《社会研究方法教程》，北京大学出版社 1997 年版。

［226］张锋：《城市可持续发展：理论、实践、评价》，中国工商出版社 2005 年版。

［227］张颢瀚：《长江三角洲一体化进程研究——发展现状、障碍与趋势》，社会科学文献出版社 2007 年版。

［228］张颢瀚：《城市可持续发展：理论·实践·评价》，中国工商出版社 2005 年版。

［229］张鸿雁：《侵入与接替——城市社会结构变迁新论》，东南大学出版社 2000 年版。

［230］张鸿雁：《循环型城市社会发展模式》，东南大学出版社 2007年版。

［231］张鸿雁主编：《城市·空间·人际——中外城市社会发展比较

研究》，东南大学出版社 2003 年版。

［232］张京祥：《城镇群体空间组合》，东南大学出版社 2000 年版。

［323］张京祥等：《体制转型与中国城市空间重构》，东南大学出版社 2007 年版。

［234］张理泉、郑海航、蒋三庚：《北京商务中心区（CBD）发展研究》，经济管理出版社 2003 年版。

［235］张文忠：《经济区位论》，科学出版社 2000 年版。

［236］赵弘：《2006—2007 年：中国总部经济发展报告》，社会科学文献出版社 2006 年版。

［237］赵弘：《总部经济》，中国经济出版社 2004 年版。

［238］赵曙明：《第四届企业跨国经营国际研讨会论文集》，南京大学商学院 2002 年版。

［239］赵伟：《城市经济理论与中国城市发展》，武汉大学出版社 2005 年版。

［240］郑京淑：《现代跨国公司的区位体系与世界经济》，中山大学出版社 2004 年版。

［241］中共南京市委宣传部编：《2008 年南京文化发展蓝皮书》，凤凰出版传媒集团、江苏文艺出版社 2008 年版。

［242］中国城市发展报告编委会：《中国城市发展报告（2003—2004）》，电子工业出版社 2005 年版。

［243］中国城市发展报告编委会：《中国城市发展报告》，中国统计出版社 2001 年版。

［244］中国市长协会，中国城市发展报告编委会：《2001—2002 中国城市发展报告》，西苑出版社 2003 年版。

［245］周长城：《经济社会学》，中国人民大学出版社 2003 年版。

［246］周一星：《城市地理学》，商务印书馆 1997 年版。

［247］朱敏彦：《21 世纪初期长江三角洲区域发展战略研究》（2000），上海人民出版社 2001 年版。

［248］朱铁臻：《城市发展研究》，中国统计出版社 1996 年版。

［249］朱喜钢：《城市空间集中与分散论》，中国建筑工业出版社 2002 年版。

［250］朱晓明：《开发区规划研究》，海洋国际出版社 1999 年版。

［251］朱英明:《城市群经济空间分析》,科学出版社 2004 年版。

［252］左学金、张颢瀚、何一峰:《长三角研究》(第 1 辑),上海社会科学院出版社 2007 年版。

［253］左学金、张颢瀚、何一峰:《长三角研究》(第 2 辑),上海社会科学院出版社 2008 年版。

［254］左学金:《长江三角洲城市群发展研究》,学林出版社 2006 年版。

后　记

　　中国城市在经历了改革开放 30 年的风雨洗礼之后，经济与社会发展进入了历史的新阶段，产业转移、经济转型以及体制转轨中的种种难题，必须以新的观念、新的思路和新的行动去破解，而转变经济增长方式、优化产业结构，从"制造型城市"向"服务型城市"迈进，是当前国内城市新一轮发展的共同的战略选择。现代城市的发展战略，首先是产业与产业体系的选择战略，而在城市或区域一体化的空间体系之下，产业空间的科学布局则直接决定于产业的发展水平和竞争优势，只有产业空间与城市空间形成良性的互动，不同等级、不同板块的产业空间形成合理的分工，城市的价值才会得到持续的提升。因此，以科学发展观的理论为指导，参照发达国家城市产业空间的变动规律，从城市的功能提升、空间重组以及产业成长等视角来研究国内城市新一轮的产业空间战略、新兴产业的空间布局，就显得非常迫切。正是基于这一大背景，我从去年 10 月开始了这本著作的撰写，其间从研究内容的界定、框架体系的设定以及各章节逻辑层次的梳理，几多反复，几易其稿。秋去秋来，当书稿完成之时，颇多感慨：尽管书稿与一开始设定的目标仍有较大的距离，但以自己的知识结构和学术涵养，觉得已经尽了最大努力，也就释然了。毕竟，"一本书主义"的时代已经过去了，一个人阶段性的认识局限和学术遗憾，可以在新著作的撰写中不断纠正和弥补。

　　本书框架体系的设计和研究重点的确定，直接得益于我当前从事的相关课题研究。2007 年 9 月，我从南京大学调到南京市社会科学院担任副院长，分管经济研究所和经济类课题的统筹研究工作。为了应对新的工作挑战，我决定从研究城市产业空间战略入手，来探索转变经济增长方式、优化产业结构以及实现城市转型发展的现实路径。目的是通过对相关理论的系统梳理和现实观照，来完善自己的知识结构，提升自己的学术把握能力。随后，我主持完成了市委主要领导点题的"相关城市经济发展水平比较研究"、"国际产业转移与南京产业升级的机遇"等一系列课题。在进行课题调研和撰写报告的过程中所产生的新思路新想法，大大提高了本书的现实针对性。在此，我要感谢南京市社会科学院院长叶南客研究员，他对各项课题所给予的直接帮助，使我得以站在学术前沿来分析当前城市转型发展中的新问题新现象，并搭建了一个研究城市产业空间战略的新话语体系。

本书研究体系的建构，受益于我多学科的知识结构和学术熏陶。从2001年起，我前后有六年的时间在南京大学攻读博士学位、从事博士后研究，其间的研究领域涉及了创意产业、商业新业态以及城市空间变迁等多个方面，在《江海学刊》、《社会科学》、《南京大学学报》、《江苏社会科学》以及《南京社会科学》等核心期刊上发表了20多篇学术论文，其中多数被人大复印报刊资料转载。这些学术成果，为本书研究框架的建立，打下了坚实的理论基础。书中的"城市空间重组与商业现代化"、"城市空间复兴与创意产业"两章，直接吸收了过去的研究成果。在此，要向我的两位老师——南京大学商学院院长赵曙明教授、南京大学城市科学研究中心主任张鸿雁教授表示深深的谢意。没有两位老师的指导，我是不可能有今天学术上的进步的。

一本书从选题的确定、研究体系的建立、内容的撰写与修改直至出版，是一个系统工程，需要多方的智慧力量来协作完成。本书的顺利出版，是与人民出版社资深编辑柯尊全先生的鼎力支持分不开的，人民出版社作为国家权威的出版社，能将本书列入出版计划，本身就是对相关学术研究成果的肯定。江苏省社会科学院副院长张颢瀚研究员、广州市社会科学院副院长朱名宏研究员、南京师范大学商学院赵仁康教授以及南京市社会科学院曾向东研究员、唐启国研究员、赵德兴研究员等同仁、同事，对本书的写作进展给予关注和支持。南京市社会科学院经济研究所副所长黄南副研究员、丰志勇副研究员、吴海谨副研究员、陈燕博士，直接参与了我主持的相关课题，感谢他们付出的艰辛劳动。本书的大量图片，在处理的过程中，得到了好友包文菁的无私帮助。本书在资料收集、初稿写作的过程中，南京大学的胡小武、殷京生、杜娟、周蜀秦、何雨诸位博士，给予了必要的协助。我的研究生钟文磊、孙龙、胡亚萍，为本书的注释和参考文献的整理付出了劳动。在此，一并表示感谢。

学术研究成果的分享，是学者的重要乐趣。本书在撰写的过程中，相关章节的部分内容在《江海学刊》、《南京师大学报》、《珠江经济》《中国名城》等学术刊物以及《新华日报》、《南京日报》等主流媒体上刊登后，产生了较大的反响，其中《新产业价值链与城市空间重组》一文被人民网、新华网等数十家媒体转载。这些成果的被迅速"转化"，使我进一步认识到了城市产业空间研究成果的理论意义与现实作用，同时也希望今后能在这一学术领域进行更深的挖掘、更广的拓展。

李程骅
2008 年 9 月 22 日于南京成贤街

策划编辑:柯尊全
责任编辑:秦　桑
封面设计:徐　晖
责任校对:湖　催

图书在版编目(CIP)数据

优化之道——城市新产业空间战略/李程骅 著. -北京:人民出版社,2008.12
ISBN 978 - 7 - 01 - 007685 - 0

Ⅰ.优…　Ⅱ.李…　Ⅲ.城市经济-产业结构-研究-中国　Ⅳ.F299.231

中国版本图书馆 CIP 数据核字(2009)第 011735 号

优 化 之 道
YOUHUA ZHIDAO
——城市新产业空间战略

李程骅　著

人 民 出 版 社 出版发行
(100706　北京朝阳门内大街 166 号)

北京集惠印刷有限责任公司印刷　新华书店经销

2008 年 12 月第 1 版　2008 年 12 月北京第 1 次印刷
开本:710 毫米×1000 毫米 1/16　印张:22.25
字数:333 千字　印数:0,001-3,000 册

ISBN 978 - 7 - 01 - 007685 - 0　定价:50.00 元

邮购地址 100706　北京朝阳门内大街 166 号
人民东方图书销售中心　电话 (010)65250042　65289539